上市公司财务分析研究

◎ 卢清文　卢永红　著

东北师范大学出版社

图书在版编目(CIP)数据

上市公司财务分析研究 / 卢清文, 卢永红著. -- 长春：东北师范大学出版社, 2017.12
ISBN 978-7-5681-2755-4

Ⅰ.①上… Ⅱ.①卢…②卢… Ⅲ.①上市公司—会计分析—研究—中国 Ⅳ.①F279.246

中国版本图书馆CIP数据核字(2017)第310958号

□策划编辑：王春彦
□责任编辑：卢永康　　□封面设计：优盛文化
□责任校对：李　密　　□责任印制：张允豪

东北师范大学出版社出版发行
长春市净月经济开发区金宝街118号（邮政编码：130117）
销售热线：0431-84568036
传真：0431-84568036
网址：http://www.nenup.com
电子函件：sdcbs@mail.jl.cn
河北优盛文化传播有限公司装帧排版
三河市华晨印务有限公司
2018年7月第1版　2018年7月第1次印刷
幅画尺寸：185mm×260mm　印张：22.5　字数：565千

定价：81.00元

前　言

上市公司是典型的公众公司，其周围存在着众多利益相关者。上市公司财务报告最为重要的作用是为投资者和商业活动提供信息，让众多投资者通过财务报告的分析，了解目标公司值得他们以什么样的价格去投资或交易。

财务分析是以上市公司财务报告及其他相关资料为主要依据，采用专门的会计技术和方法，对企业的风险和营运状况进行分析的财务活动，是反映企业财务状况、经营成果和现金流量的重要手段。财务管理是企业内部管理的重要组成部分，财务分析在企业财务管理中起着举足轻重的作用。重视和强化财务分析对提高企业财务管理水平具有重要意义。

财务报表项目数据依据公认会计准则和一系列会计假设、职业判断及加工程序"制造"出来，极具系统性和专业性。这对于初学者和一般的非专业人士来说，神秘而复杂，甚至让人敬而远之，财务报告的价值还需要投资者以慧眼来识别。另外，由于资本市场的不断发展以及上市公司经营业务和交易行为的不断创新，上市公司对外公开披露的信息资料日益增多，财务报告中的项目和内容更加专业和复杂，对上市公司进行财务分析的内涵和外延不断扩展。这对分析者的分析视野和专业水平提出了更高的要求，而原有传统的财务分析方法和学科框架已远远不能满足现实要求。以前只注重财务数据和表内信息分析向表内信息、表外信息和非财务信息的综合分析转变，财务分析学也从以前会计学、财务管理学相融合的学科逐渐转向会计学、财务管理学、金融学、证券投资学、统计学等多种学科相融合的新型学科。

本书以会计准则体系和相关法律、法规为依据，理论与实务应用并重，全面阐述了中国上市公司财务分析的原理、程序和方法。

第一篇是上市公司财务分析的基本概念与方法。本篇由第一章和第二章组成，系统地阐述了财务分析产生的原因和发展历程，介绍了上市公司财务分析报告的主要内容及其使用主体，对上市公司财务分析的方法和程序以及财务分析的逻辑框架进行了全面论述，对企业综合绩效与评价体系进行了完整的总结和归纳。最后，阐述了上市公司股票财务估值的分析方法，通过对上市公司财务报告披露的经营数据的全面分析，评估公司内在价值及股票的估值，是上市公司财务分析的一项重要内容。

第二篇是对上市公司的财务信息进行分析。本篇由第三章到第十一章组成。上市公司在证券的发行与流通诸环节中，应依法将与其证券有关的一切真实信息公开披露，以供投资者做投资判断和参考。对财务信息的分析和解读是上市公司财务分析最为传统和重要的内容。本篇第三章根据我国的相关法律和法规，对上市公司信息披露的法律框架及主要内容做了详尽的介绍。第四、五、六、七章对上市公司传统财务报表（资产负债表、利润表、现金流量表、所有者权益变动表）以及财务报表的其他相关信息进行分析，并通过这些分析得出相关结论，提取企业资产运营的相关经济信息。其中还对当今公司集团化情况合并报表以及国际背景下的财务报表的处理做了相关剖析和讲解。第八、九、十、十一章是对上市公司偿债能力、盈利能力、成本费用和发展能力的分析，这一部分内容是传统财务分析的主要内容，通过对这些财务状况的分析，可了解企业现金流量状况、营运能力、盈利能力、偿债能力，有利于管理者及其相关人员客观评价经营者的经营业绩和财务状况，通过分析将可能影响经营成果和财务状况的微观因素和宏观因素、主观因素和客观因素加以区分，划清责任界限，客观评价经营者的业绩，以促进经营管理者的管理水平更快提高。

第三篇是上市公司表外披露信息分析。本篇由第十二章至第十八章组成。由于严格的会计确认标准，使得大量有用信息被排除在财务报表之外，会计信息使用者无法从财务报表中获取足够的有用信息，加之证券市场的发展以及上市公司经营业务的不断创新，使得上市公司公开披露的信息更加繁杂，相应的财务信息披露由表内延伸到表外。仅利用财务指标和表内信息进行分析已经远远不能满足上市公司财务分析的需求，对于表外信息的分析和利用，将有助于对上市公司进行更加深入和全面的认识和解读。本篇对于我国上市公司表外披露信息的内容与方式进行了归纳和阐述，论述了上市公司投资风险的识别和防范以及上市公司发展能力的分析方法和内容；对于目前普遍存在并且深刻影响上市公司经营的公司并购重组、资产置换与债务重组、关联交易等一些重要事项的分析内容与分析重点做了细致的论述；对于上市公司的退市制度与ST公司的盈余管理以及上市公司定向增发及债券发行事项做了充分的论述。

第四篇是上市公司财务分析的案例篇。其中所选题材广泛，内容丰富。从案例选材来看，既有东风汽车这样的老牌汽车企业，也有长江证券这样的券商企业；从案例内容来看，既涵盖通用的财务分析方法，也包括特定的财务分析方法；从案例分析目标来看，既有针对特定企业的（如格力电器）全面财务分析，也有针对营业成本这样的具体方向的分析；从案例类型来看，既有企业的成功经验，也有企业的失败教训；从案例涉及的行业来看，既有家电制造、汽车制造等传统制造实业，也有地产、银行等投资性行业，因此具有一定的代表性和实用性。

本书写作过程中，参考了大量国内外学术专著和文献资料，这些专家学者的真知灼见让笔者受益匪浅，在此对他们表示诚挚的敬意。

由于作者学识所限，本书难免有不足之处，还请各位读者多多赐教，提出宝贵意见和建议并予以批评指正。

目　　录

第一篇　上市公司财务分析概论

第一章　财务分析概述 / 002

　　第一节　财务分析相关概念 / 002

　　第二节　财务分析的前提 / 007

　　第三节　财务信息的质量分析 / 019

第二章　上市公司财务分析 / 030

　　第一节　上市公司财务报告体系 / 030

　　第二节　上市公司财务分析的方法 / 037

　　第三节　上市公司股票财务估值方法 / 050

第二篇　上市公司财务信息分析

第三章　上市公司信息披露 / 062

　　第一节　上市公司信息披露制度 / 062

　　第二节　上市公司定期和临时报告 / 071

　　第三节　上市公司信息披露事务管理监督 / 076

第四章　上市公司财务报表分析 / 078

　　第一节　上市公司财务报表分析概论 / 078

　　第二节　资产负债表及其分析 / 083

　　第三节　利润表及其分析 / 116

　　第四节　现金流量表及其分析 / 136

　　第五节　所有者权益变动表 / 153

　　第六节　合并报表分析 / 156

第五章　上市公司财务分析相关信息 / 173

　　第一节　上市公司财务报表附注信息 / 173

第二节　会计政策、会计估计变更和会计差错更正　/　178
第三节　资产负债表日后事项　/　181
第四节　分部报告及其分析　/　185
第五节　审计报告　/　188

第六章　上市公司财务报表综合分析　/　192

第一节　上市公司财务报表综合分析的基本方法　/　192
第二节　综合财务分析报告的构成及评分方法　/　194
第三节　其他不可忽视的事项　/　197

第七章　国际背景下的上市公司财务报表分析　/　200

第一节　中国境内与国际会计准则的区别　/　200
第二节　跨国公司财务报表分析的基本框架　/　202
第三节　我国记账本位币的确定及外币财务问题　/　203
第四节　其他国家会计准则和国际会计准则下的外币交易分析　/　205

第八章　上市公司偿债能力分析　/　211

第一节　短期偿债能力分析　/　211
第二节　长期偿债能力分析　/　213
第三节　企业财务危机识别及预警分析　/　215

第九章　上市公司盈利能力分析　/　219

第一节　商品经营盈利能力分析　/　219
第二节　资产经营盈利能力分析　/　221
第三节　资本经营盈利能力分析　/　222
第四节　非经常性损益及盈利水平变动趋势分析　/　224

第十章　成本费用分析　/　226

第一节　成本费用分析概述　/　226
第二节　本量利分析　/　232
第三节　期间费用分析　/　235

第十一章　上市公司发展能力分析　/　239

第一节　上市公司发展能力分析概述　/　239
第二节　上市公司发展性财务指标分析　/　240
第三节　上市公司发展性的影响因素分析　/　251
第四节　可持续增长能力分析　/　253

第三篇　上市公司表外信息分析

第十二章　上市公司表外披露信息概述 / 256

第一节　表外披露信息界定及分类 / 256

第二节　表外披露信息方式 / 257

第三节　表外披露信息分析运用 / 258

第十三章　证券投资风险分析 / 260

第一节　证券投资风险分类 / 260

第二节　证券投资风险分析方法 / 261

第三节　证券投资风险的度量 / 263

第十四章　上市公司并购重组事项分析 / 269

第一节　上市公司并购重组概述 / 269

第二节　上市公司并购重组的类型和支付方式 / 271

第三节　上市公司并购重组估值方法和定价要求 / 273

第四节　上市公司反收购策略及预防措施 / 274

第五节　上市公司并购重组事项的分析重点 / 277

第十五章　上市公司资产置换与债务重组事项分析 / 280

第一节　上市公司资产置换的经济动因及分析框架 / 280

第二节　上市公司壳资源及借壳上市事项分析 / 283

第三节　上市公司财务困境下的债务重组分析 / 287

第十六章　上市公司关联交易事项分析 / 292

第一节　上市公司关联方交易的相关概念 / 292

第二节　关联交易的披露标准和审批程序 / 293

第三节　上市公司关联交易事项的分析重点 / 295

第十七章　上市公司退市制度与ST公司盈余管理分析 / 297

第一节　我国上市公司退市制度简介 / 297

第二节　以保壳为目的的ST公司盈余管理分析 / 298

第三节　以卖壳为目的的ST公司破产重整分析 / 300

第十八章　上市公司定向增发及债券发行事项分析 / 302

第一节　上市公司定向增发 / 302

第二节　公司债券的发行与上市 / 303

第三节　可转换公司债券的发行与上市 / 304
第四节　上市公司定向增发及债券发行的相关分析 / 305

第四篇　上市公司案例分析

第十九章　上市公司财务分析案例 / 308

第一节　东风汽车收购郑州日产财务分析案例 / 308

第二节　格力电器财务分析案例 / 319

第三节　中国远洋营业成本案例分析 / 334

第四节　保利地产财务报告附注分析 / 339

第五节　华源集团并购案例分析 / 345

第六节　长江证券借壳上市案例分析 / 348

参考文献 / 351

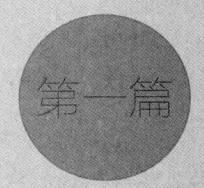

第一篇

上市公司财务分析概论

第一章　财务分析概述

第一节　财务分析相关概念

一、财务分析的历史演进

（一）财务信息需求的产生

如果对财务信息的根源进行追溯，其主要是来自于人类的生产生活实践活动，与经济的快速发展有着密不可分的关系。经济水平发展到一定阶段后，会在客观上产生经济管理的需要，这就要求进行财务信息的收集和处理，以便更好地满足经济发展和管理的实际需要，为人类生产生活的稳定进行创造良好的条件。人类生活以及社会进步都与物质有着密不可分的关系，而物质财富的生产和创造需要将具体的过程以及获得的结果进行记录，如此才能够更深层次地了解具体的生产会产生怎样的所得和消耗，进而形成对生产效益的评估。基于这方面的原因，需要积极构建专门机构来履行这一职能，负责生产实践过程以及结果的收集和记录，于是财务会计机构应运而生。

从事物质生产的人是最早产生财务信息需求的人群，他们需要对生产当中的消耗以及收获进行评估，以便恰当地进行生产安排。复式簿记还没有真正出现及应用之前，生产者要想最大化地减少支出和消耗，提升生产的整体效益，必须对自身的经济活动进行优化管理，并准确记录生产过程。这一时期更加侧重于量化内容的记录与分析，实质上是生产活动的附带内容。13世纪，地中海沿岸地区由于自身得天独厚的商业和手工业的发展条件，最早出现资本主义萌芽，具备了一系列能够推动复式簿记诞生的条件，如资本、货币、算数等。于是复式簿记便在意大利的威尼斯诞生。一经出现，复式簿记就获得了较大范围的推广应用，极大地提高了经济活动的管理水平。之后，有大量的数学家展开了对复式记账的分析和研究，其中的代表人物是意大利的卢卡·巴乔利，他在自己创作的《算术、几何及比例概要》当中系统全面地阐述了复式记账相关内容。虽然当时的经济条件、商业、手工业等有了很大程度的发展，但是仍然处在不发达的商品经济阶段，财务会计主要行使的职能仍然是记录。随着时间的推移，记账技术在不断地发展和健全。在这样的条件下，财务信息需求呈现出不断增强的趋势。

14世纪，佛罗伦萨等地区的商业发达程度日益增强，其经营生产活动开始在世界范围内拓展。这直接分离了所有者以及经营者所处的空间。所有者为更好地监控不处在同一空间的经营者的运营活动，要求分店必须记录好各项会计数据和信息，并及时把这些信息汇报给总店。当时的会计信息汇总主要选择的是文字叙述的方法，大多属于直观的记录和文字的表述。随着航海业发展水平的提高，威尼斯式簿记诞生，但是航海业本身是一个具有极大风险的产业，而且时间不确定，其对于财务信息的实际需要以及所需要的报告形式也有着显著差异。在18、19世纪的英国工业革命时期，生产力的发展达到了空前阶段，并且推动着工业社会的来临。制造业以及大工业如火如荼地开展起来，将单纯复式簿记作为核心的财务会计发展速度更是达到了空前水平。在股份制企业出现和发展的条件下，会计方法呈现出复杂多样的特征，服务对象范围也在增大。股份制的企业将所有权和经营权进行了分离，这就使得所有者需要对经营者的运营管理现状进行跟踪分析，并且要求经营者定期汇报财务信息。原本财务会计只是生产的附带内容，而在此时已经具备了一种独立职能，负责对企业外部利益关系人提供能够满足其需求的财务信息。随着经济的发展，信贷业务出现并且迅速占领经济市场，而在具体的借贷环节必须要明确公司的实际还贷能力，从而确保信贷业务的安全性和稳定性。在同一时期，各个国家相继颁布商法、公司法等相关法律制度，规范了财务信息，同时推动了财务信息管理制度的健全和发展。尤其是英国在1844年颁布的《公司法》明确指出资产负债表的相关内容，这标志着财务信息进入到新的发展阶段，开始将传统的信息发布转变为披露财务报表，而随着社会需求的演变，具体的披露内容和形式会呈现出不断发展和变化的趋势。

从报表种类的层面进行分析，19世纪50年代一直到20世纪20年代选用的报表种类都是资产负债表。投资者会从自身的权益和利益出发，考虑到资金安全，会更多地对资产负债表信息进行关注，且这一报表在很大程度上能够体现企业偿债能力，因此债权人对这一报表尤为重视，会根据资产负债表当中的信息来进行一定的债权决策。20世纪30至60年代选用的报表种类是损益表，因为在这一时期西方企业在筹资过程中主要选择债券股票的融资方式，而不是借助于银行贷款。投资者要进行投资决策必须要考虑到企业能否为自身带来理想的盈利结果，因此会更加注重分析企业的损益表，以此来优化投资决策。20世纪七八十年代，投资者重点关注的报表种类有了较大的变化。这是因为此时外部市场竞争环境压力较大，企业实际运营当中会面临大量的变动性因素，而主要反映企业的财务状况和经营成果的资产负债表和损益表却不能全面动态地反映企业经营的整个过程和资产盈利变化的原因，所以除了要重视这两个表格以外，还要将财务状况变动表纳入到整个报表系统当中，做到三表披露并重。随着经济发展水平的提高，财务报表种类随着需求的变化也在发生着改变，而且财务报表的范围进一步扩大，逐步诞生了财务报告，一直到现在都是获得财务信息的主要途径。

而从财务报告本身来看，其内容和形式也是随着企业规模的扩大而发生变化的。在经济还不发达的早期阶段，还没有出现如今有着较大规模的企业，主要属于私人个体经营，而这一时期财务报告反映的是单一主体的财务状况以及企业运营获得的收益。之后，企业的发展规模不断扩大，甚至出现了跨国企业，在这样的条件下，控股企业除了要结合自身需要制作能够反映财务实际状况的报表之外，还必须要编制合并财务报表，以期能够覆盖和反映整个企业集团的财务状况。与此同时，有着较大规模以及分部的企业出于应对财务风险以及抓好分部管理的目的需要编制分部的财务报告，这些财务报告的种类能够形成补充说明，使得投资人在进行投资决策的过程中获得更加充足丰富的财务信息。

从时间间隔角度进行分析，早期阶段财务报告可以划分到年度报告的范畴，也就是以年为单位来进行财务情况的报告。由于市场变化速度加快，企业兴衰的变数加大，财务信息的使用者不再满足于从一年一度的年度报告当中获知企业的经营信息和运营收益，要求及时获得相关的财务信息，因此在年度报告的基础之上又增加了中期报告。在知识和信息更新速度飞快的互联网时代，企业财务信息报告在时间间隔上会逐步缩短，而且当前也有一部分企业已经实现了日报或者实时财务信息报告。通过这些财务报告信息不单单能够对企业过去的财务运营信息进行全方位的了解，还能够将获得的信息作为依据来及时完成决策。

（二）财务分析的产生与发展

社会对财务信息有着迫切的需要，直接推动着财务分析理论和实践的展开，但对财务分析的定义有许多不同的认识和理解。当前受到普遍认可的财务分析定义是公司内部的财务管理人员或者是公司外部人员借助一定的工具以及经验，同时结合相关的报告资料展开分析判断，预测和判断企业的财务发展情况、运营效果、公司业绩等多个方面的情况，从而做好经济决策。

财务分析从产生一直到现在已经经历一百多年的时间，最初产生于19世纪的中末期，与铁路运输业的迅速发展有着直接关系。铁路一般需要更多的投资和使用期更长的设备，如何合理地计提折旧成为铁路运输业面临的一个重要问题。在这一问题上成本会计师彻底突破了传统的单一统计数据的财务分析模式，选用会计账簿来对铁路运输的运营成本展开计算。为了处理会计提供的大量数据，铁路公司建立大规模的审计部门，并雇佣专职的审计人员对会计信息进行审核。由此，铁路经理、董事及出资者可以利用这些经过审核的数据对铁路的经营情况进行分析评估。除资产负债表之外，他们还以"营业比例"即经营成本占总收入的比值来评价铁路的财务状况，可以说这是最早的财务分析实践。

《铁路财务报表分析》是目前被发现的最早记录财务分析的书籍，有着重要的研究价值。后来，亚历山大·沃尔发表《信用预测研究》，在书中明确阐述比率分析体系。之后，他又陆续出版《信用分析》《财务报表比率分析》《财务报表分析》《如何评价财务报表》《财务报表的主要分析方法》等一系列文章和书籍，对财务分析理论做出了卓越贡献。他提出的分析方法沿用至今，在当前的财务分析实践当中有着非常广泛的应用。

在我国，财务分析是经济活动分析的重要组成，这样的理解持续了较长一段时间。经济活动分析是从苏联引进的，强调针对具体的生产实践活动展开分析，为企业经营者提供财务决策的依据。

财务分析以及管理研究的内容都是财务问题，也因此以往会认为财务分析仅仅是财务管理的一个环节，没有对二者的实际差异进行深入的分析和研究。究其实质，虽然二者都研究的是财务问题，但实际侧重点却各有不同。财务分析侧重的是财务实践活动的结果，而财务管理是一种过程性的财务研究。因此，在研究财务分析的过程中，必须要重视其外延和内涵，不能够单纯将其称作是财务管理的组成部分。

随着社会的进步和经济的发展，企业经济活动范围呈现出逐步扩大的趋势，理财观念逐步深入人心，财务分析也成为评估企业运营发展和效益的关键性工具。没有财务分析，企业内外各方既无法明确企业过去所发生的财务状况，也无法对企业将来的经营前景做出合理的推断。在这样的环境以及条件推动之下，财务分析逐步成为独立性的新兴学科，展现出强大的实用价值，并且与之相关的理论开始应用到经济生活的不同领域，从事财务分析工作的相关职业更是要进行全方位的财务分析知识和技能训练，财务分析学成为高校相关专业的必修课程。

二、财务分析的主体

之所以要对财务报表展开分析，实际是要为有着财务信息需求的各方提供经济决策依据。

财务信息使用者的目的呈现出明显的差异化，主要包括企业管理人员、投资者、债权人、政府、供应商等，他们都属于财务分析主体。

（一）企业管理人员

企业管理人员承担着处理企业经济活动以及管理活动的重要责任。要想对企业的发展现状以及当前企业在发展过程中的优势和不足进行分析，必须借助财务报表信息。由于企业的经营活动涉及面广，因此他们所需要的信息往往是综合的信息，包括企业的盈利能力、成长潜力、财务实力、现金周转情况等。这些信息可以为企业融资、投资及经营等提供决策依据。

（二）权益投资者

权益投资者为企业提供一定的资金支持，而这部分资金在投入之后能够享受到企业收益剩余索取权。也即，在一个持续经营的主体中，权益投资者只有在其他优先索取者（包括债权人和优先股股东）得到满足之后，才享有利润分配权利。权益投资者凭借其拥有的权益比例参与企业的经营管理，在企业存续期间，不得以任何方式抽走资金，并对企业的经营状况承担有限责任。企业和权益投资者要共享利益，同时要共同担当企业可能在运营过程中出现的风险。因此，他们是最主要的财务报表信息使用者。投资者关注企业的财务运营情况以及实际的盈利水平，他们会对财务报表当中的各项财务信息展开分析计算，对资金投入的收益以及在企业运营当中出现的风险进行评估，并根据获得的评估结果给出最终的投资策略，或者是对投资策略进行一定的调整。

（三）贷款提供者

在权益资金不足以维持企业经营活动所需资金时，企业还需要以贷款、发行债券等方式借入资金。在这一过程中，企业必须处理好自身和债权人间的关系，此时财务信息就在其中发挥着关键作用。债权人在最初的贷款审定阶段，财务信息往往为其决定是否放贷及放贷数量提供重要依据。债权人在为企业提供资金支持后，要想按期获得利息和本金的话，必须要全面评估企业还款能力。在评价企业还款能力的过程中，必须要重视对企业财务报表、财务管理状况、短期以及长期偿债能力进行了解及判断，在对这些信息进行整合之后，再最终确定是不是要追加担保和抵押，如果得到的判断结果不够理想，贷款提供者也会考虑提前收回贷款。

（四）政府机构

政府机构出于履行政府社会职能的需要，如进行宏观经济决策、征税、考核、评价时，对财务报表信息产生需求。政府在制定相关决策时不是将财务信息作为唯一依据，如政府对出现财务困境的企业提供免税政策扶持，并不是将财务信息作为其中最为关键的标准，而是考虑到要保障人民群众的就业，维护整个社会的稳定和谐，这是其中关键考虑的因素。

（五）客户及供应商

企业与其客户之间的关系可能采取法律义务的方式（如产品质量保证、服务承诺等）加以规定，但公司是否有实际能力履行这些保证或承诺，则依赖于自身的经营状况。作为企业的供应商，他与企业之间的关系是采购与支付的关系，供应商是否能够及时且足额地收到货款，取决于公司的财务状况。作为企业的客户，他所关心的是企业连续提供商品和劳务的能力，这同样取决于企业的经营状况。因此，财务信息就成了企业客户及供应商的一个重要的信息来源，他们可以根据财务信息来推断公司财务状况，从而做出相应的决策。

（六）企业员工

企业员工重视财务报表分析的原因主要包括以下方面：第一，员工要想确保自身的利益，获得与所处岗位相一致的报酬，必须将立足点放在企业运营效益方面，只有企业的效益得到保障，员工的切身利益才能得到保护。第二，员工岗位的稳定和安全与企业运营情况紧密相连。第三，员工奖励的获得需要得益于企业收益以及经营效益。因此，员工与企业之间每时每刻都存在着紧密的联系。员工对于企业获利水平以及能否获得可持续性发展更为关注，这由员工所处位置和扮演的角色所决定。

（七）社会中介机构

随着社会环境的变化，个人的理财意识逐渐加强，专门服务于投资理财决策的财务分析师、投资顾问队伍也不断壮大，这使财务信息使用者的范围不断扩大。相对于一般的信息使用者来说，他们对财务信息的需求内容更多更全面，分析方法也更为专业。社会中介机构除了包括上述的证券咨询机构外，还包括一些会计师事务所、资产评估机构，在企业进行股份制改造、合资联营、兼并收购、破产清算时，必须足够了解企业财务和运营成效，以便能够得出准确的判断。

三、财务分析内容

不同的利益相关者有着差异化的财务信息，需要各有侧重，但是这一需求稳定不变，出现这一情况有着共同的因素，即这些利益相关者与企业间有着密切关联，力求在企业当中享有自身应该获得的利益和权益。从总体而言，财务分析会根据财务报告当中的各项指标展开，透过这些指标来判断企业的财务以及经营情况，为自身权益的获得提供保障。具体包括以下内容。

（1）分析企业的财务状况。企业各种交易、事项都将对企业的资产、负债、所有者权益产生影响，通过分析财务报告，可以了解企业资产的流动性、负债水平及企业偿还长短期债务的能力，从而评价企业的财务状况。

（2）分析企业的经营成果。利益最大化是企业的运营目标，因此可以透过企业收入成本等相关的信息记录掌握其经营成效。

（3）分析企业现金流动情况。在全面推进市场经济体制的大环境下，企业现金流是否顺畅有效将会直接影响其在市场上所占有的地位和发展的能力。如果企业有着非常充足的现金流转，那么就可以将其应用到生产材料购买和相关方面的支出缓解，但是如果企业的现金紧张，会对正常的生产运营活动的开展产生直接性的影响，延误企业的各项产出，对企业的生存带来巨大威胁，甚至出现破产情况。企业现金流的情况已经成为目前利益相关者普遍关注的一个环节，在市场经济发展的今天有着重要的价值。

（4）企业管理水平分析。企业管理水平直接影响到企业的经济效益，通过财务报告分析企业管理水平，可以明确经营者的经营业绩，更好地实施激励和约束制度。

（5）分析企业的发展趋势。透过企业发展趋势，可以对其前景进行一定的预测，为企业管理者制定战略性的发展策略提供重要的根据。

（6）企业未来价值预测。在进行上述分析对企业内部条件有了较充分认识之后，就可结合企业所处的行业背景，利用一系列的专门方法，对企业的未来价值做出较全面的预测。

第二节 财务分析的前提

一、企业经济活动和经营战略

（一）企业主要的经济活动

披露财务信息的实质是将企业经济活动当中的各项数据以及信息传达到信息需求者的手中，满足他们制定相关决策和采取一定行动的信息和依据需求。企业的经济活动包含着多个方面的内容，具体可以概括成计划、筹资、投资、经营，他们都是确保企业长远运营进步必不可少的条件。

1. 计划活动

计划是连接现在与可预见的将来的一座桥梁。每个企业都有自己的特定目标，为使企业优化使用资源，避免或减少失误，企业必须制定未来的行动计划。要想了解企业发展目标，可以从企业计划、战略、预算等多个方面发现相关信息，而且这些活动都是朝着同一个目标进行的。计划活动包含四个方面的内容：第一，企业想要通过一系列的活动获得的成果和收益；第二，企业开展各项活动必须要遵照的路线和行动规划；第三，企业运营发展的必经过程；第四，企业为了达成一定的经营目标所采取的一系列的措施和策略。一个好的计划主要有以下一些特征。

（1）统一性：企业的计划活动必须要具备一个统筹全局的总体规划，在此基础之上还有其他的细分计划来辅助总体规划和目标的达成。这些细分的计划内容和总体的策划活动构成了一个统一整体，并且发挥着相互促进的作用。

（2）持续性：必须要持续发挥计划活动的引导价值。为了使其指导作用不中断，计划本身也应该保持不间隔的连续性。

（3）灵活性：计划并非一成不变，相反，它应该是相当灵活的，能顺应环境的变化和人们的认识而适当调整。

（4）准确性：计划必须要做到全局性的统筹安排，力求尽可能多的全面考虑影响企业生存发展的因素，并最大化地保障计划的准确性。

在企业的管理活动体系当中，计划是其中的首要要素。如果企业的领导者不做好相关的计划事宜，便标志着他不具备担当领导者的能力。所以，从企业计划或战略规划中，我们不仅可以在一定程度上了解企业有关产品需求、竞争情况、销售战略、管理业绩的现状及前景，可以了解企业领导人员的管理能力。

2. 筹资活动

实现企业计划第一个环节便是筹集资金。为了确保筹资活动的顺利展开，企业必须要准确确定筹资的数额、方法、期限、结构等内容。另外，企业的利润分配政策也往往被视作筹资活动的一个组成部分。因为利润的分配比例决定了企业的留存收益，当期向投资者支付的利润越多，留存在企业的累积利润就越少。筹资活动的信息主要体现在资产负债表的右方，通过观察企业资产负债表的右方，可以了解企业的财务结构，继而了解其资金实力和还款能力。企业能否按计划筹集到必需的资金，往往取决于企业本身的规模、实力和信誉。

在市场经济条件下，企业筹集资金的方式多种多样，如发行股票、债券或通过银行借贷、商业信用等方式。但总体来说，企业筹资主要来自两方面：权益投资者和债权人。投资者注入企业的资金是权益资本的重要组成部分，受到法律的保护，而且企业可以对其进行有效调配和恰当利用。

权益投资者之所以能够给企业提供资金，是在对风险和报酬的权衡之后的选择，他们希望从被投资的企业中获取一个合理的报酬，包括从企业获得的收益分配和从资本市场中获取的资本利得，但他们的收益不固定，需视企业的未来收益水平而定。投资者要想参与到具体的经营管理活动当中，需要将权益比例作为重要依据。债权人提供的资金构成企业的债务资本，它是企业依法筹集并按照约定使用、按期归还的资金。债权人的报酬在贷款合同中约定，企业债权人有权按时索取本息，但若借款企业经营失败或破产，债权人也存在借贷风险。债权人不能够参与到企业具体的经营管理活动当中，也不享有税后收益分配权。

3. 投资活动

筹资活动为企业实施计划提供了必要的资金。当企业筹集到所需资金之后，要将其投入运营，以便能够凭此获得较高的经济效益。投资可以分为广义投资和狭义投资。广义投资的概念包含的是对内投资的相关内容，而狭义的投资仅指对外投资。在开展投资活动的过程中，需要将规模、方向以及具体的方法进行精心的选择和确定，这是关系到企业长远发展的重要因素，在企业各项经济活动当中占有举足轻重的地位。从某种意义上说，它应该先于筹资活动。因为有计划的商业活动必须有事先的投资计划，在投资计划确定的情况下，才能根据投资内容确定投资规模，并进一步确定与此相适应的筹资规模和筹资方式。投资活动对企业资产规模和构成起到决定性作用，而企业在具体的投资当中，要选用怎样的结构以及方案，也会直接影响到企业能否达到预期的经营效益目标。

从整个资产负债表的结构来看，要想获知投资信息，可以重点分析左方位置当中的信息，从中能够分析并且获得企业资产以及投资结构的相关内容。投资活动作为企业的一项基本活动，其投资总量和投资构成信息无论对于企业内部使用者还是外部使用者都是极其重要的信息。

4. 经营活动

经营活动是指在必要的筹资和投资活动已经开展，即资产已经购置、所需资金已经筹集之后，对企业计划的实施活动。这类活动往往体现为企业的日常活动，主要内容包括研究开发、采购、生产、销售和人员、设备管理等。企业必须根据计划和企业自身所处的行业、经营特点来合理组合各项资源。经营活动的一个最重要的内容就是充分利用和协调已有资源，使企业各项活动得以顺利开展，使履行各项不同职能的各个部门能够承担相应的责任，并做到相互衔接，相辅相成。比如，供应部门了解本部门在什么时候应该提供什么；生产部门知道它的生产任务；维修部门要调试好各项设备以及相关工具，使其能够满足日常生产运营活动的实际需求；财务部门及时提供必要的资金；销售部门承担着销售企业生产的各项产品的责任，并且需要协调好与客户之间的关系，做好客户管理和跟踪的工作。企业经营活动的实施是否顺畅有序，关系到企业整体的管理效率和质量，也会为企业的管理策略调整提供有效依据。如果资源条件相同，差异化的管理工作所获得的绩效水平也会有着明显的不同。如资金周转的速度和企业的收益呈现正比例的发展关系，在一定时期内资金周转越快，就越能够利用相同数量的资金，生产出更多的产品，获取更多的收益。

（二）企业经营战略

企业的上述经营活动不仅受到经营环境包括行业背景的影响，也受到企业自身经营战略的影响。或者说，处于不同的经营环境，其经营战略也应是有差别的。如何在所处的经营环境中寻找自己的合理定位，以获取自身的竞争优势，成为众多企业面临的一个重要任务，直接关系到财务成果。如果对企业的经营战略进行分类的话，可以将其划分成以下三种。

（1）成本领先战略

成本领先战略在企业的整个经营战略选择当中处于重要的地位，这一战略的实施必须要提高生产设施的规模及效率，结合先进完善的经营经验力求最大化地减少成本支出，加强对成本和相关管理支出的控制水平，在降低成本费用的前提之下让企业赢得成本优势，同时提高成本优势的持续性以及长远性。要想达成降低成本费用的经营目标，企业可以根据自身的发展需求采用多样化的方法，如提升生产效率、实现规模生产等，同时要安排好经营活动的各个环节，从产品的开发一直到最后的销售服务都要全程跟踪和管理，力求达到成本领先。虽然针对企业发展而言，质量以及其他的条件同样是不能够忽视的，但是在成本领先战略的贯彻落实当中必须要最大化地降低成本，以便在成本竞争当中力压对手，获得显著的竞争优势，提高客户的黏性以及市场占有量。

（2）差别化战略

差别化战略强调的是企业要实现差别化的运营，也就是生产和销售的产品或者服务要能够突出企业特色，并且在整个产业范围当中有着独特性的特征，使自身的产品或者服务与其他企业所提供的内容有较大的差别。实现差别化战略可以有多种方式：运用独特性的生产技术、提供个性化的售后服务、改善产品性能运用等。将这一战略应用到企业经营当中，能够提升产品的销售成效，增强企业利润的获得水平。但是，为延长差别化战略的实施时间，有效防止竞争对手的模仿，在建立公司的差别化战略的活动中，往往需要耗费较大的成本，这就造成虽然很多的消费者了解产品的独特和优势，但其高成本所导致的高价格也会阻碍其产品的销售，最终影响到企业的经营效益。

（3）目标集聚战略

目标集聚战略是企业经营战略当中的一种常用手段，强调对市场进行细分，提高运营战略的目标性和针对性。在这一战略的实施过程中，企业在生产产品或者提供服务时，必须要为这一目标的达成服务。这一战略实施的理论基础是：企业业务活动的展开实现专一化，而在此推动之下会使得整个生产活动效率大幅提升，并在这样的基础上使得成本大大降低。专业化运作水平越高，企业的目标客户群体的壮大水平也会相应提高，同时在成本上也获得了优势，对此企业的盈利和经营潜能能够实现最大化的发挥，让企业在激烈的市场竞争当中脱颖而出，免受多个竞争对手的威胁及制约。

当前，企业经营战略的理论及实践不断发展和推进，在这样的条件下，核心竞争力被放置在较高的发展位置，并且成为当前企业经营战略当中的一项重要内容，其关注度更是达到了前所未有的程度，是企业获得竞争优势，实现利润最大化的必备实力。核心竞争力体现出企业多个方面的综合性优势，彰显着企业的核心资源，具体有着三个基本特征。

（1）用户价值。满足用户的实际需求，并为其提供具体的效用和优势。

（2）独特性。企业核心竞争力必须要突出和整合自身的特色以及优势，有着独树一帜的气魄。

（3）延伸性。一个出色的企业战略必须是对企业拥有的资源、业务和结构等相互影响的因素进行精心架构的系统，也是开发、识别、培育、保持企业核心竞争力的重要保证。

二、从经济活动到财务报表

经济活动有着复杂性的特征，要想对其中的信息进行全面的报告往往无法实现。事实上，企业从事的一些经济活动具有保密性，详细披露这些活动有损企业的竞争地位。而企业的会计系统提供了对经营活动加以挑选、计量并汇总为财务报表数据的机制。从经济活动一直到财务报表实际体现的是信息的生成和过渡，即从原本对整个经济活动的信息进行记录，转变为对会计信息进行收集和整合。要想了解报告当中数据的相关含义，必须先了解报告的形成过程，这是报告分析的出发点。

（一）会计核算的基本前提

会计核算的基本前提实际是为确保会计工作顺利实施，增强信息质量以及安全性所给出的一系列限定。有了坚实的前提条件，才能够进一步优化会计核算规程，保障核算的质量和效率。

（二）会计核算的内容与方法

1. 核算内容

（1）款项和有价证券的收付；

（2）财物的收发、增减和使用；

（3）债权债务的发生和结算；

（4）资本、基金的增减和经费的收支；

（5）收入、费用、成本的计算；

（6）财务成果的计算和处理；

（7）其他事项。

2. 核算方法

会计工作的基础环节就是核算方法，是反映及监督会计对象所采取方法的总和。核算方法的准确性会直接影响到会计工作的质量，因此提高方法的精准度必不可少。具体的核算方法有以下几项内容。

（1）设置会计科目

设置会计科目实际上是为方便分类核算，更加具体全面地展示出会计对象所包含的内容。

（2）复式记账

复式记账是处理企业经济业务的重要方法，这一方法的好处主要表现在两个方面：一是能够细致呈现账户之间的对应情况，方便了解经济业务的起因、经过和结果；二是依据账户平衡关系查看业务记录的准确程度。

（3）填制和审核凭证

会计凭证在登记账簿的过程中是重要的凭借，细致记录了各项经济业务，也是在实际工作当中确定各方经济责任的重要依据。

（4）登记账簿

账簿当中记录了重要的会计数据和信息，是会计工作的工具，而登记账簿必须以凭证为根据。

（5）成本计算

成本计算是计算企业生产和经营活动花费成本总和以及单位成本的方法。

（6）财产清查

财产清查的根本目的是要确保账实相符，而要实现这一目标，需要细致全面地对实物进行盘点调查，并且认真核对相关的会计账目。

（7）编制会计报表

会计报表是根据账簿记录定期完成编制的，能够对企业以及单位的财务情况运营效益成本支出等进行总体反映。

三、财务报告要素

（一）财务状况要素

财务状况的含义是企业以及单位资产和权益构成情况，从中能够评估企业财务素质，同时包含着以下内容。

（1）资　产

资产是企业的重要经济来源，能够采用货币计量的方式进行计算，对于企业的未来运营和发展起着突出作用。

（2）负　债

负债实际上指的是企业债务能够用货币计量的方式计算，并且要求企业通过劳务或者是资产的方式来予以偿还，具体可以将其划分成流动和长期负债这两种类型。

（3）所有者权益

所有者权益是投资者对企业净资产所持有的所有权。

（二）经营成果要素

经营成果展示了企业的盈亏情况，体现出企业收入和成本相抵扣之后的收益情况，主要包含下面几个重要因素。

（1）收　入

收入指企业由于销售产品、提供劳务及提供他人使用本企业的资产而发生的或即将发生的现金（或其等价物）的流入，或债务的清偿。除了有营业收入以外，还包括具体的投资收益。但若从狭义上对收入进行界定的话，收入往往指的是营业收入。

（2）费　用

费用是为企业获取收入而产生的耗费的总称。企业要想获得收入，必须要进行一定的成本支出，这其中所发生的一系列耗费就是企业必须要支付的费用。狭义上的费用指的是资产耗费，广义上的费用除资产耗费以外，还包括所得税、营业外支出以及投资净损。

（3）利　润

利润能够展示出企业在一定时期内的整体经营成果，是在企业收入当中扣除掉费用之后的剩余。如果将费用和收入配比作为分类依据，可将利润划分成净利润、营业利润以及利润总额；如果将利润构成作为分类依据，可将利润划分成投资净损益、营业净收入这两个方面。

上面提及的这几个因素有着密不可分的关联，如果用会计等式对其进行直观表示，可以表示成：资产 = 负债 + 所有者权益。

基本会计等式能够直观呈现资产归属，为设置具体的会计账户、利用复式记账方法处理会计数据信息以及制作报表等方面提供重要依据。由于收入和费用变动的经济业务会对会计等式产生影响，因此基本会计等式可转化为下列扩展的会计等式：

$$资产+费用=负债+所有者权益+收入$$

或：

$$资产=负债+所有者权益+利润$$

（三）上市公司财务报告主要内容

审计报告、会计报表及其附注共同构成了上市公司财务报告的主体内容。审计报告由注册会计师编制完成。在编制的过程中，要求注册会计师能够对年报当中涉及信息是否真实可靠以及整个报告编制是否与规范相符合进行客观全面的评估，并将评估后获得的信息制作成专业的报告来交给投资者，也就是形成一份严谨的审计报告。如果审计报告当中显示拒绝表示意见或者是给出了否定意见，那么在年度报告摘要当中需要将完整的报告、会计报表及其附注体现出来；如果审计报告当中显示保留意见或者有这部分的解释说明，那么在年度报告的摘要当中需要将整个报告的全文、会计报表以及相关的解释附注公布出来。整个会计报表需要包含母公司以及合并会计报表这两个模块的内容。上市公司在编制会计报表附注的过程中，必须严格依照《会计报表附注指引》来完成，其中涉及的内容必须完整真实，并且与上市公司的会计情况确实相符。

三、五大市场与会计信息重要性

詹姆士·佩顿在自己的研究理论当中，对会计收益信息的作用进行了分析和具体阐述。值得一提的是，其重点指出了五个市场，使得会计收益信息作用的呈现更加真实可感。一是权益资本市场。会计收益和企业市场价值息息相关，收益对价值的影响程度极大；二是债务性资本市场。会计收益在签订债务合同等过程中起着举足轻重的作用。三是劳务市场。会计收益能够作为评价业绩的标准，在整个业绩评价系统当中有着巨大的影响力。四是材料产品市场。会计收益会让企业之间的具体交易和互动受到直接影响和关联。五是政治市场。会计收益在很大程度上会与政府相关决策挂钩，尤其是与企业发展息息相关的层面，如管制、税收等。要展开具体财务分析，前提条件是掌握这五大市场以及它们和企业经营有着哪些关联。

（一）权益资本市场

权益资本市场是权益资本筹集的主阵地，更多的是体现在股票市场方面。股票市场形成于16世纪的欧洲，它随着股份公司的产生而产生。股票市场包括两个部分：一是股票发行市场，也称作一级市场；二是股票交易市场，也称作二级市场。这两级市场所筹集资金的类型有着明显的不同，但彼此之间相互关联。一级市场新股发行使得二级市场的活动有了明显的交易对象。二级市场通过股票交易实现了股票的流动性，满足了投资者的变现需要或重新选择股票的需要，从而确保了股票市场的存续和发展。

二级市场股票交易价格信息尤为关键。一级市场的股票发行价格固然是由发行公司根据股票的票面价值、以往的收益情况等因素决定，但是更为重视参考二级市场的股票交易价格，并且将其纳入到一个非常关键的考虑环节；二级市场股票交易价格又对许多方面产生影响，如新股的发行价格，公司并购的时机选择和相关成本，投资者的投资成本、投资收益、投资风险等。可见，股票交易价格的形成受多种因素的影响，如公司的发展前景、公司的财务状况和经营业绩、公司股利政策、公司经营风险以及公司管理水平等。如果从短期层面上看，公司股票价格受到供需影响或者和投资者预期直接相关，甚至在股票市场不完善的地方，股票的交易价格可能受投机者的追涨杀跌而完全呈现暴涨暴跌的行情。究其根本，股票市场交易趋势和价值规律变化有着明显的一致性，因此能够成为经济运行情况评估的依据。而反映企业经营状况和业绩的财务指标，便是决定其内在价值的关键因素。

（二）债务性资本市场

债务性资本市场是债务资本筹集的空间。通过买卖各种信用工具而进行货币资金的收集、发放、转换等活动，债务性资本市场可以实现社会闲散资金向生产经营性资金的转化，有助于增强资金的利用率，提高资源的优化配置水平，最大化地发挥资金以及资源的效用。

若按照融资期限进行划分，债务性资本市场可以分成短期和长期资金市场两个类型。前者设置的融资期限是一年以内，而后者的融资期限是一年以上。

会计收益会影响到签订债务契约。以债券的发行为例，其中的重要环节是确定债券发行价和票面利率。在确定发行价格、票面利率时，除发行时的市场利率之外，企业或债券本身的信用等级也很重要，因为企业或债券本身的信用等级将直接影响到公司的筹资能力和筹资成本。一般信用等级越高，投资者面临的风险越小，购买债券的人越多，公司筹集资金的数量越多，其筹资能力就越强。另外，企业信用等级和筹资成本呈反比。债券的信用评级一般由独立的信用评估机构进行测评，其主要依据是企业所处的产业前景、企业的财务指标、发债公司与债券持有人之间签订的信托契约等。其中，企业的财务指标又是一个最重要的衡量指标。

（三）劳务市场

现代社会当中的企业形式多种多样，其中普及性和普遍率较高的形式就是股份公司，其主要特征是经营权和所有权分离，因此在股份公司当中存在代理关系，这是股份公司的重要特征。股东选择把自己的资金投放到企业当中，并由此获得剩余索取权，但是股东不能够干预企业实际经营实践，不享有实际的参与权。经营者承担着经营以及管理企业的责任，但属于支薪阶层。无论是代理人还是委托人，都将实现利益最大化作为最终的目标，并且为实现自身利益获得的目标而展开一系列的管理和运营活动。股东渴望企业获得丰厚利润，实现利润最大化，以此来让股东的投资收益达到理想化水平；经营者渴望最大化地发挥自身价值，在物质以及收入等方面达到理想化。如果他们的利益追求不一致，极容易产生系列的道德风险，出现逆向选择的不良问题。为了有效避免这一情况的发生，企业必须恰当地处理好委托代理的关系，并积极构建与企业实际相符的约束和激励机制。

从激励的层面进行分析，激励机制涉及多个方面，主要侧重于薪资、职务以及奖金的提升，这些都与相关利益者有着直接的关联，并且是他们普遍关注的内容。为了确保激励机制的顺利进展和运作，必须要保证经营业绩评价的合理性和有效性，只有获得积极性的业绩评估，才能够真正实现激励性的目标。如果存在信息不对称的问题，要想评价经营者的业绩，需要借助财务报告。相关的研究证明，有关盈利能力的财务会计指标在管理报酬合约当中的使用频率极高，并且成为财务指标系统当中的关键性内容，与激励机制发挥作用有着密切的关联。

从约束的层面进行分析，除从公司内部对经营者进行直接的监督外，来自外部市场的监督也是极其重要的，这些市场包括股票市场、劳务市场和产品市场。如果经营者能够充分实现自身的效用和价值，有出色的经营成果，那么在整个股票市场当中可以明显看到股价上升，而相应经营者的身价也会有显著的提升，该公司产品的销售成效也会愈加显著。但是，如果经营者没有发挥自身价值或者是企业经营失败，则会表现出经营者的能力不足，他们的身价会大受影响，甚至面临降职和解雇。评价经营者经营的成功与否，会计收益是关键因素。

（四）材料产品市场

企业所开展的主体性活动内容就是生产运营，因此必须要根据产品生产的需要来完成材料的采购，之后再将所生产完成的产品销售到市场当中。企业要想获得生产产品所需的材料必须要从材料产品市场当中进行购买，将这些材料进行有效加工制成成品，最终将产品投放到产品市场，以实现产品价值。材料购买一直到产品生产和完成销售这整个过程形成了产品成本，而在材料产品市场当中所采购材料的成本也将会直接关系到产品成本，同样，产品成本又会影响到具体的销售及企业盈利水平。而所有这一切，都需要通过财务手段加以计量。在市场经济改革深入发展的大环境下，整个社会竞争激烈。企业要想获得经济资源，必须与产品的开发商、供应商、销售商及用户构成一个整体，而这一整体之所以能够稳固地维持下去是依靠核心产品、技术或者是服务。从这个角度出发，企业不仅要在产品销售市场构筑自己的竞争优势，了解顾客的喜好、满意度及忠诚度，还要处理好关系网，与整个关系网当中的各个层次保持密切的交流和互动。

（五）政治市场

市场经济体制改革的核心内容是市场在资源配置当中发挥基础作用，因此各项经济活动必须要遵循市场规律。各利益团体或个人虽然有各自的利益追求，但由于市场机制和价值规律的作用，他们只能按照各自创造的价值量和在市场上实现的收入量或依据其在收入实现过程中所做出的贡献大小来获得相应的收益。市场在实际的发展过程中出现市场调节失灵的问题是存在的，又或者是整个市场发育水平较低进而扭曲了相关利益主体的贡献时，如果仍然依靠市场发挥主导性作用是明显不足的，这就需要政府发挥自身的宏观调控作用。政府可以对相关的市场条件以及问题进行分析和研究，并提出有针对性的政策，促使企业恰当地进行资源的配置。要注意的是，政府在设置税率、利率等对企业经济活动有着直接影响的内容时，必须综合考虑统计信息，并且将其作为重要的依据。在整个统计信息当中，财务信息是关键内容。

四、有效市场与财务信息披露制度

在中国的整个经济体系当中，证券市场扮演着重要角色，而且在经济发展中发挥的作用更加强大。证券市场发展效率将会关系到会计信息披露的方方面面，尤其是财务信息质量。与上市公司经营密切相关的大部分的利益相关者要想获得上市公司真实可靠的财务信息，会更多地选择借助财务报告。上市公司股价是否可以真实地对公司的财务状况和企业的发展效益进行有效反映，对财务分析准确度和科学性产生直观的影响，同时关系着资源以及财富的具体分配。对此，深入探究证券市场效率是当前的工作重点。

（一）有效市场理论

有效市场理论系统所涉及的主体内容是一系列与市场效率有关的内容。要想评价市场是否有效，其中一个非常重要的标准就是要评估证券价格能否反映真实财务信息。有效市场理论的另一种表述是：不存在未加利用盈利机会的市场被称作是有效的资本市场。从很大程度上看，证券市场有效可以直接证明市场运行以及资源的配置是有效的。证券价格所反映出的信息有着明显的差异，以此为依据可以对证券市场进行下面几种形式的划分：

1. 弱式有效市场：股价反映过去记录信息的全部，但是股价发展趋势和变化呈现出独立的状态，在这样的有效市场当中，投资者难以根据股价历史变化和走向获得超额利润以及理想化的收益。

2. 半强式有效市场：证券价格反映并且记录全部历史信息和全部公开发表信息。在这一市场上，在公布了与企业相关的各项财务信息之后，证券价格将会进行快速调整，并且最终到达应有水平，这使得投资者难以根据全部公开发表信息获得超额利润。

3. 强式有效市场：与企业相关的信息有着十分广泛的传播范围，所有的投资者都能够轻易地获得这些信息，而且证券价格能够反映出全部信息。在这一市场上，投资者不能够依据全部公开发表信息和内幕信息来达成获得超额利润的目标。

有效市场应具备三项条件：一是无证券交易成本；二是所有交易者都能够享有信息知情权；三是对于决定目前股价及未来股价的信息含义，众人预期一致。

（二）有效市场与财务信息

按照市场有效理论当中的相关知识和内容，能够非常清晰地了解到信息在市场效率的提升方面有着关键性价值。美国会计学会制定的《公司财务报表的会计和报告准则》中就对其展开了非常详细的阐述："收集和传播与企业相关的财务信息内容是会计职能的核心。"会计数据的作用可以体现在两个方面：一个是决策者可以在众多的备选方案当中展开选择，优中选优，最终确定出最佳的行动策略；另一个是使合同双方之间的缔约更加容易，因为合同中的部分条款可以会计数据来定义。在整个证券市场当中，上市公司要想对自身的盈利水平、财务运营以及管理现况进行展示，会对财务信息进行披露；投资者通过财务报告了解投入资本的保值增值情况，评价公司经营状况，预测公司发展前景和发展潜力，决定资金投向；注册会计师会细致审查报告公允性，确保其中的会计信息准确完整；中介机构负责对财务报告当中的信息进行整合，使得投资者在进行投资决策时能够有所凭借。当然，财务信息能够帮助人们做出正确决策的前提是在一个有效的市场上。会计准则的制定基础就是要确保市场有效，要求企业所完成的财务报告能够真实、全面地体现出自身的实际发展状况，确保会计信息能够在股价当中进行直观体现。在这样的条件保障之下，才会使得投资者不会由于信息不对称而出现损失和风险，最终获得理想化的收益。可以说，在有效市场的基础之上，如果财务信息真实可靠且完整，那么它可以帮助人们准确区分企业优劣，有效降低甚至完全消除利益相关者决策当中的未知因素和不确定性内容，保障资源的优化分配，提升资源配置的效率和效果。但是，如果财务信息不真实或者是不符合企业实际情况，极易让投资者遭遇风险和损失，甚至带来不可挽回的后果，出现投资者纷纷退出市场的局面，最终使得整个市场萎缩，制约整体经济发展水平。

股票市场是整个证券市场的核心内容。股票是一种有价值的证券类型，其原因在于股票有着投资者希望的一类属性。如果从通行财务理论层面进行分析，股价的确定是未来现金流按照既定贴现率折现所最终呈现出来的价值。对此，投资者要想让股票符合自身的属性要求，必须要收集和分析企业的未来现金流量状况，从这些数据当中分析出有助于投资者决策的内容和信息。未来的发展有着无限的可能性，那么未来的现金流量信息只能是一种基于现有信息以及对企业所处行业、发展战略进行综合分析后的估计信息。在这样的情况下，为更好地对未来的企业发展状况进行预测，仍需要对企业过去的财务信息展开分析。因为这些信息虽然属于历史信息，但是仍然存在着一定的预测价值。对此，投资者受到这些财务信息的影响直接促成股价的改变。如果要对上市公司股价和财务信息之间存在的关系进行分析，可以从两个方面进行具体的论述：一是股价能否快速针对财务信息做出反应和调整；二是股价能否按照预期对财务信息做出反应和调整。

事实上，有效市场理论只是为我们提供了一个合理预测理论模型，一种信息处理和分析的框架。一方面，现实世界的证券市场并未达到真正有效；另一方面，也不能保证特定的主体能够正确理解和处理信息。经营权和所有权的分离，使整个企业置身于管理者的掌控之下。由此，管理者会更加了解企业的运营状况以及当前的发展现状，也会更加准确地预测企业的前景和发展趋势。但是，投资者和管理者之间的利益存在明显的分歧，在分歧的影响之下，管理者会更多考虑维护好自身权益，因此在呈现财务信息的过程中会给出一定的干预，使得财务报告的可信度和信息可靠性有待考量。同时，在财务报告的制定过程中，在审计、会计规范等方面会存在或多或少的问题，这使得证券市场以及财务分析的有效性大大降低。近30年来，针对发达国家证券市场有效性展开了大量的研究和实证调查，发现很多不符合有效市场的现象，具有代表性的现象有"日历效应""星期一效应""规模效应"等。

就我国证券市场的发展状况而言，股价和企业真实价值之间也存在着很多不相符的情况，也就是说股价难以形成对企业真实状况的准确性反映，财务信息的披露缺乏完整性和可靠性。这些问题的存在，充分提醒我们在进行财务分析时，不应拘泥于已有的理论概念和条条框框，而应该建立灵活的投资观念和投资策略。

（三）财务信息披露制度的演进

信息披露制度是对上市公司展开细致全面财务分析的一项重要制度类型，企业会将重要的财务信息用公开报告的方式让投资者知晓，而企业提供的这些信息会直接或者间接地影响到投资者制定的决策。通过对西方的财务信息披露制度进行分析和调查，可以将制度的演进划分成以下几个阶段。

（1）19世纪30年代以前：自由放任时期

15世纪末，伴随着欧洲许多资本主义国家贸易规模的日益扩大，一种与此相适应的新的组织形式——股份公司逐渐诞生。1602年，荷兰也成立了东印度公司。之后，法国、丹麦等欧洲的重要国家都效仿这一做法，积极成立股份公司，并在公司内部全面实施股份制制度。此时，大量的股份公司产生并且获得了较为快速的发展，这直接推动了证券以及证券市场的产生。从证券交易所诞生之时一直到19世纪30年代，各国企业规模越来越大，许多股份公司通过发行股票和债券筹集资本，使证券市场的供给能力不断增强。就当时的股票市场而言，往往被认为是新兴事物，人们不能够正确认知其经济价值，也没有对其进行深入的分析和研究，在这样的现实下，投资者不需要获得会计信息，发行股票的公司没有披露信息的动机，政府对会计信息的披露也没有加以任何干预。

（2）19世纪30年代至20世纪20年代：制度初建时期

18世纪初，由于缺少必要的信息披露和管制，英国股票市场投机风气渐浓，随后发生的"南海公司事件"等一系列由会计舞弊引发的公司倒闭案，让英国的股票市场风雨飘摇，其根基更是大为受创。一系列的公司倒闭案件让大量的投资者遭受到了风险和损失，也使他们深刻意识到会计信的关键，想要获得真实完整的会计信息来有效避免风险和损失。1844年，英国颁布《合作股份公司法》，它的颁布有着里程碑式的意义，标志着信息披露制度初步在法律层面上确立下来。该法规定：董事必须要承担好自身的义务，认真做好账簿登记工作，并制定内容完善的报表，之后将其呈交给公司的监事来完成审计工作。最后，在正式的股东大会召开之前，把监事审计工作完成之后得到的审计报告以及资产负债表副本共同提交到负责官员以及股东的手中。之后，欧洲大陆一些经济发达的国家纷纷效仿。美国在证券市场发展初期，一些股份公司出于筹资的目的，开始以股份公司的自愿性信息披露的方式，向投资者公布企业的相关信息，并且所披露财务信息的内容、时间、对象等可以由上市公司自行决定。

（3）20世纪30年代以后：发展与完善时期

1929年，华尔街股票市场发生了大危机，出现股票市场崩盘的不良事件，究其原因，主要是会计信息披露制度存在很多不健全的地方。这一情况让投资者大为受挫。对此，美国在1933年、1934年分别制定落实《证券法》《证券交易法》，这些立法除了强调充分披露外，还强调这些披露的内容必须真实，否则相关责任人应承担法律责任。在这之后，美国成立专门的证券市场监管机构，即SEC，这一监管机构根据具体的市场发展要求制定出合理有效的会计规范，并对上市公司财务报表的内容以及格式进行具体化的规范，同时借助会计职业界力量，制定出公认会计准则，使得整个的信息披露方式发生彻底性的变革，向着强制性的方向转变。美国会计职业界在制度建设以及完善的过程中发挥了重要的作用。会计职业界进一步深化了对披露制度的分析和研究，并通过大量的实证调查和经验总结制定出系列的公认会计准则，使得原本的披露制度得以完善和发展。除此以外，还在审计规范的构建以及健全方面发挥了重要的推动作用，不仅针对审计程序的优化成立委员会，还在这一机构当中制定及公布审计准则，为最终形成完整化的公认审计准则奠定了坚实的基础。自此之后，美国信息披露制度的水平已经有了大的飞跃，使得整个股票市场的有效性大大增强。英法等国家在美国的影响之下开始吸取经验教训和借鉴其中的优秀做法，制定出与国家股票市场发展相适应的披露制度，标志着当前已经进入披露制度完善发展的阶段。

（四）会计信息披露制度基本框架

披露制度基本框架在实际的设计和制定过程中是把美国的相关披露制度作为借鉴的主要目标，而基本框架具体包括以下三个方面。

（1）证券立法

证券立法主要从强制披露、强制审计、法律责任这几个方面对信息披露进行规范和完善。在基本证券立法层面上看，美国的主要法律是《证券法》《证券交易法》。我国相继颁布实施的《股票发行与交易管理暂行条例》《公司法》《证券法》等都是从上述提及的几个方面出发来对信息披露进行立法建设和法律制度体系构建的。例如，针对强制披露，我国的《证券法》在二十五条当中这样强调：在对证券发行申请进行资格审查的过程中，必须严格按照法律法规当中的要求先发行募集文件，让广大公众能够对这些文件进行阅读，从而了解到这些会计信息。针对强制审计，我国的《公司法》在一百六十五条当中这样强调：公司必须严格依照要求编制年度的财务会计报告，并将报告呈递给会计师事务所，使得专业的会计师能够对这一报告进行审计，并完成对应的审计报告。

以上主要是针对公开发行股票的上市公司。如果公司不属于公开发行股票的上市公司，可以按照《公司法》当中关于其他类型公司信息披露的制度要求来严格执行，如在一百六十六条中规定:"有限责任公司需要严格遵守公司的章程并执行其中针对财务信息披露的制度规范。股份有限公司要在股东大会年会召开之前的20天呈递财务会计报告,使得股东能够及时地对这些信息进行阅读。股份有限公司要将财务会计报告予以公告。"

（2）会计信息披露规则体系

会计信息披露规则体系的制定,实际是为,规范上面所提及的证券立法,使得企业能够严格依照披露规则的要求进行实际的执行。这一体系和会计准则体系不同,会计准则体系主要做好的是会计信息计量和确认到相关规范事宜,但是这一体系针对的是具体的披露规则。美国在这一规则体系的设置和执行上走在道路前沿上,而且规则的制定十分细致和完善,除在《S-X条例》和《S-K条例》当中对财务和非财务的报表信息进行格式以及内容的规范以外,还颁布了《会计系列公告》《会计与审计公告》等系列规定,为更加具体地规范信息披露提供指南。在中国,针对信息披露的规则体系主要侧重在下面两个规定上,即《公开发行股票公司信息披露实施细则》《信息披露内容与格式准则》。另外,证监会也会根据实际信息披露的具体需要不定期发布补充规定或者指南。

（3）会计准则体系

美国会计准则体系具体包括财务会计的概念框架和公认会计准则,而且已经发展到了较为成熟的水平,发展历史较长,与我国相比有着明显的优势。我国会计准则体系同样包括两个方面的内容:《企业会计准则（基本准则）》和具体会计准则。2006年2月15日,财政部将修订完成的《企业会计准则——基本准则》及具体准则进行了公布和落实后,为满足实际工作的需要,又给出了相关解释和指南,完成了大的信息披露制度改革工作。此次改革推动了我国市场经济体制的深化,构建出与国际准则水平大致相当,且系统完善的会计准则体系,对那些与企业相关的符合我国企业具体发展需要的各类规范和准则有着里程碑式的意义。这一准则一经公布和实施,对于上市公司信息披露水平的提高有着巨大价值,也使其会计实务步入规范化的发展道路。

（4）审计准则体系

美国审计准则体系包括审计基本准则、具体准则和指南。我国在1993年颁布实施《中华人民共和国注册会计师法》用来替代《中华人民共和国注册会计师条例》。1988年,我国成立专门的注册会计师协会,并先后颁布多个专业标准。从1994年开始,我国注册会计师协会又制定颁布有着极强独立性的审计准则,用来补充修订执业规则。

我国信息披露制度规范集中在《证券法》《公开发行证券的公司信息披露内容与格式准则》。前者专门针对信息披露的相关问题给出了具体的规范和要遵循的标准:第一,要求信息披露工作的实施必须要遵循真实可靠、全面、准确的原则,严禁出现虚假记录或者是存在误导性内容的问题发生,以免给信息披露工作质量带来不良影响。第二,要求信息披露内容必须要包含中期财务报告以及年度性的财务报告,同时对其中涉及的法定内容进行细致的陈述。第三,法律当中强调,如果因为违反相关披露原则而造成投资者损失甚至是不可逆转后果的情况,必须要严格依照赔偿责任当中的要求承担赔偿责任或者相关连带责任。第四,主要是关于公告信息刊登方式和公众查阅场所。后者主要就信息披露的整个过程做了详细的规定,包含了从内容到格式的多方面信息。

在整个大的证券市场当中,信息披露来源有着多个渠道,而且涉及的来源内容更是种类繁多，但是针对信息披露的规范始终秉持强制性的特征和原则，其原因在于信息披露的工程中容易出现信息不对称的问题，而一旦发生这一情况，极有可能会被这些信息误导或者是出现内幕交易的情况。一旦出现投资者和管理者利益冲突的情况，而有这些强制性的规则约束就不会对整个市场的运作稳定性造成影响，通过借助会计规范和审计的方式就能够维持正常的市场运作状态。经营者可以通过对会计规范的分析和研究，掌握合理有效的会计决策手段和技巧，从而在制定相关决策时把握正确的方向。审计工作的实施，可以形成对经营者的有效督促，使其能够严格依照规范来展开管理活动，有效减少盈余管理发生的情况和概率。但是，财务报告使用者有着差异化的信息需要，如果为其提供统一性的报告模板，难以有效满足其个性化的需要，且审计工作人员所掌握的信息毕竟有限，种种因素使得管理者要想借助财务报告和投资人员展开互动交流会出现较大的障碍。另外，强制性的信息披露容易出现系列的负面效应，如公司迫于强制性的压力公开原本属于商业机密的信息，这不仅会影响到竞争的公平性，还会对企业的长远发展带来致命影响。总而言之，信息披露有着自愿性和强制性的矛盾，而要想解决这一矛盾和冲突，还需要在制度建设当中对相关的规定进行调整和优化，在相关规定当中注明不限于此，以给自愿披露留有余地。

整个证券市场处在不断发展和变化的环境当中，企业生存的外部环境也有着明显的复杂性，上市公司要想在这样的条件下获得发展，必须要考虑到投资者的实际需求，提高与投资者沟通互动的有效性，同时进一步强化自身的竞争力，凸显出独特的竞争优势，吸引更多的投资者，进一步强化自愿披露信息的主动性和自觉性，在具体的实践当中不断进行优化创新。

五、财务分析资料获取来源

上市公司财务信息的强制披露制度为财务分析资料的获取提供了很大方便，具体包括以下几种途径。

（1）证券监督委员会指定报刊：《中国证券报》《证券时报》《证券日报》《证券市场周刊》等。

（2）主要发布网站：上海证券交易所网站、深圳证券交易所网站、中国上市公司资讯网。

上市公司财务数据的获得往往难度较小，但是要想获得除此以外其他公司的相关数据和信息，难度还比较大。出于各种各样的目的，许多公司对自己的财务资料持保密态度。如果要了解这些企业的财务信息，现场调查或通过各种途径进行侧面了解是最主要的方法。现场调查方法实际是进行实地公司的考察工作，并且与企业的相关人员展开交流，从对话和互动当中形成对企业运营的一定了解和认知。为使调查取得有用的资料，事先的准备包括采访的提纲、方式设计都是重要的环节。其他各种途径包括与企业相关的部门（如行业组织、政府部门、供货商、购货商、开户银行等）进行沟通，侧面了解企业的情况。

第三节 财务信息的质量分析

一、财务信息披露的质量规范

在全面推进财务信息披露制度的健全和发展的进程当中，可以让上市公司不断规范信息披露的相关行为及决策，使得投资者能够获得真实的决策根据。但是，如果要使上市公司所提供的信息真正发挥其应有的作用，质量水平是关键的因素。如果股票市场依照规定提供了许多信息，但却是虚假不实的信息，那么这种信息只能起到误导投资者的结果。在这样的条件下，财务信息披露需要积极构建与股票市场信息披露和市场运作相适应的质量规范，并提出对应的质量规范标准和各项指标要求，会计信息从确认一直到生成报告的全过程都需要严格依照这一规范准则，从而为披露质量提供有效保障。

之所以要提出信息质量的标准规范，实际上是要达成财务会计工作的目标，也就是优化会计信息和报告的形成过程，使得信息需求者能够根据这些信息制定决策。国际会计准则委员会颁布《编报财务报表的框架》（以下简称《框架》）明确指出会计信息质量特征是：主要会计信息质量标准、构成主要质量标准的因素、相关和可靠信息的限制因素。主要会计信息质量标准有四项：可理解性、相关性、可靠性、可比性。

我国在《企业会计准则——基本准则》当中给出质量特征的层次，下面将对其进行分别阐述。

（一）可理解性

可理解性是会计信息质量特征当中尤为关键的一项内容，实际上是要保障使用者能够对这些信息有着清晰的理解能力，之所以会将其作为会计信息质量标准，是从会计角度努力使信息便于理解。会计是一门独立性和专业性极强的学科，其中涉及大量的专业性术语，这些术语的理解难度往往较大。为使得这些内容能够真正符合可理解性的标准，必须不断提升信息使用者即投资者的管理及决策方面的能力，使得他们能够掌握一定的会计基础知识和专业术语，在了解信息内涵的前提下进行科学决策。

（二）相关性

相关性又称有用性原则。相关性的质量特征和标准所指的内容主要是为开展会计核算工作提供的各项信息必须能够真正应用于投资者决策的制定，保证这些是有用和有帮助的，使得信息和经济决策之间有着明显的相关性和必要的关联。IASC的《框架》中指出：要想保障会计信息有用，其前提条件是这些信息和投资者决策相关。当信息的使用者要对相关事项进行评价判断，甚至是更改时，能够借助这些会计信息帮助自己的决策更加合理有效，那么我们就称之为会计信息有着相关性的特征，符合信息质量标准要求。我国在《企业会计准则——基本准则》十三条中同样对相关性进行了阐述和解释，要求企业呈现的财务会计信息必须和报告使用者在制定相关决策的实际需求相关联，并且帮助企业准确预测或者判断企业不同时期的发展状况。从空间角度来分析相关性，会计信息要符合企业运营决策的需求，同时充分满足其他利益相关者对于企业财务运营情况的了解需要。从时间角度来分析相关性，则要求会计信息要让信息使用者可以对企业过去、当前和未来的变化情况进行整合，形成对企业经济发展状况的预测和未来判断。

（三）可靠性

IASC的《框架》中指出：要让会计信息切实有用和对使用者决策有帮助，信息必须具备可靠性的特征。这些会计信息当中没有重要性的失误以及偏离实际的问题，能够真实地反映出企业情况和发展条件，能够作为准确判断依据和决策依据。《企业会计准则——基本准则》十二条也对信息的可靠性特征进行了一定的阐述，要求企业在会计确认、计算以及制定财务报告的过程中，必须把实际发生的经济活动或者是相关经济事项作为有效的根据，保障这些信息是如实的，使得整个信息有着真实性和可靠性的特征，同时信息的整体内容全面细致。

（四）可比性

可比性要求企业在实施会计核算工作时，应严格遵照相关规定的办法展开，确保会计指标的口径一致。这样，在不同企业的横向对照和比较分析当中更加便利有效，信息有着可比性的特征，能够有效扩大会计信息的用途，因此是整个质量标准当中的延伸性内容。IASC的《框架》中指出：会计信息的使用决策者要具备比较不同阶段企业财务信息和报告的能力，从而能够把握企业财务运营的整体变化和发展趋势；还要具备将不同企业间的财务信息和报告进行对照分析的能力，进而从相对性的角度来分析，企业经营业绩、财务状况的变化趋势。《企业会计准则 基本准则》十五条对可比性的相关内容进行了阐述，强调如果不同的企业若产生相似或相同经济活动，必须要确保相互之间有着可比性，使得会计信息以及各项指标口径一致。

（五）重要性

重要性，实际上是前面所提及的信息相关性的组成部分，也即相关性会受到重要性的一定影响。IASC的《框架》中指出：在信息披露的过程当中，由于出现遗漏或者是错报信息的问题，直接影响到使用者决策质量的情况下，这些信息便有着重要性的特征。而在判断重要性的程度时，需要结合造成错误决策项目或者是错误大小的具体情况。《企业会计准则——基本准则》十七条中"企业披露的信息必须反映出和企业全部重要交易或者是经济事项"的规定，便是重要性的质量要求。重要和不重要实际上是两个相对的概念，之所以会出现这两种不同的判断，往往由会计人员依据经验和自身的专业能力决定。另外，企业实际特征以及信息使用者的实际需求也会对信息重要性或者是不重要性的判断造成直接影响。通过对大量的企业实务进行实证分析发现，有大量的企业存在滥用这一原则的情况，以此达成自己的目标。

（六）谨慎性或稳健性

谨慎性标准在国际上有着普遍性和应用广泛性的特征，要求在对企业运营当中存在未知或者不确定因素的经济活动或是业务在进行判断和处理时，需要秉持谨慎的态度。IASC的《框架》中指出："如果在估计时存在大量的不确定元素，必须在实际的评价和判断环节加入谨慎性的态度和做法，避免高估收益利润或者是低估负债等方面的问题。"但是，这里提及的谨慎性不包括违规操作的事项，如果故意地压低收益利润、设置秘密准备金等问题，信息不仅不符合谨慎性的标准，还会失去可靠性。《企业会计准则——基本准则》十八条和上面提及的内容一致，符合国际会计惯例。

（七）及时性

及时性强调在处理各个会计事项时必须要讲究时效性，及时恰当地利用好各项信息，从而最大化地发挥信息应用价值。但是，如果这些信息不及时，它原本的价值就会大大降低。在市场经济环境下，企业总是处于非常不确定的经营环境之中，由此决定了企业未来的经济活动及其结果均具有较大的不确定性。在这样的要求之下，如今信息使用者越来越关注信息披露的及时性，力求获得拥有最大化价值的会计信息，但是提前或者延后都会对信息的质量产生影响，那么及时性的质量要求便是十分关键的内容。

（八）一贯性原则

一贯性原则指的是企业在不同期间内处理各项经济活动以及业务所采用的程序和具体的方式方法要前后一致，这样，在对前后的资料信息展开分析和研究时能够展开纵向的对比，并且获得准确的信息。企业所采用的会计政策必须要坚持一贯性的准则，不能够出现随意变更的情况。如果有特殊情况必须要对其进行变更，也要在附注当中对相关的原因和具体的方法进行特殊说明。

二、影响财务信息质量的因素

（一）会计理论及方法与财务信息质量

1. 会计确认理论的适应性

企业在实际的运营和经济管理过程中，有着大量复杂烦琐的事项以及经济活动，但这些内容并不是全部都需要纳入会计信息处理系统当中，这时做好会计确认的相关工作十分关键。会计确认有狭义和广义理解之分。狭义含义是对企业经济业务处理当中所涉及的会计信息和相关的数据展开有效的分析判断和归纳处理，以便能够评判是否要将其纳入到会计信息当中，在怎样的情况和时间内可以将其纳入到报告中。广义的会计确认是会计记录、计量、报告的过程总和，需要贯穿整个会计的流程，包含多个会计要素。

（1）会计确认要素的局限性

在经济发展水平提高以及外部经济环境变化多样的条件下，会计要素内涵随之发生变化。在这一过程中出现了很多新的会计要素，且这些新的会计要素是在新的时代条件下产生和发展起来的，是原来的会计确认理论的提升与完善。以对资产的确认为例，要判断其中的项目是否可以被认定成是资产，先要看它是否能够和资产的定义相符合。资产的含义是企业控制或者拥有的经济资源，这些经济资源能够满足企业对效益的追求。如果企业经过长年的努力形成了一个声名卓著的品牌，尽管它可以为企业带来巨大的经济效益，但由于品牌的形成过程是一个漫长的过程，其间究竟付出了多少成本，并没有客观的原始记录来加以反映，而市场上同样不存在相同交易价格，在这样的情形之下，自创品牌不会被认定为资产。在当今社会，品牌等无形资产价值和人力资源的价值谁也不能低估。如果在企业的财务报告中无法体现这一关键要素，自然无法反映企业的真实信息。

确认收益要素，需要严格遵照会计准则的相关规定和要求。第一，企业已经将商品的报酬以及风险转移到购货者，也就是商品购买者一方；第二，企业不存在商品继续管理的权利，也不能够对已经售卖出去的产品进行控制；第三，通过产品或者服务交易获得的相关收益进入企业；第四，销售产品或者是提供服务所获得的收入以及耗费的成本能够切实进行计量。随着衍生金融工具的产生，原本的确认规则受到了较大的冲击，虽然并没有发生实际性质的交易，但由此获得的风险以及收益会对企业的盈利以及财务的稳定发展产生更严重的影响。

在实物资产价值和创造未来现金流能力之间存在的相关性减弱条件之下，企业的竞争手段从原来的物质资源为主向无形资源为主转变，以传统会计要素反映的财务信息势必影响到其信息的质量，同时会对投资者评价企业价值的实际状况产生影响。

（2）会计确认基础的主观性

符合会计确认基本标准后，选择在怎样的时间内对这些经济业务和信息进行记录和分析又成为一个问题。会计确认基础往往会将权责发生制作为其中的一项重要内容，在权责发生制的指导和要求之下，企业需要把责任和权力的发生与否作为根本标准来最终选择和确定记录时间。也即在具备收取收入权利以后，不管企业是否真实地获得了这笔收入，都必须要将其纳入到收入的范畴。同样，如果主体承担了其中某些费用义务，那么无论是否支付现金，都要将其纳入到费用的范畴。如果企业根据以往经验判断出卖方信誉水平较低或者是发现买方存在巨额亏损问题，企业就会在确认收入的过程中推迟时间。透过这些行为能够清楚地看到企业在判断价款收回的相关内容时会加入大量的主观因素。由于个人的判断依据、判断能力不同，对于同一项业务，也许会产生不同的结果，体现在确认的时间上，就有可能有先有后，相应地会对信息的真实性提出挑战。

事实上，随着科学技术的不断进步，现代社会中信息的传播速度越来越快，企业经营活动所面临的风险也越来越多。会计信息的未知因素和不确定性的问题逐步凸显。会计系统外部环境的不断变化，如税率调整、物价变动及汇率变化等因素，会对财务信息的准确性产生影响；现代社会将信用作为企业经营中一种必要的融通工具和交易保障，企业与银行之间的借贷行为、企业与企业之间的交易关系能否按约履行，在很大程度上有赖于各方的信用程度，主要充当经济活动反映职能的会计信息的不确定性由此产生。当由于以上经济活动内外不确定性因素影响，导致有些交易或事项在某一会计报告期间结束时尚在延续中或还未发生，其结果尚不明确，金额亦无法确定；有些交易或事项虽已发生，但在资产负债表日因时间、成本等因素的限制，企业无法充分获取有关数据时，就需要运用越来越多的会计估计。毋庸置疑，随着会计估计的增多，会计确认的主观性特征会更加明显。

下面将对企业常见的必须进行会计估计的项目进行一定的说明：

① 坏账；
② 存货遭受毁损、全部或部分陈旧过时；
③ 固定资产净残值、耐用年限；
④ 无形资产的受益期；
⑤ 递延资产的分摊期间；
⑥ 或有损失；
⑦ 收入确认中的估计。

2. 会计计量基础的局限性

在财务会计的处理工作当中，往往会把历史成本计价作为其中起着关键性作用的计量原则，其含义是企业的财产物资在实际价当中必须依照当时的实际成本计价。其重要理由是历史成本是买卖双方交易结果的客观反映，便于进行验证，能够防止对财务数据的篡改。但是，在整个市场发展过程当中，会出现通货膨胀或者是紧缩的情况，如果一味采用历史成本计价的方式无疑会出现很多的问题。如成本为100万元的固定资产，到报告期末，尽管市价下跌到20万元，依然以100万元计价并反映在资产负债表中。由此观之，如果货币购买力水平出现变化，仍然采用历史成本计价的方式，那么在整个报表当中反映出的资产价值不属于公允价值，也不属于成本价值的范畴。如果按照这样的原则来收集数据和制作报表，那么要想了解到企业资产的价值是不现实的。

（二）会计政策选择和财务信息质量

1. 会计政策选择的产生原因

会计政策包括两方面的内容：一是企业在实施会计核算活动当中需要依照的具体原则，二是会计核算实施过程中采纳的具体会计处理办法。例如，《企业会计准则》当中规定，会计核算必须要依照谨慎性原则。

一般来说，会计政策主要由国家会计制度规定，如在我国的《会计法》《公司法》等一些相关法律以及财政部制定的一系列会计准则，都有许多有关会计政策的强制性规定。比如，在会计准则当中明确规定，本期支付应该有本期以及之后各期负担费用，需要按照一定标准和要求将其分配和计入本期以及以后各期。新修订《会计法》也提出了很多强制性的规定，要求企业在实施会计核算活动当中要严格避免出现法律规定当中的严禁行为。

事实上，会计核算的一些原则增加了企业自主选择会计政策的可能性，这也能够直接体现出二者之间的密切关系。比如，谨慎性原则是会计核算必须要遵循的准则，并且强调企业在处理存在着不确定或者是未知因素的经济活动以及事项时必须秉持谨慎的工作态度，不能够高估资产或者利润，也不能够少计入负债和相关的费用。但是，在真正实施这一原则时，如计提资产减值准备，以多少限额为度，实务中很难整齐划一，从而给会计政策选择提供了充分空间。又如，重要性原则是会计核算工作处理当中的一项准则，在这一原则的指导下，企业的核算活动必须要对经济活动的重要程度进行区别，并根据重要性程度的高低来选用相应的核算方法。在具体执行环节，往往更多地借助会计人员的主观判断和相关的职业经验来判断重要性程度。

2. 会计政策选择的范围

企业在选择具体的会计政策时，必须将保持会计原则不变作为基础条件，会计方法可以根据需要自行选择。例如，借款费用资本化的计价条件、计价期间通常不可选择，长期投资、固定资产、无形资产等资产的原始计价方法也不可选择，企业在会计核算中所采纳的会计政策，要在附注当中体现出这部分的信息。具体而言，主要包括下面几项内容：

（1）合并政策即在实际制作合并会计报表过程当中必须要遵循的准则，如合并范围的确定原则、报告不一致情况出现后采取的原则；

（2）外币折算指的是折算外币选择的方法以及如何恰当地处理汇兑损益的相关问题；

（3）收入确认是指收入确认的原则；

（4）所得税核算的含义是企业在处理所得税项目时采用的方法总称；

（5）存货计价指的是计价存货的方法；

（6）长期投资核算指的是在长期投资的前提下所选择的具体的会计处理手段和策略；

（7）坏账损失核算指的是当企业出现坏账损失的问题时所采用的处理方法；

（8）其他是指无形资产的计价及核销方法、财产损益的处理、研究与开发费用的处理等。

企业在根据自身的实际情况制定完成会计政策之后，就不能够随意对会计政策进行变更，但若情况特殊或者必须要进行变更的话，需要满足下面的条件之一：第一，国家的相关制度法规或者国家的会计准则当中明确强调要选用不同的政策，此时需要严格依照国家政策和标准来进行会计政策的变更。第二，变更会计政策可以有效提升企业报表编制的质量和效率。如果企业进行了会计政策变更的工作处理，那么在制作完成的财务报表当中，要对变更理由和相关的条件进行细致阐述和说明。针对存在重大影响的会计政策变更情况，需要在本期或者是以后各期报告当中直观呈现出影响的数据和信息，同时要对之前的报告进行对应调整和优化。

国内外的财务实践都表明，会计政策的制定和调整直接影响了企业财务报告所披露出来的会计信息，约束了投资人、债权人的经济决策，如存货计价方法选择或变更，有形资产或无形资产的确认、折旧或摊销方法，资产减值准备的计提方法，借款费用和其他支出的资本化等。因此，在实施财务分析活动的过程中，必须全面了解和认知会计政策调整对企业产生的重要影响。

3. 盈余管理

对于会计估计和会计政策的运用，实际上与企业盈余管理观念有密切关系。针对企业盈余管理存在着较大争论，在对盈余管理的内涵进行分析时，可从广义层面和狭义层面提出差异性的观点。按照广义层面的观点来说，盈余管理在企业的整个管理环节占有重要的地位，更是管理的一部分，其坚持将获得目标利润作为核心内容，统一对企业运营发展活动进行管理。按照狭义层面的观点来说，之所以会出现盈余管理，实际上是企业管理者为最大化地发挥自身价值或是为企业争得最大化的市场价值而选择与之对应的会计处理政策，以便能对企业的盈余进行调节和管理。但是，无论是从哪个层面进行分析，企业管理者都是盈余管理主体，具体的管理方法实际上是恰当地运用会计政策以及估计的方法。当然，盈余管理的最终对象还是会计数据本身。

西方国家大量的实证会计分析证明，企业管理当局（盈余管理的主体）想要通过盈余管理的方法来获得有助于实现自身价值或者对自己有利的经济结果，而在这一过程中所选用的方法就是多元化的会计政策以及博弈。例如，企业管理者为达到获得巨额利润的目标，很可能在报告编制的过程中将未来期间的利润提前确认，将其纳入到本期的利润当中。又如，受到借款当中限制契约的影响，企业管理当局有可能会选择能够保障当期利润的政策。盈余管理的常用手法包括：控制应计项目、应付账款和应计债务；会计政策变更；控制经济业务，如关联交易、资产重组、债务重组、非货币性交易等。要想让企业利润水平呈现出稳定发展的局面，恰当利用会计准则是一个有效的途径，同时大大地减少利润波动问题，提升盈余管理的效率和质量。

通过对我国会计政策选择方面的大量实证分析，可以看到中国的大量上市公司同样存在借助会计政策选择等多种手段对利润进行操纵的问题。如果站在这样的视角进行分析，会计过程所获得的最终产品就是会计信息，而会计信息的生成有着明显的主观因素，体现出不同利益主体的博弈，更是不同利益主体博弈以及均衡所获得的结果。如果企业选用的会计政策不同，那么随之获得的信息也会有着明显差异，也会使得不同利益主体的分配以及决策行动出现差别，最终影响到全社会资源的配置结果。

可见，会计本身的特点给盈余管理提供了空间，而会计数字在企业的契约关系中又有着重要的作用，会在很大程度上影响企业外界信息使用者对于企业形象和价值的判断，继而影响到企业在资本市场的筹资能力。尤其是现如今企业的活动范围有了极大的扩张，不少企业开始着手创新金融业务，而在这一过程中，会出现大量的不确定性的经济交易活动，影响到会计事项。所以，我们必须承认，盈余管理现象客观存在，完全杜绝盈余管理几乎不可能。但是，换个角度，如果企业不能够根据自身的实际发展需要过量进行盈余管理，会计信息的质量将会受到直接的影响，那么这些财务信息的价值会大大削弱，很有可能无法对使用者的决策提供帮助。对此，企业在具体开展财务分析活动的过程中，必须要立足于企业全局，系统性地对财务报告以及其中的各项会计信息进行评估和审核，有效识别过度或者不合理的盈利操作，并对其进行及时处理。

（三）会计人员的职业道德和业务素质与财务信息质量

会计人员是从事财务会计工作的一个大的社会群体，在财务会计工作处理过程中发挥着至关重要的作用。会计工作人员的业务素质、专业能力、职业道德水平等都会对财务信息质量产生直接影响，从中能够明显体现出会计人员综合素质强化的重要性。《会计法》当中就明确地把会计人员的职业道德内容纳入具体的法律条款当中，将其真正提升到法律高度。其中一条明确指出："会计人员在自身的职业岗位当中，必须要严格遵守职业道德，不断提高综合素质能力，必须从根本上意识到会计人员培训教育的重要性，并着力在教育培训方面加大力度。"会计法律当中的这一条款是第一次真正把会计职业道德纳入到法律管理的层面，从中能够看到会计人员遵守职业道德的重要性以及必要性。除此以外，该法也对会计人员不遵守职业道德，甚至出现严重不良后果的处理办法进行了一定的说明。如果情节轻，会被吊销资格证书，并且五年之内不能够从事会计相关职业；如果情节严重，触犯到国家的刑律，需要依法追究刑事责任，同时将被限制终身不能够从事会计职业。

另外，我国会计工作人员队伍的执业水平有待提升，需要重点就会计人员的职业能力展开相应的教育培训。在对财务报表以及报告进行实际编制当中，发生失误或者部分错误的原因往往与会计人员业务能力较差有关。由于受知识水平、工作经历和经验的影响，财务人员对国家财经法规、制度的理解，对企业会计事项的判断，对报告编制等有着一定偏差，而这些内容直接关系着会计信息质量。

三、财务信息质量的鉴别

（一）根据审计报告进行鉴别

对上市公司年度财务报告进行分析，发现这份报告当中主要包括以下内容：
（1）公司基本情况简介；
（2）会计数据和业务数据摘要；
（3）股本变动及股东情况；
（4）董事、监事、高管、员工等的实际情况；
（5）公司治理结构；
（6）股东大会情况简介；
（7）董事会报告；
（8）监事会报告；
（9）重要事项；
（10）财务报告及附注说明；
（11）备查文件目录。

财务报告中第一项便是审计报告。审计报告实际上是注册会计师出具的表明审计意见的一种书面文件，在具体的工作环节，必须严格依照独立审计的相关准则以及合理的审计程序，来对企业提供的会计报表进行独立审计，查看会计报表是否符合相关标准，并针对具体的报表情况给出对应的审计意见。审计报告可以分成标准和非标准两个报告的类型，而区分两个类型的标准便是所给出的审计意见。《公司法》第一百六十五条当中明确规定，企业必须在年度终了阶段编制财务会计报告，并将其提交到会计师事务所，由其展开一系列的审计工作，以便出具相应的审计报告。《股票发行与交易暂行条例》当中同样明确地指出，上市公司所提供的年度报告、公告书等文件所附的财务报表必须经过严格审计鉴定之后再进行公开的披露。针对整个证券市场的规定，全面落实独立审计工作是提升会计报表质量的有效方法，同时要求审计工作人员秉持公平公正的原则，客观进行企业报表的独立审计，依照审计原则给出恰当的审计报告。

之所以重视企业财务报告当中审计报告的出具和提供，是因为报表审计工作是企业财务管理当中必不可少的环节，通过审计人员发挥自身的作用可以有效评估企业提供的报表是否与会计准则和会计政策的相关要求相符，是否能够真实全面地体现企业财务运营情况。同时，投资者可以依据审计人员编制完成的审计报告，来对企业形成立体性和全方位的判断，并了解企业财务运营是否与提供的报表情况相符，是否符合真实性的要求。

（二）根据同业分析进行鉴别

企业财务分析的主要内容是结合财务报表和财务信息来评估和判断企业财务以及运营成效。可见，财务分析需要将财务数据资料和信息作为依据。但是，企业不是一个孤立存在的单位，它的生存发展首先受制于企业所处的宏观经济环境，其中行业背景对企业的发展有着重要影响。同业分析主要是在行业分类的基础上，进行行业背景分析，评判企业经营优劣的主要依据一是行业标准，二是同业指标。

1. 行业分类

美国在企业财务分析的过程中涉及行业分类问题往往依据《标准行业分类》，这已经成为一个惯例。我国财务分析活动当中涉及行业分类时，会将《国民经济行业分类与代码》作为依据，严格依照其中设定的行业分类标准进行分析。2001年公布的《上市公司行业分类指导》，主要针对的是上市公司，强调要将其主营业务作为行业分类的标准。通过对当前企业的经营发展现况进行研究，发现大量的企业选用多角化经营方式，可以说，做到了跨行业经营。而这样的情况在实施行业分类过程中，会不可避免地出现问题和阻碍，但若结合上市公司年度报告等相关内容，还是能够在行业分类当中进行恰当的处理。上市公司的主营业务数量各有不同，这取决于上市公司的经营发展战略。针对运营多个主营业务并且占有较大市场份额的上市公司，可以按照行业标准当中的要求将其进行恰当的归类，如果不能够从中明显地对主营业务进行确定，可以将其归纳到综合类的行业当中处理。

我国证券交易所为及时反映上市公司业务转型信息，方便投资者分析跟踪相关指数，每年对上市公司行业进行调整。《上市公司行业分类说明》在涉及行业划分时提出了这样的原则："企业其中的一项业务的营业收入占到整体营业收入的50%及以上，那么就可以把这一项业务归入到相应的行业类别当中。如果企业中没有任何一项业务的营业收入可以占到整体营业收入的50%及以上，但是其中有某一业务营业收入比重会高出其他业务30%及以上，也要将其归入到相应的行业中；否则，将其划为综合类。"2005年的《上市公司分类与代码》在企业中对行业划分的原则这样规定：非股权投资类上市公司需要把营业收入所占比例作为类别划分的标准；股权投资类上市公司需要把长期股权和总资产比例作为类别划分的标准。在类别归属的确定上，又有如下标准。

（1）大类、制造业中次类标准

① 长期股权资产占到总资产的50%及以上，需要将这一业务归入到综合类当中。

② 长期股权资产没有占到总资产的50%，但是其中某类业务占到整体营业收入的50%及以上，可以将这一业务归入到对应的行业类别当中；如果其中没有业务能够占到营业收入比重的50%及以上，但是和其他业务相比，比重高出30%及以上，同样可以将其划入到特定类别中。如果以上情况都不满足的话，可以划分到综合类。

（2）中类的确定

① 非综合类公司将自身所属大类经营业务当中营业收入比重最高的业务对应类别作为种类类别的确定标准。

② 综合类公司长期股权资金占到总资产50%及以上，可以归入到股权投资综合类的类别中。否则，划入其他综合类。

2. 行业生命周期的确定

每个行业从创立到衰退都有一个过程，处于某个行业不同阶段的企业，其经营战略各不相同，财务状况和经营业绩也将不可避免地受到行业发展的制约。因此，企业在实际的财务分析活动进行过程中，需要综合考虑到企业所选择的发展战略。鉴于企业在发展的过程当中会经历不同生命周期，其在财务分析活动开展当中的侧重点选择也各不相同。具体可以划分成下面几个阶段。

（1）萌芽期

萌芽期是一个全新的行业初步创立的阶段，此时进入这一行业当中的企业数量并不在多数。因为大众对初创时期的市场没有一个全面系统的认识，市场对于产品的需求也有着一定的局限性，不会为企业带来较高的销售收入。与此同时，新行业催生了大量的新产品，而这些新产品无论是在实际开发还是研究过程中都会耗费大量的资源和资金，为尽快打开市场，企业在市场上的促销费用较大，尤其是处于新兴行业中的公司，在财务上普遍存在盈利少甚至亏损的局面。但是，目前的亏损并不代表将来，如果其所处的行业是一个有前景的行业，那么这个企业也许就是一个值得期待的企业。正处在萌芽期的企业在财务分析活动当中会将行业以及自身发展潜能作为财务分析的侧重点，并着重在这两个方面展开分析和实践研究。

（2）成长期

在成长阶段，市场需求开始上升，企业开始大量生产，利润水平将逐渐上升，与市场需求变化相适应，但新行业的繁荣也将吸引许多生产者的加盟，产品供给的增加，也将导致对已有企业的冲击。这样的状况会持续较长的时间，总的来说，有着较长的成长以及发展的机会，整个行业不会出现较大的波动，因此能够大大拓宽企业获利空间，提升经济效益。虽然成长期会让企业的利润提升，但趋利性的市场会带来较大的市场竞争压力，企业必须积极面对并恰当处理竞争当中的风险。因此，在成长期，企业往往会把财务分析的侧重点放在应对竞争和财务风险方面，更多地关心企业负债结构、还债能力等多个方面。

（3）成熟期

行业成熟期是一个时间较长的阶段。在这一时期中，企业之间的竞争以及产品之间的竞争手段会发生极大的变化，从原本的价格竞争转变成非价格竞争。比如，企业会着重在产品质量以及性能等方面进行提高，从而提升消费者的满意度，在竞争当中获得优势。也有很多企业会在售后服务方面加大工作力度，通过提高服务质量的方式来获得竞争优势。企业的获利水平保持一个比较均衡的状态，或慢慢进入下降趋势。行业成熟期阶段的企业在展开财务分析活动的过程中，会侧重于现金回收和流动等方面，详细评估自身的获利水平，并积极探究提高核心竞争力的方法。

（4）衰退期

衰退期是行业生命周期的末尾阶段。此时，行业当中的市场需求量正在逐步下降，会出现大量的新产品或者是替代品来替代原有市场当中的产品，导致企业产品销售量和市场占有额迅速下降。如此，企业的利润和收入都得不到良好的保障，在出现无法有效获得正常利润或者企业自身投资折旧完成之后，行业将会逐步解体。在衰退期阶段，企业将重点放在调整自身结构方面，以便能够恰当评估企业的前景和未来的发展趋势。

可见，企业所处的行业生命周期不相同，其财务运营情况会有着明显差异。这就要求企业在财务分析活动的实施当中要认清这样的现实条件。正处在成长阶段的企业，如果当前的经营效益没有达到理想水平，也要秉持乐观积极和向上的态度，而那些正处在衰弱阶段行业当中的企业，即使当前的经营效益和利润水平十分稳定，也要在制定相应的投资决策和选择经营战略时秉持谨慎的态度。

3.同业指标分析

进行同业分析，我们既可以行业标准为参考进行评价，也可与同业指标进行对比。

（1）行业标准分析

从整个行业范围内看，在对比同行业企业的财务发展现状时，选用行业标准作为分析的根据和标准是常用方法，且这一方法的应用范围和普及率较高。使用此方法能够极大地提高数据可比性，使得同业财务分析的准确度以及科学性得以增强。透过这些财务信息，可以直观明了地掌握目标企业在行业当中的地位以及企业发展趋势和前景。算术平均法是美国行业标准当中经常会选用的方法，其主要把平均值作为行业标准，并且注重和权威标准展开对照研究，以全方位、准确地对企业的运营情况给出评价与判断。

（2）同业比较分析

对同行业的企业展开对照分析属于横向比较的类型，其更多的是将上市公司和上市公司同业企业展开对照研究，在对比中得出上市公司财务运营情况及其在整个行业当中处于何种位置，如是否是领导性企业，在价格上是否具有影响力，有没有竞争优势等。在一般情况下，企业在整个行业当中所处的地位能够直接决定其在整个行业当中所拥有的竞争地位，同时能够形成对企业盈利水平高低判断的依据。既然企业身处在一个行业当中，那么不可避免地会与行业发展情况紧密相关，其财务运营情况不会明显脱离本行业的平均水平发展。如果企业和行业平均水平偏离严重，那么该财务信息的质量和真实性便有待考量。

在展开同业的财务对照分析过程中，最为主要的是了解同业竞争对手的相关信息。只有对对手的各项财务指标以及数据了如指掌，才能够更好地推动自身企业的发展。接着，与行业的平均水平进行对比，了解与分析是否存在某些财务数据或者指标与之相偏离，以便能够及时地发现问题和寻找问题根源，并提出有针对性的解决策略。

第二章 上市公司财务分析

第一节 上市公司财务报告体系

上市公司的财务报告是其向外部提供的能够反映特定时期内经营成果、现金流量等会计信息的书面资料。整个财务报告当中包含多种内容，除涉及财务报表以外，还必须包括在整个报告当中披露的财务信息资料和数据。上市公司作为公众公司，其财务报告备受市场、投资者以及管理部门的关注，监管部门更是对上市公司的财务报告有着严格的要求。上市公司财务报告记录着自身经营成果，而且是把这些经营成果转变成直观数据，彰显企业的前景、绩效等相关内容。成功的投资者总是善于仔细"解剖"公司财务报告中原始的财务数据，将其转化为客观评价公司绩效和发展前景的有用数据，并最终利用这些数据进行买、卖或持有方面的决策，取得投资的成功。

一、上市公司财务报告体系和列报要求

随着经济发展水平的不断提高，整个证券市场发展速度也在逐步提升。在这样的环境下、上市公司的重要性逐步凸显，其在社会经济生活当中的影响力也在逐步扩大。可以说，上市公司的经营业绩已成为我国整体经济发展和各产业发展的风向标，而上市公司的财务报告已成为上市公司对外披露的最关键信息。投资者以及广大人民群众都可以借助这些信息来增强对上市公司经营成果以及业绩水平的了解。

（一）上市公司财务报告体系

财务报告当中包含的内容丰富多样，除财务报表是其中的主体内容以外，和整个会计信息系统相关的其他财务报告也是整个财务报告体系的组成部分。针对我国的上市公司财务报告体系可以划分成四个部分，分别是财务报表、附注、审计报告、企业自身披露的财务信息。下面将详细地对这几部分信息进行阐述分析。

1. 财务报告体系

一般而言，财务报表以及其他财务报告共同构成了财务报告。其中，财务报表当中体现出的是企业的历史财务信息；其他财务报告当中体现出的是企业未来财务信息，且在这其中还包含着很多非财务信息。财务报告体系可用图2-1表示。虽然财务报告与财务报表的目的基本相同，在实务中人们也没有对它们加以严格的区分，但结合当前实行的会计惯例以及准则，有一部分财务信息要体现在财务报表当中，还有一部分信息要在附注或者是其他财务报告当中体现出来。

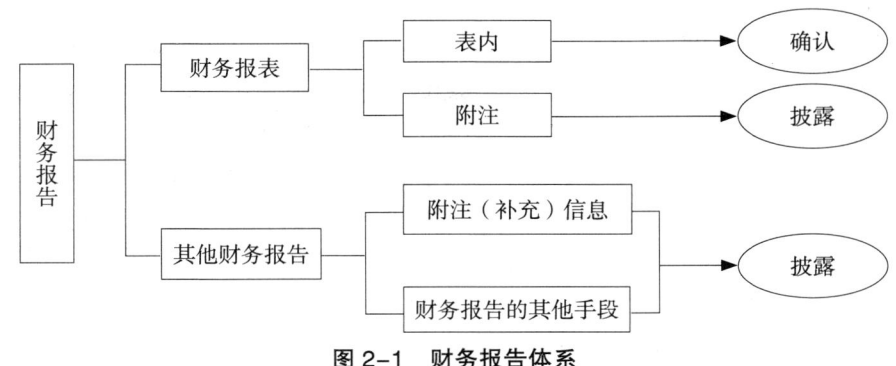

图 2-1　财务报告体系

现如今企业对外报告的范围有了极大程度的扩展，远远超出财务信息范畴，也就是其中含有较大数量的非财务信息内容。上市公司的年度报告范围可用图 2-1 表示。

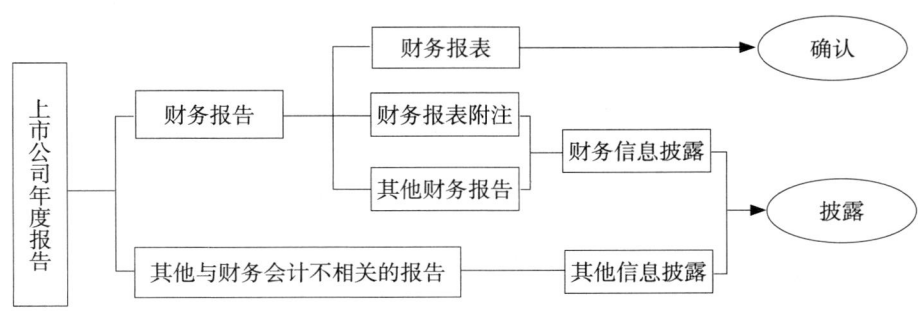

图 2-2　企业年度报告体系

2. 财务报表体系

依据《企业会计准则》和证监会相关规定，上市公司在提供的财务报表当中需要有下面几个方面的报表内容：资产负债表、现金流量表、所有者权益变动表、附注。之所以上面这几个报表是不可缺少的内容，是因为它们是从不同角度对上市公司的财务情况进行的展示，能够为信息的使用者提供全方位的信息资料。

(二) 上市公司财务报告列报基本要求

财务报告列报指的是报表中列示和在附注中的信息披露。"列示"主要反映重要报表中信息，"披露"主要反映附注信息。上市公司必须严格依照相关准则准确列报财务报告。

1. 根据会计准则编制财务报表

上市公司在编制财务报表的过程中，必须把实际发生的经济活动作为财务信息和数据资料的主体，而且在编制活动当中要严格依照会计准则来计量和确认。同时，上市公司还要注意在附注当中明确说明遵照会计准则来制作财务报表这一方面的内容，并遵照会计准则当中的全部规定。

2. 以持续经营为列报基础

持续经营是上市企业会计工作的前提条件，更是展开会计核算和制作财务报表的基础所在。只有具备了持续经营这一关键的前提条件，上市公司才能够有条件依照会计准则来做好财务报表的列报。在这一过程当中，如果企业属于非持续经营的发展现况，那么原本以持续经营作为前提制作的报表就不能够准确反映出企业的实际情况，因此需要废除这一报表，并且依据其他的基础来制作报表。

3. 重要性和项目列报

财务报表上市企业在运营发展当中会涉及大量的交易活动和经济事项，只有对这些事项和交易活动进行会计核算，才能够形成最终的财务报表，之后企业再把这些交易活动以及事项进行功能和性质的划分，形成了报表当中的项目，并最终完成项目列报的工作。财务报表当中的一些项目要选择怎样的列报形式需要将重要性原则作为判断的根据，形成合并列报或者是单独列报的操作。总体原则是：项目符合重要性原则的要求，需要对其单独列报；单个项目不符合重要性原则的标准要求，可以对其进行合并列报的处理。

4. 列报的一致性

项目列报必须在每一个会计期间范围内都符合一致性的要求，不能够出现随意修改和变更。列报的一致性适用于项目名称、分类、排列顺序等多个方面。会计准则的规范以及标准发生彻底更改或者企业经营业务出现性质上的转变时，采用变更项目列报的方法可以更加有效地提升会计信息质量，但这一改变有条件限制。

5. 项目金额间的相互抵销

项目必须要按照总额列报的形式呈现出来，资产和负债之间、收入和费用之间不能够形成金额间的相互抵销。但若在企业的会计准则和相关规定当中有特殊要求，可以进行抵销。采用这样的规定方式的原因是，如果将上面的这些项目进行金额抵销，企业交易活动的实质情况就会被掩盖，那么最终呈现出财务报表当中的信息的完整性就会受到影响。比如，财务报表当中的应付款项目不能够和应收款项目的金额进行抵销。

6. 比较信息的列报

在列报报表的过程中，企业必须要提供比较数据和能够对当期报表理解进行一定说明的信息资料。之所以要强调比较信息的列报，实际上是能够让报表使用者获得相关的对比数据，使得这部分财务会计信息能够在一定的会计期间内具有可比性的特征，这样才能够体现出企业财务发展趋势，而报表使用者在制定决策和做出自己判断的过程中也会更加准确合理。

7. 表首列报要求

财务报表由表首、正表构成，表首必须包括下面的这些信息，以起到概括说明的作用。

（1）编制财务报表的企业的名称。企业名称有着变更问题的情况，必须在表首当中明确表示出来。

（2）日期、报表涵盖会计期间。

（3）货币及计量单位。对于我国上市公司的财务报表，人民币是记账本位币，同时需要准确标志出金额单位。

（4）如果是合并财务报表类型需要特殊说明。

随着市场经济和资本市场的进一步发展以及会计环境的不断变化，上市公司财务报告的未来发展呈现出一些新的趋势：第一，财务报告当中涉及的内容呈现出不断丰富和完善的趋势，其理解难度也相应提高；第二，从财务报告当中能够发现企业全面收益的会计信息；第三，报告当中的各个要素计量存在多种属性并用的情况；第四，报告当中信息披露的内容，除了包括财务信息以外，非财务信息所占的比重也在逐步增多，而且随着时间的推移，表外信息在报告当中占据的位置会更加显著和重要；第五，财务报告的预测性会有着极大程度的提升，可以增强投资者预测和判断能力，从而提高决策和判断的准确度。

二、上市公司财务分析基本步骤及框架内容

证券市场的飞速发展进一步增强了财务信息的重要程度，使得在投资决策的制定过程中必须要将财务信息作为核心依据，且其核心地位以及重要程度呈现出逐步增加的趋势。如果站在投资者层面分析，那么重视及加强对上市公司的财务分析是当前证券投资分析的关键内容，处于核心地位。透过上市公司提供的财务报表能够对其经济运营活动和获得的收益成果进行了解，但是必须要注意的是财务报表当中的内容有着极强的概括性和专业性，必须要严格依照专业化的方法提升系统性的分析水平。如果采用的方法不准确或不专业，那么所得到的对企业财务运营情况的整体评估结果也将失去原本的价值。对此，准确、完整地对企业财务运营情况的全貌进行呈现是财务分析的主要功能，这一功能的发挥对于投资者来说意义重大。

（一）财务分析的基本程序与步骤

财务分析程序是实施财务分析活动所遵循规程的总称。加强对财务分析程序的研究是整个分析活动展开的前提和关键，要选用怎样的分析程序和分析步骤需要考虑财务分析目的。而且财务分析程序并不是通用的，需要根据目标的不同来进行恰当的选择，只是整个分析过程和步骤有着类似性的特征。通过综合考虑上市公司分析需求以及供给情况，结合中外在分析步骤和特征当中的要求，可以将其进行以下概括。

（1）明确财务分析的目的

企业要展开财务分析活动，前提条件是要明确财务分析的目的所在，是出于对企业的经营成果评判，有助于准确投资决策的制定，还是要对企业未来战略进行安排，这些都需要根据具体目标具体分析。报表分析主体不同，其分析目的也会有相应的差异，同时分析的程序、方法、范围等也会有着明显不同。只有找到了分析目的，才能够为分析方法的合理选择提供依据，才能够对财务分析的结果提供保障。

（2）确定财务分析的范围

在明确财务分析目的即原因之后，接下来就需要结合分析的难度、分析量等，最终确定分析范围。在确定范围的过程中，除了需要考虑分析目标的达成之外，还需要严格遵照成本效益的准则，在有效降低成本的同时，力求最大化地提升财务分析的效率和质量。

（3）收集整理财务分析信息

财务分析活动的开展需要将财务信息作为基础内容，信息收集的质量会直接影响到分析的结果。在收集财务分析信息时，除了要收集财务信息以外，还需要搜集非财务信息。对于收集到的资料还要核实其真实性和时效性，尤其要注意防范会计舞弊和财务欺诈行为的发生。

（4）进行单项和综合财务分析

根据分析目的，将收集到的分析资料划分为各个组成部分进行单项分析，梳理出各个部分的初步分析结果。接下来，对各个部分之间存在的关联展开分析，借助综合分析手段综合考虑和研究不同部分之间的关联，以便从整体上抓住事物的规律，探究其本质。这一阶段涉及的财务分析任务是把收集到的财务信息进行数据处理，恰当地选择分析方法进行指标的计算和分

析，找出指标之间的差距，以揭示在各项信息中隐含的重要关系及相互间的影响因素，并发现分析的线索。

（5）得出分析结论

在完成了单向以及综合的财务分析之后，需要进行定量以及定性的分析，同时要把动态和静态的财务分析进行整合、归纳概括，系统地对研究对象展开评价和判断，把握经济本质以及规律，最后得出完整性、科学性以及准确度高的结论。

（二）财务分析的框架性内容

企业之所以要实施财务分析，想要达成的根本性目标是借助财务报表和相关的信息资料形成对企业实际运营状况和未来发展趋势的正确认知以及预测。就传统的财务分析而言，往往会将重点放在报表和会计目的的分析方面，并将现金流量报表、资产负债报表和利润表作为分析的核心内容，借助财务比率分析方法对关键性的财务指标进行跟踪和判断，最后得出企业运营和变动的情况，使得财务信息的使用者在决策时能够借助分析获得的信息得出判断。而上市公司由于其经营活动的复杂性，要做到对于经营活动及其对公司财务状况的影响程度的准确判断，就必须运用更全面的分析手段和更宽阔的视野。所以，上市公司财务分析的逻辑起点应该是要厘清企业经营活动与财务报告之间的关联关系。众所周知，企业生存发展尤其是持续性的经济运营会受到行业以及国家宏观经济政策的影响，同时必须要考虑到企业自身的战略选择。可以说，企业的经营发展和它的外部经营环境紧密相关，选用怎样的运营战略关系到企业能否在激烈的市场竞争当中脱颖而出，具备优于竞争对手的优势。对于上市公司来说，宏观经济政策和行业经济政策可以从国家相关行政部门或行业协会的公开信息中获取，其经营活动及其经营战略的说明及相关信息披露要严格遵照中国证监会的相关规定。

从企业活动与财务报告的关系可知，财务报告的质量受外部经营环境、企业战略、会计环境和会计策略选择等众多因素的影响。如果财务分析切实有效和合理，可以从中了解到管理层的内部信息资料，同时结合企业外部经营环境和内部战略选择，又能够进一步地解读报告内容。因此，财务分析框架内容必须要包括这些内容：宏观经济政策及行业分析、会计分析、财务分析、前景预测分析。

1. 宏观经济政策及行业分析

（1）宏观经济政策分析

上市公司的运营效果和经济效益的获得会受到国家宏观经济政策的直接影响，二者有着密不可分的关联性特征。当前，企业生存和发展的经济环境是市场经济体制，而在这样的背景下，国家会借助财政以及货币政策来进行宏观调控，具体的政策如何对企业效益和发展速度都有着直接关联，同时会深层次地影响到整个证券市场。财务分析框架当中将宏观经济政策的分析纳入到其中的重要内容，实际上是想要增强对国家财政和货币政策的了解和掌握水平。财政政策手段多种多样，如税收、财政补贴、转移支付制度等，这些手段可以单独使用，也可以配合使用。货币政策工具可分为一般性政策工具（包括法定存款准备金率、再贴现政策、公开市场业务）和选择性政策工具（包括直接信用控制、间接信用指导等）。在了解了国家的货币以及财政政策后，企业可以预见性地了解政府在宏观经济管理当中选用的政策和经济措施，并且预估这些政策会对经济环境产生的影响。

(2) 行业分析

在对上市公司进行财务分析之前，先要对公司所在的行业进行分析，从中能够看到行业分析架起了国家宏观经济政策和上市公司分析之间的连接之桥，在基本的财务分析当中占有举足轻重的地位。行业分析的主要任务包括：第一，行业当前所处的发展阶段以及该行业在整个国家经济系统当中所处的位置；第二，掌握对行业发展水平和发展速度产生影响的因素，并对这些影响因素对行业产生的直观影响和影响程度进行判断；第三，对行业的未来发展趋势和发展前景进行预测；第四，评判行业当中投资价值以及回报；第五，对行业投资的风险进行评估，探究风险因素以及出现风险的原因，以便能够为信息使用者的决策提供根据。综合来看，行业有着生命周期的划分，在不同的行业发展阶段有着差异化的投资价值，这也会直接对上市公司投资价值产生影响。

2. 会计分析

要想了解到上市公司的具体运营情况，对公司进行全面的财务分析，其重要的基础依据还是财务报表当中的数据和信息。通过对上市公司原始会计数据和信息进行核算，形成了能够向外部提供以及披露的报告。要想最大化地提高对企业财务分析的有效性和准确性，其前提条件是要保障财务报告，其中的内容都真实可靠，并且符合公允性的原则。换句话说，是要全面掌握信息基本特征和对信息质量产生直接影响的框架与制度。因此，会计分析是财务分析的基础性环节，在整个框架当中是不可缺少的内容。在实际的会计分析过程中，如果出现由会计原则和政策等因素导致的会计差异问题，必须要对这些内容进行明确的说明，并且科学恰当地对其进行处理，有效解决信息失真问题。一般会计分析包括以下几个方面的内容。

(1) 对关键性的会计政策进行准确的辨认和判断。在分析财务报表的过程中，先要展开的工作就是要对关键性的会计政策进行有效的评估和判断。例如，如果研究的对象是制造企业，而且该企业执行的是差异化的战略，其优势在于产品质量以及创新程度优于其他企业的产品。对该企业进行会计政策的辨认和判断时，需要把售后服务和研究开发作为关键性的内容。又如，如果研究的对象是零售及批发企业，而且该企业实施的是成本领先战略，那么对企业要重点分析的关键性会计政策是存货管理内容。

(2) 有效估计会计政策弹性，对其具体的实施成效和调整的范围进行研究。企业不同，其关键性会计政策也不同，同时会计政策弹性水平也会存在明显差别。有一些企业关键会计政策由于受准则限制较大，其会计政策会表现出明显的刚性；也有很多企业的关键性会计政策受到的是管理当局的影响，其会计政策的弹性特征就会更加显著。显而易见，如果企业的会计政策估计灵活性极强，那么财务分析的相关工作人员就必须要做到小心谨慎，因为管理当局极有可能会借助会计政策以及估计等因素来对报表进行一定的干预。如果是刚性特征更为显著的企业财务分析，那么工作人员需要把侧重点放在企业选用的会计处理方法是否坚持了从企业发展实际出发上。

(3) 对企业的会计策略进行客观评判。如果会计政策弹性特征明显，企业可以借助会计弹性来准确直观地呈现企业实际运营状况，同时可借助会计弹性来隐瞒企业的真实情况。而提到的这部分内容就属于会计策略选择的范畴。所以，财务分析人员应该特别关注企业对于会计政策的运用，以判断管理层的会计策略是否合理。

(4) 对财务信息和资料的披露质量进行系统科学评估。财务报告分析人员除了充分关注企业披露的主要财务报表的信息之外，更重要的是要特别关注和分析企业其他的信息披露。由于大量的实证分析和研究，针对上市公司财务信息披露的相关规则相当成熟，在信息披露内容、时间、格式等方面都有着具体要求和标准规定。分析人员应仔细分析上市公司是否严格按照相关规则准确、及时、全面地进行了披露，如果分析人员对于公司报表信息披露的质量不太满意，那么需要进一步增大财务分析的范围和内容，尤其是要注重对表外信息进行收集和研究，以便能够形成对分析信息的补充说明。

（5）及时发现会计分析当中出现的危险因素，判断危险信息。会计信息的危险信号，也被称作预警信号（Warning Signs）、风险因素（Risk Factors）、红旗（Red Flags）。会计信息系统的特性再加上会计处理过程中选用复式记账的方式，使得在会计分析过程中如果出现舞弊情况，很容易在查看报表信息当中发现相关痕迹，进而识别出这些危险性的信号，相关的分析人员可以在信号的指引之下，有针对性地对这些存在危险信号的项目进行分析，并通过收集更多信息的方式对其进行补充和全面研究。一些常见的危险信号包括：会计政策和会计估计的突然变更；应收账款、存货等项目的异常增长或锐减；销售收入大幅增减和现金流量相互背离；大额资产冲销或成本费用的大额调整等。上述危险信号是分析人员在分析财务报表时应当予以关注的，通过深入分析其变动的合理性来判断相关处理中可能存在的问题。

第六，有效解决会计信息失真的问题，确保信息的真实性和完整性。结合上面系统性的分析和研究，如果确实发现在报表当中有着与真实的企业情况不相符的问题，相关工作人员必须借助多种信息资料和报表还原企业运营状况的本来面貌。比如，通过虚拟资产剔除法，将公司明显存在的"资产泡沫"剔除，还原企业真实的资产状况；通过关联交易分析法、异常利润剔除法，展现企业真实性的盈利水平，还原出企业盈利的现状以及未来的前景。

3. 财务分析

（1）财务指标分析

财务指标分析是在对企业展开财务分析活动当中的常用手段，透过这些财务指标可以将与指标相关的一些方面的财务实际状况进行表现。在选择财务指标内容时，必须综合考虑到财务分析目的以及标准，提高指标选择的真实性和准确性。例如，债权人想要对企业的偿债水平进行了解和判断，那么就可以选择能够直接体现出企业偿债水平的财务指标，如资产负债率指标。投资者想要判断能否为这一企业进行投资，或者能否在投资当中获得理想化的收益，那么就需要选择能够展示企业盈利水平的财务指标，如资本收益率等。在财务分析活动当中能否准确选择和恰当计算财务指标是形成对企业财务情况预估和判断的关键。

（2）基本因素分析

财务分析不单要对现象进行解释，还需要分析具体的问题以及原因。基本因素分析，也就是因素分析法，要求除了整体性地对报表进行分析，对各项重要的财务指标进行判断以外，还需要对指标具体的完成状况进行分析和研究。另外，分析的侧重点是影响指标完成情况的因素，所以要将定量分析和定性分析整合起来，明确不同因素对指标完成程度和方向的影响，进而准确判断企业的财务运营成果，给出全面真实的财务评价信息。

（3）财务综合分析与评价

财务综合分析与评价指的是除了借助多元化的财务分析手段以外，同时要把定量、定性、实践调查这几个方面获得的分析判断结果进行有机整合，并最终获得财务分析结论。要想对财务分析质量进行评估，唯一的标准就是分析结果的正确与否。而要想得到正确的结果常常需要多次的反复来实现。

4.前景预测分析

当前，上市公司的财务报表体系将是否可以为决策提供有效的根据作为根本导向，而结合这一方向要求，强调准确把握报表历史数据和信息，关键是要前瞻性地对前景进行预测分析，这样才能够提升报表的质量，真正满足决策的实际需求。对此，财务分析工作人员在前期要在经过宏观经济政策和行业分析、会计分析和财务分析后，展开前景以及未来发展趋势的研究。在这其中前景预测分析是了解企业发展前景以及未来的发展趋势不可或缺的工具。财务预测的含义实际上是将多种合理化的假设作为基础，结合预期条件以及可能会对企业的运营、投资、理财等关键性经济活动和事项来给出合理化的预测结果，并将这些结果编制成各项预计财务报表，准确地反映出企业的财务和运营现状。需要注意的是，财务分析工作人员所展开的一系列财务预测活动不能加入过多的主观色彩或者凭空臆断，更不能随意编制财务报表。正确的做法是，恰如其分地完成宏观经济政策、行业、会计、财务的分析工作，做好分析基础之后再进行预测，确保前景预测的合理性和准确度。

第二节　上市公司财务分析的方法

财务分析功能在于借助多元化的工具和技术，把原本复杂烦琐的财务报表含有的丰富信息转化成能够服务于特定目的的信息，这也是上市公司在研究财务分析方法时需要认识到的一个问题。在实际的财务分析过程中，找准分析的根本目的，合理选择分析技术与方法是关键。下面将对这两个方面的内容进行详细的阐述和说明。

一、财务分析的基本方法

一般在实务中运用较广的基本财务分析方法主要包括下面几种。

（一）比较分析法

比较分析法指的是比较两个及其以上存在内在关联，同时具有可比性的财务指标，进而发现数据差别的方法。一般数量上的差异反映了经营管理工作中存在着差距。比较法在日常分析当中有着非常普遍的应用，而且其作用十分显著，主要指的是通过利用比较法能够非常客观地对数据之间的差异以及数据之间出现显著差距的原因进行说明。可以说，比较分析法是各种财务分析方法的基础所在，既可以应用到绝对数的比较分析当中，又可以应用到百分数或者比率的分析当中。

运用比较分析法时，通常是将分析期实际数据（或预算数据）与前期或上年同期或若干连续时期的实际数据进行对比，与行业平均指标或先进企业指标进行对比。采用比较法应注意指标的可比性，对财务政策、会计方法以及计算方法发生变化的指标要调整换算，排除不可比因素，以便准确合理地揭示问题。要想得出优劣的结果判断必须要借助比较的方法，而要完成比较的操作，就需要有比较的标准存在。例如，历史、行业、预算、经验等标准都是较为常见的比较分析要遵照的标准。

（二）比率分析法

比率分析法是对比两个及其以上有着内在关联项目指标并得出比率的分析方法。它是比较分析法的发展形式，一般可以将其划分成以下几个类型。

（1）趋势比率。趋势比率实际上是对比几个时期同类指标，进而展示出这些指标增减变化以及趋势的分析法。反映趋势的指标主要包含增长以及发展速度这两个方面的内容。要想计算出发展速度，可以把报告期指标数和基期指标数相除。要想计算出增长速度，可以将增长量和技术指标数相除。

（2）构成比率。构成比率是比率分析法的一个重要组成部分，主要计算的是一项经济指标的各部分在整个指标总体当中所占的比例，计算这一结果的目的在于了解经济指标内部结构以及变化情况，从而充分认识到企业运营活动的特征以及整体的变化趋向。

（3）效率比率。效率比率能够反映出企业的投入和产出比。效率比率的分子是代表产出的项目，通常是各种利润数据，分母是代表某种投入的数据，如资产、股东权益、成本费用等。

（4）相关比率。相关比率是对比两个不同项目或者不同类别的项目，但是这其中存在着一定相关数据，最终求出比率来完成财务分析。相关比率会影响到企业运营以及管理的各个环节，但是如果站在狭义分析层面，可以将比率分析等同于相关比率分析。

在对以上内容进行分析和研究的过程中必须明确的是，比率分析法当中应用到的财务比率不是固定的，在实际过程中会结合不同的情况呈现出不同的变化。确定选择怎样的项目来对财务比率进行计算，前提条件还是要分析经济意义，并且要明确财务分析的目的所在。如果把两个项目进行相除最终计算出一个相对数据，在对相对数据进行分析后发现这些相对数有着一定经济意义，并且与财务分析目的相符合，那么就可以判断相对数属于具备一定价值的财务指标。在财务比率当中，可以将同一时期和不同时期的数据进行对比，同时可以将同一报表或者不同报表当中的项目进行对比。通过对财务比率的分析，可以对经济关系进行有效的揭示和呈现。由此观之，比率分析法当之无愧是应用最普遍的分析法。

（三）结构分析法

结构分析法指的是对比项目金额和同期合计金额、总计金额或者是特定项金额，进而得到结构的百分比，掌握整个报表的项目结构及其特征。这样的分析方法更多的是应用在分析会计报表方面。在分析报表结构的过程中，项目列示可以用结构百分比表示出来，因此往往将这一方法称为结构百分比报表分析方法。

（四）趋势分析法

趋势分析法实际上是将相同指标进行对比，而这些指标都是企业连续一段时期或者连续几年报表当中的数据，将它们进行对比分析之后，可以确定出这些指标增减变化的情况，包括数额、幅度、方向等，进而掌握企业有关项目的增减变动以及发展的趋势。趋势分析可以广泛地应用到报表整体分析的过程中，就一段时间的报表项目变动情况以及大致的趋势进行表现，也可以了解到企业重要财务指标的发展趋向。趋势分析法一般有如下步骤。

（1）计算趋势比率或指数。指数的计算一般有两种方法：一是定基指数，二是环比指数。

（2）将指数计算获得的结果作为判断指标变动和发展趋势的重要依据，并分析出这些指标的变化是否合理。

（3）预测未来的发展趋势。结合企业历史项目变化，总结出相应的趋势和规律，形成对未来变化以及发展趋势的有效预测。

其中特别要注意到的问题是：

其一，如果企业在发展前期及发展后期选用差异化的会计政策，也就是前后会计政策不一致，那么在趋势分析的过程当中，需要将前期、后期的数据以及信息进行调整之后再展开趋势研究，否则极有可能导致趋势研究结果出现严重失误。

其二，在整个趋势分析和研究过程当中，如果整个影响时间较长，期限较为宽泛，物价因素就会对财务数据有着较大的影响，一旦物价水平发生改变，那么财务数据和信息也会进行相应的变化。要确保趋势分析结果的准确性和合理性，可以将物价因素剔除出去。

其三，趋势分析环节要考虑到企业发展当中的重大事件或者是一些环境变化的因素，因为这些因素对于数据有着一定的影响程度。

其四，要展开趋势研究的项目不必面面俱到，研究项目的选择需要结合具体的目标确定。

其五，为使趋势分析获得的结果有着形象性和直观性的特征，可以借助坐标图等相关分析工具。

（五）因素分析法

这一种财务分析方法实际上是把一个综合性的财务指标进行分解，使它们能够被分成若干存在一定联系的因素，接着再按照一定的顺序对这些因素进行替换，最终准确推测和判断出不同因素差别会对综合性的财务指标产生怎样的影响。借助因素分析法，除了能够掌握不同因素对指标的影响程度以外，还可以单独对其中的一个因素影响力进行判断，因此这一方法在整个分析工作当中有着大范围的应用。因素分析方法是由大量的分析法综合而成，其中连环替代法是应用最为广泛的因素分析方法，以下重点对连环替代法进行说明。

连环替代法实际上是把综合性的经济指标进行分解，将其变成能够计量的因素，加强对不同因素关系和联系的分析，顺次将因素比较值代替基准值，进而合理地确定出不同因素对整个财务指标评判的影响。连环替代法计算程序如下：

（1）准确确定出经济指标包含的因素种类；

（2）准确得出因素和指标之间存在的关联；

（3）按照一定顺序把经济指标的各个因素进行替代，最终得出具体化的因素对指标的影响度。

二、财务指标分析法

财务指标实际上指的是一种相对指标，用于总结以及判断企业整体性的财务运营情况和效益成果。如果对财务指标的地位以及作用进行判断，可以说财务指标是整个财务报告系统当中处于核心位置的一项内容，且财务分析的根据就是这些财务指标。通过对于企业财务和运营相关的情况进行判断和研究，最终能够对企业的运营管理现状、财务绩效水平以及未来的前景进行判断，使得企业能够结合自身的发展需求来对财务管理工作进行优化，构建科学完善的财务管理系统，同时使得投资者能够借助这些信息展开经济决策的优化和调整。由于财务指标的重要作用，财务指标分析法成为分析财务报告数据以及信息最常用和主要的分析手段。

（一）盈利能力与财务效益状况

要想了解到企业的盈利水平，并对企业的财务运营效果以及绩效水平进行分析，必须要借助与之对应的财务指标，接下来将这几个财务指标的具体计算方法进行阐述。

（1）净资产收益率。其计算公式为：

$$净资产收益率 = 净利润 / 平均净资产 \times 100\%$$

其中：平均净资产 =（年初股东权益 + 年末股东权益）÷ 2

（2）总资产报酬率。其计算公式为：

$$总资产报酬率 =（利润总额 + 利息支出）/ 平均资产总额 \times 100\%$$

其中：平均资产总额 =（年初资产总额 + 年末资产总额）÷ 2

（3）销售（营业）利润率。其计算公式为：

$$销售（营业）利润率 = 营业利润 / 销售（营业）收入净额 \times 100\%$$

（4）成本费用利润率。其计算公式为：

$$成本费用利润率 = 利润总额 / 成本费用总额 \times 100\%$$

（5）资本收益率。其计算公式为：

$$资本收益率 = 净利润 / 平均资本 \times 100\%$$

（6）盈余现金保障倍数。其计算公式为：

$$盈余现金保障倍数 = 经营现金净流量 /（净利润 + 少数股东损益）$$

（二）资产质量与资产运营状况

要想对企业的资产质量进行评估，了解资产投入企业运营的具体情况，需要重点了解以下几个财务指标及其计算方法。

（1）总资产周转率。其计算公式为：

$$总资产周转率 = 营业收入 / 平均资产总额$$

（2）应收账款周转率。其计算公式为：

$$应收账款周转率 = 营业收入 / 应收账款平均余额$$

（3）流动资产周转率。其计算公式为：

$$流动资产周转率（次数）= 营业收入 / 平均流动资产总额$$

$$平均流动资产总额 =（年初流动资产总额 + 年末流动资产总额）÷ 2$$

（4）存货周转率。其计算公式为：

$$存货周转率 = 营业成本 / 平均存货 \times 100\%$$

（5）资产现金回收率。其计算公式为：

$$资产现金回收率 = 经营现金净流量 / 平均资产总额 \times 100\%$$

（6）不良资产比率。其计算公式为：

$$不良资产比率 =（资产减值准备 + 潜亏挂账 + 未处理资产损失）/ 资产减值准备 \times 100\%$$

（三）偿债能力和债务风险状况

要想知道公司偿债能力如何，还需要将其具体划分成长期和短期偿债能力分析模块，主要包括以下几个财务指标，其具体的计算方法如下。

（1）流动比率。其计算公式为：

$$流动比率 = 流动资产 / 流动负债$$

（2）速动比率。其计算公式为：

$$速动比率 = 速动资产 / 流动负债$$

（3）现金流动负债比率。其计算公式为：

现金流动负债比率 = 经营现金净流量 / 流动负债 × 100%

（4）或有负债比率。其计算公式为：

或有负债比率 = 或有负债余额 / （股东权益 + 少数股东权益）× 100%

（5）资产负债率。其计算公式为：

资产负债率 = 负债总额 / 资产总额 × 100%

（6）已获利息倍数。其计算公式为：

已获利息倍数 = （利润总额 + 利息支出）/ 利息支出

（四）发展能力与经营增长状况

关系到公司发展水平以及经营增长实际情况的指标主要包括以下几种。

（1）销售（营业）增长率。其计算公式为：

销售（营业增长率）= （本年主营业务收入总额 − 上年主营业务收入总额）/ 上年主营业务收入总额 × 100%

（2）销售（营业）利润增长率。其计算公式为：

销售（营业）利润增长率 = （本年营业利润总额 − 上年营业利润总额）/ 上年营业利润总额 × 100%

（3）总资产增长率。其计算公式为：

总资产增长率 = （年末资产总额 − 年初资产总额）/ 年初资产总额 × 100%

（4）技术投入比率。其计算公式为：

技术投入比率 = 本年科技支出合计 / 主营业务收入净额 × 100%

（五）上市公司特有指标

上市公司和其他公司类型有着一定的差异，不少投资者会更多地关注对上市公司财务运营情况的分析和研究，力图通过对其的准确了解在投资决策的制定当中占有一定优势。一般而言，上市公司特有的财务指标主要包括下面几个方面的内容。

1.每股收益

每股收益指的是归属到普通股股东净利润当中的每个普通股能够享受的金额，这在上市公司股东权益分配当中有着极大的应用价值。如果要对每股收益这一概念进行具体种类划分的话，可以将其分成稀释每股收益和基本每股收益这两个种类。上市公司在对自身的运营以及财务状况进行绩效水平的评估时，往往会把每股收益作为其中的基本性财务指标，而且这一指标是广大投资者非常关注的内容。

（1）基本每股收益。其计算公式为：

基本每股收益 = 归属于普通股股东的当期净利润 / 发行在外普通股的加权平均数

（2）稀释每股收益的基础依据是上面提及的基本每股收益。假设上市公司的稀释潜在普通股已经全部转变为普通股，接下来就需要分别调整普通股股东持有的当期可以获得的净利润和发行在外普通股加权平均数计算的收益。稀释性的潜在普通股包括多种内容，只有潜在普通股的股民能够在财务报告期间或者之后的期间能够享受到普通股权利，但是一旦将其转化成普通股，这样的情况会发生一定的变化，每股绩效指标会出现波动，指标变化预期也会大受影响。如果将稀释每股收益和基本每股收益进行对照分析的话，后者更加侧重于角色和预测方面，也即投资者可以借助这一指标得出较为准确的判断以及决策。

2. 市盈率

市盈率是在同一考察期当中，普通股每股市价和收益构成的比率。其计算公式为：

$$市盈率 = 普通股每股市场价格 / 普通股每股收益$$

信息需求者需要了解上市公司盈利水平如何时，主要借助的就是市盈率指标，而且透过这一指标能够清楚地看到投资者对获得每一份净利润愿意支付价格的多少，可以通过评估市盈率的方式对上市公司股票投资的风险以及收益水平进行一定的预测和判断，直观展现出公司盈利水平。一般市盈率水平越高，表示市场对公司的未来发展前景和发展趋势更加看好。如果市价确定不变，那么按照每股收益越高，市盈率越低，投资风险越小。如果每股收益稳定不变，那么市价以及市盈率的水平越高，风险越大。

3. 每股净资产

每股净资产是把年末净资产和上市公司发行在外的普通股股数进行比较获得的比值。其计算公式为：

$$每股净资产 = 年末净资产 / 发行在外的年末普通股股数$$

每股净资产这一重要的财务指标可以体现出上市公司账面的每股权益情况，这也为投资者的财务分析提出了一定的要求。在具体的投资分析过程中，每股净资产指标的使用有限，出现这一问题的原因是每股净资产指标的形成借助历史成本计算得出，不能够体现出净资产变现以及产出的价值如何，因此在使用这一指标时，要尤为注意，并且需要根据实际情况的需求进行选择。

4. 市净率

市净率指的是将每股的市价和净资产进行比较得到的比值数，其计算公式为：

$$市净率 = 每股市价 / 每股净资产$$

具体可以这样理解：市净率越小，股票投资价值越大，股价就会获得较大的保障。反之，投资价值越低。

三、综合绩效分析与评价体系

上面提及的内容是一些重要财务指标的计算以及所能够表现出的具体含义，通过以上计算和含义的分析，又可以形成对上市公司盈利、营运、偿债等多方面能力的直观认识以及评判。这些指标及指标所对应的内涵对和上市公司有着直接利益相关的人群有着显著的应用价值，可以帮助他们深刻剖析上市公司财务具体发展情况以及实际运营当中的绩效水平，有了解之后再制定相关决策便更加得心应手。但是，上面提及的财务指标重点是从特定角度出发，研究上市公司运营实践以及经济活动的其中一个方面。可以说，单一采用这样的指标分析方法不能够形成对上市公司整体绩效和财务运营情况认知，缺乏研究的全面性和适应性，不能够发现财务和经营水平之间存在的关系，得到的分析结果也不符合综合性和全面性的要求。要想让这一缺陷得到弥补，除了要注重指标分析以外，还需要把包括指标以及指标间内在联系纳入研究和考虑范围内，实施全面性的整合研究，以便得出综合性的结论。接下来，在综合分析的前提条件下，借助业绩评价的有效方法得出综合绩效评价的结果，判断上市公司的经营和具体的财务情况。下面将对这一综合性的绩效评价体系进行详细的阐述。

（一）综合绩效评价体系概述

综合绩效评价体系属于一个综合全面的有机整体，在这其中包括与绩效评价存在密切联系的评价制度、指标、方法、标准、组织等多个方面的内容，其中任何一个因素都是不可缺少的，否则这个有机的整体平衡力就会被打破。上市公司构建的绩效评价体系必须要满足科学性、实用性的要求，也即绩效评价体系能够真正广泛应用到上市公司的运营管理环节，并且切实发挥其应有的作用，同时为得到的评价结果更加公平客观，还必须落实客观公正的原则，提升评价体系的可操作性和与上市公司的协调一致性。在确定企业绩效评价的内容时，必须从上市公司的经营类型出发，结合具体的经营种类来确定出与之相对应的评价内容。比如金融和工商类的企业在绩效评价内容方面就是有着明显的不同，因为它们自身的经营业务种类差异巨大，而且即使是企业处于同一行业，如果所处的发展阶段不同，那么与企业相对应的评价标准以及思想也会显示出明显的差别。所以，公司综合评价体系应该是一个动态的、多维的、具有针对性和环境适应性的标准体系。

整体来看，财务绩效综合分析与绩效评价可以从不同角度出发，有着不同的分析内容与分析思路。

（二）杜邦财务分析体系

杜邦财务分析体系来源于美国的杜邦公司，要想对这一分析体系的形成进行分析，还需要了解到整个事件的来龙去脉：1910年，杜邦公司想要对下属企业的经营情况以及业绩水平进行考核，于是制定出财务比率考核体系，其核心是自有资金的利润率。由于杜邦公司是美国十分著名并且有着较大影响力的企业，这样的方法也是由其首先创立并且落实到实践当中的，所以后来将这一考核体系命名为杜邦财务分析体系，简称杜邦分析法。这一分析方法是想要借助企业当中重要的财务比率关联，来综合性地了解企业的财务运营情况以及效益水平，最终得出综合性的评价结果。换句话说，杜邦分析法是一种站在财务视角来对企业绩效水平进行判断的经典分析方法，能够综合性地评判出公司盈利和股东的自身权益水平，让广大股东能够更加直观地了解情况，增强其投资的信心，促使其对投资结构进行调整。杜邦分析法所选用的基本思想是分解净资产收益率，分解之后转换成财务比率乘积的关系呈现出来，这样在研究和对照企业业绩及运营效果时才会更加深刻。这一分析体系从出现一直到大范围的推广应用，只用了极短的时间，而且在之后经过了时间的洗礼和市场的检验，到目前为止已经成为世界性的绩效评价系统，在世界范围内都有着重要的地位。

杜邦分析法的主要特征是有机整合若干个财务比率，并且按照这些财务比率内部之间存在的密切关系构建一个系统化的指标系统，最后得到权益收益率这一综合反映企业业绩和财务运营情况的结果。运用杜邦分析法对上市公司进行财务分析，能够确保分析层次分明，条理清楚，而报表使用者也能够从中受益，更加直观方便地分析出企业的盈利和具体的运营实际。

杜邦分析法的核心是利润指标，在这一核心的指导及影响之下，在评判企业经营绩效水平的过程中，往往会把重点放在企业历史以及现在经营成果方面，这在目前注重企业现金流及复杂多变的经营环境状况下，已经显得力不从心，无法与当前的外部经济发展情况相适应，在具体的方法应用当中会出现一定障碍。杜邦分析法的局限可以概括成以下几点。

（1）以净资产收益率为核心，是以利润及其衍生物为基础进行的分析，由于没有包含现金流量信息，所以分析过程及结果可能具有一定的主观性、片面性，而且这样的指标设置方法与上市公司实现股东权益最大化的目标有着明显的不协调性，不符合其目标达成的实践要求。净资产收益率对于风险以及时间的因素考虑不完全，极容易导致上市公司经营者短期行为，不利于企业长远战略的设计以及实施，也降低了上市公司可持续发展的能力水平。

（2）杜邦分析法没有将财务风险作为重要的分析和研究内容，因此不能够为企业做好财务风险的防范和应对提供根据，而且整个动态分析思路有待进一步明确化。要想获得完整和全面的综合性结果，还要综合这一指标体系和多种分析工具。

（3）杜邦分析法在金融和经营区分的方面没有做好工作，因此在实际工作当中很容易出现把这两个经济活动相混淆的情况发生，这对于评价结果和绩效评估的准确性提出了挑战。站在财务管理理念层面分析，金融资产实际上是投资剩余，这部分的资金并没有投入企业的运营活动当中，因此需要把这部分的资金从经营资产当中去除掉，同样去掉在经营收益当中的金融费用，通过二者的协调整合，提升经营收益和资产的匹配度。因此，要想得到对企业真实盈利水平和绩效的判断，必须要把经营和金融资产、经营收益和金融收益的明确认知和区分作为重要的前提条件。

如果从绩效评价视角出发，杜邦分析法包括的内容是不完整的，只能够在其中看到有关于财务的信息资料，但是不可以偏概全，在具体应用这一手段时，还需要对其他信息进行收集和研究。

（三）沃尔财务分析体系

沃尔财务分析体系也是沃尔评分法，具体的方法应用当中会对选定的多项财务比率展开评分工作，在评分完成之后，计算综合得分，据此反映企业综合财务发展的相关情况。由于创造这种分析方法的是美国著名财务学家亚历山大·沃尔，因此被称作沃尔财务分析体系。可以说，沃尔沃财务分析体系结合了若干财务比率，而要将这些比例整合起来，借助的是线性关系。沃尔评分法与上面提到的杜邦分析法相对照，有着以下几个明显的优势。

（1）简明扼要，便于操作。针对各个财务指标权重的设置，结合的是评价经验和定性分析获得的结果，同时先行组合几项财务评价指标，最终在得出综合性的评价结果。采用这样的评分方法给实际评级工作带来了很大的方便。

（2）具备完整全面的评价指标体系，可以大体上对企业的财务实际情况进行反映，同时能够从中获得企业在获利、偿债、营运等方面的具体能力水平如何。

（3）便于分析，揭示原因。把财务指标标准值和实际值进行对照研究，在对比分析当中可以得到影响企业财务发展情况的因素有哪些，如果不能够得到全部因素，也可以找到重点的几个要素，使得企业在对自身的财务运营进行优化调整和创新工作当中拥有前进的方向和目标。

从理论层面上看，沃尔评分法有很多理论需要展开进一步的分析研究。不少专家学者认识到这一点，积极投入沃尔评分法的分析和研究中，并且综合考虑到这一方法的不足提出了下面的改进意见。

第一，评价指标和权重做了适当的调整，反映了现代社会的变化。这些专家学者把沃尔评分法总结成三个方面的能力指标，分别是盈利能力指标、偿债能力指标以及发展能力指标。三类指标的评分值约为 5：3：2。

第二，计算方法及技术做了相应调整。在沃尔评分法的实际应用当中，如果其中的一项指标存在严重异常的情况,那么最终获得的综合性评分结果就会存在逻辑不清的巨大不足。针对这样的缺陷,这些专家和学者研究出的改进方法是把财务比率标准值调整成为行业的平均值,同时相应设置出评分值上限和下限。除此以外,在具体的评分环节避免使用"乘"的关系,而要运用"加"或"减"的计算关系方法进行数值计算与处理,以便能够最大限度地弥补不足。

(四)帕利普财务分析体系

帕利普财务分析体系可以说是上面介绍的杜邦分析法的一种变形和发展形式,由美国人帕利普提出,因此用帕利普的名字对这一分析体系进行命名。要想了解帕利普财务分析体系的结构,可以借助图2-3的直观结构分析图来直观认识。此外,在整个体系当中包含着下面几个重要的关系式子,它们分别是:

可持续增长比率 = 净资产收益率 × (1 - 支付现金股利 / 净利润)

净资产收益率 = 净利润 / 净资产 = 营业收入净利率 × 总资产周转率 × 业主权益乘数

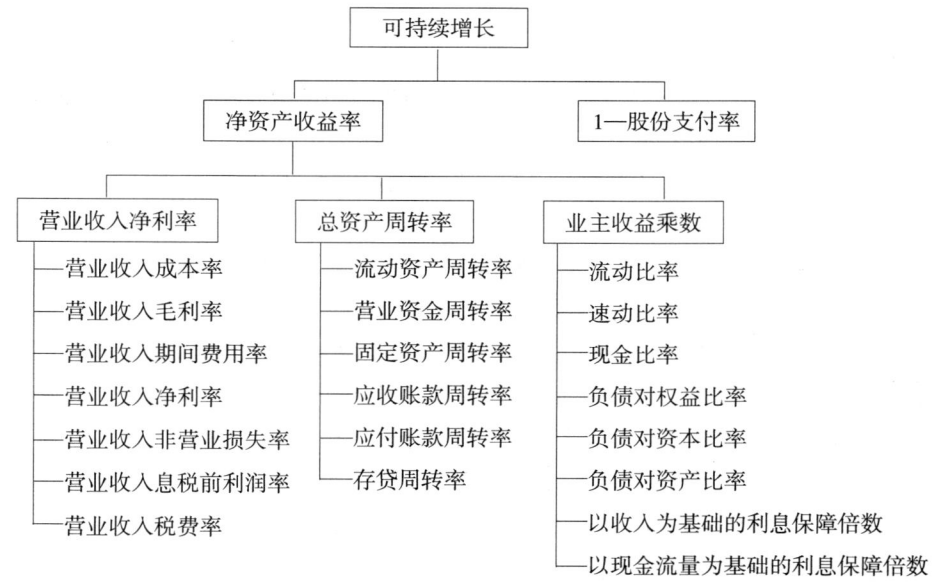

图 2-3 帕利普财务分析体系结构图

帕利普财务分析体系是对杜邦分析法的延伸和一种发展变形,在实际应用和研究当中发现它有多个优势,具体体现在以下几方面。

(1)这一财务分析体系是对杜邦分析的变形以及补充,因此它继承了杜邦财务综合分析的优点:第一,得到的财务分析结论可以展示出上市公司在偿债、盈利、营运、发展潜能等多个方面的能力层次以及彼此之间的关系,这样就能够得到整体性的财务分析结果,还能够看到整体和业绩之间存在的关系;第二,帕利普财务分析体系可以成为综合评价的基础,同时在纵向以及横向比较上具有优势,能够切实将企业的多个指标紧密整合,发现这些指标的影响因素,使得在综合评价分析的过程中能够巧妙地应用因素分析法来得到较为准确的结论。

(2)在一个市场当中,企业要想真正站住脚跟,长期存在市场当中,实现稳定的发展,最为根本的条件还是要具备可持续发展的能力和竞争的优势。对此,与企业相关的利益者会将关注点放在可持续发展能力和水平方面,这也是当前这些利益相关者的重点工作内容。通过对帕利普财务分析体系进行分析,我们发现这一体系恰好就是将研究企业可持续发展能力作为核心,逐层、分步骤地研究可能会对企业可持续发展能力造成影响的因素,使得利益相关者在评价时更具针对性,为企业的可持续运营目标的实现创造有利条件。

(3) 股利支付率能够对上市公司的可持续增长比率产生关联和影响,这也是财务分析当中必须要注意的问题。在帕利普的分析体系当中强调了这一问题,但是原本的杜邦分析法当中却没有涉及这方面的内容,体现出了前者的优点所在。对于上市公司而言,如果当期盈利,那么就需要将这些盈利进行恰当的股利分配。如果上市公司选择不为股东分配股利,那么股东会对此产生极大的不满情绪,上市公司想要在今后进行融资扩股时将会面临极大的难题。但是,如果选择为股东分配股利,企业就缺少了一定的自由资金,上市公司想要获得深层次发展时会受到一定的阻碍。因此,股利支付率的分析和研究尤为关键。考虑到这些问题之后,在综合评价环节就能够有效得到股东权益实现水平的判断结果。

(五) 经济增加值 (EVA) 分析

经济增加值(EVA)是一项重要的财务指标,是指一定时期公司所有成本被扣除后的剩余收入,等于税后净利润减去资本成本。EVA 的基本理念是:资本收益以及回报最少要能够形成对投资者所担风险的补偿,确保股东的权益,使得他们的风险投资回报水平得到保障。

与传统财务指标相比,EVA 的特点主要有以下几点。

(1) EVA 指标设置了最低资本回报门槛。EVA 指标分析可以充分考虑股东的自身权益,要求资本的运营者和管理者能够设置并且给出明确的资本回报成本,也就是一个及格线的水平。对于上市公司而言,企业通过有效的管理运营超出了及格线,才可以确定为企业为投资者带来了收益,让他们获得了资本回报,如果不能够到达这一标准,就可以认为资金管理者没有有效履行自身的职责,使得股东价值受到了损害。

(2) EVA 指标是站在调用全部资金的视角对上市公司经营绩效水平进行综合考虑和评价的。这里提及的全部资金总和,包括股东出资以及借款等各个方面的资金,可以将其总称为投资资本。将这些资本投入到上市公司的运营和发展当中获得的回报比率就可以称之为投资资本回报率。这样的比率和净资产收益率有着明显的差别,因为净资产收益率的研究可以让上市公司大量举债,将这些借款作为投资资本来提高净资产收益率,从表面上股东回报水平获得了提升,但实际上随之带来的风险也扩大,股东的真正财富甚至可能减少。

(3) EVA 指标要想更加真实地呈现出上市公司的经营水平和绩效成果,必须细致调整财务的各项信息,这样的行动使得这一指标反映出的信息更加真实准确。透过这些指标可以看到上市公司创造了多少实际价值,发现企业的管理当局是否真正发挥了其管理职能和价值,使得这一指标能够对管理和决策起到更为有效的支撑。

EVA 指标改进了原来的财务分析体系,因此其优势以及应用价值更加显著,不但可以站在股东价值的层面对企业的运营以及绩效水平进行分析判断,使得企业的长期以及短期利益实现统一化的发展,进一步促进了企业规模的扩大和经营效率的提升,还可以纵向分解企业内部的相关情况,增强对企业内部管理成效的分析与研究。

(六) 平衡计分卡分析

罗伯特·S.卡普兰和大卫·P.诺顿从 1990 年开始组建研究小组,并针对美国的 12 家大型企业，展开以衡量未来组织业绩为主题的分析研究活动。在研究小组的整个实践过程当中，重视对这些企业不同绩效评价体系实施过程中获得的成功经验以及教训进行总结和研究，并最终提出平衡计分卡（简称 BSC）方法。可以说，这样的分析方法是企业评价研究活动当中里程碑式的成就，是一种战略性的企业管理工具。在平衡计分卡方法的实施过程中，强调构建完整的财务和非财务指标统筹协调系统，将原本抽象复杂的远景战略进行具体化和实践化，使其转变成实际行动，从而使得企业员工的发展潜力得到最大化发挥，全面提升企业业绩水平，推动企业的战略性和可持续性发展，并最终达成企业战略目标。平衡计分卡分析方法的优势主要体现在以下几个方面。

（1）平衡计分卡是财务指标以及非财务指标的综合体。因此，在对企业的绩效水平进行评估时，将这些综合性的指标进行实践应用，可以让得到的结果更加恰当合理，满足科学性标准。

（2）揭示了企业价值创造的动因。平衡计分卡实际上包含了四方面的关系，他即财务、内部经营顾客、学习与创新。在整个关系体系当中，财务指标是其中的根本所在，另外的几个指标为其服务。与此同时，这几个指标紧密相关，不可缺少。根据这一关系，企业在对其业绩进行分析时，能够很容易地查找到产生问题的原因所在，从而迅速地找到解决问题的突破口及其存在的不足，进而提出恰当合理的解决策略，最终促使财务指标的实现，使得企业的整体获利水平得到发展。

（3）有助于企业战略管理的实施。全面落实平衡计分卡，可以将上市公司的长远发展以及战略进行转化，使之成为彼此之间存在紧密关系的衡量指标。这样，在整个企业组织当中都能够全方位地对企业长期战略有清醒的认识，各级部门也会通力合作，建立恰当有效的沟通协调机制，全面推进企业远景以及战略事项的落实，并且将个人、部门以及企业联系成一个整体，使得这一整体当中的各个部分都能够为了一个共同目标的实现做出积极的努力，如此企业战略性发展目标的实现将不再是难题。

（4）指标间的因果关系增强了企业管理的透明度。上面已经提及平衡计分卡包括四方面，而且彼此之间有着因果关联。正因如此，上市公司可以轻松地实现部门活动的具体化，让原本抽象的策略实施或者任务落实转化成一种具体化和显而易见的目标。这样，上市公司可以在事前展开资金的预算，构建合理化的预算体系；在事中加强财务控制，把控好整个工作的过程；在事后探寻原因，使企业管理的透明度大大增强。

（七）我国企业综合绩效评价体系

我国企业综合绩效评价指标体系主要是以《国有资本金效绩评价规则》《企业效绩评价操作细则（修订）》作为构建的基础内容，具体包括下面几个方面。

1. 指标体系及权重设置

1999 年，财政部等四部委联合发布《国有资本金效绩评价规则》《国有资本金效绩评价操作细则》。之后在 2008 年，四部委又重新修订了后者并且真正形成《国有资本金效绩评价操作细则（修订）》。

这两部绩效评价的规则制度非常清楚地说明了"企业效绩评价指标体系"，并分别设置了权数，在对企业进行考评时采用。下面用表格的形式对其进行表述，具体见表 2-1。

表 2-1　国有资本金绩效指标及权数分布

评价内容、权数	基本指标、权数	修正指标、权数	评议指标、权数
财务效益（38）	净资产收益率（25） 总资产报酬率（13）	资本保值增值率（12） 主营业务利润率（8） 盈余现金保障倍数（8） 成本费用利润率（10）	1. 经营者基本素质（18） 2. 产品市场占有能力（服务满意度）（16） 3. 基础管理水平（12） 4. 发展创新能力（14） 5. 经营发展战略（12） 6. 在岗人员素质（10） 7. 技术装备更新水平（服务硬环境）（10） 8. 综合社会贡献（8）
资产营运（18）	总资产周转率（9） 流动资产周转率（9）	存货周转率（5） 应收账款周转率（5） 不良资产比率（8）	
偿债能力（20）	资产负债率（12） 已获利息倍数（8）	现金流动负债比率（10） 速动比率（10）	
发展能力（24）	销售（营业）增长率（12） 资本积累率（12）	三年资本平均增长率（9） 三年销售平均增长率（8） 技术投入比率（7）	
100	100	100	100

2. 指标体系的计算公式

表 2-2　国有资本金绩效指标体系计算公式

指标种类	指标名称	计算公式
基本指标	净资产收益率	净利润 ÷ 平均净资产 ×100%
	总资产报酬率	息税前利润总额 ÷ 平均资产总额 ×100%
	总资产周转率（次）	主营业务收入净额 ÷ 平均资产总额
	流动资产周转率（次）	主营业务收入净额 ÷ 平均流动资产总额
	资产负债率	负债总额 ÷ 资产总额 ×100%
	已获利息倍数	息税前利润总额 ÷ 利息支出
	销售（营业）增长率	本年主营业务收入增长额 ÷ 上年主营业务收入总额 ×100%
	资本积累率	本年所有者权益增长额 ÷ 年初所有者权益 ×100%
修正指标	资本保值增值率	扣除客观因素后的年末所有者权益 ÷ 年初所有者权益 ×100%
	主营业务利润率	主营业务利润 ÷ 主营业务收入净额 ×100%
	盈余现金保障倍数	经营现金净流量 ÷ 净利润

续 表

指标种类	指标名称	计算公式
修正指标	成本费用利润率	利润总额 ÷ 成本费用总额 × 100%
	存货周转率（次）	主营业务成本 ÷ 平均存货余额
	应收账款周转率（次）	主营业务收入净额 ÷ 应收账款平均余额
	不良资产比率	年末不良资产总额 ÷ 年末资产总额 × 100%
	现金流动负债比率	年经营现金净流入 ÷ 流动负债 × 100%
	速动比率	速动资产 ÷ 流动负债 × 100%
	三年资本平均增长率	$(\sqrt[3]{年末所有者权益 + 三年前年末所有者权益} - 1) \times 100\%$
	三年销售平均增长率	$(\sqrt[3]{当年主营业务收入总额 + 三年前主营业务收入总额} - 1) \times 100\%$
	技术投入比率	当年技术转让费用支出与研发投入 ÷ 当年主营业务收入净额 × 100%

3. 评价计分方法及评价结果

针对上市公司绩效评价的计分方法更多地选用的是功效系数法，运用这一方法可以计算出指标评价的得分情况。与此同时，还需要综合分析判断法的辅助支持，以便能够恰当地评价指标得分。以指标体系三层次结构作为划分的标准依据，这些计分方法又可以具体划分成以下几个类型。

（1）基本指标计分方法

基本指标计分方法是对照指标实际值和标准值之后得到的实际得分情况。计算公式为：

基本指标总得分 = Σ 单项基本指标得分

单项基本指标得分 = 本档基础分 + 调整分

本档基础分 = 指标权数 × 本档标准系数

调整分 = [（实际值 − 本档标准值）÷（上档标准值 − 本档标准值）]
× （上档基础分 − 本档基础分）

（2）修正指标计分方法

这一指标计分方法的依据是基本指标计分获得的结果，也就是进一步借助修正指标来调整基本指标计算获得的评分结果。计算公式为：

修正后总得分 = Σ 四部分修正后得分

各部分修正后得分 = 该部分基本指标分数 × 该部分综合修正系数

综合修正系数 = Σ 该部分各指标加权修正系数

某指标加权修正系数 = （修正指标权数 / 该部分权数）× 该指标单项修正系数

某指标单项修正系数 = 1.0 + （本档标准系数 + 功效系数 × 0.2 − 该部分基本指标分析系数）

（3）评议指标计分方法

评议指标计分方法得到的是对企业实际运营发展情况的定性分析结果，这一方法的应用是考虑到了实际评价需求，加强对非计量因素的分析。具体根据评议指标所考核的内容。由五名及以上的评议人员参与到指标计分评价当中，严格依照标准判定指标等级，最终在综合获得最后的指标得分情况。公式为：

$$评议指标总分 = \Sigma\ 单项指标分数$$

$$单项指标分数 = \Sigma[(单项指标权数 \times 每位评议人员选定的等级参数) \div 评议人员总数]$$

（4）定量与定性结合计分方法

定量与定性结合计分方法是综合评价定量以及定性指标评议之后获得的分数，这一过程中会依照实际情况设置一个既定的权术。其计算公式为：

$$定量与定性结合评价得分 = 定量指标分数 \times 80\% + 定性指标分数 \times 20\%$$

（5）评价结果

综合性地对上市公司绩效水平进行评价，其最终的评价结果是用评价类型加级别以及评价得分来呈现出来，同时把获得的结果编制成完整的评价报告。评价类型用文字以及字母的形式表现出来分别是优（A）、良（B）、中（C）、低（D）、差（E）；评价级别是对不同类型的再一次级别划分，大致分成下面几种：A++、A+、A、B+、B、B-、C、C-、D、E。

第三节　上市公司股票财务估值方法

通过对上市公司财务报告披露的经营数据的全面分析，评估公司内在价值及股票的估值，已经成为上市公司财务分析的一项重要内容。如果分析者不同，那么他们的分析目标也会存在差异。比如，分析者是证券分析师，那么他的分析目的更多的是要探寻那些被低估价值的股票类型，并将获得的结果传递给股票的投资者，使得他们在股票买卖当中做出有效的决策，获得利差收益。投资银行家分析上市公司股票估值，是为向客户提出财务方面的建议，如资产重组、购并、购买以及撤回投资等。就股票首次公开发行来说，投资银行家要做大量的分析以帮助股票的推介与销售。独立投资者通过股票估值的分析来决策购买哪些股票以及购买的合理价格。享受公司股权激励的公司高管及员工进行股票估值的分析，是为了决策是否行使认股权来购买公司的股票。

一、股票内在价值及其相关概念

之所以有大量的分析者会对上市公司股票估值展开深层次的研究，实际上是要准确评估出股票价值，在实际的分析和研究当中，准确衡量出不同股票价值的实际情况，然后将这些研究情况反映给股票投资者，使得他们能够将获得的依据作为自己准确判断投资方案和决策的有效工具。这里面反复提及了价值一词，而价值的含义是资产内在价值，又称经济价值。股票经纪价值指的是投资者在展开投资分析的过程中，由公司基本面决定的股票价值。股票市价会发生一定的变化，但是整体的价格会围绕股票经济价值波动，就是拥有波动的规律。股票除具备内在价值以外，还有账面、市场、清算价值等多个方面，它们之间有着联系，同时有显著的差异。

（一）账面价值

账面价值指的是在财务报表体系当中，资产负债表上清楚列明的资产价值。如果站在股东的视角看，账面价值是股东权益额，也就是净资产额，可以在总资产当中除去总负债来获得这一数据。在对整个表格当中涉及资产类的项目价值进行确认时，往往会把历史成本作为根本依据和基础。采用这一方法的优点在于购置资产支出的相关数据在获取和收集方面更为方便，同时可以体现出得到某一项资产的实际支付情况。采用这一方法同样具有一定的不足，那就是由于利用的是历史成本和相关的历史性信息，难以体现出当前这一阶段的市价或公允价，如果市价出现攀升的情况，将历史成本作为根本依据制作的财务报表除会有货币性资产的实际贬值之外，大量的非货币性资产负债也会被低估，原本报表的客观性以及准确性将会有极大程度的降低，要想了解到企业的实际情况则难以实现。不过，账面价值与内在价值具有密切的联系。在对上市公司进行财务分析时，就是通过对账面价值进行综合分析，去挖掘股票投资的内在价值，而不是直接采用账面价值替代股票的内在价值，账面价值为内在价值分析提供了分析资料，是内在价值分析的重要基础。

（二）市场价值

市场价值指的是资产在交易市场上的价格，如果对其进行细分，还可以分成公平的市场价值和现实的市场价值两个类型。公平的市场价值存在于公平交易的市场状态和环境下，是在自愿的前提下完成资产的交换或者清偿债务等一系列活动，最终获得的结果是数值和资产内在价值完全相等。现实的市场价值建立在当前市场价格的环境以及条件之下，具体条件有公平和非公平两种类型。市场价值和内在价值之间有着非常紧密的联系，后者是决定前者的基础所在。如果前提条件是市场有效，那么这一条件下的市场价值属于公平市场价值，二者大致相当；如果前提条件是市场不完全有效，那么二者会在一段时期内不相当。一般股票投资者会先对上市公司股票内在价值进行深入的分析研究，接着会将其与市场价值展开对照分析，如果内在价值显著较高，则可以称之为企业被低估，那么投资者会做出买进该公司股票的最终决定。有大量的投资者会购买被低估的股票，随之出现的就是股价明显上升，最终到达股票本应该具备的内在价值的水平。市场有效程度越高，内在价值回归速度越快。在整个股票市场当中，一些股票市价明显偏离内在价值。出现这一问题的原因是市场价格除和基本面因素关联并且受其影响之外，还受宏观经济、资金供求、心理预期、投资者理性程度等诸多因素影响。如果从长期角度分析，市场价值和内在价值基本上处于一致的状态，如果有所波动的话，也会围绕内在价值上下波动，但不会有较大的偏离。

（三）清算价值

清算价值指的是清算阶段公司单独拍卖价格。清算价值以将进行清算为假设情景，是在被动出售状态下预计的现金流入，一般用于企业破产清算，多数情况下是会低于正常状态的市场价格的。在估计清算价值的过程中，需要分别单独估价。清算价值不同于账面价值，账面价值是基于持续经营的假设，许多资产价格在清算时有可能大打折扣，部分已升值的资产的清算价值则可能高于账面价值。而在估计内在价值时，如果牵涉多种有着密切关系的资产，必须站在整体的角度对现金流量估价，前提条件是满足持续经营这一会计假设。由于公司价值评估的前提假设是企业具备持续经营能力，所以在价值评估时一般不会用到清算价值。当然，公司清算价值也有助于公司内在价值的评估。因为公司清算价值是公司内在价值评估时基于公司最坏情形下的估值，清算价值可以说是公司内在价值的最低值。

股票价值是未来现金流现值的体现，如果对估值的方法进行细致分类，主要包括相对和绝对估值法这两种。

二、绝对估值法的应用

绝对估值法是在分析上市公司未来运营以及发展情况的过程当中,借助对历史和当前基本面分析的方式来完成预测分析,最终估算出股票内在价值,具体可以按照下面两个模型来实际进行分析应用。

(一)现金流量折现模型(DCF法)

DCF法是结合股票内在价值定义推出的一种模型方法有着形象直观、简单易行等多种优势。现金流量折现模型的一般形式如下:

$$股票内在价值 = \sum_{t=1}^{n} \frac{现金流量_t}{1+资本成本率_t}$$

其中:"现金流量"是未来各期流入净现金流,"资本成本率"是现金流量折现时的必要收益率。如果将归属作为分类依据,则现金流量可以划分成实体、股权和股利现金流三类。与现金流对应,折现率是加权资本成本率或股权资本成本率,因此又可以把DCF法分别划分成以下三类模型。

1. 股利现金流量模型(DDM模型)

股利现金流量模型是用股利贴现评估普通股内在价值的方法,即股票的价值等于公司在不同时期向股东派发现金股利(不包括股票股利等)的净现值的总和。它的一般模型是:

$$股票价值 = \sum_{t=1}^{\infty} \frac{股利现金流量_t}{1+股权资本成本率_t}$$

未来各年股利的数额取决于公司未来每股盈余及公司的股利分配政策,预测每股盈余可以利用公司历史资料,采用回归分析、时间序列趋势分析等方法。股利政策往往会体现在上市公司的各项规定当中。股权资本成本率,即所谓的股东的必要报酬率,是公司风险及利息率等多种因素共同作用的结果。贴现期限一般可以选择无穷年。股票估值的基本模型要求无限期地预测未来各年股利,这实际上不可能做到。在具体的模型应用过程中,需要将这一复杂的模型进行一定的简化。大量的研究学者按照差异化假设构造了股利贴现模型,接下来对其中几个重要的模型进行阐述。

(1)零增长模型。该模型假定股利增长率等于零,也即未来的股利按一个固定数量支付,其支付过程相当于一个永续年金。股票价值为:

$$p_0 = \frac{D}{R_s}$$

其中:P_0为股票价值;D为每年支付的股利;R_s为到期收益率。

(2)永续增长模型。零增长模型是基于假定公司每年的股利都为D,但考虑到经济持续发展以及公司成长等原因,公司的股利不可能恒定不变,而应当不断增长。这一模型适用于一直呈现"稳定增长状态"公司股票,它假定的是公司在未来会有非常长的一段时间呈现固定速度增长:

$$P_0 = \sum_{t=1}^{\infty} \frac{D_0(1+g)^t}{(1+r)}$$

当 $r > g$ 时，上式可变为：

$$P_0 = \frac{D_0(1+g)}{r-g} = \frac{D_1}{r-g}$$

其中：D_1 为下一年的预期股利；r 为股东要求的必要报酬率；g 为永续股利增长率。

通过对上面的分析，能够发现可以运用永续增长模型运行分析的企业必须是长时间的呈现永续状态。在这一模型当中，股价对增长率估计值非常敏感。如果增长率和折现率无限接近，那么股价趋向也会无限地扩大。因此，对 g、r 预测研究质量提出极高标准和要求。

永续增长模型是多元增长模型的基础，反映了宏观经济与微观经济不断增长，但由于现实中很少存在每年派发现金股利能维持一个恒定增长比率的上市公司，该模型与现实同样存在较大差距。

（3）二元增长模型。由于零增长模型和不变增长模型共同的特征是对于增长比率给予了严格的限制条件，但在许多情况下采用不变的增长模式显然是不现实的，为更好地描述实际情况，人们又提出了多元增长模型。

假设预测期是 n，在 n 之前，股利以 g_1 的不变增速增长，在 n 后，以 g_2 的不变增速增长。在此假定下，可以建立二元可变增长模型为：

$$P_0 = \sum_{t=1}^{n} \frac{D_0(1+g)^t}{(1+r)^t} + \sum_{t=n+1}^{\infty} \frac{D_n(1+g_2)^{t-n}}{(1+r)^t}$$

$$= \sum_{t=1}^{n} \frac{D_0(1+g_1)^t}{(1+r)^t} + \frac{1}{(1+r)^n} \sum_{t=n+1}^{\infty} \frac{D_n(1+g_2)^{t-n}}{(1+r)^{t-1}}$$

$$= \sum_{t=1}^{n} \frac{D_0(1+g_1)^t}{(1+r)^t} + \frac{1}{(1+r)^n} \times \frac{D_{n+1}}{(r-g_2)}$$

其中，$D_{n+1} = D_0(1+g_1)^n(1+g_2)$

二元增长模型更加适合正处在高速增长阶段公司的研究，而且根据预期今后也会仍然在高速增长率状态下发展。之后支撑高增长的因素逐步消失，最后会到达到稳定的增长水平，这样的模型与实际更加接近。

2. 股权现金流量模型

股权现金流量模型的基本公式是：

$$股权价值 = \sum_{t=1}^{\infty} \frac{股权现金流量}{(1+股权资本成本率)}$$

股权现金流量 = 实体现金流量 − 债务现金流量

股权现金流量模型属于贴现模型，其依据是公司未来现金流入。上市公司未来现金流入由债权人和股权投资者共同拥有，扣除债权人所拥有的上市公司现金流量后，就是股权现金流量。企业会依据自身股利分配策略的选择和筹资方面的实际情况，来按照一定的比例把这些股权现金流量进行分配，使得股东获得一定的分配收益。如果公司选择将全部的现金流量分配出去，那么这一模型就可以等同于股利现金流量模型。

3. 实体现金流量模型

这一模型是美国人拉巴·波特的研究成果，主要指公司实际产生的，在完成投资操作之后剩下的不会对公司持续运营产生影响的，能够供给公司资本供应者分配的现金。实体现金流量模型的基本形式是：

$$实体价值 = \sum_{t=1}^{\infty} \frac{实体现金流量_t}{(1+加权平均资本成本率)^t}$$

$$债务价值 = \sum_{t=1}^{\infty} \frac{偿还债务现金流量_t}{(1+等风险债务成本率)^t}$$

$$股权价值 = 实体价值 - 债务价值$$

其中："实体现金流量"是经营现金净流量除去"资本支出"之后剩下的现金流量。其计算公式为：

$$实体现金流量 = 经营现金净流量 - 资本支出$$

其中："经营现金净流量"是经营中现金净流量。在计算时可以选用间接或者直接方法。一般在预计未来现金流量时，由于净利润是企业首选的预测指标，往往采用间接法计算。公式如下：

$$经营现金净流量 = 净利润 + 折旧与摊销 - 经营营运资本增加$$
$$经营营运资本 = 经营流动资产（含经营现金）- 经营流动负债$$
$$资本支出 = 长期资产增加 + 折旧与摊销 - 无息长期负债增加$$

（二）经济利润模型（EVA 法）

经济利润是经济学家视角下的利润。经济利润同样是收入减去成本的差额，但是经济与会计收入、成本的含义完全不同，那么会计利润和经济利润之间也就会存在本质的差别。站在经济学家的视角下进行分析，要想增加公司价值，前提条件是超额收益水平增加。这里提及的超额收益实际指的是将资金投入使用之后获得的利润超出成本的剩余收益，换句话说，就是将息前税后利润减去全部资本成本之后的剩余部分。全部资本成本不仅包括使用债权人资本所花费的代价——债务资本成本（简称债务成本），而且还包括使用所有者资本（所有者权益）所花费的代价——股权资本成本（简称股权成本）。由于企业超额收益真实反映了企业价值的增加，经济利润就是指从超过投资者要求的报酬率中得来的价值，因此经济利润又被称作经济增加值（Economic Value Added，EVA）。

经济利润模型的基本思路是考虑了资金成本，特别是考虑了股权资金成本，利用该模型进行股票价值评估时的方法与前面提到的现金流量折现法相似，都是先在经济利润模型的指导之下得到实体价值之后，再由得到的这一数值减去债权价值，具体计算过程如下：

$$经济利润 = 期初投资资本 \times （期初投资资本报酬率 - 加权平均资本成本率）$$
$$= 期初投资资本 \times 期初投资资本报酬率 - 期初投资资本 \times 加权平均资本成本率$$
$$= 税后经营利润 - 资本费用$$

其中，期初的投资资本也即前面提到的期初净经营资产，期初投资资本报酬率用税后经营利润除以期初经营资产得到。它的基本思想是：投资者将自己的资金投入企业当中，由此得到收益超出资本的机会成本，进而为自身创造巨大价值。当 EVA 为正值时，表明企业创造了价值；当 EVA 为负值时，表明企业毁损了价值。

经济利润法要求企业在判断自身的价值增值过程中，需要综合考虑机会成本和费用支出。因此，如果公司属于新设类型或是周期性体验类型，则不便于运用这一方法来进行价值评估处理。

综上所述，绝对估值法主要有现金流量折现法和经济利润法，它在概念上比较健全，容易理解，能够透过股价了解到公司未来收益，通过发挥绝对估值法的应用作用，可以有效估计出股票内在价值。由于企业现金流量和折现率受到诸如市场环境、评估人对风险的厌恶程度等多种因素影响，很难准确预测公司未来盈利的波动性，使得方法应用在实践当中时具备一定的局限性。但是，绝对估值模型为我们评价股票的内在价值提供了一个分析框架，未来现金流、各种资金成本、投资者预期报酬率等因素影响着股票的内在价值。所以，在实际工作中进行较精确的价值评估时，使用更多的是下面要介绍的相对估值法。

三、相对估值法的应用

相对估值法也称价格乘数法。这一方法有着一个假设前提，那就是存在能够对公司市价进行支配的关键变量，最终借助这一变量比值来对公司的股票市价进行判断和估计。在实践中应用相对估值法时，主要利用价格指标和多个同类公司股票进行对照分析。如果分析结果显示明显低于对比系的指标值的平均值，那么就可以证明低估了同类型公司股票价格，该公司的股价有着巨大的上涨潜力，可以让股票投资者利用这一结果来制定相应的股票投资策略，并从中获得良好的收益。但用这一方法得到的是相对价值和内在价值，而不是目标对比系的内在价值。如一家公司股票市场价格为10元，用相对估值法计算出来的价值为15元，那么可能有两种原因：第一，这一公司的股票市价处于较低水平；第二，类似公司的股票价格可能会存在高估的问题。因此，相对估值法的实际应用受市场环境、公司特质等因素制约。

相对与绝对估值法进行对照分析，可以看到有以下三个不同之处：

（1）相对估值法应用当中无须计算企业未来现金流量；

（2）相对估值法借助企业短期数据作为研究的依据，估算年限一般是1至2年，而绝对估值法年限往往是5至10年或更长；

（3）相对估值法能够得到股票相对价值，绝对估值法能够得到内在价值。

在对上市公司股票价值进行评估的过程中，如果确定选择相对估值法，那么需要按照下面的步骤进行：首先，找出和目标企业类似的可比企业；其次，计算该可比企业的相对价值比率；再次，用该可比企业的相对价值比率（或者投资者认可的可比企业的有关比率）乘以目标企业的相关变量（如每股净利、每股净资产、每股收入等），得到目标企业股票价值。在股价计算时必须要注意到下面几个问题。

第一，可比企业的选择。可比企业是指与目标企业规模、产品定位、盈利模式、财务指标等类似的企业，它与同行业企业是两个不同的概念，如一家小型钢铁公司和一家大型钢铁公司虽然属于同行业，但因为规模不同，两家企业很可能不是可比企业，而该小型钢铁厂与某家机械制造厂，虽然属于不同行业，但却有可能是可比企业。

第二，有关价值比率低的股票不一定价值较大，反之亦然。

常用相对估值法主要有下面四中类型：

（一）市盈率法

市盈率是每股价格与收益间的比率，如果在股票估价的过程中能够分别获得市盈率和每股收益的话，那么相应地就可以得到股票价格，这也是市盈率法的原理。其计算公式为：

$$市盈率 = 每股市价 / 每股收益$$

$$每股收益（EPS）= 归属于母公司的净利润 / 发行在外普通股票$$

市盈率法中净利润可以从利润表的净利润项目直接取得，而普通股股数就是资产负债表中的股本除以股票面值。我国大多数股票面值是一元，因此股本可以大致等同于普通股股份数。

PE模型假设股票市场是每股收益的一定倍数，可比企业具备类似市盈率，那么目标企业股价便能计算出来，具体可以按照下面的公式：

$$目标企业股票价值 = 可比企业市盈率 \times 目标企业每股净利$$

市盈率可分为两种：静态市盈率与动态市盈率。由于股票投资是投资未来，因此动态市盈率更能贴近实际，对于投资决策更具指导性。

1. 静态市盈率（本期市盈率）

$$股权价值（P_0）= 股利 /（股权成本率 - 股利增长率）$$

两边同时除以每股净利：

$$\frac{P_0}{每股净利} = \frac{\dfrac{股利}{每股净利}}{股权成本率 - 股利增长率}$$

$$= \frac{\dfrac{每股股利 \times (1+股利增长率) \times 股利支付率}{每股净利}}{股权成本率 - 股利增长率}$$

$$= \frac{股利支付率 \times (1+股利增长率)}{股权成本率 - 股利增长率}$$

即：

$$静态市盈率 = \frac{股利支付率 \times (1+股利增长率)}{股权成本率 - 股利增长率}$$

2. 动态市盈率（预期市盈率、内在市盈率）

$$\frac{P_0}{预计每股净利} = \frac{\dfrac{预计股利}{预计每股净利}}{股权成本率 - 股利增长率}$$

即：

$$动态市盈率 = \frac{股利支付率}{股权成本率 - 股利增长率}$$

股权成本率 = 无风险报酬率 + β系数 ×（市场投资组合收益率 - 无风险报酬率）

= 无风险报酬率 + β系数 × 风险附加率

3. 修正市盈率

运用静态市盈率法估价在选择可比企业的时候，往往很难找到完全雷同的企业，特别是在可比条件设置十分苛刻严格，或者同行业已经上市的公司数量极少时，很容易出现可比企业空缺的问题。要想解决这一问题，修正市盈率是一种恰当有效的方法。

在众多会直接影响到市盈率的驱动因素当中，增长率是其中的关键性变量，更是导致市盈率出现显著不同的主因。针对这一情况，在修正实际市盈率时可以有效借助增长率这一重要工具，同时把有着差异化增长率水平的同行业企业归入可比范畴当中，具体可以按照下面的公式：

$$修正市盈率 = 实际市盈率 \div （预期增长率 \times 100\%）$$
$$目标公司的股票价格 = 修正市盈率 \times 目标企业增长率 \times 100\%$$

修正市盈率可以称为"排除增长率影响的市盈率"。市盈率模型的优点主要表现在：第一，要想计算出上市公司的市盈率，可以通过非常简单的途径获得计算所需要的各项信息和数据，而且整个的计算过程和方法应用十分简便；第二，透过市盈率可以了解到收益以及价格之间存在的关联，因此在展示投入产出关系当中更加直观明了；第三，市盈率的综合性较强。考虑到多种影响因素和指标，市盈率模型的缺点和不足表现在：如果利润是负值，市盈率就失去了意义；公司自身基本面会对市盈率造成一定的影响。除此以外，外部经济发展情况以及景气程度也会影响到市盈率。在整个经济繁荣时期，市盈率上涨；整个经济衰退时，市盈率下降。收益容易变动，会计数据可能失实。

PE法主要适用于连续盈利，β系数（β代表公司对市场表现的敏感度）接近于1的上市公司。如果这一系数数值与一相等，就表示获得的评估结果能够较为准确地体现出未来预期的情况，反之就会出现估值被夸大或者估价偏低的极端情况。如果评估的上市公司有着周期性的特征，那么它的价值极有可能被歪曲。

(二) 市净率法 (PB法)

市净率指的是每股市价和净资产间的比率。

1. 基本模型

市净率法提出的假设是股权价值是净资产函数，同业上市公司市净率相等，股权价值和净资产呈现正比例以及倍数关系。可以用下面的计算公式来得到目标企业价值：

$$市净率 = 每股价格 / 每股净资产$$
$$净资产 = 资产总额 - 负债总额 = 所有者权益$$
$$目标企业股票价值 = 可比企业平均市净率 \times 目标企业净资产$$

每股净资产又称账面价值，指的是每股股票包含的实际资产价值，同时表示当公司由于特殊问题要被解散时，股东能够分得到的权益。通常认为，这是股票价格下跌的底线。如果每股净资产金额较大，可以表示出上市公司资金雄厚，在遇到一些外来影响因素时有着较强的抵抗能力。针对这一情况，市净率能够反映出股票当前市价所处的水平。市净率高，则股价水平高；市净率低，则股价水平低。如果对市盈率和市净率进行对照研究，前者可以判断股票供求实际，为短期投资者的决策提供依据；后者可以判断股票内在价值，为长期投资者的股票投资决策提供根据。

2. 修正市净率法

修正市净率法的理解核心以及关键是市净率驱动因素，可以用这样的公式表示：

$$\frac{P_0}{每股净资产} = \frac{\dfrac{每股股利 \times (1+股利增长率)}{每股净资产}}{股权成本率 - 股利增长率}$$

$$= \frac{股利支付率 \times (1+股利增长率) \times \dfrac{每股收益}{每股净资产}}{股权成本率 - 股利增长率}$$

$$= \frac{股利支付率 \times (1+股利增长率) \times 净资产报酬率}{股权成本率 - 股利增长率}$$

即：$\text{静态市净率} = \dfrac{\text{净资产报酬率} \times \text{股利支付率} \times (1+\text{股利增长率})}{\text{股权成本率} - \text{股利增长率}}$

3. 动态市净率（预期市净率）

$$\dfrac{P_0}{\text{每股净资产}} = \dfrac{\dfrac{\text{每股股利}}{\text{每股净资产}}}{\text{股权成本率} - \text{股利增长率}}$$

$$= \dfrac{\dfrac{\text{股利} \times (1+\text{股利增长率})}{\text{预期每股净资产}}}{\text{股权成本率} - \text{股利增长率}}$$

$$= \dfrac{\dfrac{\text{股利}}{\text{预期每股收益}} \times \dfrac{\text{预期每股收益}}{\text{预期每股净资产}}}{\text{股权成本率} - \text{股利增长率}}$$

即：$\text{动态市净率} = \dfrac{\text{预期净资产报酬率} \times \text{股利支付率}}{\text{股权成本率} - \text{股利增长率}}$

按照上面的推导公式，市净率会受到多个因素影响，关键是净资产报酬率。

市净率估价模型，所以能够广泛应用到上市公司股价评估过程中，主要因为它有着多个优势。第一，在计算市净率的过程中极少出现结果是负值的情况，因此可以把这一方法推广应用到大部分企业当中。需要注意的是，上市公司如果净利是负值，那么不可以采用市盈率估价的方法。第二，在市盈率估价模型的应用当中，会计算净资产的账面价值的获得十分简单，而且这样的计算方法易于理解。第三，净资产账面价值稳定性强，尤其是和净利润相比，被人为干预或者大幅操纵的问题往往不会出现。第四，如果在估价过程中选用的会计标准和政策恰当准确，并且符合一致性要求，那么透过市盈率的数据以及变化情况可以发现企业价值变动实际情况和趋势。

市净率的缺点和不足表现在以下几方面：第一，上市公司选用的会计政策会关系到账面价值的准确度。假如企业选用的是差异化的会计标准以及政策，那么彼此之间的可比性也会随之消失。第二，如果上市公司的固定资产极少，企业价值和净资产之间不会存在十分紧密的关联，那么计算市净率便失去了原本的意义。第三，有少部分企业在计算净资产时出现负值，那么得到的结果同样无意义，难以应用于比较和具体的评估当中。

总的来看，市净率法适用于资产雄厚以及净资产是正值的上市公司股票价值评估，且这些上市公司的每股净资产值有着较高的水平。

（三）市价/收入比率模型（P/I法）

P/I法也称收入乘数模型。这一模型在实际应用当中提出的假设是：销售收入是影响企业价值的关键性变量，二者呈现正比例关系。基本模型为：

收入乘数 = 每股股票市价 / 每股销售收入

目标企业股票价格 = 可比企业平均收入乘数 × 目标企业的销售收入

P/I法在实际应用当中体现出自身独特的优势，具体表现在以下几个方面。第一，收入乘数，不会有负值情况发生。即使是企业当前存在着严重亏损问题或者资不抵债情况，同样可以利用相关的数据计算出价值乘数，且这一数据有实际意义。第二，收入乘数结果被操纵的可能性极低，有着可靠安全以及稳定性高的特点。第三，收入乘数能够敏感地发现企业战略以及价格政策等方面的变化，同时可以对这一变化的实际情况进行反映。

与此同时，这一模型在应用当中也有着一定的缺陷：第一，通过收入乘数不能够发现上市公司在成本费用方面的变化，而成本和费用这两个因素会直接影响到企业的价值判断；第二，收入乘数难以体现出上市公司在利润类指标方面的变化情况，难以评估企业的盈利价值和发展前景。

收入乘数模型适用范围：主要是用于服务类型或者是传统行业企业，这些企业有着一个共同点，那就是销售成本率低，并且整体的业务类型单一。

（四）企业价值倍数法（EV/EBITDA法）

EV/EBITDA法计算股价的具体公式是：

股票价值＝可比企业平均企业价值倍数×目标企业息税折旧摊销前的利润

企业价值倍数法的优点主要表现在以下几方面：第一，受所得税率影响的情况不存在，这样在对公司进行估值的过程中可比性更强。即使是不同的国家或者不同市场，在对照上市公司价值的过程中也有着较强可比性。第二，不会受到资本结构的影响。无论资本结构发生怎样变化，都不会对最后估值产生影响。第三，排除折旧摊销这些非现金成本的影响，可以更准确地反映公司价值。

企业价值倍数法的缺点和不足主要表现在：不适用于业务或合并子公司数量众多，需要做复杂调整的公司，有可能会降低其准确性。

企业价值倍数法的适用范围：子公司数量较少或者上市公司的业务较为单一。

四、影响股票投资价值因素分析

（一）影响股票投资价值的内部因素

一般对股票投资价值产生直接影响的内部因素有以下几类。

（1）公司净资产。净资产是在总资产当中去掉总负债之后获得的资产净值，是上市公司全部股东权益所在。公司处在不断运营和发展当中，在经过一定时期的发展及运营之后，该公司的净资产必然会出现一定变化。如果站在理论层面分析，股价和净值之间存在一定的比例关系，二者同增同减。

（2）公司盈利水平。盈利水平可以直接说明上市公司业绩水平。盈利水平对于股票投资价值的影响力极大，是其基本因素当中的一个重要方面。一般预期公司盈利水平会和可分配股利同时增加和减少，并随之带动股票市价的上涨或下跌。需要注意的是，股价涨跌和盈利水平并不是完全同时发生，一般股价变化更早一些，其变动的幅度也明显大于盈利。

（3）公司的股利政策。股利政策对股票投资价值的影响有着直接性的特征。一般二者属于正比例关系。税后盈利是鼓励的来源，但是必须要注意的是，如果盈利的水平增加，只能够说明为股利分配增加了一定的可能性，并不代表着一定可以增加股利。上市公司考虑到扩大再生产以及今后的可持续运营，同时考虑到要回报股东，在实际的盈利分配过程中会选择股利政策。而上市公司会选择哪一种股利政策，则会展现其发展潜能和运营作风问题。另外，股利分配方式会造成股价的一定波动。

（4）股份分割。股份分割，实际上是把上市公司原本股份平均拆分成若干小股份。这样的股份分割活动往往会在年度决算的一段时期内展开，而且这一行动会刺激股价升高。股份分割并不会为广大投资者带来现实性的利益，但是却会为他们带来股份数量的增加变化，如此可以让投资者形成更高的收益预期，从而对股价产生刺激作用，使得这一阶段的股票价格大幅升高。

（5）增资和减资。由于业务发展的需求，很多的上市公司必须增加股本额，于是大量发行新股，这对于股价影响不同。在尚未出现效益之前，上市公司的增资举措可能会导致每股净资产下降，并由此带来股价下跌的问题。但是，如果上市公司的经营业绩水平较高，整个财务系统和结构十分完整，有着较高发展潜能，那么增资的举措可以有效提升整体的运营实力和竞争力，让各个股东获得更大回报，股价也会呈现出上涨的趋势。而公司在推行减资策略时，股价会出现大幅下跌的情况，其原因主要是该公司在经营过程中可能出现问题或者严重亏损，需要对企业自身进行重新整顿调整，而且需要借助减资来完成调整工作。

（6）公司主要经营者更替。主要经营者更替会直接影响到该公司的运营管理手段、管理效果及盈利能力等多个方面。如果经营者有着较高的管理水平和素质，并且拥有与时俱进的开拓创新精神，那么他甚至可以让临近破产的公司起死回生，而一个因循守旧、不谙管理的经营者则可能使有过辉煌业绩的公司江河日下。因此，一旦上市公司的主要经营者发生更替之后，大量的投资者会产生猜疑，信任度会发生极大的变化，并且投资者会根据主要经营者的能力情况做相应的投资决策，进而引起股价涨跌。

（7）公司资产重组。如果公司进行资产上的重组，其价值也会出现变动，股价会随之发生变化。但需要分析究竟股价会有着怎样的变动方向，此次的资产重组是否有利于公司未来的发展和盈利水平的提升，是否能够借助重组机会来提升公司的经营管理水平。

（二）影响股票投资价值的外部因素

（1）宏观经济因素。宏观经济因素在众多的外部因素当中占有举足轻重的地位，宏观经济走向以及国家在货币、财政、分配等方面推行的政策，都会对股票投资价值带来直接影响，最终导致股票价格的上涨或者下跌。

（2）行业因素。从事某一行业的上市公司会受到行业发展情况以及发展趋势的影响，如果行业发展情况较差，那么上市公司的发展也会受挫。

（3）投资者心理因素。投资者对于自身投资的股票走势拥有一定的心理预期，而这些心理因素对股票价格的变化有着直接的关联。如果投资者不对当前的股市抱有多大的期望，甚至是一种过度悲观的状态，那么这部分的投资者很有可能会不考虑公司实际状况，出现大量抛售股票的现象，而股票的大量抛售又带来了股价的大幅下跌；如果投资者对当前股市抱有较高的期望，态度相当乐观，那么这部分投资者很有可能会大量买进股票，并且直接带动股价大幅上升；如果投资者对行情看不准，按兵不动，股市就会盘整呆滞。除此以外，市场当中除有规模较大的投资者以外，还存在着一定数量的散户，这些散户的从众心理较强，受到这些心理因素的影响，也会对整个股市产生助涨助跌的作用。

（4）其他因素。如市场投机程度、政治性因素、重大自然灾害、重大突发事件等，这些因素的变化同样会影响股价波动。

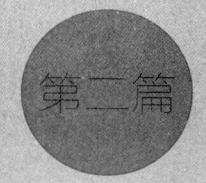

第二篇

上市公司财务信息分析

第三章　上市公司信息披露

证券市场信息披露制度，指的是证券发行以及流通过程当中，依照相应法律将与证券相关的真实信息进行公开说明，以便为投资者制定相关投资决策提供参考依据或者判断方向的制度。证券市场信息披露制度是当前整个市场的核心内容，为各项工作的开展提供了必要的法律依据，让各项工作有法可依，因此必须贯彻到证券发行流通的全过程。

第一节　上市公司信息披露制度

一、中国上市公司信息披露制度概况

我国证券发行市场的产生时间较晚，一直到 1984 年才真正建立起来，在之后的六年中，整个市场并没有正式信息披露的内容。1990 年后，上海以及深圳证券交易所成立，才开始出现上市公司正式披露财务信息的局面。当时信息披露工作的实施没有统一化的制度作为规范和依据，财务信息的质量较低，使得信息披露工作价值得不到应有发挥。直到 1993 年，我国相继出台《公开发行股票公司信息披露实施细则》《公司法》等针对上市公司信息披露的相关制度，才形成了全国范围内实行的统一化的制度规范。之后又经过了十多年的时间，我国在该制度建设方面取得了可喜成就，初步构建了将《公司法》《证券法》作为主体内容，将规范性文件作为补充的上市公司信息披露系统框架。整个框架当中包含大量的原则性问题，对具体的操作进行了说明，同时在披露内容、方法、形式等方面都秉持了合理性和科学性的准则。

（一）中国上市公司信息披露的法律体系架构

《公司法》《证券法》对我国上市公司的信息披露给出了大量原则性的规定和要求。除此之外，还包括具体详细的法律约束：第一，中国证监会信息披露准则，主要是对上市公司的财务信息发布方法、数量进行规范与约束；第二，财政部门会计准则，主要是对上市公司会计要素确认和计量进行约束和规范。有了原则性的约束和具体化的规定，上市公司在信息披露的实施过程中才有了坚实的保障和依据。

当前，我国上市公司信息披露的规范体系主要包括四个层次，即基本法律、行政法规、部门规章和自律性规则。第一层次为基本法律，第二层次是行政法规，第三层次是部门规章，第四层次是自律性规则。具体的法规体系见图 3-1。

第三章 上市公司信息披露

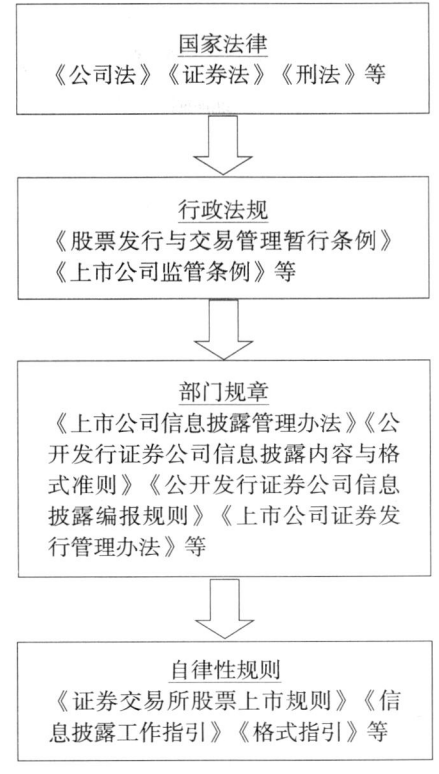

图 3-1 上市公司信息披露的法规体系

显而易见，上面的整个法规体系当中没有《会计法》《企业财务报告条例》，也没有财政部门制定的相关法律体系。于是，大量的专家学者对这一法规体系进行研究和完善，并形成下面的法规体系图示，具体见图 3-2。

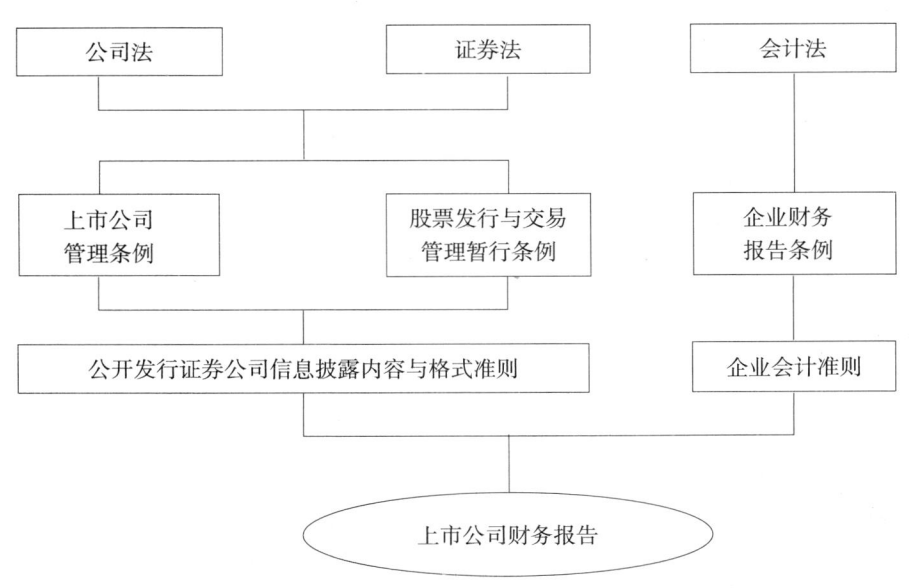

图 3-2 上市公司财务呈报法律法规体系

063

（二）中国证监会制定的上市公司信息披露规范体系

2000年，中国证监会发布《关于完善公开发行证券公司信息披露规范的意见》，强调要对过去制定的披露规范进行逐步调整，理顺彼此之间的关系，同时综合考虑上市公司发展的实际需求，积极吸取国际的先进经验和国内的实践经验，最终制定了新的信息披露规范体系，具体如下：

（1）《公开发行证券公司信息披露内容与格式准则》（以下简称《内容与格式准则》）。

（2）《公开发行证券公司信息披露编报规则》（以下简称《编报规则》）。

（3）《公开发行证券公司信息披露规范问答》（以下简称《规范问答》）。

（4）《公开发行证券公司信息披露个案意见与案例分析》（以下简称《个案意见与案例分析》）。详情见图3-3。

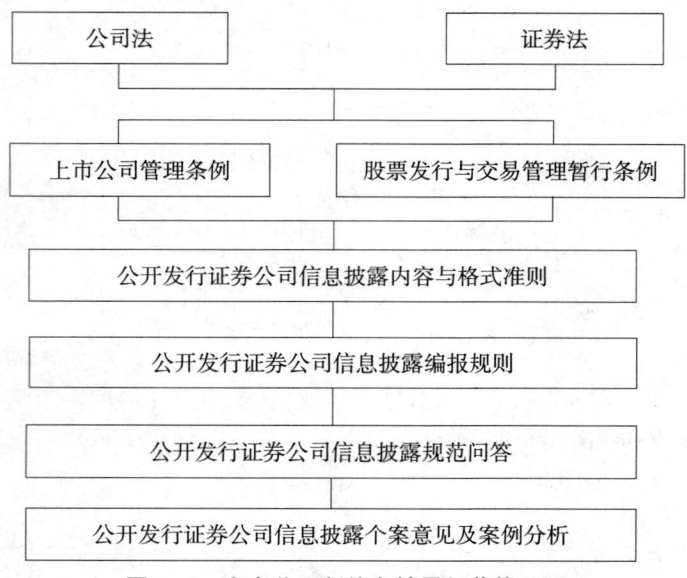

图3-3 上市公司新信息披露规范体系图

各层次规范的内容规定如下。

（1）《内容与格式准则》到目前为止已经到31号，内容更加详细完整，主要包含的内容有招股说明书、年度报告、股票上市公告书、上市申请文件、创业板公司招股说明书等。整个证券市场都在向着成熟和完善的方向发展与进步。在这样的大环境下，证监会又把之前《内容与格式准则》当中的一些规定进行了修正，原第4号、第6号、第8号、第10号准则被后来颁布的准则或编报规则取代，另重新修订了第2号、第3号、第5号、第9号、第10号、第11号等准则。

（2）《编报规则》到目前为止已经到21号，涉及的是两方面。其一，条文解释。将上述条文做了一定的解释说明，其根本目的在于使得上市公司以及会计师事务所能够加强对这些准则的理解和把握能力，以便能够在具体的实践环节严格依照这些要求进行，并且使得这些法律制度和规范落到实处。其二，拓展应用。例如，针对特殊行业上市公司给出特别的信息披露规定，同时指出编制模拟财务报告所要遵照的准则和采用的方法。

（3）《规范问答》。2001年始，证监会就开始统一性地解答关于信息披露的普遍问题，并以《规范问答》的形式进行发布，指导上市公司完善信息披露，消除监管者和被监管者对有关信息披露规定理解上的差异和对立。目前，已经发布了大量的规范问答内容，涉及信息披露的方方面面。

（4）《个案意见与案例分析》。证监会承担着对上市公司展开证券审核的一些工作，而在实际审核工作的实施当中又会产生大量的书面记录性内容，这些内容在按照一些标准和要求保存一段时间后，便会选择在恰当的时间和恰当的方式进行公开。与此同时，每一年证监会都会查处违反披露规定和法律的案件。这一系列的违规案件所包含的具体内容或者涉及信息披露的问题还没有在实际当中公开发表出来。当前，证监会开始计划把这些案例进行统筹分析，主抓典型，将一些典型性的案例统计整理出来，并以适当的方式予以公开。采用这样的方法不但可以对上市公司产生一定的警示作用，使得这些公司在信息披露工作的实施过程中能够严守各项法规，还可以让相关的办案人员对其进行认真的学习和总结，有效提高自己辨别案件的能力和业务能力，提升监管质量和效率。但是，当前这些工作还处在筹备阶段，没有正式发布关于个案或者案例分析的相关内容。

证监会所发布的四个层次规范内容分别见表3-1、表3-2、表3-3和表3-4。发布时间、名称、发文号均按最新修订稿的正式发布文件为准。

表3-1 《内容与格式准则》一览表

编号	发布时间	准则名称	备注
第1号	2006年5月	招股说明书	证监发行字〔2006〕5号
第2号	2007年12月	年度报告的内容与格式（2007修订）	证监公司字〔2007〕212号
第3号	2007年6月	半年度报告的内容与格式	证监公司字〔2007〕100号
第4号	1999年3月	配股说明书的内容与格式	已废止
第5号	2007年6月	公司股份变动报告的内容与格式	证监公司字〔2007〕98号
第6号	1994年10月	法律意见书和律师工作报告的内容与格式	已废止
第7号	2001年3月	股票上市公告书	已废止
第8号	1998年4月	验证笔录的内容和格式	已废止
第9号	2006年5月	首次公开发行股票并上市申请文件	证监发行字〔2006〕6号
第10号	2006年5月	上市公司公开发行证券申请文件	证监发行字〔2006〕1号
第11号	2006年5月	上市公司公开发行证券募集说明书	证监发行字〔2006〕2号
第12号	2001年4月	上市公司发行可转换公司债券申请文件	已废止
第13号	2001年4月	可转换公司债券募集说明书	已废止
第14号	2001年4月	可转换公司债券上市公告书	已废止
第15号	2006年8月	权益变动报告书	证监公司字〔2006〕156号

续表

编号	发布时间	准则名称	备注
第16号	2006年8月	上市公司收购报告书	证监公司字〔2006〕156号
第17号	2006年8月	要约收购报告书	证监公司字〔2006〕156号
第18号	2006年8月	被收购公司董事会报告书	证监公司字〔2006〕156号
第19号	2006年8月	豁免要约收购申请文件	证监公司字〔2006〕156号
第20号	2003年8月	证券公司发行债券申请文件	证监发行字〔2003〕106号
第21号	2003年8月	证券公司公开发行债券募集说明书	证监发行字〔2003〕106号
第22号	2003年8月	证券公司债券上市公告书	证监发行字〔2003〕106号
第23号	2007年8月	公开发行公司债券募集说明书	证监发行字〔2007〕224号
第24号	2007年8月	公开发行公司债券申请文件	证监发行字〔2007〕225号
第25号	2007年8月	上市公司非公开发行股票预案和发行情况报告书	证监发行字〔2007〕303号
第26号	2008年4月	上市公司重大资产重组申请文件	证监会公告〔2008〕13号
第27号	2009年3月	发行保荐书和发行保荐工作报告	证监会公告〔2009〕4号
第28号	2009年7月	创业板公司招股说明书	证监会公告〔2009〕17号
第29号	2009年7月	首次公开发行股票并在创业板上市申请文件	证监会公告〔2009〕18号
第30号	2009年12月	创业板上市公司年度报告的内容与格式	证监会公告〔2009〕33号
第31号	2010年6月	创业板上市公司半年度报告的内容与格式	证监会公告〔2010〕19号

资料来源：中国证监会网站 www.csrc.gov.cn

表3-2 《编报规则》一览表

编号	发布时间	规则名称	备注
第1号	2000年11月	商业银行招股说明书内容与格式特别规定	已废止
第2号	2000年11月	商业银行财务报表附注特别规定	已废止
第3号	2006年12月	保险公司招股说明书内容与格式特别规定	证监发行字〔2006〕151号
第4号	2007年8月	保险公司信息披露特别规定	证监公司字〔2007〕139号
第5号	2000年1月	证券公司招股说明书内容与格式特别规定	证监发〔2000〕76号
第6号	2000年11月	证券公司财务报表附注特别规定	证监发〔2000〕76号
第7号	2000年12月	商业银行年度报告内容与格式特别规定	已废止
第8号	2000年12月	证券公司年度报告内容与格式特别规定	证监发〔2000〕80号
第9号	2010年1月	净资产收益率和每股收益的计算及披露（2010修订）	证监会公告〔2010〕2号
第10号	2001年2月	从事房地产开发的公司招股说明书与格式特别规定	证监发〔2001〕17号
第11号	2001年2月	从事房地产开发的公司财务报表附注特别规定	证监发〔2001〕17号

续表

编号	发布时间	规则名称	备注
第12号	2001年3月	公开发行证券的法律意见书和律师工作报告	证监发〔2001〕37号
第13号	2007年3月	季度报告内容与格式特别规定	证监公司字〔2007〕46号
第14号	2001年12月	非标准无保留审计意见及其涉及事项的处理	证监发〔2001〕157号
第15号	2010年1月	财务报告的一般规定（2010修订）	证监会公告〔2010〕1号
第16号	2001年12月	A股公司实行补充审计的暂行规定	已废止
第17号	2002年3月	外商投资股份有限公司招股说明书内容与格式特别规定	证监发〔2002〕17号
第18号	2003年3月	商业银行信息披露特别规定	已废止
第19号	2003年12月	财务信息的更正及相关披露	证监会计字〔2003〕16号
第20号	2010年3月	创业板上市公司季度报告的内容与格式	证监会公告〔2010〕10号
第21号		未发布	
第22号		未发布	
第23号		未发布	
第24号		未发布	
第25号		未发布	
第26号	2008年7月	商业银行信息披露特别规定	证监会公告〔2008〕33号

资料来源：中国证监会网站 www.csrc.gov.cn

表3-3 《规范问答》一览表

编号	发布时间	规范名称	备注
第1号	2007年2月	非经常性损益	2008年修订
第2号	2001年6月	中高层管理人员激励基金的提取	已废止
第3号	2006年4月	弥补累计亏损的来源、程序及信息披露	证监会计字〔2006〕8号
第4号	2001年8月	金融类公司境内外审计差异及利润分配基准	已废止
第5号	2001年11月	分别按国内外会计准则编制的财务报告差异及其披露	已废止
第6号	2001年12月	支付会计师事务所报酬及其披露	证监会计字〔2001〕67号
第7号	2007年2月	新旧会计准则过渡期间比较财务会计信息的编制和披露	证监会计字〔2007〕10号

资料来源：中国证监会网站 www.csrc.gov.cn

表 3-4 《公开发行证券的公司信息披露解释性公告》一览表

编 号	发布时间	公告名称	备 注
第 1 号	2008 年 10 月	非经常性损益	证监会公告〔2008〕43 号

资料来源：中国证监会网站 www.csrc.gov.cn

（三）中国上市公司信息披露类型和主要内容

上市公司必须要承担信息披露的责任以及义务，而在具体的工作处理当中涉及的披露性信息内容繁多，以披露方式为依据，可以把这些内容划分成强制性和自愿性信息披露两种。强制性信息披露指的是上市公司必须严格依照公认准则和法律法规要求，在对外报告当中披露法规和规范当中的内容，有着明显的强制性特征，主要包括公司概况、关联方交易、并购重组决定、股本变动等。自愿性信息披露指的是由上市公司主动披露的与自身有着紧密联系的信息，但信息超出公认原则和法规的范围，主要包括经营计划、战略计划、核心资产经营情况等。通过对这些自愿性信息披露内容进行分析，我们能够清楚地看到涉及的这些元素都与投资者的决策有着紧密的联系，能够有效提升投资者决策以及评判的理性化和准确度。与此同时，广大投资者可以借助这些自愿披露信息来调整自身的盈利预测，并恰当判断上市公司存在的运营风险等问题，进而有效地规避风险，做出恰当合理的决策，获得较大的收益。

将上市时间作为区分依据，可以将上市公司信息披露的内容划分成上市前和上市后的信息披露两个类型。前者是在证券所正式挂牌交易之前必须要公布的信息，后者是在正式完成挂牌交易之后需要定期或者不定期公布的信息内容。上市公司一旦完成挂牌上市，就必须履行信息披露的相关义务。具体见图 3-4。

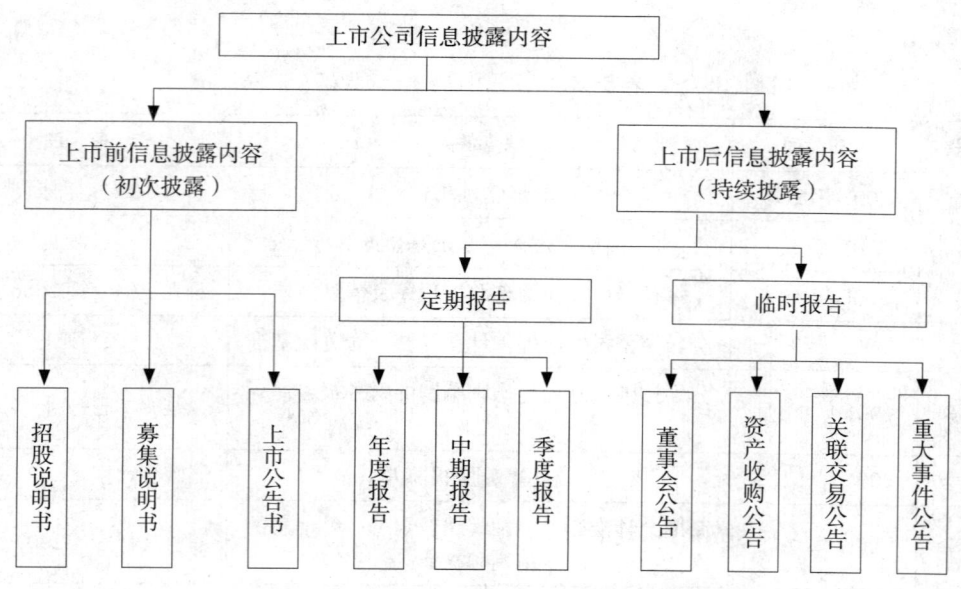

图 3-4 上市公司信息披露形式及主要内容

二、上市公司初次信息披露

（一）招股说明书

上市公司在正式发行股票之前，需要严格依照法律法规和原则性要求，编制招股说明书，且在说明书当中要公开法规要求的信息内容。因此，上市公司必须在正式发行股票之前的2-5工作日内把招股说明书刊登到指定报刊当中，同时还要将其放置在指定网站当中。除此以外，全文文本和备查文件还需要备置在规定要求的场所，以备查阅。

上市公司完整的《招股说明书》具体要包括下面这些内容。

（1）本次发行概况：包括发行数量、发行价格、发行市盈率、盈利预测、每股净利润、每股净资产等基本情况以及发行新股的主要当事人。

（2）风险因素及对策：包括与公司相关的宏观的经济形势、产业政策以及具体的市场竞争、技术进步、关联交易等。

（3）发行人基本资料：上市公司需要将公司成立、历次股票公开发行状况等在招股说明书中阐述出来，还要包括上市公司组织机构、在其他企业的投资、在此次股票发行之后会对公司股本结构产生哪些影响等内容。

（4）业务和技术：上市公司必须公开主营业务、主要产品（或服务）及自从上市公司成立以来以上事项发生变化的实际状况。与此同时，上市公司也要披露当前公司所处行业的发展阶段和发展现况以及当前公司在整个行业当中占有的位置。

（5）同业竞争与关联交易：上市公司必须要把是否存在和股东、公司实际控制人等有着从事相似或相同业务的事件存在，如果真正存在这一情况，必须要给出合理解释。

（6）董事、监事、高管、核心技术员：上市公司必须要说明这些主要人员的简单情况，在整个报表当中披露这些人员和近亲属是否存在直接或者间接持有股份、对外投资、领取收入等情况。

（7）公司治理结构：上市公司必须要对公司整个治理结构的情况进行说明，在信息当中明确指出当前治理结构的运行实际以及对应机构当中工作人员在职责履行和职能发挥方面的实际。

（8）财务会计信息：上市公司的运营时间如果已经超过三年，那么上市公司披露的财务会计信息需要包括近三年以及一期的重要财务报表。如果上市公司的运营时间没有达到三年，那么上市公司必须依照具体的标准和要求披露财务会计信息。需要注意的是，上市公司在披露会计信息的同时还要指出信息披露报告期当中会计政策以及估计等方面的情况。

（9）管理层讨论与分析：上市公司分析以及披露的内容要包括自身的财务运营实际、盈利水平、现金流、前景与趋势等内容，而得到这些信息的根据是最近三年及一期的合并财务报表。管理层的讨论和分析需要做到财务和非财务因素的整合，不可单一注重其中一个方面；不应仅以引述方式重复财务报表的内容，应选择使用逐年比较、与同行业对比分析等便于理解的形式进行分析。

（10）盈利预测：盈利预测实际上属于一种可以选择的信息披露模块，如果上市公司认为将盈利预测的报告公布出来能够形成对投资人股票投资决策正确判断的有效引导和依据，而且上市公司完全肯定对于盈利情况的分析和信息的公布，那么上市公司可以披露盈利预测报告。需要注意的是，上市公司给出的盈利预测报告要包含编制基准、所依据的基本假设及其合理性等，这可以证明披露价值的全部信息。

（11）业务发展目标：上市公司在信息披露当中可以将当年和未来两年的业务发展目标以及战略性发展计划体现在整个报告当中，而且给定的战略性发展计划和目标必须详细具体。除了给出计划所依据的假设条件外，还要包括实施上述计划可能面临的主要困难以及确保实现上述发展计划拟采用的方式、方法或途径。

（12）本次募集资金运用：上市公司应披露预计募集资金数额；预计募集资金投入时间进度、项目履行的审批、核准或备案；是否存在资金缺口问题、实际资金来源和资金落实等。

（13）股利分配政策：上市公司需要在整个报告当中披露近三年公司选用的股利分配政策以及具体的实施和分配情况，也要说明在此次股票发行之后要选用怎样的股利分配政策。

（二）募集说明书

募集说明书是要发行证券的上市公司在正式发行前针对发行当中的相关事项来进行信息的披露，使得公众能够对这一事项有清楚的了解，同时向非特定的投资人提出销售债券的邀请文件。募集说明书在上市公司披露信息内容当中占有重要位置，是信息公开披露不可或缺的内容，而且必须要严格依据《公开发行证券的公司信息披露内容与格式准则第11号——上市公司公开发行证券募集说明书》《公开发行证券的公司信息披露内容与格式准则第23号——公开发行公司债券募集说明书》规定的相关标准和要求进行。内容以及格式的准则是对募集说明书进行编制的基本要求，而且在这其中只要涉及会对投资者制定投资决策产生影响的信息都要体现在募集说明书当中。这样才能够真正体现出信息对称的原则，使得投资者能够恰当准确地给出接受募集说明书之后的最终投资答案。

募集说明书应当公开的主要信息包括：本次发行概况、风险因素、公司概况、管理层讨论与分析、本次募集资金运用及盈利预测、历次募集资金运用、董事及有关中介机构声明、备查文件等。

募集说明书有着有效期限的限制，一般情况下是六个月，自签署说明书之日起计算有效期限。在整个募集说明书当中，严禁使用已经超出有效期的资产或者资信评估信息内容，同时上市公司不能将过期的募集说明书重新发布。

总之，上市公司要向监证会申请公开发行公司债券，提交的申请被审核通过之后，上市公司就需要在正式发行之前的2-5工作日内把募集说明书刊登在证监会指定报刊和网站上，并将其放置在规定要求的场所当中，以备查阅和使用。

（三）上市公告书

（1）绪言：编制公告书依据的法律法规以及重要准则的名称；发行核准部门以及文号、股票简称、代码等；上市批准单位及文号、股票简称、代码等。

（2）发行人概况：发行人的基本情况；发行人的历史沿革；发行人的主要经营情况。

（3）股票发行与股本结构：上市公司在本次股票上市之前第一次公开发行股票情况、承销情况、注册会计师的验资报告、股权结构、持股状况等。

（4）董事、监事、高管、核心技术人员：上述人员的简单概况及所持股份情况、契约安排、自愿锁定所持股份声明。

（5）同业竞争与关联交易：同业竞争的简要说明、上市公司关联方、关联关系以及关联交易等。

（6）财务会计资料：对招股说明书当中公开的财务会计资料进行简要的说明，披露上市公司首次发行债券之后为公司带来的财务变化情况、会计师事务所提出的审计报告意见以及说明、对招股说明书当中的重要财务指标进行转载和再次说明、对已经披露的盈利预测数据进行再一次的说明和简要公布等。

（7）其他重要事项：公开上市公司在首次发行股票之后一直到公告书公告之前发生的可能影响上市公司的事项，如主要业务发展目标的进展；所处行业或市场重大变化；重大投资；重大资产（股权）收购、出售；发行人住所的变更；重大诉讼、仲裁案件；重大会计政策的变动；会计师事务所的变动；新的重大负债或债项变化；其他应披露的重大事项。

（8）董事会上市承诺：董事会上市承诺指的是公开说明和披露上市公司从上市的时间开始做出的一系列承诺的内容。承诺会依据上市公司的实际情况真实地公布信息和提供报告，全部公开可能对投资者做出投资决策产生直接影响的信息和数据资料，同时接受证监会、交易所等监督管理机构的有效监管；承诺如果上市公司在了解以及掌握可能会对股价形成误导影响的任何消息之后，及时对这些消息进行公开和澄清，避免扩大这些不实消息的不良影响；承诺上市公司的核心管理和技术人员都会认真接受公众监督，并且听取公众的意见建议以及批评等，不会借助可以接触内幕消息的权利或者采用不正当手段间接或者直接买卖股票而影响投资者权益。

（9）上市推荐人及其意见：上市公司必须公开披露推荐人情况和推荐人意见。

按照《上海证券交易所股票上市规则》《深圳证券交易所股票上市规则》要求，发行人应当于其股票或可转换公司债券上市前5个工作日内，在交易所指定媒体或者拟上市交易所网站上披露上市公告书及其他应披露文件，同时需要做好文件备置工作，以备查阅。

第二节 上市公司定期和临时报告

一、上市公司定期报告

定期报告是上市公司按照相关法律法规在特定时间制作并且公布出来，能够直接体现出上市公司绩效水平和运营情况的报告。按照时间的标准进行划分，定期报告可以具体分成季度、中期和年度报告三类。

（一）上市公司的年度报告

年度报告是上市公司在每个会计年度结束起四个月内，向证券监督管理机构和证券交易所报送并且公开的记载整年内容的报告。年度报告主要由总则、正文、摘要和附则四部分构成，下面重点对年度报告正文进行说明。

（1）公司基本情况简介：上市公司名称、法人、董事会秘书及证券事务代表姓名、联系地址、方式；公司注册地址、公司办公地址；上市地点、股票简称、代码。

（2）会计数据和业务数据摘要：年度利润总额、净利润、主营业务利润、其他业务利润、营业利润、投资收益、补贴收入、营业外收支、价物净增减额等；截至报告期末前三年主要指标和财会信息。

（3）股本变动及股东情况：股份变动、股票发行与上市、期末股东总数、持5%及以上股份股东情况。

（4）董事、监事、高管和员工：上述人员基本情况、报酬、离职人员姓名、原因；在职员工的数量、专业构成、教育程度及公司需承担费用的离退休职工人数。

（5）公司治理结构：按照关于上市公司治理规范性文件当中的要求，对当前上市公司治理实际进行概述；独立董事履行职责情况；年度报告期内，上述人员考核、激励、奖惩等方面的实施状况。

（6）股东大会情况简介：报告期内年度和临时股东大会情况。

（7）董事会报告：讨论分析报告期内重大经济事项，如经营情况、报告期内的投资情况、财务经营成果、审计报告说明等。

（8）监事会报告：上市公司报告期内监事会会议次数、会议议题等。

（9）重大事项：应披露重大诉讼、仲裁事项；报告期内收购及出售资产、吸收合并事项的简要情况及其影响；报告期内发生的重大关联交易事项；披露重大合同及其履行情况；**披露聘任、解聘会计师事务所情况，报告年度支付给聘任会计师事务所的报酬情况及目前的审计机构已为公司提供审计服务的连续年限。**

（10）财务报告：上市公司财务报告在接受会计师审计之后获得的审计意见全文、报表及其附注。

（11）备查文件目录：载有法人、主管会计工作负责人、会计机构负责人签名盖章的会计报表；载有会计师事务所盖章、注册会计师签名盖章审计报告原件；证监会指定报纸上公开披露过的全部文件正本、原稿。

在整个年度报告当中包括有关财务的会计报告内容，这一部分内容必须要在取得相关资格的会计师事务所中完成审计工作。在按照规定时间要求完成年度报告的制作之后，需要把年度报告刊登在证监会指定网站及至少一种报刊上，用于广大群众对上市公司年度报告的了解与年度发展情况的掌握。在按照相关要求把年度报告进行公布以及刊载之后，还需要将报告原件以及同样具备法律效应的复印件留存在办公处，使得股东以及投资者能够根据自己的需要随时对这些报告信息进行查看和阅读。

（二）上市公司的中期报告

中期报告是将中期作为报告编制基础制作完成的展示上市公司相关发展状况的财务报告，按照报告期间进行划分，还可以划分成月报、半年报、季报。上市公司在依据自身实际情况完成中期报告的编制工作之后，需要依照相关规定的要求把完成的报告成品报送十份给证监会备案。之后还要把中期报告的摘要刊登到证监会指定的至少一种报刊上，且该报告当中的摘要内容一般情况下不能超过4 000字。与此同时，中期报告的原件以及复印件都需要留置在相关地点，以方便公众和投资者查阅使用。依照国家颁布的相关规定，整个上市公司制作完成的中期报告需要包括正文和备查文件两个部分，缺一不可。

中期报告正文包括如下内容。

（1）财务报告：包括财务报表和财务报表附注。上市公司提供的中期报告当中必须要包含资产负债表以及损益表，同时整个财务报表可以是完整版，也可以是简化版。

（2）经营情况的回顾与展望：回顾上市公司上半年经营情况，制定上市公司下半年发展计划以及战略选择等。

（3）重大事件的说明：包括在报告期内发生的必须披露的重大事件，如在报告期内已发布的重大事件公告，此处可将重大事件的主要内容及披露情况简要叙述。

（4）发行在外股票和股权结构变化：包括公司在报告期末股票与股东的情况及其在报告期内的变动情况。

（5）股东大会简介：披露召开股东大会（包括年度和临时股东大会）情况。

备查文件主要包括：

（1）载有董事长、总经理亲笔签名的中期报告原本。

（2）报告期内上市公司发行新股时的《招股说明书》《上市公告书》等。

（3）在其他证券市场公布的中期报告文本。

针对上市公司公开发布的中期财务报告一般情况下不用进行审计，但若证券交易所或证监会提出特殊规定，则需要对中期报告进行审计。上市公司在制作完成中期报告之后，需要将其刊登在证监会指定的网站以及至少一种报刊上，以供公众和投资者了解相关的信息。另外，上市公司必须在公布中期报告的相关内容之后，将报告原件或有着同样法律效力的附件放置和保存到办公处，使得股东以及投资者都可以在制定相关决策时查阅中期报告。

（三）上市公司的季度报告

最开始阶段，上市公司中期报告的形式实际上是半年度的报告，也就是包括了半年期间的企业运营情况，直到2001年，才开始对上市公司提出了制作季度报告的要求。虽然在原则规定上是要求股票实行特别处理的公司披露季度报告，但也鼓励其他上市公司积极效仿，提高对季度报告编制和披露的重视程度，并将其真正纳入自觉行动和报告披露环节当中。2002年，国家在相关规定当中明确指出全部的上市公司都需要提供季度报告。季度报告的内容必须要包括下面几个方面。

（1）重要提示。

（2）公司基本情况。

（3）管理层讨论与分析。

（4）季度报告附录：资产负债表、利润表、现金流量表，无须提供附注。

在上市公司的整个季度报告当中包含财务报告的内容，且占据着重要位置。针对该季度报告当中的财务报告内容可以不经由会计师事务所审计，但若交易所以及证监会在相关法律制度和另行规定当中有所要求，财务报告仍要经过会计师事务所审计。季度报告在制作完成之后需要按照证监会的要求将其投放到指定网站以及至少一种报刊上，以供公众以及其他的信息使用者查看和阅读。由于季度报告有着时间上的特殊性，要求上市公司在第一季度提供的季度报告时间不能够早于上一年度报告时间，所以在披露季度报告之后，上市公司还需要将原件或者和季度报告有着同样法律效力的复印件放置在办公处，使得广大股东以及投资人员能够结合实际决策及需求来查阅相关的报告信息。

二、上市公司临时报告

临时报告属于上市公司需要按照规定编制的非定期的财务报告，在临时报告当中披露的内容主要是与上市公司重大事项和经济活动相关的内容。之所以要设置临时报告，实际上是要让公众以及投资者及时了解有关上市公司重大事项和经济运营活动的动态信息，因为这些信息对于企业的长远发展和稳定运营有着重大影响力。

(一)上市公司临时报告须披露的重大事件

《证券法》和《股票发行与交易管理暂行条例》都对上市公司临时报告当中必须要披露的重大事件的相关内容进行了规定,但是针对同一内容的表述却有着差别,尤其是针对哪些事件可以归纳到重大事件范畴当中的问题。然而,有一点是共同的:只要是对上市公司股价产生巨大波动和影响的事件,都可以被称为重大事件以及重要的经济活动事项。这些信息都必须要在临时报告当中公开发表出来,让公众和投资者了解,为他们做出理性化的决策提供依据和帮助。除了上面提到的两部法规之外,《上市公司信息披露管理办法》和《股票上市规则》同样针对临时报告的类型以及所包含的内容给出了规范和要求,这些都是临时报告编制以及公布的重大依据。上述规章及规则中规定:如果出现极有可能对上市公司所发行证券和相应衍生品交易价格产生严重波动和影响的事件必须要提起高度重视,并将其纳入上市公司的重大事件和事项中。同时,由于投资者和相关的报告信息需求者还不了解这些信息,上市公司需要立即编制临时报告,并对重要事件和事项进行披露,认真仔细地对重大事件产生的原因,当前所处状态可能会对上市公司、股民、投资者等产生的影响情况进行细致说明。这里所说的重大事件主要包括以下几点。

(1)上市公司所选用的运营发展方针以及范围出现巨大变化以及调整。

(2)上市公司提出重大的投资以及财产购置的决策。

(3)上市公司签订重大合同,而且合同的签订会对上市公司的资产水平、所有者权益、公司整体的运营发展成效等方面产生重大影响。

(4)上市公司出现重大债务违约问题或者需要承担大额赔偿责任。

(5)上市公司发生重大亏损或者重大损失。

(6)上市公司外部经济运营环境以及条件发生根本性变迁。

(7)上市公司的董事、占到$\frac{1}{3}$甚至以上的监事或者公司经理出现重大的人员变动问题;董事长或者经营者难以继续履行相应责任和承担管理运营任务。

(8)上市公司的实际控制人或者有着较大股份比例的股东方面出现重大变动。

(9)上市公司公布重大决定,如出现减资、分立、解散、申请破产、责令关闭等关系到企业生存和未来前景的决策。

(10)影响到公司的重大诉讼决议被撤销或者宣布无效。

(11)上市公司被查涉嫌违法违规并且接受调查情况;上市公司核心人员涉嫌违法违纪被调查。

(12)新公布法律法规、行业政策很有可能会对上市公司的命运产生重要影响。

(13)董事会针对本上市公司新股发行、再融资方案等提出决议。

(14)法院裁决严禁上市公司控股股东对自身所持股份进行转让。

(15)上市公司的主要财产被查封、冻结或者质押等情况发生。

(16)上市公司主要或者全部业务陷入停顿。

(17)上市公司对外提供重大担保。

(18)上市公司得到政府大额补贴,而政府给出的优惠补贴政策极有可能会对公司财务运营以及实际发展情况产生重大影响或者是带来额外性收益。

(19)变更会计政策、会计估计。

（20）上市公司在前期披露的财务会计信息当中存在一定的错误、没有严格按照国家的相关法律法规来披露信息或者其中的部分信息失真，进而被相关机关要求改正或者在董事会会议召开下要求更正。

（21）中国证监会规定的其他情形。

（二）上市公司临时报告披露时点

（1）董事会或者监事会已经对上市公司发生的重大经济事件和事项形成了决议。

（2）有关各方已经对上市公司的重大经济事件签署了协议或者意见书。

（3）董事、监事或高管等公司的核心人员已经知晓这一重要的经济大事件，并对其进行报告。

在前面所要求的时点前出现下列情形之一的，上市公司必须及时对这些事项的现实状态、可能会造成的影响或者带来的风险进行披露和说明。

（1）该重大事件难以保密。

（2）该重大事件已泄露或者整个证券市场当中已经有了一些相关传闻发生。

（3）上市公司的证券以及衍生品在交易过程当中出现异常问题，并且直接影响到股民和投资者。

（三）公司收购公告

上市公司收购指的是收购人借助证券交易所股份转让而持有上市公司股份达到一定比例、利用这一行动以外的其他合法途径控制上市公司股份达一定程度，导致收购人获得或者有可能获得对上市公司实际控制权的行为。其中，要约收购以及协议收购是两个重要的收购方式。前者指的是借助证券交易所的证券交易活动，存在收购上市公司意图的投资者，按照当前证券市场的市值购入想要收购上市公司的股票，收购的股份达到法律规定当中的比例时，向该上市公司全部股东提供购买所持股份书面意见，并依法公告收购价格、条件、期限等，最终实现对目标公司的收购。后者指的是收购人和上市公司，也就是目标公司的管理层或股东展开磋商，最终在双方协商研究之后达成同意协议，并且依照协议当中的规定事项来最终收购目标公司股份的收购方式。严格按照相关收购法律制度对上市公司展开收购活动，实际上是市场机制运作的结果，能够体现出市场机制在市场结构调整方面发挥的重要作用。这样的行为能够有效提升资源的配置水平，提高市场产业结构合理性和有效性，同时有利于构建健全完善的上市公司治理结构，提升公司的整体运营和发展水平，使得上市公司能够提高思想认识和紧迫感，不断提高自身的竞争优势。

按照《上市公司信息披露管理办法》，任何法人直接或间接持有某一上市公司发行在外普通股达5%时，必须要在这一事件发生之日起的三个工作日内，向公司以及相关机构给出书面报告，并且将其公布出来。由于上市公司发行在外的普通股股份数量大幅减少，进而导致法人持有上市公司5%以上普通股的情况在合理时限之内，不会受到上面所提及规定的约束；任何法人持有某一上市公司5%以上发行在外普通股后，其持有该种股票的增减变化每达到在外发行总额的2%时，必须要在出现这一事件之日的三个工作日内向公司以及相关机构说明和公告情况；任何法人（发起人除外）直接或者间接持有某一上市公司在外普通股达30%时，除了按照相关规定给出报告和公布之外，还要在出现这一情况之日起45日内向该上市公司的全部股东提供上市公司的收购公告书，将5 000字以内的收购公告书刊登在证监会指定的至少一种报刊之上，同时将收购公告书报送证监会完成备案，并放置在要求的场所，供公众查阅。

第三节 上市公司信息披露事务管理监督

一、上市公司信息披露的事务管理

上市公司信息披露事务的管理工作直接关系着投资者的切身权益，要想让投资者的权益得到有效保护，为他们得出理性决策提供真实有效的根据，必须要从提升信息披露管理水平以及确保信息质量方面着手。《上市公司信息披露管理办法》当中明确指出，上市公司必须要严格依照相关法律法规制定信息披露事务的管理制度，同时要考虑上市公司自身的发展实际，由上市公司董事会保证制度的贯彻落实，有效提升上市公司信息披露的时效性和真实性。2007年，上海证券交易所发布了《上海证券交易所上市公司信息披露事务管理制度指引》，其中提出了一定的参照标准，要求在整个制度建设当中必须要涵盖下面的内容。

（1）承担上市公司信息披露事务管理责任的部门、负责人职责。

（2）该制度当中必须清楚明了地规定上市公司所要披露信息的内容及标准。

（3）上市公司尚未公开信息在传递、审核、披露等方面要依照的程序标准。

（4）承担上市公司信息披露重大责任人员在实际工作处理当中履行职责情况以及信息保管制度内容。

（5）上市公司未公开信息在保密阶段需要采取的一系列的策略，相关内幕信息知情人所要承担保密责任情况。

（6）上市公司对外披露信息的申请、审核、发布程序等，与信息需求者的信息沟通机制。

（7）与上市公司信息披露有关内容的档案管理。

（8）上市公司子公司的信息披露事务管理和报告制度。

（9）没有依照规定完成信息披露的责任追究和处理机制。

该管理制度必须要经过上市公司董事会审核决议通过，并及时在证监会和交易所备案，同时上市公司必须提高对信息披露事务管理的重视程度，能够根据实际工作要求设置专门的机构。《上市公司信息披露管理办法》明确指出，在上市公司信息披露事务的管理工作实施过程中，需要发挥董事会秘书的组织协调作用，要求其能够有效收集相关信息，并将其提交到董事会。同时持续跟踪和关注各媒体的相关报道并主动求证报道的实际情况，负责信息公布等一系列的问题。最终，上市公司披露的相关信息必须以董事会公告的形式发布，任何人员都不能不经过董事会授权向外部公布相关信息。为了最大化地发挥信息披露事务管理的作用，切实满足实际工作对于效率和质量追求的要求，上市公司需要为董事会秘书职责履行营造良好的环境及条件，同时严格要求负责财务的相关工作人员积极配合董事会秘书的工作，共同处理好有关信息披露的工作内容，构建完善的信息披露管理系统，让广大投资者得到真实全面的信息资料。

二、上市公司信息披露的监督管理

上市公司在涉及信息披露监督方面，可以按照实施者将其具体划分成内部监督和外部监督。内部监督指的是上市公司内部的监事承担信息披露监督责任，并且完成相关的监督工作处理；外部监督指的是政府的证监部门以及证券交易所这些外部机构承担信息披露监督责任，并且完成相应的监督工作。

在内部监督的实施过程中，上市公司的监事会必须真正承担起监督信息披露管理制度落实的责任，同时为了考量落实情况，定期或者不定期地进行监督检查。在监督和跟踪的过程中，如果发现了重大缺陷，必须要督促董事会及时弥补其中的不足，并根据实际问题的解决需求修订管理制度，完善监督制度。

在外部监督的实施过程中，中国证监会有权利要求上市公司以及承担信息披露的义务和责任人就上市公司信息披露的相关问题给出解释说明或者提供相应的资料信息，也有权利要求上市公司提供保荐人和证券服务机构的专业意见。如果证监会对于相关证券服务机构等给出的指导意见存在疑义，有权要求该机构做出一定的解释说明和补充说明，甚至可以调出和查阅该机构的工作底稿。另外，证监会负有检查和调查的职责，可以就上市公司信息披露的相关事项进行调研和定期与不定期的检查。如果发现其中出现虚假、误导、遗漏、隐瞒等问题，可以依照我国《证券法》中给出的处罚标准给予严厉处罚。如果情节严重，证监会有权实施勒令相关责任人禁止进入证券市场的措施。对于涉嫌犯罪的，必须将相关责任人移送司法机关，并要求其承担相应的刑事责任。

第四章 上市公司财务报表分析

第一节 上市公司财务报表分析概论

一、上市公司财务报表基本构成及功能

想要对会计报表起源进行追溯的话,需要到14世纪,在这一时期生产技术发展水平以及企业规模扩张程度都有了极大程度的提升,此时的企业会详细记录企业运营发展当中的各项经济业务。与此同时,还会汇总资产与负债,在这样的环境下使得资产负债表初步成型。16世纪,复式记账法出现,同时也催生了利润表。之后,企业规模扩大的程度逐步增强,并且企业的业务量以及业务类别都有了极大程度的提升。同时催生了会计信息的汇总表,将大量的会计信息汇总到一张表格上提供给投资者,使得投资者能够从中获取企业运营情况以及财务发展现状的信息资料。

按照《企业会计准则》,企业对外报出的主要会计报表有以下类型,这些报表汇总了企业的多种财务信息。除此以外,特别针对报表的重要项目,在附注当中详细阐述。

(一) 资产负债表

资产负债表体现的是"资产=负债+所有者权益"关系,在整个财务报表体系当中处于基础位置,从中能够看到企业特定时期的经济资源及其来源。资产负债表的基本功能是揭示企业在某个特定时期所拥有的经济资源的总量和结构等信息,反映企业的资产总额、资本的来源、举债规模以及偿债风险的大小等问题。资产负债表对于实际使用者来说有着关键作用,具体可以从以下几个方面进行理解。

1. 揭示企业的规模及经济实力

企业要想获得稳定生产运营的动力和能力,必须要具备经济资源的支持,这是企业持续性发展的根本条件。一般而言,企业所拥有和控制资源的数量与企业相应获得的效益水平呈现出正比例关系,而这也是资产负债表能够直观呈现的经济意义。另外,资产性质不同,为企业带来效益的能力大小也会存在差别。因此,对于报表使用者来说,不仅要了解资产的总量,还要关注资产结构的合理性,这也是资产负债表提供具体资产项目数据的主要目的。

2. 反映企业资金的来源和结构

企业全部资产的形成有两个渠道:债务融资和股权融资。这两个部分实际上也构成了企业资产结构系统。报表使用者通过对资产负债表进行研究,能够看到企业在资本结构安排方面是否合理,进而可以判断出对债权人权益的保障水平。

3. 体现企业偿债能力和财务风险

通过对企业负债规模进行评估,可以在很大程度上了解企业偿债风险水平。与此同时,设置

的负债偿还期限不同，对企业带来的风险影响程度也会存在差异。对资产负债表当中的负债类别数据进行分析，可以形成对财务风险的有效预估，并为风险的防范和治理提供重要依据。

4. 预测企业资产和资本的未来发展趋势

在资产负债表的分析过程中，对比多个时期数据，可以了解到不同项目的发展趋势和走向，从而能够判断企业的运营前景。

（二）利润表

利润表体现出的是上市公司特定会计期间的财务成果，表示的是"收入－费用＝利润"关系。揭示企业某一时期利润水平，可以说是对利润表功能的概括。因此，报表使用者可以通过利润表来了解企业在某段时间里取得收入，支付费用，获取利润大小的相关信息。具体对利润表进行分析，可以从以下几个方面着手。

1. 揭示企业的获利能力

通过利润表提供的收入和费用等数据，报表使用者可以得到企业使用资源获得收益的效率，以此来评估企业的获利能力。如果企业给出了同等投入，在这样的条件下收入水平越高，证明企业的获利水平越高。和这一道理相似，在收入水平相同的前提条件下，费用花费越少，证明企业的获利水平越高。

2. 反映企业的经营业绩

利润表涉及经营利润、利润总额和净利润等财务指标，透过这些财务指标可以评价企业经营成果以及运营管理的效率水平。目前，企业是处于管理权和所有权分离状态，而所有者想要掌握企业经营者的经营水平如何，是否切实发挥了其管理价值，就可以借助利润表来进行分析和获得结果。

3. 为企业分配经营成果提供依据

在一个企业当中包含多个第一相关者，虽然他们的形式各不相同，但是都为企业的发展贡献力量。他们之所以会采用这样的行动，实际上是要通过提升企业的运营成果和效益水平，最终确保自身利益的实现。利润表反映了可以分配给利益相关者经营成果的具体数额和形成过程，是企业分配的重要依据。

4. 预测企业未来利润的发展趋势

报表信息需求者除了需要掌握企业历史收益水平以外，还需要能够掌握企业未来发展前景和趋向，了解企业的发展潜能，以便做出正确的判断和决策。通过将多个时期的收入、费用和利润进行比较，可以观察各项目的发展走向，进而预计企业未来的收益情况。

（三）现金流量表

现金流量表可以表示企业在一定会计期间开展各项运营活动造成的现金流入和流出情况。企业在实际发展过程中会展开一系列的经营、投资、筹资等经济活动，而这些活动必然会带来现金的流动。现金流量表能够反映出这样的流动状况，这也是其基本功能的体现。编制现金流量表的过程中，会将收付实现制作为基础。因此，会计报表的使用者要想观察和了解企业在某段时间内取得现金的方式、现金的使用情况、现金的充足率等问题时，可以通过阅读现金流量表。现金流量表的重要作用主要表现在以下几个方面。

1. 揭示企业现金的来源和去向

现金流量表可以体现出企业不同类型经营活动出现现金流量的情况，借助这些数据资料，可以把握企业现金流向和具体使用等相关问题。

2. 反映企业的支付能力

通常情况下,企业的债务如银行贷款、应付账款等需要用现金来偿还的项目,偿还的主要资金来源于企业的利润。在实际利润表的编制过程中所依照的是权责发生制,因此按照这一方法制作出来的利润表不能够反映出企业真正支付欠款水平。但是企业的现金流量表是按照收付实现制编制的,可以作为评估企业支付欠款水平的重要根据,使得投资者能够有效掌握企业支付水平,并做好有效评估和决策。

3. 体现企业的经营战略

现金流量表反映了企业资金的具体投向和使用情况,也反映了企业收回投资等信息,据此可以分析和判断企业的经营战略。

4. 验证企业利润质量

由于企业的收入和费用是根据会计上的权责发生制确定的,企业的货物发出去后,即使货款没有收到,这笔收入和相应的成本以及利润也会被反映到利润表中。一旦货款收不回来,企业的收益就会被虚增,利润的质量就会下降。因此,使用者需要通过观察企业现金流量表中真实收到的现金数量,来验证企业利润的"变现"程度。

(四)所有者权益变动表

所有者权益变动表,又称股东权益变动表。其基本功能是揭示企业在某一段时间内所有者投入资本以及企业资本累计等情况。这一报表的功能体现在以下方面:

1. 揭示企业所有者权益变动情况

透过所有者权益变动表可以发现企业所有者投入资本情况以及企业对这些投资进行运作之后获得的收益,对于信息使用者来说是十分关键的。报表使用者通过这些信息,了解企业所有权利润是否被稀释、企业的所有者是否增加了投入、企业资金是否积累等。

2. 反映企业利润分配情况

所有者权益变动表反映了企业利用当期税后利润进行的提取盈余公积、风险准备金以及分配股利等利润分配活动。借助这些项目报表,使用者可以掌握企业在利润分配方面的实际情况,从中总结企业的分配政策选择,并且对利润分配水平进行有效的评估,增强对企业的了解,也增强对自身权益的了解。

3. 体现会计政策变更和差错更正

所有者权益变动表反映了企业会计政策变更和差错更正的影响。它提醒报表使用者关注会计政策变更和差错更正对前期、当期和未来期间会计报表对所有者权益及企业财务运营成效是否产生影响,避免由于信息不对称出现失误。

(五)会计表附注

会计报表附注是对上述报表中列示项目按照文字的形式进行表述,或者是提供与上述报表相关的细致的资料信息。附注的内容一般包括:财务报表的编制基础;遵循企业会计准则的声明;重要会计政策及依据等;重要会计估计,这其中包含在企业下一会计期间有可能会出现账面价值调整的会计估计以及做出这一估计的依据等;关于会计政策及估计变更和更正的相关阐述;对已经在上述财务报表当中列明的项目进行深层次的阐述说明等。

二、财务报表编制基本假设与基础

企业的会计部门从事财务会计活动以及编制财务报表,需要遵循一定的原则。会计原则是建立在一些基本的会计假设基础之上的。会计的基本假设是指一般在会计实践中长期奉行,无须证明便为人们所接受的前提条件。财政部颁布的《企业会计准则》中明确了四个基本假设,即会计主体、持续经营、会计分期和货币计量。下面我们分别介绍这些假设的含义及其对报表编制的影响。此外,我们还将讨论会计确认、计量和报告的基础——权责发生制。

(一)财务报表编制的基本假设

1. 会计主体假设

我国《企业会计准则》规定"企业必须结合自身发生的经济活动或者交易事项展开会计确认、会计计量以及会计报告等一系列事务。"

会计主体假设指的是企业必须把经济业务与所有者以及其他经济组织分开。按照会计主体假设的相关规定,在处理各项会计事务的过程中,必须要明确会计主体,有效地区分各项经济业务以及会计活动的范围等多个方面,同时必须严格按照规定的会计处理和报告范围开展实际工作。

会计工作在确认、计量以及报告等工作实施过程中,必须要将明确主体作为根本前提。在对会计主体有清楚地界定之后,对在会计事项和交易的范围进行划分的过程中得心应手,才可以恰当区分不同会计主体所能够处理的交易或者事项,使得各个主体能够充分承担各自的责任和履行相应的义务,不会出现彼此交叉或者混淆的问题。

需要着重说明的是,无论是法律的主体,还是非法律的主体都可以成为会计主体。针对上市公司而言,它既是会计主体,也是法律主体。针对上市公司下属的独立核算的分厂而言,它属于会计主体的范畴,但是不能够将其划分到法律主体范围中。

2. 持续经营假设

《企业会计准则》规定:"企业在处理确认、计量和报告等一系列工作的过程当中必须将持续经营作为根本前提条件。"持续经营假设指的是在能够预见的未来,企业会依照当前状态以及规模进行持续的运营和发展,不会业务大幅削减或者是出现停业等问题。

企业在制作会计报表的过程中,需要恰当地选择会计方法,以便能够确保报表的质量,而持续经营的假设就为合理选择会计方法打下了坚实的根基。在这里,企业在可预见的将来保持持续经营,并不意味着企业会永久存在,而是指企业能存在足够长的时间,使企业能按其既定的目标开展经营活动,按已有的承诺去偿清其债务。

3. 会计分期假设

《企业会计准则》规定:"企业必须恰当的对会计期间进行合理划分,并分期来完成账目结算和报告编制工作。"会计分期假设指的是企业在持续经营的条件下出现的一系列经济业务都能够归属到各个会计期间当中,来满足实际会计工作处理的需求。一般而言,会计期间会划分为月度、季度和年度。

会计分期假设是企业给出持续经营假设所获得的必然结果。因为会假设企业在能够预见的未来一直保持持续运营的发展环境下,所以,在整个过程当中何时向企业利益相关者提供报告信息就成为一个需要解决的问题。在具体的会计实践当中,不可能在企业结束全部经营活动之后才把重要的信息提供给企业的利益相关者，再让他们借助财务报告制定决策。那么企业的利益相关者要想及时获得企业的相关信息，了解其整体的财务运行状况和具体的成效，就需要人为的将整个经营区间进行划分，进而确定不同的会计期间，并在特定期间内来完成信息处理和报告编制。

按照《企业会计准则》的相关规定，可以把整个会计期间划分为中期和年度两个类型。中期指的是短于一个完整会计年度的报告期间。我国企业会计年度以公历1月1日起至12月31日止作为一个会计年度。如果会计期间是中期的季度或者是月度的话，同样需要将公历日期作为依据。

会计分期假设直接关系到会计核算工作，二者有着非常紧密的关联。正是由于存在着会计分期，随之出现了当期和其他期间的划分，进而催生了收付实现制以及权责发生制，使得不同会计主体拥有各自记账基准出现差异化时的会计处理办法；由于存在会计分期的假设，会计当中的大量概念拥有了时期特性。除此以外，在会计分期及持续经营假设的共同作用下，才出现了权责发生制，并为其提供了坚实的理论基础。

4. 货币计量假设

货币计量假设指的是在会计核算的一系列工作流程当中，货币是计量单位，并且用货币计量和记录的方式来对整个企业运营活动进行说明。这一假设是企业进行业务汇总和计量的前提条件。

在会计核算处理当中，将货币作为计量单位是货币本身属性所决定的。众所周知，货币是衡量一般商品价值的尺度，可以被作为一般等价物。而其他计量单位在实际应用当中不便于企业管理和会计核算工作的开展。

我们认为，货币计量假设对于会计而言，有优势也有不足。比方说货币计量假设的背后隐含币值不变这一假设条件。但是，在现实生活中，持续币值波动已成为事实。怎样解决币值波动影响会计的问题是当前会计界的一大难题。又如，照前面的论述，会计体现出的只是企业货币方面的实际情况，也就是财务情况，除此以外，还和大量非货币因素相关。这些非货币因素有：企业的经济前景；企业在同行业中所处的地位；企业产品的市场占有率；企业产品的市场满足程度；企业职员对企业的忠诚程度；企业管理的能力等。为了解决会计界的这一难题，弥补货币计量假设的不足，当前新颁布的《企业会计准则》要求企业可以根据实际要求选用非货币指标来补充报表内容。

（二）会计确认、计量和报告的基础——权责发生制

《企业会计准则》当中强调企业在会计核算工作当中需要将权责发生制作为基础条件。在有了这样的前提条件支持之后，只要是当期已经实现的收入和已经发生或应承担的费用，无论是否完成款项的收付工作，都需要将其列入收入和费用范畴当中。

在实际操作中，企业交易或者事项的发生时间与相关货币收支时间有时并不完全一致。例如，款项已经收到，但销售并未实现；又或者是已完成款项支付工作，但并不是本期生产运营发生的费用。对此，要想更加真实的对一个会计期间企业财务运营情况进行了解，需要将权责发生制作为核算基础。

权责发生制相对应的是收付实现制，这一制度是把收到或者已经支付的现金直接纳入到收入或者费用当中。使用这一制度的大多是行政单位，另有一部分事业单位在处理经营业务以外的业务时会应用这一制度。

第二节 资产负债表及其分析

一、资产负债表的作用和结构

(一) 资产负债表的作用

资产负债表报告的是特定时点企业财务运营情况，而这一报表的获得要求企业财会人员能够把日常企业运营工作当中的多个数据以及信息资料展开收集和统计汇总，最终形成具备高度汇总特征的资产负债表，使得报表的需求者能够从中获得对企业资产和负债相关情况的直观认识和了解，掌握特定日期企业财务运营情况，便于做出相应决策。

在企业的整个财务报表体系当中，资产负债表处于基础地位，因此企业应主动为报表需求者提供这一报表，使其能够借此掌握企业当前运营发展的现实状况，并凭借这一报表得出恰当准确的决策和战略规划。可以说，资产负债表是企业所提供的对外报表系统当中的关键性内容。透过整个资产负债表，信息需求者可以掌握企业在特定时期内资产结构、资产规模的实际发展现状，进而掌握企业当前是否具有充足的经济资源来满足日常的生产运营，从而形成对企业运营能力的一个有效判断；掌握企业特定一段时期内的负债结构以及负债情况，了解企业要想满足未来持续性的运营和发展所需资产的数额及需要偿还的债务数；掌握企业在特定一段时期内所有者权益的具体情况及数额，进而更加细致全面地了解投资者在整个企业资产当中占有的比重。

整个资产负债表的表格包含多个经济要素及指标项目，也有针对这一表格的附注内容记录，将以上信息进行深入研究和对照分析，能够帮助信息需求者获得除上述内容以外的其他信息，具体如下。

1. 企业的短期偿债能力

企业资产负债表当中涉及一些流动资产和负债的内容，同时在附注当中也对这部分内容有进一步的阐释，这部分内容可以让信息需求者形成对企业流动性的有效预估和评判，并且更为有效地了解企业短期偿债能力的发展程度。流动性的含义是将资产转变成现金或者从负债到清偿负债需要的时间，体现的是一种资金转换的程度。企业的短期债权人在关注这些信息时，更多地侧重企业能否在较短时间内完成资产到现金的转换，并且顺利地完成短期债务的清偿活动。企业的长期债权人在分析和研究报表信息时，同样会把侧重点放在企业短期偿债水平方面，并对其能力发展程度进行评判。如果一个企业不具备良好的短期偿债能力，那么企业出现生存危机的概率就会大大提高，使得企业遭遇破产危机。此时，无论是短期还是长期的债权人，抑或是企业的广大投资者都会失去对自身权益的切实保证。

2. 企业的资本结构和长期偿债能力

资产负债表是信息需求者评判和预估资本结构、掌握企业实际长期偿债水平的有效工具，这也是从这一报表当中能够发现和总结出的关键信息。要想形成对企业长期偿债水平的准确判断，还需要考虑到这一能力的决定性因素，分别是企业资本结构和获利水平。前者指的是在企业的整个权益总额当中不同经济项目（所有者权益和负债项目）资产的相对比例。其中，企业资本结构是否科学合理将会直接影响企业运营的稳定性和发展的程度。后者指的是企业在现有经济资源的支撑下获得运营和发展效益的能力，这是广大投资者在评价企业和制定投资决策当中必须要考虑的一项能力指标。如果在整个资本结构当中负债占有的比例极大，那么说明企业当前面临着严重的财务风险，缺乏有效的长期偿债能力，无法满足长期债权人的资金回收需要。如果在整个资本结构当中，所有者权益占有的相对比重较大，则证明企业面临的外部风险较小，能够具备充足的资金来偿还长期债权人的借贷资金。

3. 企业的财务弹性

企业的生存和发展与内外界的经济运营环境有着直接关联，如果企业的内外部经营环境发生了变化，那么企业将面临多种变化以及生存与发展的挑战。此时企业能否迎接挑战，快速适应环境变化，并结合环境变化特征和适应环境发展的需求提出有效的运营策略至关重要。财务弹性的含义就是企业应对这些挑战以及变化的具体能力，主要包括两个方面的能力要素。第一，进攻性适应能力要素。这一要素的含义是企业具备足够的财力水平和能力层次来切实抓住突然到来的盈利机遇，快速适应这一变化，并获得有效收益。第二，防御性适应能力要素。这一要素的含义是企业不但可以借助具有极大盈利空间的经济活动来确保自身的盈利水平，收获较大的收益，还可以恰当地运用债权人提供的长期贷款或者投资者的资金来扩大企业发展和运营的规模。企业的财务弹性可以具体体现在以下几个方面。

（1）资产的流动性或变现能力。

（2）在维持当前企业正常发展运营的前提条件之下，通过变卖企业当前持有的资产来获取现金能力。

（3）由经营活动产生现金流入的能力。

（4）向投资者和债权人获得资金支持的能力。

虽然企业资产负债表当中包含的项目和指标十分有限，但其中蕴含的信息和内涵却十分丰富，这也使得信息需求者在对这一报表进行深层次的阅读分析过程中，要注重从多个方面来挖掘可用信息，并且结合信息的具体需求来完成信息的筛选。因此，在阅读报表时还必须要注意下面几点内容。

（1）这一财务报表体现出的是企业某一时点的财务运营和发展的实际情况，企业处在不断发展和变迁的进程中，其中会发生各种各样的经济活动，那么报表当中的数据资料很有可能会随着这些持续不断的经济以及交易活动产生变化。

（2）该报表当中的绝大多数经济项目是将历史成本作为数据资料体现在报表当中的，而当前企业所处的环境不断变化，其经济价值和历史成本之间不可避免地会存在差别。即使当前企业注重会计准则以及制度等多个方面的变迁，对资产负债的数据展开调整和优化，但要想完全真实地体现出现实价值是不能实现的。因此，信息需求者在制定经济决策的过程中，必须把握现时价值这一坚实的基础，单纯利用这一报表达成目的是不现实的。

（3）该报表存在一定数量的遗漏问题，因为企业运营的各项活动有着很多难以用货币方式体现的资产负债内容。比如，信息需求者想要掌握企业在人力管理方面的信息，就无法借助该报表来达成目的；想要掌握企业的商誉，同样不能在资产负债表当中获得。正是由于当前该报表存在着一些不足，使得投资者可以借助挖掘隐蔽资产的方法来收获高额收益，成了投资者提高自身收益水平的重要渠道。

（二）资产负债表的结构与内容

1.资产负债表的结构

资产负债表的结构包括三个部分的内容，分别是表首、表体以及表注。表首部分体现的是企业信息、报表制作时间、货币单位、组别等内容；表体部分体现的是整个表格的主体部分和核心信息，具体呈现这一表格的详细内容；表注实际上是对前两个部分的补充，在整个资产负债表当中也有着重要意义。

按资产负债表差异化的格式，可以将表格划分成三个类型，分别是账户式、报告式、营运资金式。接下来将用表格的形式对上述的内容进行直观阐述，具体内容见表4-1。

表4-1 账户式资产负债表

资　　产	金　　额	负债及所有者权益	金　　额
流动资产：		流动负债：	
货币资金		短期借款	
交易性金融资产		交易性金融负债	
应收票据		应付票据	
应收账款		应付账款	
预付款项		预收账款	
应收利息		应付职工薪酬	
应收股利		应交税费	
其他应收款		应付利息	
存　　货		应付股利	
一年内到期的非流动资产		其他应付款	
其他流动资产		一年内到期的非流动负债	
流动资产合计		其他流动负债	
非流动资产：		流动负债合计	
可供出售金融资产		非流动负债：	
持有至到期投资		长期借款	
长期应收款		应付债券	
长期股权投资		长期应付款	
投资性房地产		专项应付款	
固定资产		预计负债	
在建工程		递延所得税负债	
工程物资		其他非流动负债	

续 表

资　产	金　额	负债及所有者权益	金　额
固定资产清理		非流动负债合计	
生产性生物资产		负债合计	
油气资产		股东权益：	
无形资产		实收资本（或股本）	
开发支出		资本公积	
商　誉		盈余公积	
长期待摊费用		未分配利润	
递延所得税资产		股东权益合计	
其他非流动资产			
非流动资产合计			
资产总计		负债及所有者权益总计	

报告式的资产负债表在内容方面和账户式的格式表格没有区别，只是在排列上有细微的差异。采用这样排列方法的原因是能够在宽度限制的情况下，根据整个编制的实际需要来增设相关的栏目，同时把两段时间的比较数据体现在表格当中，对比上更加直观形象，利于表格的分析与理解。

营运资金式资产负债表不同于前两者，它突出营运资金项目，使报表使用者对企业支付能力的大致情况一目了然。这种资产负债表并不常见，我国的企业会计制度也未采用这种格式。表 4-2 是营运资金式资产负债表的大致结构。

表 4-2　企业营运资金式资产负债表

经营资产：	净负债及股东权益
经营性流动资产：	金融负债：
货币资金（经营）	短期借款
应收票据（经营）	交易性金融负债
应收账款	应付利息
预付款项	一年内到期的非流动负债
应收股利（经营）	长期借款
其他应收款	应付债券
存　货	金融负债合计

续　表

经营资产：	净负债及股东权益
一年内到期的非流动资产	金融资产：
其他流动资产	交易性金融资产
经营性流动资产合计	应收利息
经营性流动负债：	可供出售金融资产
应付票据（经营）	持有至到期投资
应付账款	金融资产合计
预收账款	净负债
应付职工薪酬	
应交税费	
应付股利	
其他应付款	
预计负债	
其他流动负债	
经营性流动负债合计	
净经营性营运资本	
经营性长期资产：	
长期股权投资	
长期应收款	
固定资产	
在建工程	
固定资产清理	
无形资产	
开发支出	
商　誉	
长期待摊费用	
递延所得税资产	
其他非流动资产	
经营性长期资产合计	
经营性长期负债：	股东权益：

续 表

经营资产：	净负债及股东权益
长期应付账款	股 本
专项应付款	资本公积
递延所得税负债	盈余公积
其他非流动负债	未分配利润
经营性长期负债合计	
净经营性长期资产	股东权益合计
净经营资产	净负债及股东权益

按企业会计制度要求编制的资产负债表中每个项目有期初和期末两个数据。其中,"年初数"栏各项目数字需要借助"期末数"栏内数字填列。如果本年度该报表项目设置或计算方法出现改变,还需对"年初数"做出相应调整方可填入,以便信息使用者进行对比。资产负债表的"期末数"栏内所列数据主要是根据有关账户科目的记录编制的。应提供合并报表的企业通常将合并主体和母公司的资产负债数据在一张表中列示。这时,"年初数"和"期末数"下还会分别再设"合并""母公司"两栏,每个项目就有了四个数据。为了便于信息使用者查看相关的报表注释,资产负债表通常设有"注释号"一栏,其中填列对应的注释编号。

2. 资产负债表的内容

资产、负债、所有者权益构成了资产负债表的内容,这三个基本组成要素缺少任何一个,都不能够称之为一个完整的资产负债报表。

资产形成在企业多种经济活动的运行和交易过程中是企业获得理想收益的经济资源,由企业当前拥有或者由企业自身所掌控,从长远上看,能够给企业发展带来重要的效益支持。以上是对资产的主要含义进行的确定,而在认定一个经济项目是否属于资产时,还必须要考量它是否符合下面几个要求：第一,和这一项目相关的收益流入企业中；第二,项目成本或者整个项目的价值能够有效地计算和衡量,并且清楚准确地在资产负债表当中体现出来；第三,如果经济项目和资产定义当中的要求相符合,但不满足资产确认条件,那么在报表的附注当中必须要对其进行明确说明。

负债指的是在过去企业经济活动和交易当中形成的,预期会使得利益从企业流出的现时义务。要确定经济项目是否可以纳入负债的范畴,必须要查看这一项目是否具备下面几个特点：第一,过去经济活动事项以及交易活动所构成的企业必须履行的现时义务；第二,企业要承担的义务包含推定和法定义务这两种类型；第三,企业要根据相关规定和要求履行该项业务,一定会让部分利益流出企业。判断经济项目是否属于负债的范畴,除了要根据定义以外,还应该同时满足下面几项条件：第一,和这一经济项目相关的利益很可能流出企业。第二,企业未来利益流出可以被计量。如果把流动性作为负债类型的区分标准,可以划分为流动和长期负债这两个类型。

所有者权益是资产减去负债之后的剩余权益的总称,同时也可以称之为股东权益。就上市公司而言,股东权益包含股本、盈余及资本公积、未分利润等。

资产负债表的各要素包括许多项目,这些项目数据的来源主要是通过各种账户的期末余额来编制。具体来讲,有以下一些方式。

(1)按照对应总账账户余额编制。
(2)按照有关明细账户余额编制。
(3)按照几个总账账户余额合计数编制。
(4)反映资产账户和备抵账户抵消过程,把抵消后的净额入账。
(5)按照总账和明细科目余额计算填列。

二、流动资产及其分析

(一)流动资产各项目

列示在资产负债表当中的资产可以划分成流动和非流动资产两个方面,这也是依照会计处理准则对资产的一个准确分类。流动资产的含义是较短的营业周期(一般是一年或者超一年内)变现或者耗用的资产。企业往往会把流动资产作为日常经济活动和运营管理活动的资产应用。资产负债表当中的流动资产项目主要有以下几种。

1. 货币资金

通过对企业流动性资产的各个项目进行分析,发现货币资金是其中最具流动性的资产类型,库存现金、外埠存款、在途资金等都属于货币资金的范畴。按照存放地点以及资金的用途作为分类标准,货币资金又可以被分成银行存款、库存现金、其他资金这三个部分。

2. 交易性金融资产

这一流动性资产的项目反映的是企业购入的各种能随时变现的、准备变现的、持有时间不超一年的多种证券,不超一年的其他投资基金,减去已提跌价准备后的净额。

在一个会计期间的期末,企业需要对交易性金融资产所包含的各个项目展开全方位的审查工作,并且按照市价和成本孰低计价,也就是依照市价和成本价格之间数量的高低进行相应的计提跌价准备。需要注意的是,如果其中的一个项目占有极大的比重,可以按照单项投资来最终确定计提跌价准备,同时企业还必须依照实际情况的需求定期检查委托贷款本金,并按照这一项目和可回收金额孰低来展开会计计量,做好计提减值准备。

3. 应收票据

应收票据的含义是企业收到的没有到期的收款同时也没有完成银行贴现的票据,包括商业和银行承兑汇票两个类型。已经完成贴现或者背书转让的票据类型不在这一应收票据的项目当中。在整个报表的附注当中,可以把已经完成贴现的商业汇兑汇票进行具体的说明。

4. 应收股利

应收股利体现的是企业通过股权投资收取的现金股利。企业应收的其他单位利润同样属于应收股利项目的内容,并且在这一项目的数额计算当中体现出来。

5. 应收利息

应收利息是企业通过债权投资所获得的利息收入,但是购入已经到期并且完成本息支付的长期债券的应收利息不能够在这一项目当中体现。

6. 应收账款

应收账款这一项目体现的是企业销售产品或者提供服务等应该向购买单位收取款项的总和除去计提坏账准备之后获得的净额收入。

在会计处理过程中，处理坏账的方法有以下两种：第一，直接转销法。这一方法指的是企业出现坏账的时候将其确认坏账损失，并且列入当期管理费当中。第二，备抵法。就是出现赊销业务当期就完成坏账损失的估计工作，不仅把估计的坏账损失纳入费用的范畴，还专门设置坏账准备的项目来冲减应收账款当中的金额。如果从会计分析的角度来展开研究的话，坏账处理过程中的备抵法坚持了审慎性原则，也能够和费用以及收入的配比准则相适应。针对当前我国企业的会计处理工作以及相关会计政策和制度的要求，强调企业需要选择备抵法作为坏账处理的会计方法，还涉及坏账准备计提工作当中的一些具体事项，如范围、提取比例、方法等，可以根据企业的实际需求由企业自主规定。

7. 其他应收款

这一项目指的是把企业对个人或者其他单位应收以及暂付的款项除去坏账准备之后获得的净额。

8. 预付账款

预付账款指的是企业预付给合作单位的款项，在实际的计算当中必须把预付账款科目包括的一系列明细科目的期末借方余额合计填列。

9. 应收补贴款

"应收补贴款"项目反映企业按规定应收的各种补贴款。本项目应根据"应收补贴款"科目的期末余额填列。补贴收入是指企业按规定实际收到退还的增值税，或按销量、工作量等依据国家规定的补助定额计算并按期给予的定额补贴以及属于国家财政扶持的领域而给予的其他形式的补贴。

10. 存货

存货项目实际上反映的是企业的可变现净值，具体包括在一个会计期期末所有在库、在途和在加工的存货，其下属又有各个不同的明细科目，在计算存货余额过程中需要将明细科目，如"原材料""包装物""生产成本""库存商品"等合计起来完成计算，还必须将获得的数额减去"代销商品款""存货跌价准备"。在对存货科目进行计算和分析的过程中，还必须考虑到按照可变现净值和存货成本的高低差异做好计提存货跌价的准备，最终呈现出来的存货项目是减去这一存货跌价准备之后的净额。

11. 其他流动资产

这一项目体现的是企业除了上面所提到的重点流动资产项目之外其他流动性资产的总称。必须注意的是，如果在期末发现其他流动资产的数额巨大，必须明确地在报表附注中对其他流动资产所包括的内容以及具体的金额进行详细的说明和补充。

（二）流动资产质量分析

1. 货币资金

货币和资金实际上指的是现金，不用考虑变现的相关内容，能够用于偿还企业到期的各项债务。企业货币资金的数额大小也是企业偿债水平高低的表现，货币金额的数量越大，说明该企业的偿债能力越强，应该也能够看到这一企业有着较高的信誉度以及可持续发展的能力。但是要认识到的一个情况是,从上市公司的资产负债表层面上看,如果该上市公司资产负债表中的货币资金数额巨大,而且这样的状况持续很长一段时间,那么极有可能是该上市公司无法恰当地进行资金利用,无法有效提升资金利用率,这也从侧面体现出该上市公司在实际运营中出现的问题。如果该上市公司有着较高的信誉度,那么在整个资本市场当中要想根据实际需要来进行资金的筹集工作是十分容易的,向银行寻求借款帮助也会十分便利。上市公司不必持有数量众多的货币资金,如果经常持有大量资金,说明在运营方面存在问题。另外,在分析货币资金这一项目时,要综合考虑该上市公司所处行业的发展状况以及整个业务规模大小。下面重点分析的货币资金质量实际上包括货币资金运用以及构成质量这两个方面的质量表现。一般情况下,可以从以下几个层面着手来展开质量分析。

(1) 货币资金规模适当性分析

货币资金是企业日常开展各项运营生产以及管理活动必不可少的资金支持,也是各项经济活动顺利进行和企业照常运转的保障。因此,保持正常、稳定的货币资金状态对企业发展来说是十分有必要的,而且要确保资金规模适当。从财务管理层面进行分析,如果企业的货币资金规模较小,那么企业正常的运营和发展都会受到阻碍,不仅日常的生产运营以及管理活动不能顺利进行,还会在很大程度上影响企业商业信誉,企业在展开筹资等一系列的经济活动时也会面临较大的困难。如果企业的货币资金规模较大,会使企业浪费以及错失大量优良的投资机会,与此同时,企业的各项筹资成本也会大大提升,这对于企业发展来说是极其不利的。综上所述,细致、科学地对企业的货币资金规模进行评判,尤其是分析货币资金规模的适当性,成为分析资金运用质量的重要组成部分和关键性因素,这也是企业在运营发展中不可忽视的一个问题。

(2) 现金支付能力分析

现金支付能力分析主要是对企业用于支付经营性支出、短期债务本息偿还、中长期债务偿还、股利支出等现金支付能否获得有效保障以及获得保证的程度的分析。在实际运算过程中,需要综合考虑几项重要指标:每股经营现金流量、到期债务本息偿还比率、现金股利支付率、现金流量适度比率等。

(3) 货币资金使用效率分析

从微观层面分析,企业所持有的货币资金在使用中能否真正达到合理的使用效率直接关系到绩效水平以及整体经营活动的业绩。如果企业的资金使用效率极高,就可以明显看到企业未来发展的趋势是一直向前推进和向更好的方向发展的,无论是前景还是未来的发展空间都十分理想。提升企业资金使用效率,有利于提高企业融资效率和经营效率,从而提高企业价值创造能力;有利于改善企业资金运营结构,在一定程度上提高上市公司资金运营质量,促进企业良性发展。对投资者而言,对资金使用效率的分析能够形成对企业综合实力的有效判断。而且评判企业是否具备可持续发展能力,可以让投资者在制定相关经济决策的过程中拥有准确合理的判断依据。对货币资金使用效率的分析不仅对投资者有帮助,对企业的未来发展也十分重要。

宏观上,上市公司是证券市场的基石,社会生产要素以及优质资源都会自发流向资金使用效率较高、经营较好的企业,只有这部分企业才能够获得更好的发展机遇,并且有效地应对市场中的各项风险,提高综合竞争实力。对上市公司资金使用效率的分析能够促进市场资源的整合与有效利用,有利于营造和谐、有序以及良性循环的竞争环境,从而促进市场健康发展。

资金使用效率是一个相对指标,衡量资金投入与产出的关系。资金按来源不同分为内部资金和外部资金，不管企业资金来源如何，企业投入其生产经营活动的资金量是一定的，这些资金转化为资产（负债+所有者权益）参与生产运营过程，为企业创造经济价值，最后又以资金的形式返回企业的生产循环中。因此，货币资金使用效率是一种相对衡量指标，是在上市公司控制一定的风险、以一定成本取得资金的前提下，衡量投入生产经营活动的资金能为企业带来多大增值的指标。

（4）货币资金使用效率的提高

上面已经分析了货币资金使用效率的提高对上市公司以及整个企业发展环境的积极影响和作用，接下来要深入探讨如何通过有效的方法提高货币资金使用效率。结合企业的发展实际以及外部不断发展变化的市场环境，可以从下面两个方面出发有效提高资金使用效率，为企业以及整个市场发展带来巨大的推动力。

第一，加速收款。

加速收款就是要尽快收回货币资金，减少货币资金的在途时间。这样，如果企业需要货币资金，可以及时使用而不会耗费过多的时间。企业可以通过采用多种形式的账款结算方式，加速应收款的收回，也可以借鉴西方企业常用的两种方法，具体如下。

① 建立多个收款中心。构建多个收款中心的方法可以说是加速收款的一个重要途径，在具体的应用当中，首先需要对收款范围进行分析及归纳，进而确定收款较为集中的地区，在这些地区建立多个收款中心，同时和企业总部地区的开户银行建立集中银行。企业销售商品时，由各地分设的收款中心开出账单，当地客户收到销售企业账单后，直接汇款或邮寄支票，这样可以确保收款中心及时收到款项。在完成收款之后，可以将这部分款项存到当地银行或者办理好支票兑现，立即转给企业总部所在地银行。这样可以缩短账单和支票往返邮寄时间、支票兑现所需要的时间，也减少了中间耗费时间，使收款的效率大幅提升。

② 设立专用信箱。设置专用信箱的方法在西方国家的企业运营管理以及收款当中有着非常广泛的应用。在具体的应用当中，要求企业能够根据自身具体的收款需求在某地租用专用邮政信箱，当客户需要汇款时，可以要求客户将货款汇到指定的邮箱当中，委托企业在当地的开户银行从邮政信箱直接收取支票并办理结算手续。采用这种方法比设立多个收款中心更能缩短企业的收款时间。但是采用这种方法后，企业除了在各地区银行须保持一定存款余额外，还必须支付提供额外服务的费用，这无形中增加了企业的部分开销，需要企业根据自身的情况决定是否使用这一方法。

第二，严格控制货币资金支出。

对货币资金的支出环节进行全面以及严格的把控是提升资金使用效率的一个有效手段，企业在这方面可以采用下面的方法。

① 延缓支付应付款。这一方法指的是企业尽可能推迟支付应付款的日期，但是在使用这一方法时必须满足这样的前提条件：延长支付应付款的行为不会影响到企业信誉，而且这样的举措实际上是利用信用优惠的一种表现。这样的方法在企业急需货币资金支持的情况下有非常大的应用价值，但是要根据双方订立的规则进行，不能透支企业信誉，以免对企业未来的发展产生影响。

② 使用现金浮游量。企业可以对资金浮游量进行合理使用，而且在此期间，虽然企业开出支票，但是仍然可以动用在活期存款账户上的这笔资金。不过，为了避免对企业的信誉或未

来发展产生不良影响，必须严格控制部分资金的使用时间，以免出现透支银行存款的问题，使企业面临大的发展问题。

2. 交易性金融资产

上市公司之所以会展开短期投资项目交易活动，是因为这部分资金处于暂时闲置的状态，可以通过短期投资的方式来让这部分资金获得较高的收益，而且这部分短期投资会获得高于存款利息的收入。因此，在深入研究交易性金融资产项目的过程中，全面收集以及重视历年在这一项目规模以及收益等方面的实际状况是十分必要的，还要对其规模以及收益情况进行细致的分析，得出相应的结论。如果发现企业的该项目规模一直处在较大的水平，但是其收益水平降低，那么该上市公司的这一短期投资举措就有待考量，要对其进行全面整改。除此以外，在计提交易性金融资产项目时要注意，如果情况相同，但是采用了差异化的计提跌价准备的策略，那么最终所产生的效果也是不同的。报表阅读者应该认识到交易性金融资产投资成本与市价孰低法还有一个特点，即严格遵照了会计原则中明确强调的审慎性准则，要确认市价低于成本的潜在损失，不能够确认市价高于成本的潜在收益。根据这样的情况，报表信息的需求者需要通过报表的附注信息当中针对这一项目的补充说明情况来形成正确的判断，考量上市公司的短期投资行为是否是合理、有效。

该项目分为交易性股票、证券、基金和权证投资这四个种类，这一项目进行合理准确的计量包括初始以及后续的计量工作，都必须把公允价值作为基础属性，从而确保计量的准确度和合理性。

在对交易性金融资产的质量进行研究的过程中，同样要把公允价值这一属性纳入核心范畴，将工作重点放在这一项目的收益率以及营利性这两个方面。接下来对其进行具体说明：第一，对该项目在报表当中体现出的金额是否真实进行着重分析。交易性金融资产在变现方面十分容易，而且企业持有这一资产的时间很短，往往是企业满足自身投机目的而选择的一种投资方法，这也是该项目的主要特征。因此，该项资产在资产负债表中的表现具有金额经常波动的特性。如果报表中交易性金融资产金额跨年度长期不变，投资收益较稳定，也有可能出现一些不法企业为了提升自身资产的流动性，确保企业的经营效益，故意把其他类金融资产的部分金额划入该项目当中。所以，必须关注该项目金额是否真实可靠，这也是分析这一项目质量的一个重要标准。第二，对该项目在报表中的计量进行研究。按照会计准则和制度的要求，在计算该项目的初始成本时，要把公允价值作为基础属性，涉及的交易费用要明确体现在当期损益当中；在整个资产负债表的内容设置上，要考虑到公允价值变化的特征，并且依据这一变化对资产账面价和报表当中的金额进行合理的适应性调整，最终在损益当中表现出公允价值的相关变化，体现出相关项目的关联性特征。第三，恰当地将和该项目相关的利息、股利等构成投资收益，在执行这一操作的过程中，必须严格依照我国的会计准则和相关的会计制度进行，同时在对这部分资产进行处置时，要综合分析关于企业所得税的相关规定，保障投资收益确定的合理性和准确性。

该项目的投资收益率是把交易性金融资产投资净收益和投资余额进行对比之后获得的比率。在确定该项目质量时将收益率作为重要的一项指标，并且重点要对投资净收益和投资余额进行分析确认。由于交易性金融资产投资一般在近期内变现，所以对其投资余额的确认有三种方法：一是按初始投资额计算，初始投资额包括股票或债券的买价和支付的交易费用，在这些费用当中不包括支付的已宣告发放但尚未支付的股利或股券利息。二是按平均投资额计算，就是交易性金融资产各月平均余额之和除以累计月数就可以得到投资余额。三是按精确投资额计算，即投资余额为交易性金融资产每日余额之和除以实际持有天数。除此以外，企业还要做好计提跌价准备的工作，在处理时需要结合该项目成本和市价的高低情况，一般情况下可以划分成按照投资类别或者单项投资这两种不同的依据做好计提跌价准备，方法不同，所得到的结果也不同。

3. 应收票据

应收票据指的是企业存在赊销产品、提供劳务等情况，在最后的结算过程中选用商业汇票的方法，并由此收到商业汇票为企业带来的一项债权。具体而言，商业汇票有商业承兑和银行承兑汇票这两个类型。根据我国现行法律的规定，商业汇票的期限不超过6个月，因此应收票据属于短期债权，在资产负债表上需要纳入流动资产范畴。随着我国经济的发展，尤其是商品经济的繁荣，商业汇票由此产生。实质上，商业汇票属于商业信用的一种行为，同时商业汇票属于有价证券的一种类型。

在对应收票据质量进行研究和考量的过程中，必须重点关注变现性以及这一行为为企业财务运营造成的影响程度。按照相关票据法律的要求，票据贴现有追索权，如果到期之后仍然不能完成兑付，背书人要承担连带的付款责任，对企业来说是有一定风险和负面影响的。从这一层面进行分析，已经完成贴现的商业汇票实际上是负债的一个类型，如果金额数量较大，就会使企业的财务运营以及发展出现巨大的波动和债务方面的风险。对此，在对应收票据展开研究，并且对应收票据的质量特征进行分析时，要综合考虑报表附注中的信息，透过这些补充说明的信息把握企业是否存在已贴现汇票。如果存在，需要确认企业已贴现汇票的金额规模是大是小，最终通过这样的方式来评判企业未来偿债水平如何。

4. 应收股利、应收利息

应收股利反映公司因股权投资而应收取的现金股利，公司应收其他单位的利润也包括在此项中。应收利息反映公司因债权投资而应收取的利息、公司购入到期还本付息债券应收的利息。

应收股利体现出的是企业在进行股权投资之后所获得的现金股利，在这部分金额中包含应收其他单位的利润数额。应收利息体现的是企业债权投资活动所获得的利息收入。由于应收股利、应收利息可收回性强，变现性较高，因而一般会有较好的质量。

5. 应收账款

应收账款是企业因销售商品和提供劳务等活动而形成的债权，应收账款的管理是企业管理的重点和难点。应收账款是一种债权，出现这一债权的原因是企业开展销售产品和提供劳务等一系列的活动，在整个企业的管理系统中，关于该项目的管理工作是其中的重点和难点所在。企业管理质量和效率对企业财务状况的影响也是十分巨大的，因此企业管理者应认识到这一项目管理工作的重要性。和其他多数资产一样，应收账款对企业财务状况的影响有好的方面，也有坏的方面。好的方面是应收账款代表了一项对客户现金的要求权，应收账款的增长会带来企业收入的增加。坏的一方面是应收账款反映本企业的资金被信用单位无偿占用，体现的是一种资金沉淀。在企业资金总量一定时，应收账款占有越多，资金的使用效率越低，甚至会造成现金短缺，而且应收账款的增加会使企业发生收账费用和坏账损失的风险增大，从这个角度讲，应收账款越少越好。如果企业在该项目的管理方面失去了合理的管控和把握，那么整个企业的现金流以及利润的获得都会直接受到影响，甚至会为企业带来长远运营的难题和大的风险。

在全面细致地对该项目展开研究时，除了要掌握其规模以及质量外，还要综合考虑应收账款可能会为企业带来的坏账风险问题。接下来重点从以下几个层面着手展开分析。

（1）应收账款的规模分析

影响应收账款规模的因素多种多样，这就要求在分析其规模的过程中，要考虑企业所处行业以及整个行业的发展现况、企业的运营以及发展方式、企业在实际发展中选择的信用政策等。以零售商业企业为例，这种类型的企业有一大部分业务是现金销售，因而应收账款较少。而在采用赊销方式较多的企业中，应收账款则会相对较多。又如，企业放松信用政策，刺激销售，就会增加应收账款；反之，会减少应收账款。如果某企业的产品需求远大于供给，在对该企业的资产负债表进行分析时，发现企业的应收账款项目中有一定的金额，就能证明这一情况有明显的问题，并且违背了常理。

（2）应收账款的质量分析

第一，账龄分析。应收账款是流动资产的一个重要组成部分，并且属于结算债权，需要及时对其进行收回，周期为一年。而在具体的报表处理和会计业务核算工作中，有不少企业把已经没有希望可以收回的账款进行长期的挂账处理，甚至出现很多违规操作的问题。整个应收账款项目当中除了有正常的资金以外，还应包括违规行为的隐蔽资金。针对以上问题，企业要恰当地分析该项目的账龄，以便能够系统、全面地对其展开质量研究，尤其是要重点关注已经超过一年的款项和项目。

第二，关联交易分析。如果企业在该项目上有着极大的规模，这样的企业往往属于集团性公司，往往会借助关联方交易的方式来虚增企业的利润以及资产。企业所采取的关联交易行为已经和市场行为有了明显的出入，没有建立在平等的市场地位上，因此这样的交易属于不公平交易，实际上是企业出于自身利益考虑而采取的行为，满足的是自身发展的需求。一些上市公司采用在关联公司内部进行关联销售，造成大量关联方应收账款挂账。针对这一问题，必须考查应收账款有无真实的交易背景，分析企业是否利用虚无的信用来创造销售收入，进而形成对应收账款质量的准确评判。

第三，流动性分析。该项目的流动性对其变现能力起决定性作用，因此在实际的流动性分析工作当中，要关注重点指标：应收账款周转天数、周转次数、赊销与现销比等，与此同时，要综合考虑企业所处行业以及当前行业的发展现况、企业目前的信誉水平、不同指标之间的对比等。

（3）坏账损失风险分析

我国正在全面推进市场经济体制的深入改革，当前企业是在市场经济环境之下进行实际的运营以及发展。在这一条件之下，企业所面临的风险因素明显增加，市场在资源配置等方面的作用也在进一步增强。如果企业在运营当中借助自身的信用赊销商品，极容易出现信用透支等问题，同时出现坏账损失的情况也是非常普遍的。顾名思义，坏账损失指的是长期拖欠货款甚至无法收回货款，为企业带来利润损失的问题，这也是企业必须面对的坏账损失风险。在对企业的坏账损失风险展开分析的过程中，需要着重考虑以下几个方面。

第一，分析坏账准备。在分析的过程中，要侧重于计提坏账准备的具体范围、方法比例等方面设置得是否恰当合理。如果依据企业会计制度的相关准则和标准进行对照分析，企业在进行计提坏账损失的过程中，要选择应用备抵法，但是在比例等方面可以由企业从自身实际出发自主确定。尽管如此，企业要在报表附注当中对这项工作中的坏账准备政策的选用进行明确说明。对此，在分析企业坏账准备的过程中，就可以重点关注附注当中的补充说明信息。如果企业设置的计提坏账准备比例小于5%，企业存在着潜在的亏损，却没有在附注中说明具体的原因，那么极有可能是人为提高企业的当期费用，企图对企业利润进行调节。如果企业设置的计提坏账准备比例高于10%，很有可能是企业想要借助费用来对利润进行调节。因此，关注这一环节，对于分析企业的实际运营情况和财务状况有着重要意义。

第二，分析债务构成。对债务结构展开分析是对企业坏账损失风险展开研究以及掌握具体情况的一个重要途径，在分析和研究过程中要把握好下面几点内容。

如果从债务人所有权性质层面进行研究，中国企业的所有制不同，那么企业在债务偿还心态以及能力方面也会存在显著的差别，这是由企业性质决定的，在大量的企业实践当中进行总结和研究，也可以得到这一结论。

如果从债权企业和债务人关联层面进行研究，可以按照这一标准将债务人划分成关联方和非关联方债务人两个类型。关联方之间对债务以及债权有着较为显著的操纵特征。因此，在涉及关联方债务人类型时，要着重关注其债务偿还的具体情况，谨防其中出现操纵情况，影响对企业情况进行判断。

如果从债权人稳定性以及稳定程度的分析层面进行研究，稳定程度较高的债务人有着较高的偿债水平，反之，偿债水平较低，而且较难把握。

如果从债权人区域结构层面进行研究，如果债权人所处的区域不同，那么债权人所处区域内部的经济环境以及发展水平等也会有着显著的不同，与此同时，债务清偿的心态以及能力也会出现明显的差别。如果债权人所处地域的整体经济发展程度高，经济发展环境优越，那么债权人的清偿债务心理以及态度就会十分积极，各项债务的收回程度较高。反之，债权人的还款能力较低，甚至会对企业的稳定以及未来发展带来危害。

除此以外，还要认真分析应收账款当中是否存在集中于少数大客户手中的问题，进而查看集中程度。在实际研究中可以对前几位债务人所占有的债务比例展开重点分析。如果发现企业的应收账款有着较高的集中程度，就不得不更深层次地考量企业债权回收水平，并且要认真分析企业是否存在过度依赖少数客户的风险，以免由企业运营风险而导致投资决策失利问题。

（4）应收账款的总额分析

应收账款总额受到多种因素的影响，要对该项目的总额展开分析，需要深入探究几个主要影响因素，进而全方位地对其进行把握。

第一，同行业竞争。企业运营和管理活动开展的根本目的在于实现经济效益的最大化，并且扩大自身在市场上所占的份额。为了达成这一目标，企业会借助赊销手段尽可能地吸引消费者，引导消费者形成特定产品的消费偏好，从而进一步稳固企业在市场当中的份额。购买者会希望在获得自己需要的产品以外，还能够最大限度地延缓付款时间。销售者为了宣传，进一步拓宽产品的销售范围和途径，愿意满足购买者的需求，提供一定的商业信用，以便使自己的产品以及服务在激烈的竞争中脱颖而出，让更多的消费者认可，进而频繁地应用赊销的方法，这一方法应用的后果就是应收账款总额迅速扩大，越积越多。

第二，企业的销售规模。企业应收账款的多少取决于企业的销售规模。销售规模越大，占用流动资产各阶段的资产会相应增加，应收账款也会随之增加，反之，会导致应收账款总额的减少。

第三，企业的信用政策。企业采用怎样的信用政策在很大程度上会对应收账款总额起到决定性作用，这也是分析企业应收账款项目时必须关注的一个问题，并且需要全面分析企业所应用信用政策当中具体在信用标准、期限、折扣等方面给出了怎样的规定。如果信用期限的时间很长，而且给出了较高的折扣率，那么应收账款总额会迅速提高，反之，会使总额大幅减少。

（5）应收账款周转情况分析

一般，了解了企业在该项目方面的周转情况后，就可以较为准确地掌握企业在一定会计期间内收回应收账款的能力以及速度。可以运用下面的公式进行周转率的计算：

$$应收账款周转率 = 销售收入 \div 平均应收账款$$

应收账款流动速度越快，证明企业短期偿债能力越强，也从侧面反映出企业在应收账款的管理方面有着较高的管理效率和质量，而且企业的整体管理较为合理。也可以通过周转天数来判断其周转的速度，如果周转天数少，证明回收账款速度快，反之，体现出企业日常资金周转存在较大的困境和障碍。

通过对以上指标进行应用能够对企业应收账款的周转情况进行有效的了解和掌握，这一过程中尤其要注重特殊情况以及特殊因素会给这些指标的实际应用带来波动。比如，季节性经营的企业对该指标的计算结果往往产生偏差。因为季节性经营的企业，其计算周期与众不同，所以计算期天数难以形成对现实状况的准确反映。如果企业在日常结算中大量运用现金结算，那么采用这一方式获得的销售收入会和实际情况存在显著差别。年末销售大增或年末销售大幅下降都对应收账款的平均额产生影响，出现偏差。

（6）应收账款的动态分析

企业的应收账款实际上是债权的范畴，是由于企业开展赊销业务最终形成的。从理论层面上分析，如果企业应收账款增加，会相应带动销售收入增加，但是前者增加幅度要小于后者，如果不能够达到这一要求的话，原本的赊销价值以及意义也难以凸显。对此，如果出现前者增加幅度大于后者的情况，必须立即展开相关原因的调查。在调查研究中需要逐个对客户展开对比研究，因为如果单纯从整体层面进行研究，无法找到解答问题的突破口，想要查找问题症结更是会耗费过多的时间。

6.预付账款

预付账款指的是企业预先支付给合作单位的货款，也属于债权的范畴，其根本依据在于企业之间签订的购货合同的相关条款。预付账款也是流动资产的重要组成部分，但是具有特殊性的特征，因为这一项目和其他流动资产项目相比在未来的会计期间不会为企业带来现金的流入，流入的是存货。

在会计方面，预付账款按实际支付的金额入账。企业在计算坏账准备时，在债权中不包括预付账款。一般，预付账款较多，受到以下因素的影响：第一，企业所处行业在实际的经营过程中有着怎样的特点和规律；第二，与企业付款方式的选择有着紧密的联系；第三，极有可能是企业以往在商业信誉方面存在一定的问题，或者存在信用透支的情况，那么供货单位就要求企业预先支付货款；第四，有可能是企业向供货单位提供贷款的一个信号，一旦出现这样的状况，企业所设置的预付账款项目有可能会是不良资产。如果企业选择的供货单位有着较为稳定以及良好的信誉和发展条件，预付账款就可以按照双方订立的合同条款在到期时转变为存货。对此，如果在正常状态下，企业预付账款的质量很高。

7. 其他应收款

其他应收款项目包括多个方面的内容，能够体现出企业期末应收的赔款、罚款、租金、垫付款项、备用金、预付账款转入等。企业的这一项目并不作为主要债权项目对待，而且其他应收款的数额往往不大。但是如果在对企业资产负债表进行分析和研究过程中发现其他应收款项目的金额很高，这就属于非正常状况，需要分析企业是否有不明原因占用的问题，需要查找原因，并且对其进行有效修正。尤其是对上市公司而言，对于其他应收款，要在报表附注中对其进行具体说明，包括该项目的主要内容、账龄、结构等。尤其是涉及金额较大以及账龄长的款项，要尤为关注具体的资金情况，及时发现公司运作当中可能存在的财务风险，避免企业把这一项目作为粉饰利润的工具，要保护好股东的权益。因此，在对应收账款项目的质量展开分析时，必须密切关注以上问题，避免出现无效益的资源占用问题，避免由小项目导致大危机的出现。

8. 存 货

存货包括产成品、在产品、生产当中耗用的材料等多个方面的内容，这些都是企业保持正常的生产和运营不可缺少的。不同的企业在存货结构方面也会有非常显著的差异。比如，商品流通性质企业的存货一般包括在途商品、库存商品、加工商品、出租商品、材料物资、易耗品等。

存货具有如下特点：一是占企业流动资产的比例较大，占用资金多，流动性较弱；二是对企业资金结构合理性的影响较大；三是存货的取得和发出采用不同的方法，不仅影响资产的计价，还对企业利润的计量有较大影响。企业持有适当的存货有利于组织均衡生产，即储备必要的原材料可保证生产原料供应，储备必要的产成品有利于销售，另外，合理的存货储备还可防止意外事项造成的停产损失。但是，如果企业持有存货资产过多，则会带来一些不利影响，如存货成本增加、存货占用资金增多、市场风险增大等。可见，存货存在着一个合理经济存量问题，因此要准确地分析存货的合理性，避免出现盲目增加或者减少存货的问题，影响到企业未来的发展。

要想掌握上市公司存货的实际情况，需要重点把握以下几个方面。

（1）存货计价方法。随着市场经济体制的深入发展和改革，企业要适应市场供求关系的变化以及市场运作的规律。在市场经济条件下，商品价格波动情况是十分显著的，选用怎样的存货计价方法，对存货价格也会有极大的影响。存货计价方法多种多样，采用的方法不同，那么所获得的结果也不同。一般情况下，上市公司可以选择的存货计价方法有先进先出法、加权平均法、个别计价法等。

（2）存货的结构和金额。存货结构当中有材料、商品、在产品、包装物、低易耗品等。在分析整个报表的过程中，要重点关注附注中所说明的有关上市公司存货结构以及对应金额的实际情况。随着企业发展和管理水平的提高，在全面推进企业现代化建设的进程中，企业尤其要关注存货管理工作，并且尽可能通过恰当合理的管理来有效减少存货规模，避免存货过多地占用资金以及仓储，有效解决由存货过多导致的不能有效适应市场经济环境变化的一系列风险问题。其中，商品以及产成品规模更是要最大限度地减少。但同时要从另一个角度进行思考，如果整个市场出现商品或者与商品对应的材料价格迅速增长的情况，若企业此时拥有了大量的存货，就可以为企业带来潜在的收益。

（3）存货跌价准备。在对企业的存货跌价准备展开研究的过程中，如果将其和短期投资跌价准备进行对照分析的话，能够明显看到前者缺少客观性的特征。其主要原因在于短期投资能够有效地确定市场价格，但是对上市公司存货期末价的确定更多地需要借助会计人员的职业判断，带有明显的主观性特征。为了有效解决这一问题，在分析报表资料时需要对同行业的多个企业在计提存货跌价准备方面的实际情况展开对照研究，从而更加真实和全面地认识企业情况。

（4）存货流动性。存货周转天数、周转次数和营业周期指标是分析存货流动性可以依照的标准。

9. 待摊费用

待摊费用实际上是费用资本化所形成的，对待摊费用进行实际核算，需要依照权责发生制来进行。虽然待摊费用属于流动资产的组成部分，但是不具备变现性的特征。在全面分析上市公司流动资产质量过程中必须要把待摊费用除去再实施全面核查。

三、长期投资及其分析

上面分析的是流动性资产，与之相对应的是非流动资产，在整个资产负债表中也有直观的体现及具体含义，是超过一年的营业周期之内耗用或者变现的资产种类，主要有长期投资、固定资产、无形资产、长期待摊费用、其他非流动资产等。下面重点对非流动性资产涉及的内容展开具体介绍。

长期投资指的是除交易性金融资产以外的投资的总称，具体包括四个方面的内容：一是企业所持有的时间超过一年的多个不同性质的股权投资；二是企业的长期债权；三是企业不准备随时变现或者不能变现的债券；四是其他的长期投资。从风险的角度分析，投资长期债券的风险会小于长期股票的投资风险，获得效益的来源是利息收入。长期以及短期投资都属于投资的范畴，但是这两种投资方式的性质有着明显的差异，因此企业在对不同的投资方式进行计算时，要秉持单独核算的原则，并且在报表中单列出来。

（一）长期投资项目的内容

上市公司资产负债表中长期投资包括以下内容。

（1）"可供出售金融资产"指的是在初始阶段对这部分资产进行确认时就将其认定为可以进行出售的非衍生性金融资产，除此以外还包括除去贷款、应收账款、到期投资、计入当期损益资产之后的金融资产。

（2）"持有至到期投资"指的是到期日、回收金额固定或者是能够确定，并且企业有能力和意图将其一直持有到期的非衍生金融资产的总和。一般情况下，会把债权性投资纳入该项目当中。

（3）"长期应收款"也是非衍生金融资产，包括整个市场中回收金额可以确定或者回收金额固定并且没有报价的资产。

（4）"长期股权投资"体现的是企业不准备在一年内变现的股权性质投资，具体包括对子公司投资、对合营企业投资、对联营企业投资、权益性投资四个类型。

（二）长期投资项目的分析

1. 上市公司长期股权投资在具体的核算环节需要注意的问题。

（1）取得时依据初始投资成本入账。

（2）按照不同情况分别借助成本法或权益法实施核算。在应用成本法时需要按照投资成本进行计价，应用权益法时在初始阶段按照投资成本计价，之后依据所有者权益份额的变化情况来调整投资账面价值。成本核算法适用于企业不会对被投资单位产生重大影响，而且不存在控制或者是共同控制的问题。权益核算法适用于企业会对被投资单位产生重大影响，而且二者存在控制或者共同控制的实际情况。

2. 长期投资对上市公司的作用及影响分析

上市公司的对外长期投资，尤其是对被投资单位具有控制、共同控制或重大影响的长期股权投资，对上市公司的作用和影响是复杂而又深远的，具体地讲，主要包括以下几方面。

（1）影响上市公司发展战略的选择以及具体实施。例如，上市公司可以通过长期对外投资的方式来兼并竞争对手，进一步扩大自身在市场上的份额以及市场占有率；上市公司可以通过长期对外投资的方式来控制或者是兼并上下游企业，从而有效地拓宽销售途径，获得良好的原材料供应来源，促进企业不断发展壮大。由此可见，长期投资可以为企业的战略性发展带来巨大的推动力。而且与自己筹办公司相比，利用长期投资实施战略发展有见效迅速的优点。

（2）长期投资推动上市公司多元化经营目标的达成。从财务管理的理论研究层面看，实现多元化经营是上市公司追求的一个重要的发展目标。因为这样的经营方式能够有效减少企业可能面临的在运营发展过程中出现的多种风险因素，进而提升盈利水平，使企业能够在获利方面呈现出较为稳定的发展状态。但必须注意的一个问题是，上市公司要想真正实现多元化经营，就要有较高的企业运营以及管理实力，能够在多元化经营的各项经济活动方面进行全方位合作，科学、恰当地把控。但是如果企业不具备以上条件，一意孤行地追求多元化经营的实现反而会产生相反的效果，甚至会为企业的运营发展带来极大风险，严重者会导致企业破产。此外，还需要注意的问题是，长期投资的回收期很长，在回收收益过程中也会存在一定的风险，要对其进行良好的把控，否则风险很可能会远远高于收益。

（3）上市公司采用的对外长期投资策略如果十分复杂，那么极有可能会出现盈余操纵等情况，对上市公司的发展产生稳定性方面的影响。如果上市公司通过长期投资的方式和被投单位形成了关联关系，那么二者在展开实际经济活动和交易的过程中极有可能出现背离公允的情况。例如，上市公司可以将商品以高于市价的价格销售给关联企业，这会直接造成上市公司当期的收益水平极高，但是从长远来看，对上市公司的发展是不利的。

（4）上市公司在整个长期投资项目中投入了大量的资金，这都是企业资产的一部分，尽管如此，这部分资产却是企业无法直接掌控的。特别是其中的股权投资，一旦通过股权投资的方式投给被投资企业，那么企业将会在很大程度上脱离了直接掌控资产的权利，这对于上市公司来说也有一些影响。

（5）上市公司采用长期投资的方式可以增加企业收益，但是收益的增加会导致投资收益与现金收入不一致的情况加剧，特别是股权投资方面，这在进行相关因素分析时要特别关注，以免出现错误的判断。

四、固定资产及其分析

固定资产指的是使用期限长且使用过程中维持实物形态不变的企业资产的总称,如使用期限超1年的建筑物、机器设备、运输工具等都属于固定资产的组成部分。除此以外,按照相关规定的要求不在上市公司生产运营物品范围内,但是单位价值超过两千元,而且使用期限超过两年的也可以被认定为固定资产。

按照固定资产定义,上市公司可以从自身实际需求出发,结合自身具体的运营和发展状况来制定与自身相适应的有关于固定资产分类、目录设计、折旧等多个方面的内容,以便能够在核算上市公司固定资产的过程中具备良好的依据。另外,没有纳入固定资产管理的一些物品可以归纳到低值易耗品中进行实际的核算。

(一)固定资产的内容

在上市公司的资产负债表中,针对固定资产的项目包括下面几项内容。

(1)"固定资产原价""累计折旧",这两个项目体现的是上市公司多项固定资产的原价和累计折旧的实际情况。上市公司中有些固定资产项目按照原价采购到企业中进行应用,经过一定的使用之后,在计算时就要进行折旧。在实际的会计核算中,如果按照实质重于形式的准则进行划分,对于上市公司融资租入的固定资产,同样可以将其原价和折旧列入项目中。

上市公司有权根据自身的实际情况确定有关固定资产分类、目录、使用年限、折旧方法等,同时需要将这部分内容编制成册。首先,经过上市公司股东大会或者董事会审核批准之后,要严格依照国家的相关法律法规将编制成册的固定资产内容报送到有关部门进行备案,还要将其在企业中备份,使利益相关者能够根据自身的需求对其进行细致的分析和查阅使用。上市公司如果对编制成册的固定资产完成了审核,并且已经对外报送,就不能出现随意变更的情况。如果有特殊情况,必须对其进行变更的话,需要按照以上程序来执行,也就是先经过批准之后进行备案,而且这样的变更必须在报表附注中体现出来,对其中的实际情况进行具体说明。

(2)"固定资产减值准备",这一项目体现的是上市公司计提固定资产减值准备的相关情况。

(3)"工程物资",这一项目指的是上市公司在推进工程的过程中还没有使用的工程物资的成本。

(4)"在建工程",体现出的是上市公司在期末正在建设而且尚未完工工程的支出,而且这部分支出是可回收金额。

(5)"固定资产清理",这一项目的资金指的是转入清理但还没有清理完成固定资产的账面价和清理过程中发生的清理费用、变价收入等金额总数的差额。影响企业没有对这部分固定资产进行清理的原因有毁损、报废、出售等。

(二)固定资产项目的分析

1.固定资产的折旧方法

上市公司在对自身持有的固定资产进行折旧时可以采用多种方法。如果忽略时间价值进行分析的话,上市公司采用的固定资产折旧方法有差异,而相应方法计提的折旧总额都应是相同的,只是在各期的分布不同。在折旧方法的选择上,如果采用了不同的方法,并不会对现金流带来直接的影响,影响的是会计利润时间。下面对上市公司固定资产的几个主要折旧方法进行具体分析。

(1) 年限平均法。其公式为：
$$年折旧额 =（固定资产原值－固定资产净残值）/ 预计折旧年限$$
需要特别指出的是，上面公式中的固定资产净残值实际上是上市公司在进行报废清理的过程中将能够收回的残余价值减去清理费用后所获得的金额。

(2) 工作量法。这一方法在实际运用中要把上市公司固定资产应计提折旧总额依据预计折旧年限内预计完成工作量进行平均计算。如果把工作量法和上面提到的年限平均法进行对照分析的话，前者的标准是固定资产使用强度，那么这一方法可以广泛地应用到固定资产价值大、使用强度不均匀的企业固定资产折旧计算当中。但是这两种方法都属于直线法的范畴，在所有的折旧方法中最为简单快捷。之所以会将其称作是直线法，是因为这两种方法在计算折旧费用时会按照分配标准对其进行平均的分配。

(3) 年数总和法。其公式为：
$$年折旧额 =（固定资产原值－固定资产净残值）\times 年折旧率$$
$$年折旧率 = 尚可折旧的年数 / 全部折旧年限的加成总数$$

(4) 双倍余额递减法。其公式为：
$$年折旧额 =（固定资产原值－固定资产净残值）\times 年折旧率$$
$$年折旧率 = 2 \times（1/ 预计的折旧年限）$$

在具体的折旧处理中选用这一方法不会考虑到固定资产残值，那么在方法的实际应用中需要在折旧年限到期前两年之内，依照固定资产净值减预计净残值之后所获得的余额平均摊销。后面提到的这两种折旧方法都属于加速折旧法的范畴，与前面提到的两种直线法对照计提折旧的分布有着明显的规律性特征，最终表现出逐年减少的状态。

2. 固定资产与营业外收入

上市公司如果在经营和发展过程中有大量闲置或者多余的固定资产，那么为了避免固定资产占用库存或资金，可以选择把这部分闲置或者多余的固定资产销售出去。在实际销售的过程中，如果出售收入高于固定资产账面净值，那么二者的差额就可以列入营业外收入中，但是如果收入小于账面净值，二者的差额需要列在营业外支出项目上。

当上市公司的固定资产由于长期使用或不能够满足生产技术进步要求等需要报废清理时，相应地要支付清理费用，也可能会有残值收入。要想计算清理的净损失，可以晚清理这部分固定资产的账面净值和清理费用，求和之后再除去残值收入来最终获得净损失的余额。二者的差额可以根据具体的计算结果列入营业外支出或收入项目当中。

如果上市公司的固定资产出现盘盈、盘亏等不同的损益情况，需要将其相应地列入营业外损益中。

上面提及的不同的会计处理原则和方法也明确说明了固定资产和存货之间存在的重要差异。另外，由固定资产导致的营业外损益情况要在上市公司的报表附注当中进行详细阐述和说明。

而且在实际的会计分析当中要考虑到这个问题：有一些上市公司在经营当中出现营业利润负数的情况，极有可能会通过固定资产转让的方式来获得营业外收入，并用这部分收入来抵消自身的亏损，但是这样只是粉饰利润，仍然无法改变企业亏损的事实。

3. 固定资产对上市公司未来的影响

在上市公司整个资产结构中，固定资产占有极大的比重，对企业的运营以及生产水平的高低起到决定性作用。特别是制造行业的上市公司，固定资产对整个公司的影响力可以说是举足轻重的，因此就固定资产这一项目展开深层次的研究是十分关键和必要的。如果在一个理想化的状态之下，固定资产的净值应该等于其能够为公司带来现金流入的折现值。但是这只是一个理想化的想象状态，实际上往往难以达成。这就需要报表需求者在对固定资产的信息进行分析和研究过程中，要着重关注报表附注和相关的其他信息数据。与此同时，要考虑到市场、行业、技术动态等多个方面的因素，通过综合多种信息资料对上市公司固定资产对现金流入的贡献水平展开预估和评测，并且能够对固定资产实施贡献能力的评估和排序，以便能够为自身的决策提供更加直观和明确的依据。如果将现金流入贡献水平的差异作为划分标准，固定资产分析需要从以下两个方面着手。

（1）具有超值贡献能力的固定资产。上市公司这部分有着较高贡献水平的固定资产能够为自身带来较大的现金流入折现值，而且会远远大于净值。出现这一情况有多方面的原因：第一，存在特定市场因素的影响，如特定区域土地使用权；第二，由上市公司自主构建有超强生产水平的生产装置，这一装置可以为企业的运营和发展带来较大的贡献；第三，可能存在会计处理因素造成整个账面上的数值为零，但是这部分固定资产对企业有一定价值。在对这类固定资产进行分析时，需要认真考量这部分资产属于上面的哪些类型，并分别对其进行准确、细致的分析和评估。

（2）贡献能力较低的固定资产。上市公司除了有上面提到的有超值贡献能力的固定资产以外，还有贡献水平低的固定资产类型，为上市公司带来的现金流入小于净值。出现这一情况也有多方面的原因：第一，技术进步速度较快，而且远远高于预期速度，导致这部分固定资产折旧计提不足；第二，固定资产的实际价值情况不佳，但是在特定时期或特定需求之下能够被有效利用。企业的相关会计制度中明确指出，上市公司要在期末或者年末对自身的全部固定资产展开检查和评估，如果发现其中一些固定资产项目的市场价格呈现出不断下跌的状态，或者由于损坏、闲置等多方面原因可能会使现金流入折现值远低于账面价值，就需要做好固定资产减值准备，并且按照单项资产计提。在这一规定颁布以及执行的过程中，会使上市公司能够更为真实地提出无法为企业带来较高贡献力的固定资产项目，帮助信息需求者更好地了解上市公司的固定资产发展情况。

4. 在建工程

在建工程指的是上市公司正在建设并且和固定资产有紧密关联的工程，在建工程的金额数值往往较大，也是企业重要的投资行为。按照相关规定的要求，企业要在报表附注中对有关在建工程的实际情况进行细致的阐述，使信息需求者能够详细了解在建工程名称、资金来源、进度等多个方面的实际情况。这样，信息需求者不仅进一步加深了对固定资产的了解，还能够掌握企业发展的实际动态，对上市公司整体的盈利水平以及发展前景展开有效地预估和推测，形成较为准确的评判。

5. 固定资产使用效率的提高

影响固定资产使用效率的因素是是否将全部的固定资产投入实际使用中，而且使用的价值和效用是否发挥到了最佳水平。只有不断提高固定资产使用效率，才能为上市公司带来更多的盈利和收益，并为其发展提供动力支持。在当前市场经济体制的全面推进和落实过程中，要使固定资产使用效率最大，还取决于固定资产提供的产品和劳务在市场上是否畅销。市场实现程度低，即使固定资产都投入使用并满负荷运行，也不会提高固定资产的使用效率，相反，可能带来更大的损失。这些与经营杠杆及其固定资产投资规模相联系。

（1）经营杠杆

经营杠杆是当上市公司在制定生产经营和公司发展战略决策时，有效利用经营成本当中的固定成本，并通过有效的应用方式为上市公司带来额外的收益，也就是经营杠杆利益。由此看来，经营杠杆是推动上市公司发展和收益提升的一个重要手段。但是与此同时，还要承受经营杠杆利用过程中的风险因素。针对这一情况，能够借助经营杠杆系数来对其进行有效的衡量。为了全方位地对经营杠杆进行理解，可以从以下三个方面入手。

① 经营杠杆效应

经营杠杆效应实际上是因为上市企业的经营成本中包含着固定成本，并由此引起息税前利润变动，而且变动幅度大于产销业务量的变化情况产生的一种效应。

对经营成本进行分析和研究，可以首先从构成方面着手，变动以及固定成本构成了经营成本的两个组成部分。变动成本的总额会伴随产销业务量的变化而变化，而且变化的幅度呈正比例关系，如直接材料以及人工都是变动成本。固定成本指的是在一定时期和产销业务范围中，不会伴随产销业务量产生变化的成本，如保险费、办公费等，这些费用都是固定成本的组成部分。如果对每年的固定成本支出情况进行分析和调查，能够发现每一年的支出水平大致相当，即使产销业务量存在一定的变化，但是这些固定成本也是固定的。

经营杠杆效应是以经营成本中存在固定成本为基础的，没有固定成本，就不可能有经营杠杆效应，变动成本不可能带来经营杠杆效应。经营杠杆效应以固定成本为基础，但如此还不够，要使经营杠杆发挥作用，即经营杠杆效应得以实现，还必须通过扩大营业额或业务量来实现。如果说没有固定成本就没有经营杠杆效应的话，那么，没有营业额或业务量的扩大，就不可能有经营杠杆效应的实现。

在一定的营业额或业务量范围内（一般是固定资产的最大生产经营能力范围，或称相关业务量范围），由于固定成本并不随产品或劳务的营业额或业务量的增加而增加，而随着营业额或业务量的增长，单位产品或劳务所负担的固定成本会有所减少。在这样的情况下，上市公司就会拥有一定的额外收益。值得强调的是，相关业务量范围不仅是指增加营业额或业务量不会增加总固定成本，而且增加的营业额或业务量是市场能实现的，或者说单位产品或服务的市场价格不变，即使变动，其下降的速度要保证低于收益上升速度。上面提及的条件是确保经营杠杆效应实现的基础，要在实际工作中进行良好的把控。

② 经营杠杆风险

经营杠杆风险实际上是上市公司在利用经济杠杆展开营运活动的过程中造成息税前利润变化的风险的总称。通过发挥经营杠杆作用，如果营业额或业务总量出现明显降低的情况，会造成息税前利润呈现快速下降的状态，整个利润变化幅度很大。从这一角度进行分析，经营杠杆实际上是双刃剑，当营业额或业务量增加时，这种作用会带来杠杆利益，反之会带来严重的杠杆风险。企业要想获得杠杆利益，做好风险应对以及防范工作就是必不可少的，也就是要做好利益和风险的有效权衡。

③ 经营杠杆系数

固定成本必然存在于上市公司的财务运营过程中，有了这样的前提条件，经营杠杆效应就必然存在。如果企业不同或者企业相同但产销业务量不同，那么这一效应大小也会存在明显的不同。因此，对经营杠杆展开恰当的计量是十分必要的，在计量工作中要借助经营杠杆系数，准确评估上市公司经营杠杆作用所发挥的程度以及为企业带来效益和风险的大小状况。

计算公式为：

$$DOL=(\Delta EBIT \div EBIT) \div (\Delta S \div S)$$

DOL 是经营杠杆系数，EBIT 是息税前利润，S 是营业额，$\Delta EBIT$ 是息税前利润变动额；ΔS 是销售或营业变动额。

（2）经营杠杆与固定资产投资规模之间的关联分析

① 总投资规模

如果企业处在良好的经济环境下，而且此时的经营前景良好，极有可能会有效地提高业务量和扩大业务范围，所销售产品的市场价格也会呈现出理想的状态。此时，企业应该逐步扩大固定资产的规模，而相应地会引起固定成本提高，经营杠杆系数提高，必然带来经营杠杆利益。

如果企业处在不良的经济环境以及条件下，而且此时的经营正处在衰退阶段，那么企业要想不断扩大业务范围和提高业务量，可能性极低，而且所销售产品的市场价格呈现出波动状态，甚至全面下跌。此时，企业要缩小固定资产规模，以便能够进一步降低固定成本以及经营杠杆系数，这样才能够更好地应对以及防范经营杠杆的相关风险因素，使企业不会受到较大的影响。

当企业经营多变，销售或营业业务量不稳定、单位市价不稳定时，企业应尽可能降低固定成本，不得随意扩大固定资产投资规模，确保经营杠杆维持在较低的状态。采用这样的方式可以使经营杠杆的风险因素相对减少，以免影响企业经济效益的获得和利润的稳定。

通过以上分析能够清楚地看到企业会充分考量自身的实际运营和发展情况，并借助自我调节机制来做好经营杠杆的调控，能够根据当前经济环境和企业经营所处的阶段恰当地进行投资规模的调整，有效减少固定资产投资的风险因素，为自身带来可持续发展的动力。

② 单项投资规模

经营杠杆表现为随销售或营业额的增加，在相关业务量范围内，单位成本下降会引起息税前利润更快地增长，从而产生经营杠杆效应。由于经营杠杆表现为单位固定成本下降的一个作用过程，所以，可以认为，只要在相关业务量范围内，增加业务量就可以降低单位固定成本，直到增加到相关业务量的最高点，单位固定成本最低，经营杠杆作用最佳。超过这一点，必须扩大固定资产投资规模。

五、固定资产使用年限及其分析

在全面评估企业的固定资产利用率的过程中，除了要对其产出效率进行全面评估以外，还要考虑使用年限的相关问题。与此同时，使用年限和折旧有着紧密的关联，因此在实际分析环节需要做到对二者的整合，以便更加全面、细致地对企业固定资产利用的实际现状展开考量以及核查，避免出现资产滥用的问题。从财务视角进行分析，这里面提及的固定资产使用年限要将侧重点放在经济使用年限这一层面进行考虑，而且其价值远远高于自然使用年限。二者实际上属于相对性的概念，固定资产的物理性质决定了它的自然使用年限，而固定资产应用当中的经济效率决定了它的经济使用年限。如果从投资者的角度对固定资产使用年限进行评估，更加注重的是效益问题，因此要将经济使用年限作为重点分析内容，通过实现企业经济效益的最大化使投资者的效益和权益获得更大的发展。

固定资产年均成本包括资产和劣势成本这两个组成部分，前者指的是用在固定资产投资方面的成本。如果忽略资金时间价值以及成本，每一年的固定资产折旧就等于资产成本，而且此时资产成本和其固定年限呈现反比例关系。对后者的分析要将其划分成两个部分：一是固定资产投入使用以及自然损耗都会使其原本的效率和精度大幅降低，并且带来一系列的消耗；二是维修固定资产所产生的维修费用。因此，劣势成本及其使用年限呈现同向变动的发展状态。

通过对资产成本和劣势成本与固定资产使用年限之间存在的关系进行分析，能够得到这样的结论：要想获得固定资产经济使用年限，可以分析年均成本最低点时间，二者实际上是相同的。

六、无形资产及其分析

无形资产指的是企业的非货币性资产为企业拥有或者控制，没有具体的实物形态，并且有可辨认的特征。这里提及的可辨认特征的认定需要满足下面当中的一条：可以从企业中分离出来，单独或者与相关的资产或负债等一起进行转移、租赁、交换等；源自于合同性或法定性的权利。

（一）无形资产的内容及会计处理

在整个资产负债表中专门设定无形资产的项目，并且在该项目上呈现有关无形资产的相关信息。这一项目体现出企业全部无形资产在期末能够收回的金额。但是需要注意在取得企业无形资产时，要依照实际成本进行计量。

在取得无形资产后，应该从当月开始确认取得的这些无形资产是不是需要进行摊销。具体的标准是，无形资产存在确定性的使用年限，需要采用分期摊销的方式来完成无形资产的摊销，但是使用寿命不能确定的无形资产不能够进行摊销处理。企业在选择摊销方法时，要能体现出效益的预期实现方式，如果不能满足这一要求，可以选用直线法完成摊销处理。

企业以支付土地出让金的方法或者购买的方法获得的土地使用权在还没有进行土地开发或建设相关项目之前，可以将其纳入无形资产项目中完成会计核算，并且严格依照企业会计制度的相关标准以及整个规定中的期限设置来完成摊销处理。

如果企业要销售持有的无形资产，价款和账面价值的差额要计入当期的营业外损益中明显地体现出来。

在对无形资产进行计量时要遵照的标准是账面价值和可回收金额孰低，如果后者小于前者，对于二者的差额需要计提无形资产的减值准备。

（二）无形资产分析

1. 无形资产的特点

在企业的整个资产系统中，无形资产是不可或缺的组成部分。无形资产的产生可能是企业资产产生，也可能是企业为了满足自身运营和发展获得的，同时企业所控制的无形资产能够为企业带来未来效益。这部分资产没有实体形态，因此可以作为一种特殊的资产类型，具体有以下特征。

（1）没有实体形态。

（2）在对其进行实际应用过程中可以让企业获得经济收益，但是具体收益多少不能够准确地确定。

（3）无形资产的有效年限超过一年，但是难以得到其准确的有效年限。

（4）在实际入账过程中无法准确估计其成本。

2. 商誉的特点

无形资产不具备实体形态，但是往往有专门标的，能够单独获得或者转让，可将其称为可辨认的无形资产。比如，企业的专利权就是其中的一个典型实例。与之相比，商誉也是企业的一种无形资产，但是有着不可辨认的特征，也没有专门标的，无法单独获得或者转让。上市公司在报表中也涉及商誉的内容，但只是合并过程中所确认的商誉。

从会计理论层面上对商誉的概念以及特征进行分析，商誉指的是企业由于多种原因共同作用或影响所形成的使企业有超强盈利水平而形成的无形资产的类型。其中的原因往往是多个方面的，如企业所处的区域位置十分优越，交通便利，生产条件好，企业有着较高的经营管理水平和效率，企业有着较高的信誉水平等。如果按照这样的理论进行确定，商誉实际上是一种超额获利能力。如果从会计实务的角度进行分析，只会确认外购商誉。

3. "无形资产"项目的计价特点

受到企业无形资产特征的限制，该项目在报表中披露的金额仅仅指的是上市公司外购的无形资产，而针对自创的无形资产，在实际的账目处理中确认有着较小数额的注册费等费用。上市公司在实际的产品开发等环节产生的材料费，开发人员工资、福利等方面的费用均直接计入当期损益。但同样的一项无形资产，当它是外购的时候，确认的账面价值可能要比自创的高许多倍。也就是说，无形资产项目的金额可能难以正确反映上市公司无形资产的真实价值。这就需要报表信息需求者在分析这一项目的过程中，要细致地研究这一报表中关于此项目的附注信息或有助于全方位地了解和掌握公司无形资产情况的实际说明。

七、递延资产、其他非流动资产、递延所得税资产分析

（一）递延资产的内容

递延资产不能进入企业的当期损益中，需要之后按照年度进行分期摊销，实际上属于预付费用，是企业多项预付费用的总和。在整个报表中长期待摊费用这一项目能够有效体现出递延资产。"长期待摊费用"体现的是企业没有完成摊销处理，并且期限超过一年的费用。

（二）其他非流动资产的内容

其他非流动资产体现在报表中的"其他非流动资产"项目，这一项目体现的是除了以上资产之外的其他长期资产。如果这部分资产价值有着较高的数额，要在报表附注中对具体的金额以及此项金额包含的主要内容进行详细说明。这部分资产无法由企业自由支配，具体包括以下几项内容。

（1）特准储备物资，指的是有专门的用途，但是不直接参与企业日常运营和生产，获得国家批准储备的特种物资。

（2）银行冻结存款和物资。这些冻结的物资以及存款虽然可以被称作是企业资产的一个组成部分，为企业所有，但是被司法机关冻结，无法由企业自由支配，只有完成物资或者存款解冻之后，才能够真正为企业所自由支配。

其他长期资产由于企业对其控制权发生了变化，因此有必要将其与企业一般经济资源区分披露。

（三）递延所得税资产的内容

递延所得税资产实际上是利用纳税影响会计法来处理所得税的企业，由于时间性差异产生的税前会计利润和应纳税所得额间差异影响下所得税金额。这是企业资产的一个组成部分，往往体现在报表的"递延所得税资产"项目。该项目体现的是企业在期末阶段没有转销的递延税款的借方余额，而且这一项目能够清楚地体现出和税法相比，上市公司累计多确认了利润，或多确认了收入，或少确认了费用。

八、负债——流动负债及其分析

负债是由企业已发生经济业务为企业带来的现实经济义务，如果将流动性作为划分标准，负债可以分成流动以及非流动负债两个类型。流动负债是指：将在1年（含1年）或者超过1年的一个营业周期内偿还的债务，包括短期借款、应付票据、应付账款等。

（一）流动负债各项目的内容

上市公司资产负债表上，流动负债类项目主要包括以下几项内容。

（1）"短期借款"，这一项目实际上是企业向不同类型金融机构借入并且没有归还，期限在一年期以下的借款总和。

（2）"交易性金融负债"，这一项目体现的是企业的金融负债，并且符合下面其中的一项标准就可以被列入该项目中：第一，为近期回购或者出售的金融负债；第二，可以纳入衍生金融工具范围中的金融负债；第三，企业在全面推进短期获利模式过程中所管理的，属于金融工具投资组合中的一个组成部分的金融负债。

（3）"应付票据"，该项目体现的是企业出于抵付货款等需求开出承兑并且还没有到期付款的应付票据，银行承兑汇票和商业承兑汇票都是应付票据。

（4）"应付账款"，该项目体现的是企业出于满足自身生产运营需求，应该付给供应单位的款项。

（5）"预收账款"，该项目体现的是企业向购买单位预收的账款。

（6）"应付职工薪酬"，该项目体现的是企业应付但是未付的员工工资、福利等方面的费用。

（7）"应付股利"，该项目体现的是企业应该分配但是尚未完成支付的现金股利。需要注意的是，股票股利分配不在这一项目中。

（8）"应交税费"，该项目体现的是企业在期末阶段未交、多交或未抵扣的税金。

（9）"其他应付款"，该项目体现的是企业应付以及暂收其他单位以及个人的款项。从企业日常运营和发展的实际情况上分析，该项目金额数目不大。

（10）"一年内到期的长期借款"，该项目体现的是企业长期借款应付债权和长期应付款等科目中将在一年内到期的金额。

（二）流动负债项目的分析

流动负债是一年或超过一年营业周期内企业需要偿还的债务。这部分债务期限短，金额小，利率低。在债务到期之后，要按照双方订立的规定或是原则来偿清债务。企业在日常运营、生产或者资金流转过程中，若有临时或短期的资金需求，可以通过流动负债的方式达到目的。但是不适宜用这部分资金购置非流动性资产，主要原因是企业要购置流动资产所需要的资金在较长时间后才能一次或者分期收回，会使企业资金的日常流转发生困难，给可能的经营和发展带来不良影响。

为了客观、公正地反映企业所承担的债务，就必须对负债进行正确的确认和计量，从而为会计报表使用者提供有用的会计信息，以帮助他们预测企业未来的现金流量和评估企业的财务风险。负债往往需要企业在未来偿还，对此，如果从理论层面上看，企业的负债要依据未来偿付金额限制进行会计核算和处理。但是通过大量的会计实务研究能够发现，对于流动负债，往往依照未来到期日应付金额入账，在这一过程中忽视时间价值因素的影响。采用这样的方法可能在一定程度上高估负债，但是能够简化会计工作的处理流程，也遵照了会计准则当中的谨慎性原则。而且流动负债偿还期限往往很短，如果将现值和到期值进行对比能够发现二者没有非常显著的差别。因此，采用这样的会计处理方法也遵照了会计准则当中的重要性原则，不会对会计信息的安全性和可靠性产生影响。

1. 短期借款

短期借款指的是企业向金融机构借入借款，且借款期限在一年以下。

当企业在日常经营和生产中出现了当前持有资金不能有效流动和周转的情况，也就是在资金不足问题发生之后，企业可以向相关的金融机构借入短期借款，满足当前企业正常运营的资金需求，使短期的生产活动能够持续下去。一般而言，企业短期借款在整个流动负债中占有很大的比例，能够清楚地说明企业的信用良好，从侧面反映出企业的可信任度。短期借款的整体期限较短，当企业为了满足自身需求借入短期借款之后，要认真计算短期借款到期时企业的现金流量，确保在短期借款到期时拥有足够的资金偿本付息。因此，在分析短期借款这一企业重要的流动负债项目时，要侧重借款数量和流动资产项目的适应度分析，如果在这方面没有问题，要重点关注偿还时间，并且对企业未来现金流量进行预算，准确地评估企业能否在到期日完成本金以及利息的偿付。

2. 应付票据

应付票据指的是企业为了满足日常经营和发展需求购买商品、材料、劳务等开出的商业汇票，包括银行承兑汇票和商业承兑汇票。

该项目的付款时间有较强的约束力，因为企业如果无法在到期之时完成支付，除了会影响企业信誉之外，企业在日后要想有效地筹集资金也会有较大的难度，而且还会招致银行的处罚。按照规定，如果应付商业承兑汇票到期，企业的银行存款账户不足以支付票款，银行除退票外，还会比照签发空头支票的规定，按票面金额处以1%的罚金；如果银行承兑汇票到期，企业未能足额交存票款，银行将支付票款，并对企业执行扣款，同时按未扣金额每日加收0.5‰罚息。针对这一情况，在分析报表时，要认真、细致地对应收票据的项目展开分析，关注付款时间以及票据到期的相关问题，与此同时，要对企业未来现金流量进行预测，确保企业能够在期限到来时完成票据的支付。

3. 应付账款

应付账款是企业为了满足日常经营和发展需求购买商品、材料、劳务等应该支付给供应单位的款项。

对于整个企业而言，应付账款实际上是企业获得短期资金支持的重要来源，也是最为普遍和常见的流动负债类型，一般都在1-2个月之间，并且不需要支付相关的利息费用。也有很多供货单位设置了现金折扣，也就是如果企业能够按时或者提前打款，就能享有一定的优惠。不少企业把应付账款作为占人便宜的一种方式，认为在这一层面上有利可图，于是即使当前企业拥有可支付的现金，也不会选择按期支付的方式。如果从会计实务的层面上看，这些企业拖延支付的行为目光短浅，因为企业如果不能及时按照约定期限支付应付账款，不但不能享受现金折扣，而且会严重影响企业的信用，甚至导致企业信誉水平大幅降低，之后企业将无法再享受到这样的待遇，这对于企业的长远发展来说有较大的危害。

4. 预收账款

预收账款是企业依照与购买单位订立的合同向其预收的款项。

对企业自身发展而言，企业所获得的预收账款越多，对企业的发展越为有利。因为预收账款是企业短期资金的一个重要来源，在企业正式提供劳务或向购买单位发出产品之前，可以无偿地使用这部分资金。在完成以上操作之后，又可以将这部分资金变成企业的一项收入。如果企业有较多的预收账款，表明企业生产的产品有广阔的销路以及良好的销售状况，当前正处在供不应求的状态下。除了某些特殊的行业或企业外，在进行报表分析时，应对预收账款引起足够的重视，主要原因在于预收账款往往会依照收入比例预交，通过对这部分款项的变动情况展开分析，可以预估企业未来营业收入水平波动状况，加深对企业的了解。

5. 应付职工薪酬

应付职工薪酬是企业得到职工提供的服务而必须提供给职工的不同形式的报酬以及相关支出的款项，如工资、奖金、福利、社会保险、公积金等。在对报表中的这一项目进行分析时，要关注企业是否利用职工薪酬的成本资本化和费用化的选择进行盈余管理。要将重点放在企业是否存在根据当年经营业绩情况，利用提前或延后确认因解除与职工劳动关系给予补偿而产生的预计负债来进行盈余管理，以免企业借助这一项目来粉饰自身的运营情况，影响信息需求者客观、准确地了解企业该项目的实际情况。

6. 应交税费

应交税费是企业应该交纳的所有税种的总称，比如增值税、营业税、所得税、房产税、土地使用税、个人所得税等。

企业应交税费这一项目包含的税务种类繁多，在分析该项目时，要全面掌握企业欠税的具体情况，并且认真分析企业出现欠税问题的根源，判断企业当前发展情况，得到较为准确、全面的信息，为企业决策提供根据。

7. 预计负债

预计负债是企业要承担的现时义务的总称。要想对该项目进行更加全面、深入的了解，要从以下几方面展开分析。

（1）预计负债确认的充分性分析。能够被列入预计负债项目中，必须满足以下全部条件：第一，此项义务属于企业必须承担的现时义务；第二，企业履行此项义务极有可能会使利益从企业流出；第三，履行此项义务的金额具有计量性。该项目除了需要在资产负债表中的负债方面单独列出和体现外，还要在报表附注中对这部分信息进行具体说明。毋庸置疑，对企业的预计负债进行确认，会在一定程度上弱化其偿债能力，增大企业的财务风险，还会影响当期损益。对此，信息需求者要树立谨小慎微的工作态度，全面、细致地分析企业是否故意隐瞒了该项目的实际情况，并且注意预计负债证据是否充分。不容回避的是，预计负债如果管理到位，也有可能不发生。因此，在对预计负债进行分析时，报表使用者也要深入研究预计负债金额和形成根源。通过了解这些方面的信息，可以及时采取优化和完善管理的各项措施，做好相关的预防工作，防患于未然。

（2）分析预计负债计量合理性。虽然预计负债可能会使一定的利益从企业流出，但是这种可能性尚未到基本确定的程度，因此在计提这一项目的负债过程中确认的损失金额往往需要估计。计提预计负债的金额是否合理，将会直接影响相关各期的损益。和资产减值计提一样，一些企业利用"预计负债"进行利润的操纵。虽然在相关的企业会计处理准则中对该项目账面价值重复核算工作给出了非常严格的要求，但是在会计实务和实际的运用过程中有主观性的特点。对此，在分析这部分信息时要关注企业是否利用该项目扭转企业的年度损益，使信息需求者无法确切地掌握实际情况。在实际的会计处理工作中还需要注意一个问题，即预计负债的计量工作要坚持谨慎性原则，严禁忽视风险问题的发生，同时要分析可能会对实际计量产生影响的因素，避免出现高估或者低估的情况，而是恰当地寻求平衡点，结合企业的发展需求和实际情况最终达到平衡与协调。

8. 流动负债和流动资产

一般，流动负债是和流动资产相对应的。报表阅读者有必要认识到，流动负债相对于流动资产具有以下特点。

（1）流动负债各项目的性质及其对企业的影响相对较为接近，而流动资产项目的存在形式、对企业的作用则区别较大，即使同一项目，可能也是完全不同的。例如，存货项目包括即将变现的产成品，也包括刚从市场上购得的原材料，而这两者的区别是很大的。

（2）流动负债引起的现金流出时间，即到期日，一般是明确的，而流动资产的变现时间通常难以确定。

（3）流动负债能够非常明确地反映企业要承担的现时义务，但是流动资产变现金额具有不确定性的特征。

（三）流动负债项目质量分析

1. 流动负债周转分析

流动负债是由不同的项目构成的，这些项目在周转期间有着非常显著的差异性。一些流动负债的项目流动性特征十分显著，需要在极短的时间内完成偿付，也有部分项目虽然属于流动负债项目，但是流动性较低，不需要在短时间内完成清偿，可能在超过一年或一个营业周期以上的时间内进行清偿。有着较长周转期间的项目更多的是涉及企业和关联方之间的结算和交易活动产生的应付款。在评价上市公司是否有较大的流动风险，必须将侧重点放在负债周转期的差异方面，要做好不同项目周转期的有效划分。因为如果负债的流动性低，说明上市公司不用在较短的时间内偿清债务，那么相应地就会减少其债务清偿的负担，但是如果不对其进行有效区分，极有可能会出现错误估计上市公司偿债水平的问题，一旦出现错误的估计，依据其制定的决策在可靠性和科学性上就会大受影响。

在分析流动负债周转状况过程中，要把握好应付票据、应付账款规模波动和存货规模改变存在的关联。企业存货规模扩大，同时在应付票据和账款方面的规模也有明显的增大，如果发生这样的情况，则能够评估上市公司供应商债权风险的相关情况，要做好全面的把握，以免不能准确了解企业的实际债务风险。

2. 非强制性流动负债分析

强制性债务是影响上市公司偿债水平最为关键的因素，企业必须严格依照相关规定完成债务的清偿。除此以外，还存在非强制性的流动负债，这些负债项目可以不用在当期就进行债务的偿付，这也相应地减少了企业偿债的压力和负担，也使企业面临的债务风险减小。

3. 短期贷款规模可能包含的融资质量信息

企业之所以要进行短期的贷款，往往是由于企业在正常生产运营活动中存在流动资金不足的问题，为了弥补资金不足，需要通过短期贷款的方式来达到维持正常运营的目的。在具体的企业发展实践环节，在整个报表中列明的短期贷款规模很有可能会超出企业满足日常经营要求所需要的资金数额。其原因可能是：第一，期末短期贷款的规模中包括部分由承兑汇票带来的保证金；第二，企业在组织结构方面有一定的特殊性，有大量在不同地域的分公司，在日常运营中由分公司分别支配自身的各项资金，在期末的报表核算中要将其进行整合，而最终整合出来的短期贷款规模不具备代表性；第三，由于融资环境和融资行为的原因，如企业与银行特殊的"互助"关系，导致企业融入了过多的货币资金，若不能有效使用，必将产生不必要的财务费用。

4. 应付票据、应付账款数量变化包含的经营质量信息

上面已经对应付票据以及账款规模变动和存货规模变化之间的关联进行了分析，并且强调要特别注意它们之间的关联，而出现这一问题的原因是应付票据以及应付账款构成了存货的资金来源。

一般会把应付账款和应付票据的规模分析结果作为了解企业借助商业信用实现有效经营的重要依据。而实际上，这两种项目在财务成本上有着非常显著的差别。可以通过这两种项目数量变化的情况了解关于企业的经营质量问题，具体如下。

（1）伴随存货或营业成本增长，应付账款相应增长

如果从债务企业的视角进行分析，这种增长能够有效证明债务企业在和供应单位就结算进行谈判和沟通的过程中表现出了超强的能力。也就是说，企业有效借助自身的商业信用来切实满足自身有效运营和经济发展的需求，同时使企业不必运用商业汇票进行结算，又避免了财务费用的多余支出。如果从债权企业的视角进行分析，供货单位愿意接受这样的结算方法，实际上是对债务企业有极大的信心，肯定企业的偿债水平。

（2）伴随存货或营业成本增长，应付票据相应增长

应付票据的增长能够体现出债务企业的支付水平明显降低，使企业在与供货单位就结算进行实际谈判的过程中丧失优势，无法再对自身的商业信用进行有效利用，只能借助商业汇票进行实际结算。同时，这样的结算方式会增加债务企业财务费用，进一步加重企业在资金周转方面的负担。就债权企业而言，供货单位只选择应用商业汇票进行债务结算，除了因为这样的结算方式流动性较强，最主要的原因是缺乏对债务企业的信心，否定债务企业的偿债水平。所以，这对于企业来说是极其不利的，不仅在当前阶段使得企业的资金周转压力更大，就长远而言也会影响企业的信誉和竞争力。

5. 企业税金交纳情况与税务环境

企业是否按时、按量地交纳各项税金以及交纳的实际情况都能从侧面体现出企业当前所处的税务环境。例如，如果在报表负债项目中递延所得税、应交所得税等项目呈现出逐步提高趋势，就说明企业拥有推迟税金交纳的有利环境，良好的税务环境会让企业的发展境况越来越好。

九、负债——非流动负债及其分析

企业经营、发展的最终目标在于实现经济效益的最大化，而要不断提高效益，就要不断扩

大运营的规模。规模的扩大需要相应地增加固定资产,这一切活动的开展都必须有足够的资金作为强大的后盾和支持。在为企业扩大规模筹集资金的过程中,可以采用以下两种方式来获得长期资金支持:第一,投资者追加投资;第二,企业举债经营。这就涉及了非流动负债的内容,这部分负债项目偿还期限较长,而且每一个项目都需要单独列在报表中,具体包括以下项目。

（一）非流动负债各项目的内容

（1）"长期借款",体现的是企业向金融机构借入,而且偿还期限超过一年的借款本息。

（2）"应付债券",体现的是企业发行并且没有偿还的长期债券本息。当企业需要满足自身规模扩大或者经营发展需求而需要完成长期资金筹集时,企业往往会通过发行长期债券的方式获得资金支持。在发行债券时要严格依照法定程序,经过核准之后实施,避免给企业的稳定性带来威胁。

（3）"长期应付款",体现的是企业除了以上两个项目之外的其他长期应付款。

（4）"专项应付款",体现的是企业多种专项用款所应支付的款项,由国家拨入用于企业发展中的专门用途。

（5）"其他非流动负债",体现的是企业除了上面提及的非流动负债项目之外的其他项目。需要注意的是,如果这一项目中的金额较大,必须要在报表附注中对这部分项目金额及其具体内容进行说明。

（6）"递延所得税负债",体现的是企业在期末没有完成转销的递延所得税贷方数额。

（二）非流动负债的项目分析

非流动负债对企业的影响是要具体情况具体分析的。当预计的投资利润率高于长期债务的固定利率时,企业往往会选择举债经营。但过高的长期负债也有其不利的一面。首先,企业必须定期支付长期债务的利息,到期偿还本金,缺乏财务上的灵活性;其次,举债经营的财务风险较大,一旦企业无法偿还到期的债务,就有可能被迫破产清算;最后,举债经营也会降低企业未来的借债能力。

1. 非流动负债费用的处理

非流动负债费用的确认还有一个资本化的问题。非流动负债的费用也称借款费用,是指企业为借入资金产生的相关费用。在对这部分费用进行会计核算以及处理时可以选用这样的方法:一是直接把这部分费用计算到当期的费用中,也就是实现费用化。一般情况下,将非流动负债费用作为当期费用。二是实现资本化,这里的资本化处理实际上是把这部分费用计算到固定资产成本中完成核算。而在实际的会计处理和核算中,选择的方法不同对企业财务以及损益等带来的影响也会有很大的差异。费用化会将其确认为财务费用而资本化,将利息费用分摊到相关的固定资产使用年限之中。对当期财务报表的影响是高估资产以及利润。在公司年报的编制过程中,必须严格依照国家的相关规定和企业的会计准则与政策说明资本化处理的实际情况。

2. 非流动负债的利息率

一个企业的非流动负债所产生的利息金额通常较大。按规定,上市公司应在报表附注中披露非流动负债项目的利率、期限等。利息体现出的是企业在借款中花费的成本,在报表的附注上要对利息率的相关情况进行具体的说明和信息的披露,可以说这项数据是评估企业的经营、发展状况的重要依据。第一,要对企业的借款利率和净资产收益率进行有效对比,前者比后者小得越多,证明企业的经营、发展状况越好,而且企业能够在借款中获得良好的收益。第二,了解当前企业所处金融市场的发展现状，同时对想要获得信息企业的相关或类似企业借款利率水平进行收集和了解，根据上面分析获得的依据有效地评估该公司借款利率水平。如果通过调查研究发现借款利率很低，这就能够证明该公司的经营实力十分雄厚，而且债权人愿意以较低的利率贷款给它。不同利率的负债对利润的影响是完全不同的，因此公司在降低负债率方面应当重点减少高息负债。这对利润增长或扭亏为盈具有重大意义。

3. 应付债券

企业在经营发展中需要通过扩大规模获得更多的效益，这就需要企业能够有效地筹集长期资金，在这一过程中可以借助债券的方式来获得长期资金。企业必须严格依据法定程序完成债券的发行，并且约定偿还本息的日期。当前，在上市公司的运营、发展中，用债券的方式来筹集长期资金是最主要的渠道。而要了解债券根据不同的分类标准，债券可以分为以下几类：第一，将企业在发行债券时是否存在担保作为依据，可以将其划分为有担保债券和无担保债券，其中无担保债券有较大的风险，因此该债券利率较高；第二，以到期日为分类标准，将其划分为定期偿还债券和分期偿还债券两类；第三，按照登记方式标准，能够将其划分为记名债券和无记名债券；第四，以特殊偿还方法为分类标准，可以将其划分为可赎回债券以及可转换债券。

债券发行价格会受到当时市场利率的直接影响，如果市场利率低于债券票面利率，那么债券可以依照高于面值的价格发行，这被称为债券的溢价，能够有效地补偿企业偿还债券需要多支付的利息。反之，债券可以依照低于面值的价格发行，这被称作债券折价。

4. 非流动负债的现值问题

由于偿还期限较长，因此对非流动负债的计量应当考虑货币的时间价值，也就是说应该按非流动负债未来偿付金额的贴现值入账。在会计实务中往往会忽视时间价值，目的是使会计处理更加简便。在负债发生时，直接按其未来应付金额入账。因此，在资产负债表中披露的非流动负债金额大于实际价值。如果上市公司拥有数额很大而且到期日较长的非流动负债，上面提及的偏差可能是较大的。

十、负债——或有负债及其分析

以上涉及的各种负债都是确实存在的一种企业义务，又称确定性负债。还有一种在资产负债表中并不明确的债务责任，被称作或有负债。企业的或有负债是历史的经济交易活动或事项所构成的潜在义务，需要在未来不确定事项发生或者不发生的条件下对其进行实际意义的证实，而且企业履行这项义务造成的利益流出金额不能进行确定计量。与这一概念紧密相关的或有事项，主要指的是企业历史交易或事项构成的状况，其结果证实需要借助未来不确定事项发生或者不发生来最终判定。

（一）或有事项确认标准

（1）该义务是企业承担的现时义务。

（2）该义务履行有可能会让利益从企业流出。

（3）该义务的金额能够可靠地计量。

如果负债满足这些确认标准，要在报表中对其进行单列和直观体现。在企业财务报表的附注中，必须明确说明或有负债出现的根本原因；可能会带来的财务影响，如果财务影响不能预估，需要阐明出现这一情况的原因；补偿可能性。

（二）或有负债的主要种类

（1）已贴现商业承兑汇票形成的或有负债。票据贴现指的是借助转让票据手段从银行等金融机构获取借款的一种方式。如果在票据到期日出票人或付款人无法如数付款，企业作为票据的背书人负有连带责任。这种连带责任是典型的或有负债。

（2）未决诉讼、仲裁形成的或有负债。仲裁以及诉讼都是由企业历史交易事项引起的，在当期难以获得最终结果。这种或有负债，决定其未来的不确定事项就是法院的裁决。

（3）提供债务担保形成的或有负债。在分析这一种类的或有负债时，要了解被担保企业的财务状况和担保合同的具体条款，如是否有联合担保，是否有反担保等。

（三）或有负债披露的特点

（1）要想更加详细、充分地了解上市公司关于或有负债的实际情况，最根本的依据是报表附注中的相关文字描述。这些文字补充说明了此项负债形成原因、性质、影响等多个方面的内容，对于了解上市公司的财务情况有重要意义。

（2）在报表中详细说明或有负债的相关信息，能够体现出财务信息披露中的充分披露思想以及会计准则中的审慎性原则。

十一、股东权益及其分析

上市公司的资产体现的是公司控制或者拥有的经济资源，而与这一概念相对的是要求权。在上市公司的利益相关者中有特定外部人员享有要求权，并且可以分享公司利益，按性质划分，可以分为所有者权益和负债两个类型。所有者权益是资产减去负债的剩余权益。如果从上市公司的层面考虑，分析所有者权益实际上就是分析股东权益，是股东对企业净资产的要求权。

（一）股东权益各项目的内容

（1）"股本"，体现的是投资者实际投入股本。广大投资者用现金的方式向企业投入资本，在实收资本的入账处理中，需要以实际收到金额或存入开户行金额为依据。这部分金额超出注册资本份额的部分可以体现到资本公积中。如果投资者在实际投资过程中投入的是非现金的资产，就需要各方对这些非现金资产进行价值的认定，并将认定的结果作为实收资本。上市公司股本是发行股票所获得的资本，而且需要按股票面值作为股本，如果超出面值发行，那么从中获得超出部分的收入被称作股本溢价，需要将这部分溢价计入报表的资本公积中。

（2）"资本公积"，该项目计算的内容是企业获得投资者出资超出企业自身注册资本或者股本的数额，即直接归入所有者权益中的损失以及利得。资本公积的形成有以下两个渠道：第一，股东投入；第二，非经营性资产事项。此项目中包含股本溢价、股权投资准备、拨款转入、外币资本折算差额等。

（3）"盈余公积"，体现的是企业盈余公积期末余额。上市公司的盈余公积包括：法定盈余公积、任意盈余公积、法定公益金三部分。

（4）"未分配利润"，体现的是企业还没有分配的利润。

可供分配的利润包括企业当期实现的净利润加上年初未分配的利润（或减去年末弥补亏损和其他转入后的余额）。企业在对可供分配利润进行实际分配时可以依照这样的顺序：首先，分配优先股股利；其次，提取法定盈余公积；再次，提取任意盈余公积；最后，分配普通股股利。之后，剩余部分就是未分配的利润。

（二）股东权益分析

1. 股本

企业股本有稳定性特征，一般情况下不会对其进行变动，除非满足以下条件。

（1）企业符合增资扩股标准，而且企业的这一申请获得了相关部门的审核批准，允许企业进行增资。在这样的情况下获得的投资者资本投入就需要纳入股本的范围，相应地会造成股本的变动。

（2）采用回购本企业股票方式减资，之所以会产生这样的股本变动情况，可能是因以下事项导致的：首发上市；增发新股；国有股减持；股票股利分配（送股）；公积金转增；配股及一些资本重组。

2. 公积金的转增股本

上市公司中资本公积准备项目不能够进行转增股本的处理，而除此以外的其他项目在满足国家相关法律法规要求的情况下能够转增股本。对于转增股本对上市公司的影响应有以下认识：首先，在股东权益不变的情况下，股数上升，因此股价将相应下降；其次，转增股本对上市公司的资产负债情况并无任何直接影响。这同股票股利的分派送股十分类似。

第三节 利润表及其分析

利润表也可以被称作损益表，能够集中体现上市公司一定时期内的运营以及生产成果，将这些成果体现在报表当中就构成了利润表。利润表是整个财务报表系统的重要组成部分，有动态性特征，能够通过营业收入和费用的有效配比得出上市公司在一定时期内所获得的净利润（或净亏损）。利润表的中心是"收入－费用＝利润"，一般报表阅读者都能理解，按照收入与为取得该项收入所付出的代价（费用）之间配比的结果便是利润。这一公式从动态角度描述了公司在一定期间资产及对资产要求权实际变化情况以及获得的相应结果，也非常直观、清晰地体现出利润、收入以及费用间存在的关联，使上市公司在制作利润表时拥有了较为完善的理论根据。这三个要素最终构成了整个利润报表当中具体的项目内容，可以说是对上述公式的一个拓展。除此以外，在整个利润报表中关于利润分配的实际状况也可以体现，如果有需要，还可以另外编制利润分配的报表，那么在利润表中就可以不对这些内容进行体现。

在对上市公司进行财务分析时，将利润表作为一项重要内容的意义在于，第一，利润报表能够体现出上市公司在收入、成本等方面的实际情况，借助这些信息就可以了解上市公司在实际经营和产品生产过程中具体的收益以及所耗费成本的相关状况，进而了解到公司的经营成果。将获得的经营成果信息和上市公司的风险以及投资价值评估进行整合，可以让广大投资者对自身的投资收益状况有更加清晰的认知，并且能够有效地预知一些财务风险，避免损害自身利益。第二，能够通过上市公司的利润表结构有效评估上市公司经营业务、收支等方面的结构分布是否科学合理，能否有效支持上市公司的综合发展。第三，上市公司所编制的利润报表中包含不同会计时期的相关数据以及资料，投资者可以了解到将资金投入企业之后，这部分资金运作获得的收益以及安全性。在了解这些信息之后，在分析上市公司利润发展前景和未来趋势等方面的实际情况时，也会进一步了解上市公司获利水平。利润报表具有综合性，因为可以综合体现出上市公司业绩和经营成果。在进行公司利润分配时，必须将利润报表作为主要依据。因此，利润报表成为整个财务报表系统以及上市公司财务分析工作中的主要报表类型。

一、利润表及利润分配表的基本结构与格式

利润是企业在一定会计期间所获得的经营成果的总和。收入和费用之间的差额，（净额）以及当期利润的利得与损失都是利润的组成部分。

利润表是通过一定的表格反映公司经营成果的，一般可分为三个部分：表首、表体和补充资料。

表首提供表名、编制主体、编制日期和货币单位等资料。表名为利润表；编制主体为编制该表的具体单位；编制日期为该表反映公司确定的会计期间，如"某年某月份"或"某个会计年度"；货币单位为该表填列项目金额的记账单位。

表体是利润表的主体，列示其具体项目，具体揭示公司财务成果的形成过程。我国利润表栏目一般设有"本期金额"和"上期金额"。

不同的国家和地区对报表信息的需求也是不同的，相应地整个利润报表在表体部分的格式也会有着明显的不同，往往会根据实际需要进行格式的调整。当前，多步式和单步式利润表是应用非常普遍的两个利润表的格式类型。我国大部分企业会选用多步式利润表（表4-3）。这一类型的利润表对利润表内容展开多个项目的实际划分，会出现中间性信息。从营业收入到本期净利润，中间一般要经过营业利润、利润总额和净利润等几个部分，分步计算公司实现的利润，以详细揭示公司利润的形成过程。多步式利润表通常采用上下列示的报告式结构，由于在报表中进行了收入与费用项目的分类与配比，所以能够揭示净利润各构成要素之间的内在联系，便于财务报表使用者进行公司盈利能力的有效对比。

表4-3 利润表

编制单位：　　　年　　月　　　　　　　　　　　　　　　　　　　　　　单位：元

项　目	本期金额	上期金额
一、营业收入		
减：营业成本		
税金及附加		
销售费用		
管理费用		
财务费用		
资产减值损失		
加：公允价值变动收益（损失以"-"号填列）		
投资收益（损失以"-"号填列）		
其中：联营合营企业投资收益		

续表

项 目	本期金额	上期金额
二、营业利润（亏损以"-"号填列）		
加：营业外收入		
减：营业外支出		
其中：非流动资产处置损失		
三、利润总额（亏损以"-"号填列）		
减：所得税费用		
四、净利润（净亏损以"-"号填列）		
五、每股收益		
（一）基本每股收益		
（二）稀释每股收益		

（1）构成营业利润的要素。用企业的经营业务收入减去为取得营业收入产生的费用后可以得到营业利润。

（2）构成利润总额的要素。利润总额是用营业利润加减投资收益或者损失、补贴收入和营业外收支等得到。

（3）构成净利润的要素。净利润由利润总额减去本期计入损益所得税费用得到。

在利润报表中存在补充性资料，这部分资料实际上是对主体部分信息的有效补充，可以将对报表使用者制定相关决策有重大影响的信息或项目在补充资料中详细列出，有助于全方位了解上市公司的利润状况。

二、利润表收入的确认和计量

依照《企业会计准则第 14 号——收入》（简称《收入准则》），收入形成于企业日常的经营和生产活动中，能够增加企业所有者权益，带来与所有者投入资本无关的利益流入，包括企业将生产出的商品销售出去获得的收入、企业让渡资产使用权带来的利益流入等。

从会计上说，正确的收入确定及其计量是正确确定企业利润的基础，而企业利润又是企业纳税申报的基础，能够为广大投资者以及债权者制定相关决策提供方向指导和重要根据，也能够有效地预测企业财务状况，全方位地考量企业的经营成效，让报表使用者可以最大限度地挖掘利润表的应用价值。在会计实务中，确认收入是收入在何时入账，在利润表中会表现出多大的数额。《收入准则》中十分清楚、明确地对如何确定以及计量收入进行了说明，并且给出了在实际计量和确认中要遵循的准则。

（一）销售商品收入的确认与计量

1. 收入确认

在确认企业收入时，必须坚持实现原则，要确定企业的收入是否可以归入销售商品收入中，必须同时满足下面几项条件。

（1）企业已经把商品所有权的主要风险和报酬转移到购货一方。这里的风险是商品受到多种因素影响出现的损失，报酬是商品本身具备的经济利益。例如，如果产品有较大的升值空间，并且出现了很大程度的升值，为企业带来的利益就属于商品报酬。在判定风险以及报酬已经从企业转出时，要确保商品出现损失之后不会对企业产生任何影响，而且这些损失部分不用企业承担。同时，由商品升值等因素获得的经济利益也不能由企业享有。在判定商品所有权中的主要报酬和风险是否转移到买方时，需要具体情况具体分析。多数情况之下，当所有权凭证或实物完成转移交付之后，就可以说已经完成了风险以及报酬的转移。但是也有一些特殊情况，企业已经把商品所有权中的风险以及报酬转移给了买方，但是此时还没有对实物进行交付，此时需要在转移时进行收入的确认，不用考虑是否已经完成了实物的交付。

（2）企业不再拥有商品的继续管理权，也没有权利对已经完成售卖的产品进行实际控制。当企业完成风险以及报酬转移之后，如果仍然存在继续管理权或对产品进行控制，那么企业的这一经济活动就不能被认定为销售，此时更不能确认销售收入。

（3）通过销售商品和交易产生的经济利益很有可能流入企业中。在这样的经济活动以及交易事项当中，企业会获得销售商品的价款，而这部分价款能否有效地收回将会直接关系到这部分收入能否进行确认。当企业完成产品出售，其实是与其他的确认条件相符合，但是价款收回可能性小时，由于不符合这一条件，仍然不能够被确认为收入。此同时，企业得到这一判断的根据必须要明确地提供和反映在报表附注当中。

（4）出售商品的收入与支出具有可计量性和可靠性。收入确认的前提条件是收入是否满足可以计量的特征。如果企业难以对可靠的收入进行计量，那么也就不能够对这部分收入进行确认。按照收入与费用配比的准则和这一销售交易活动相关的收入以及成本都需要在同一时期内完成确认工作。对此，如果成本无法有效计量的话，收入确认工作也难以进行。

可以确认销售产品收入必须要同时符合上面提及的全部条件，即使只有一条不符合，或者即便企业已经得到了货款，仍然不能够将其确认为收入。

2. 收入计量

企业销售自身所生产产品获得的收入必须要依照从购货方收到或者是应收的合同或者是价款协议等所确定的收入金额进行计量。

企业在开展产品销售的过程中，销售折让、退回、折扣等情况都有可能出现，而针对这些问题，必须要恰当地对销售收入进行调整和处理。现金折扣实际上是债权人为刺激债务人按期付款所提供的一种债务减让和优惠方式，采用这样的方式能够使债权人的资金回笼速度加快。销售折让实际上指的是企业提供给购货一方的产品存在部分不符合规格或者是双方订立合同要求的情况，对于这些产品不选择退回企业，而是要求企业能够减让售价。销售退回指的是企业提供给购货一方的产品存在部分不符合规格或者是双方订立合同要求的情况，对于这些产品，供货一方要求退回给企业。

需要注意的是，当企业在对产品销售获得的收入进行确认时，要忽略预计出现的折扣、折让等情况。如果实际出现现金折扣后需要将其当作当期费用；如果实际出现销售折让情况，采用冲减当期收入的方式进行处理。当企业已经将出售商品的收入进行确认完成后，如果出现销售退回的情况则需要采用冲减退回当期收入的办法进行处理。除此以外，如果在销售过程中关系到商业折扣的相关问题，在实际的计量当中需要首先扣除商业折扣，将扣除之后的金额确定为销售收入。这里面提及的商业折扣实际上是对商品标价的折扣。

3. 特殊销售业务的处理

（1）代销。代销通常有两种方式：

① 视同买断。这样的代销方式指的是委托方和受委托一方签订协议，委托方依照协议价收取代销货款，而受委托一方可以自行确定商品的售价，确定的商品售价和双方协定的协议价差额归入到受委托一方。从本质上看，这样的销售方式属于代销的一种，因为双方在交付商品时商品所有权上的主要报酬以及风险没有完成转移。针对这一情况，受委托一方完成商品交付时不对收入进行确认。受托方在完成产品出售之后，把实际售价确定为收入，并且开具代销清单。当委托乙方收到受委托方的代销清单之后，才能够真正完成收入的确认。

② 收取手续费。这样的代销方式是由受委托一方根据代销商品数量向委托乙方要求收取手续费，就是实质上的劳务收入。收取手续费的方式和上面提到的视同买断方法进行对照的话，受委托一方不能够自行确定售价，而是需要根据双方协议当中确定的价格来进行销售。委托一方需要在对方完成商品出售之后，并且提供代销清单之后完成收入的确认；受委托一方要将收取手续费作为收入进行确认。

（2）分期收款销售。这样的销售方式指的是产品已经交到购买者手中，而商品的货款由购买者分期支付。采用分期收款销售方式出售的商品一般情况下价值大，收款期限长，同时收款风险也相对较大。企业在确认收入的过程中也应该采用分期收款和确认收入的方法，同时需要计算本期结转销售成本。

（3）售后回购。一般而言，售后回购不能够作为收入进行确认。同时也存在这样一种情况，卖方具备回购选择权，回购价格是按照回购当时市场价确定，回购可能性极低，在这样的条件下，在商品出售之时可以确认收入。

（4）房地产销售。这样的销售方式实际上指的是经营商自行开发房地产，同时在市场上展开销售，这样的销售方式和一般意义的商品销售大致相同。在确认收入的过程中，同样依照销售商品确认收入的原则进行处理。

（5）以旧换新销售。这样的销售方式指的是销售一方除了销售产品以外，同时回收相同的旧商品，按照这样的销售方式在确认收入时需要依据商品销售方法进行确认，回收的旧商品作为购进商品。

（6）出口销售。企业开展出口业务，针对商品的出口销售。一般而言，成交方式有：FOB、DAF、CIF、C&F 这几种。选择的成交方法不同，在确认收入的时点上也会存在差异，需要具体问题具体分析。

（二）提供劳务收入的确认和计量

企业通过提供劳务的方式来获得收入，在收入的确认以及计量工作当中需要按照不同的情况进行分别处理：第一，属于同一会计年度的劳务需要在完成时就确认收入，确认的金额是合同协议的金额收入确认的方法，仍然可以将商品销售收入确认作为参照准则。第二，劳务提供的始末处在不同会计年度时，如果能够有效估计劳务交易结果的话，在确认劳务收入时可以按完工百分比方式进行确认。这里面提及的一个条件是劳务交易结果能够有效估计，必须要满足下面的全部条件才能够对其进行确认。

（1）劳务总收入和总成本可以可靠计量。

（2）与劳务交易相关的利益流入企业。

（3）劳务完成程度可以可靠确定。

要是满足上面提及的几个条件的话，则证明劳务交易结果能够有效估计和计量，但是如果不符合其中的任何一个条件，那么企业就需要在资产负债表中分别按照不同的情况来对其进行确认计量。

（1）企业已发生劳务成本预计可得补偿，确认收入时依照已发生劳务成本金额，同时按相同金额结转成本。

（2）企业已发生劳务成本预计不能得到全部补偿，确认收入时依照可以得到补偿的劳务成本金额，同时依照已发生劳务成本确认当期费用，确认金额如果小于已发生劳务成本，其差额是当期损失。

（3）企业已发生劳务成本预计全部不能得到补偿，不确认收入，依照易发生劳务成本确定当期费用。

特殊劳务收入如广告费、入场费、安装费、特许权费等收入，必须严格依照企业会计处理规定当中分别设定的标准，并按照特定的标准分门别类地做好收入确定的工作。

（三）让渡资产使用权收入的确认与计量

企业通过让渡资产使用权获得的收入包括使用现金形成的利息收入和使用无形资产等形成的使用费收入这两个方面。在收入的确认和计量工作当中，需要分别依照不同的处理原则和规定来进行合理确定和计量处理。

三、利润表费用类项目及其他项目的确认与计量

作为一个企业，为了取得收入，必然要发生相应的耗费。为了确定企业在一定期间取得的利润，既要确认收入，同时又要确认成本费用，二者缺一不可。下面是针对利润表中的费用类项目及其他项目的确认与计量进行深层次的研究。

（一）费用的内涵及其确认与计量

费用是企业经营生产活动产生的利益流出，这些经营活动包括企业销售产品或者是提供劳务。将整个过程中出现的耗费进行整合就构成了费用项目，而费用的增加会导致资产减少或者是负债增加。如果将用途作为分类依据和标准的话，可以将企业的费用项目划分成营业成本类和期间费用类。

（1）营业成本实质上是企业获得营业收入产生的费用，那么在对这部分成本进行确认和计量时需要和营业收入进行配比。营业成本能够表现出企业主要经营业务和其他业务共同构成的成本总数，与之对应的又会派生出主营业务和其他业务成本这两个方面。前者和企业主营业务收入相关，是已经确认归属期和对象的成本。如果企业类型不同，那么针对主营业务成本的表现也会呈现出明显的差异化；如果该企业属于制造业类型的话，那么此项成本是销货成本；如果该企业属于商品流通类的话，那么此项成本就是已销商品进价。

销售成本是工业企业已经出售商品所具备的生产成本，而此项成本和商品的种类以及数量有着密不可分的关联。在实际计算当中，销售成本必须要包括直接材料、工资、制造费等多个项目。已销商品进价实际上指的是商品流通企业的商品采购成本，企业要完成商品采购，必须要支付这部分的成本。

上市公司在进行成本核算的过程中，必须首先对自身的经营特征和运营管理的实际需求进行全面的分析和考量，坚持从自身实际出发，最终选择出和本公司发展和管理需要相适应的成本核算对象、项目、计算法等。而且必须要注意到上面提及的有关成本核算的内容在完成确定之后就不能够再对其进行随意更改。如果遇到特殊情况，必须要对其进行实际变更和修正的话，必须要获得相关部门或者是机构的审核批准之后才可以按照相关规定和标准来进行变更。与此同时，需要将变更的内容以及具体的情况进行详细的阐述及补充，确保这些信息的透明与可靠。

（2）期间费用可以说是上市公司当期产生费用当中十分关键的部分，而且这些费用不能够直接或者间接地归入到产品成本损益等项目当中。针对期间费用，要想确认这部分费用的发生以及归属期间是非常简便易行的。但是要想对期间费用的归属对象进行具体的区分和辨别的话，则有着极大的难度，在一般情况下是无法实现的，对此往往会把期间费用从损益当中剔除出去。期间费用包括以下三个方面的内容，并且需要在财务报表当中分别呈现出来。

销售产品、材料或者是提供劳务等，都属于企业日常经营活动的几个大类，而在这些经济活动当中不可避免地会存在费用，如保险费、包装费、运输费、装卸费、修理费等。部分费用因为是在销售过程中形成的，所以被称之为销售费用。

企业管理可以说是企业经营活动当中不可或缺的组成部分，关系到企业发展和经济生产的稳定以及经济效益的获得。当企业的相关管理部门在对经营活动、行政等多个方面进行有效管理时也会产生相应的费用。例如，差旅费、办公费、工资、教育经费、印花税、排污费、技术转让费等主要管理费用和其他的管理费，而这些费用由于是在管理活动的执行过程中产生的，因此被称为管理费用。

财务会计工作的处理以及企业需要为满足日常的经营活动进行资金筹集等活动，在这一过程中产生的费用被称作财务费用。例如，利息支出、手续费、汇兑损失等都属于财务费用的组成部分，在实际的核算过程中必须要实施明细核算。

如果企业的主要类型是商品流通，那么这一类型的企业在期间费用方面除了上面提及的几个期间费用类型，还有进货费用、合理损耗、入库整理费用等。

（3）税金及附加、资产减值损失、公允价值变动收益和投资收益。营业税金及附加存在于企业的经营活动当中，这一过程中形成的一系列税金以及附加包含在整个利润报表当中。报表当中明确设置了营业税金及附加这一科目。随着营改增制度的全面贯彻和落实，企业的税务管理工作发生了巨大的转变，同时也对利润表当中的这一科目进行了一定的调整，改为税金及附加，这体现出企业对于国家经济制度的贯彻落实，同时也是适应外部经济发展环境变化的一种有效措施。

资产减值损失指的是企业对自身拥有和控制的资产进行计提减值准备所形成的损失，这里面提及的资产减值是资产可回收金额低于账面价值的差值部分。企业在对该项目的减值损失进行实际核算的过程中，必须要设置相应的科目，并设置明细账核算不同资产减值准备的实际情况。

公允价值变动损益是企业公允价值变动所形成的，应该将其纳入到当期损益的利得或者损失。在对这一项目进行核算时，同样需要设置对应的科目，并且完成期末余额的结转。

（4）在进行费用项目的分析和研究过程中，在经营环节产生的费用，企业必须将其按照实际发生金额列入成本或者是费用的科目当中，进行会计核算和处理。针对本应该由企业在本期承担但是没有承担的费用，可以将其列入预提费用当中，并将其确认为当期的成本费用。对于已经支出，应该从本期开始，以后各期承担相应比例的费用，可以将其列入待摊费用当中，并进行成本费用的分期摊付。

作为一名自主经营和自负盈亏的企业，尤其是上市公司在自身的经营和发展当中，必须要分清本期以及下期成本费用的界限，避免出现任意摊销或者是预提费用等问题。工业类型的企业需要加强对自身产品的了解，并且要分清不同产品成本界限、产品和产成品成本界限等，不能够出现随意压低或者是提高成本的行为，以免会对企业经营成果的评估和判断带来失误或者是不良干扰。

（二）其他项目的确认和计量

1. 营业利润

营业利润是从企业的营业收入加上企业投资行为获得的收益和公允价值变动数额之后，除去成本、费用和减值损失等获得的金额。企业整体利润是将营业利润作为其主要来源渠道，而又可以将营业利润划分成主营业务和其他业务利润这两个组成部分。由于营业利润构成了企业利润的一个重大比例，那么在对企业利润水平进行分析和研究的过程中，加强对营业利润的分析和计量工作是十分必要的。

其中税金及附加应根据国家有关税制的规定计算，如消费税以应税产品的销售收入为课税对象，按一定的税率计算缴纳。

其他业务利润指的是企业除了经营主营业务以外，在经营其他业务时获得的利润，将这些利润减去相应的支出之后获得的余额就是此项目的金额。

营业利润的计算，应遵循收入和费用配比原则。一定的营业收入与一定的营业成本与费用之间存在着必然的因果关系。这种因果关系在配比过程中转换为营业收入与营业成本和期间费用之间的对比关系。营业收入与营业成本和期间费用相对比时，两者在时间、范围等方面应保持相同的口径，以保证营业利润的正确性。只有确保了利润的准确，才能够为信息使用者提供更为精确的信息报告和依据。

在确定了前述各项决定营业利润的因素以后，就可以确定实现的营业利润数额。根据我国股份制企业会计制度的规定，营业利润的计算，除了将营业收入与营业费用进行配比外，还应考虑流转环节的税金因素。销售税金本身不属于营业费用，但它却是与经营收入有某种内在联系的支出项目，应该从营业收入中予以扣除。因而营业利润的计算公式为：

主营业务利润 = 主营业务收入 — 主营业务成本 — 主营业务税金及附加

其他业务利润 = 其他业务收入 — 其他业务支出

期间费用 = 销售费用 + 管理费用 + 财务费用

营业利润 = 主营业务利润 + 其他业务利润 — 存货跌价损失 — 期间费用

2. 投资收益

投资收益指的是企业将自身的资金投入其他企业或者单位而获得的收益，除去投资损失和计提投资减值准备之后获得的净额。企业为了生产经营上的目的或盈利上的目的，可以把自身闲置多余的资金投给其他的单位或者企业。在实际投资的过程中，企业可以根据这部分资产的实际使用需求和企业的发展战略，来最终确定是选用长期还是短期的投资方式。在企业的整个经营工作环节，投资是企业不可或缺的组成部分，要想了解企业经营成果的具体水平，必须要直观明确地对投资收益或者是损失进行客观的考量，同时需要设置专门的科目来实施具体的会计核算和会计处理。

企业在对外投资的过程中如果选用了长期投资这样的方式，对方企业如果在年度经营时出现了亏损问题，此时如果选用成本法进行会计核算以及会计处理的话，应该用以后年度利润来抵补亏损，不能够抵减实收资本。如果选用权益法的话，被投资企业或者单位无论经营是盈是亏，都必须要对相应会计科目实施有效调整。当然，企业为了最大化的提高闲置资金的利用价值和经济效益不仅可以选用长期投资这一方式，还可以根据实际需求或者是政策的需要，恰当地选择短期投资的方式。里面提到的短期投资更多侧重的是证券投资的损益，做好短期投资的经营和结构的安排，能够让企业的资金使用率和使用质量大幅提升，对于企业的未来发展也有着重要的推动意义。

3. 营业外收入

营业外收入实际上是与企业经营活动没有直接关联项目产生的收入，也就是说企业获得的这部分收入没有消耗企业的资金，不与企业的经营活动产生直接的联系，企业无须付出相应的代价或者是其他的成本费用。从很大程度上看营业外收入属于纯收入，不用和相关费用完成配比，可以说营业外收入是企业经营管理活动当中一项有着特殊性的收入类型。那么，在对这一项目展开会计处理以及核算工作当中，必须要明确此项收入和营业收入之间的区别以及界限。为了有效把握二者的界限，下面对营业外收入包括的主要内容和项目进行分析，以便能够更加直观细致地了解二者的区别。

（1）固定资产盘盈。该项目指的是在对企业的固定资产进行盘点清查的过程中发现实存数量超过账面数量，二者的差额构成了盈余。在清查过程中出现这一情况后，企业必须要及时地对固定资产盘盈事件进行处理，在认定无误后要把盘盈的这部分固定资产的价值进行准确的确定，以便能够将其纳入到营业外收入当中来进行具体的会计处理。

（2）处理固定资产净收益。该项目指的是当企业在对自身的固定资产进行处理过程中，把处理获得的收入减去费用以及净值之后获得的余额纳入到营业外收入当中进行会计处理。

（3）非货币性交易收益。该项目指的是企业实施非货币交易活动，并且按照交易要求所获得的收益。按照相关的规则和标准要求，需要将其纳入到营业外收入当中。

（4）罚款净收入。该项目是不同形式罚款和滞纳金所构成的收入，除去经济损失之后的净收入，同时必须要列入营业外收入当中处理。

（5）教育费附加返还款。该项目指的是返还给企业的教育费附加。在实际的会计核算和处理当中，必须依据实际发生额作为计算的根本标准，而且企业所拥有的营业外收入能够直接提高利润水平。教育费附加返还款在企业的经营和发展当中有着重要的作用，可以为企业利润水平的提高创造有利的条件，而同时也应该引起企业的高度重视，企业应恰当地对营业外收入进行处理。

4. 营业外支出

营业外支出不属于经营费用的范畴，也和实际的经营活动不存在直接联系，但是在实际的会计处理当中，需要从利润总额当中扣除这部分支出。营业外支出是指不属于企业生产经营费用，与企业生产经营活动没有直接的关系，但应从企业实现的利润总额中扣除的支出。营业外支出主要包括：固定资产盘亏、处置固定资产净损失、处置无形资产净损失、债务重组损失、捐赠支出、计提的固定资产减值准备、计提的无形资产减值准备、计提的在建工程减值准备、罚款支出、非常损失等。

（1）固定资产盘亏。该项目指的是在对企业的固定资产进行盘点清查的过程中发现实存数量小于账面数量，二者的差额构成了盈亏。在清查过程中出现这一情况后，企业必须要及时地对固定资产盘亏事件进行处理，在认定无误后要把盘亏的这部分固定资产的价值进行准确的确定，并且深层次地调查出现这一问题的原因，以便能够及时地将这部分的损失纳入到营业外支出当中来进行具体的会计处理。

（2）处置固定资产净损失。该项目指的是当企业在对自身的固定资产进行处理过程中把处理获得的收入，不能抵补费用以及净值之后出现的损失纳入到营业外支出当中进行会计处理。

（3）债务重组损失。按照会计处理的原则和相关的规定，需要把债务重组过程当中的损失纳入到营业外支出当中处理。

（4）捐赠支出。该项目指的是企业向外部捐赠的资产价值，但有一定的公益性特征，是一种营业外的支出。虽然在一定程度上会为企业带来资产上的损失，但是从长远上看，会帮助企业树立良好的形象，提高企业的信誉水平，使得企业的发展前景更加的光明。

（5）计提的固定资产、无形资产、在建工程的减值准备。

（6）罚款支出。这部分的支出往往是由于企业在经营当中出现违反合同或者是相关法律法规之后必须要支付的罚款，会为企业带来营业外的支出和资金损失，同时也会影响到企业的信誉水平和企业形象，要求企业必须要避免出现这一问题。

（7）非常损失。该项目并不是企业主观上出现失误产生的损失，而是由客观因素引起，如自然灾害等。

在对企业的营业外收入和支出进行会计处理的过程中，必须要按照分别核算的原则，尤其是要在利润报表当中分别对这些项目进行明确列示，同时必须要依据实际处理的要求设置明细项，开展科学高效的明细会计核算工作，提高计算的准确度。

5.所得税

所得税是针对企业利润总额依照税法要求的比例核算以及完成缴纳的税款，全部企业都必须要依法履行自身的纳税义务。从利润总额当中除去所得税之后，获得的金额就属于企业经营的净利润。那么在计算利润总额和净利润时，可以依照下面的公式进行：

利润总额 = 营业利润 + 营业外收入 − 营业外支出

净利润 = 利润总额 − 所得税

四、所得税费用的核算

所得税是国家依照相关税务法规针对企业或者个人的经营或者是其他所得所征收的税。在所得税的缴纳当中，国家之所以能够参与到纳税人的纯利益分配当中，是因为国家有着相应的行政权力。所得税是我国税收收入的重要来源，确保所得税的按时收缴，能够提升国家税收收入水平的稳定性，同时也能够进一步强化宏观调控，充分发挥国家在市场经济发展条件下弥补市场调节不足方面的巨大作用。通过宏观调控以及市场调节的相互促进，才能够为企业以及个人的经营发展创造良好的条件，才能够提高国家的经济建设水平，达到国富民强的目的。

（一）*所得税费用概述*

我国关于所得税会计的处理往往会选用资产负债表债务法，其依据是企业按照日常的经营活动所编制的资产负债报表，要求对该报表当中的资产以及负债依据具体的会计准则和政策处理要求来确定账面价值以及依据税法原则确定计税基础。针对二者差异分别应纳税和可抵扣暂时性差异，准确地确定递延所得税负债以及资产，最终以此为基础确定企业所编制利润报表当中的各项所得税费用。

企业在处理税收工作以及财务会计的相关工作时依照的准则有着显著的差别，而且所达成的目标也是各不相同。在财务会计核算以及处理工作的实施当中，必须要严格依照会计准则进行处理，以便能够通过有效的会计核算和财务处理来全方位和立体化地对企业的财务运营情况进行直观的呈现，使得信息需求者能够准确地评估企业的经营业绩水平，并在一定程度上形成对企业发展前景的预测。税收的目的是满足课税的要求，在实际处理工作当中必须要遵照的是税收原则和税收法律法规。这两种工作所遵循原则的根本区别是收益以及费用确认时的时间，同时也涉及是否可以针对部分费用进行税前抵扣。在对所得税费用进行计算和处理工作中必须要恰当地把握二者之间的差别。

1. 计税基础

计税基础可以说是所得税会计处理工作当中的关键要素，只有准确把握了计税基础这一核心问题，才能够在处理资产以及负债时具备根本依据。在具体的会计处理环节，如果资产负债表当中的资产以及负债账面价值和计税基础之间有不同，那么必须严格遵循针对企业的会计准则要求，来明确递延所得税资产或者负债。

资产计税基础指的是企业的某一资产在未来时期计税处理时，根据税法要求能够在交税之前扣除的数额。在对企业的资产进行初始确认的阶段，计税基础是取得时的成本。但是资产会不断地投入到企业的运营和生产活动当中，为企业长期持续的持有和控制，此时计税基础会发生改变，变成取得成本除去历史上依照税法要求在税前扣除金额之后获得的余额。

负债计税基础指的是从负债账面价值当中除去未来期间依据税法要求能够抵扣的金额。当企业在对自身的负债进行实际确认或者是偿还负债的过程中，不会与企业损益产生关联，同时也不影响应纳税所得额。如果税法要求当中能够抵扣的数额是零的话，那么负债计税基础和账面价值相等。另外有一些特殊的状况，如预计负债，当企业在对自身的负债进行确认时，会与损益以及应纳税所得额产生一定的关联，那么此时账面价和计税基础就会出现差额。

2. 暂时性差异

暂时性差异的含义是，负债或者资产账面价值和与之相对应计税基础间获得的差额。具体又可以将企业划分成以下两个方面：第一，应纳税暂时性差异。第二，可抵扣暂时性差异。总而言之，如果资产的计税基础小于账面价值或负债计税基础大于账面价值，那么出现的是应纳税暂时性差异，反之构成的是抵扣暂时性差异。

还有一些特殊的项目存在暂时性差异，这些特殊性的项目没有按照资产或者是负债进行确认，但是如果依照税法规定，可以确认这些项目的计税基础，仍然不能够忽视这些项目的暂时性差异特征。

（二）所得税费用的核算

上面提及的是应纳税和可抵扣暂时性差异的确定，而之后必须要根据所得税会计的相关准则和要求来进一步确认递延所得税资产和负债的相关内容。

1. 递延所得税资产的确认和计量

企业资产或者是负债账面价值和对应计税基础有差别而构成的可抵扣暂时性差异的情况

下，在预估未来会计期间可以获得充足应纳税所得额来对差异进行抵扣时，那么可以依照可能获得能够抵扣这一差异的应纳税所得额为限，进行递延所得税资产的确认。

（1）确认递延所得税资产应以未来会计期间可能获得的应纳税所得额为限。

（2）依据我国税法当中的规定和要求，能够对企业以后年度没有弥补的亏损或者是税款进行抵减处理，并且将这样的工作按照可抵扣暂时性差异来实施具体的会计处理。此时应该把有可能获得应纳税所得额为限来对递延所得税资产进行实际的确认，并且对当期所得税减少确认。

（3）对于企业合并的实际情况，依照会计法律法规和相关准则的要求，确定的合并获得的符合可辨认条件的资产负债入账价值和与之相对应计税基础间构成可抵扣暂时性差异的情况，需要对递延所得税资产进行相应确认。与此同时，必须要根据相关规定和实际要求调整商誉的确认。

（4）和企业计入所有者权益经济活动有直接关联的可抵扣暂时性差异，递延所得税资产要计入所有者权益当中。

企业要想更加清楚明了地对递延所得税资产进行核算以及确认，还需要设置对应的科目并登记好借贷双方的具体数额，以便能够透过表格清楚地反映出企业递延所得税资产的实际情况。

2.递延所得税负债的确认和计量

处在转会期间的应纳税暂时性差异会导致企业在未来一段时间内应交所得税和应纳税所得额呈现出增加的状态，相应地会提高企业的税务负担，造成企业效益的流失。如果从当期来看的话，已经构成应支付税金义务，因此需要将其确认为递延所得税负债。

在对构成纳税暂时性差异的递延所得税负债进行确认处理时，企业经济活动会对利润以及应纳税所得额产生直接关联，而与之相对应的所得税影响可以说是报表当中所得税费用的关键组成；和计入企业所有者权益相关的所得税影响会造成所有者权益的增减变化；由于企业存在合并的问题，由此构成的所得税影响必须要调整好商誉和损益的确认额。

当企业在对构成应纳税暂时性差异的递延所得税负债进行实际确认时，必须严格依照下面的几条准则：第一，除了相关会计准则或者是法律规定当中明确提到的不能够被确认成递延所得税负债之外，对于全部应纳税暂时性差异，都要做好递延所得税负债的确认工作。第二，除了被直接纳入到所有者权益经济活动当中和存在企业合并的问题之外，以及除了对递延所得税负债进行确认以外，要相应增加报表当中所得税费用。

企业要想更加清楚明了地对递延所得税负债进行核算以及确认，还需要设置对应的科目并登记好借贷双方的具体数额，以便能够透过表格来清楚地反映出企业递延所得税负债的实际情况。

五、利润表各项目分析

（一）收入项目分析

收入项目是整个利润表项目系统当中的重要组成部分，其含义是企业在日常经营活动当中构成的利益总流入。这些经营活动包括企业将自身所生产的产品销售给购买方，为购买者提供一定的劳务服务或者是企业让渡资产使用权等。收入项目又包含着以下几个具体的组成部分。

1.主营业务收入分析

主营业务收入是企业经营主营业务所获得的收入的总称。一般而言，企业的主营业务包括产品的销售、劳务或者服务的提供等。如果站在理论层面上进行分析，企业通过展开一系列的获利经济活动，会促成收入水平的不断提升和积累。但是在实际的会计实务处理工作当中，必须要等到企业获利活动真正完成，同时发生交易活动之后才能够将其确认为收入，也就是在会计当中经常提及的收入实现准则。按照企业的会计制度和原则，要想将企业的利益确认为收入，并且将其纳入到账簿当中进行处理，必须要满足下面的条件。

（1）销售商品收入

把企业收益认定为销售商品收入需要符合下面列出的几个条件。

第一，企业已经完成风险和报酬的转移，而此时购货一方获得了商品所有权当中的主要报酬以及风险。

第二，企业不存在与产品所有权相关的继续管理权和控制权。

第三，企业把产品销售给购买者一方，能够让利益流入到企业当中。

第四，此项交易活动当中涉及的成本以及收入都符合可计量的特征和要求。

企业销售自身所生产产品获得的收入必须要依照从购货方收到或者是应收的合同、价款协议等所确定的收入金额进行计量。如果实际出现现金折扣后需要将其当作当期费用；如果实际出现销售折让情况，采用冲减当期收入的方式进行处理。当企业已经将出售商品的收入进行确认完成后，如果出现销售退回的情况需要采用冲减退回当期收入的办法进行处理。

（2）提供劳务收入

能够被确认成企业提供劳务收入要满足下面的条件：

① 劳务总收入和总成本可以可靠计量。

② 与劳务交易相关的利益流入企业。

③ 劳务完成程度可以可靠确定。

满足上面提及的几个条件的话，则证明劳务交易结果能够有效估计和计量，但是如果不符合其中的任何一个条件，那么企业就需要在资产负债表中分别按照不同的情况来对其进行确认计量。

① 企业已发生劳务成本预计可得补偿，确认收入时依照已发生劳务成本金额，同时按相同金额结转成本。

② 企业已发生劳务成本预计不能得到全部补偿，确认收入时依照可以得到补偿的劳务成本金额，同时依照已发生劳务成本确认当期费用，确认金额如果小于已发生劳务成本，其差额是当期损失。

③ 企业已发生劳务成本预计全部不能得到补偿，不确认收入，依照易发生劳务成本确定当期费用。

（3）让渡资产使用权收入

符合下面给定全部条件的收入才能够被认定为让渡资产使用权的收入，分别是：

① 能够为企业带来利益的流入。

② 资产使用获得的收入数额具有可计量性的特征。

在核算利息收入时，需要依照让渡现金使用权的时间以及利率展开核算。在核算使用费收入时，需要按照合同协议的要求，结合具体的收费方法和时间安排来最终确定。

2. 其他业务收入分析

其他业务收入包括的是其他销售或者是业务的收入，这项业务收入的实现可以参照主营业务收入实现的原则。

（1）全面分析和研究企业当前采用的经营手段以及发展战略侧重方向，是业绩还是利润，也就是企业所追求的发展目标是什么。对于一个企业而言，如果在经营和发展战略的制定当中把业绩、也就是收入作为追求的主要目标和工作的重点内容的话，往往能够迅速地提升自身的营业额，并且使得企业进入到飞速发展的阶段。从短期看，企业的收入规模有着极大的扩展趋势，企业的成长速度更是惊人。但是要在此时对企业实质意义上的财务发展情况进行分析和研究的话，能够明显发现当前企业毛利水平下跌趋势十分显著，销售企业生产产品的耗费水平有极大程度的提高。与此同时，负债以及相关的企业投资数额都明显提高，尤其是坏账的发生情况十分显著，坏账发生概率不断增加。由此可见，如果从短期利益出发，企业将自身的经营和发展战略确定为对利益的追求，那么能够在短期内看到非常显著的企业发展效果，但这仅仅是美丽的外表。如果长此以往，企业的整体利润水平会明显降低，相应的企业所要承担的财务压力和负担会持续升高。此时，如果企业继续任由发展，不加以有效地经营管理和干预的话，很容易出现周转失灵的问题，将企业发展带入到一个危机阶段。而如果企业把自身经营以及发展战略的侧重点放在利润方面，最终呈现出的局面，则和上面相反。注重利润目标追求的企业，往往不会选用削价竞争的方式来进行实际的运营，因此不会呈现出一个不良竞争的状态，却会使得企业的发展速度十分缓慢。但是，在缓慢发展速度的成长状态之下，企业不会产生大量的资金需求，也往往不会出现资金周转不足等问题。从整体上看，财务结构优良，财务管理水平较高，按照这样的发展态势，企业会拥有非常广阔的发展前景和向上的发展趋势，同时也会获得可持续发展的动力支撑，实现健康可持续发展。对此，企业在经营以及战略化发展的进程当中，必须将重点放在利润方面，将利润作为有效依据来高效地进行企业管理，而且这样的管理以及发展模式也是绝大部分企业认可和普遍应用的。

（2）研究企业主营业务收入在收入总额当中占有的比重。企业要想获得光明的前景和更大的发展空间，必须在主营业务收入方面处于一个较高的水平，同时在整个收入总额系统当中占有较高的比重，这样企业才可以有效确保自身长远发展的正确方向，不断提升企业的利润水平，推动企业获利水平和核心竞争力的提高。

（3）要加强对企业收入稳定性的判断。要想了解企业收入水平是否稳定，需要收集企业连续三年收入水平的发展趋势。如果有特殊要求，收集的资料可以进行时间的延长，以使得到的结果更加精准。如果企业的收入水平一直保持在非常稳定的状态，那么要想生产方面拥有强大的动力，也会十分便捷。

（二）费用项目分析

费用是企业经营活动开展当中的利益流出，这些经营活动包括企业销售产品或者是提供劳务，将整个过程中出现的耗费进行整合就构成了费用项目，而费用的增加会导致资产减少或者是负债增加，实际上费用和收入是相对的项目，如果站在经营成果的层面进行分类研究的话，可以把费用划分成以下三个类型。

1. 直接费用

直接费用和企业的主营业务收入有着因果关联，呈现正比例的增减关系，同时也可以将直接费用称之为主营业务成本。

2. 摊销费用

摊销费用与直接费用有着明显的不同，同时没有和主营业务收入产生显著的因果关联，但是这一项目有着未来经济利益，可以通过恰当选用摊销方法的方式来对费用进行分期摊销。

3. 期间费用

期间费用同样没有和主营业务收入有显著的因果关联，无法进行摊销，但是却是企业运营发展当中必定存在和发生的一项费用。

（1）营业费用

销售产品、材料或者是提供劳务等，都属于企业日常经营活动的几个大类，而在这些经济活动当中不可避免地会存在费用。例如，保险费、包装费、运输费、装卸费、修理费等经营费用，因为这些费用是在企业运营过程中形成的，所以被称为营业费用。

（2）管理费用

企业管理可以说是企业经营活动当中不可或缺的组成部分，关系到企业发展和经济生产的稳定，以及经济效益的获得。当企业的相关管理部门在对经营活动、行政等多个方面进行有效管理时也会产生相应的费用。例如，企业经费、差旅费、办公费、工资、教育经费、印花税、排污费、技术转让费等主要管理费用和其他的管理费。这些费用由于是在管理活动的执行过程中产生的，因此被称为管理费用。

（3）财务费用

财务会计工作的处理以及企业需要为满足日常的经营活动进行资金筹集等活动，在这一过程中产生的费用被称作财务费用。例如，利息支出、手续费、汇兑损失等，这些都属于财务费用的组成部分。在实际的核算过程中必须要实施明细核算，具体的核算工作当中也要做好非财务费用的区分，以免出现费用混淆的问题。

4. 费用项目的分析要点

（1）在评价企业营业成本高低时必须要综合多个因素。这些因素会影响企业营业成本的水平，将这些因素进行分类的话，可以划分成可控因素和不可控因素。不可控因素主要涉及的是市场波动带来的营业成本变化。因为当前正处在市场经济的发展阶段，市场在整个经济发展当中占主导作用，而市场供求关系等方面的变化都会带来价值和价格的变化，那么相应的企业营业成本也会发生改变。可控因素包括企业能够通过自身管理把控以及协调等多种方式来形成成本的控制。比如，企业可以拓宽自身的供货渠道来降低成本，另外还可以通过调节采购批量等方式来降低营业成本的支出。除上面提及的这两个因素以外，企业还会按照成本会计的相关核算要求来进行成本的会计处理。针对以上问题，由于营业成本会受到多种因素的影响，那么在评价的过程中也要从多个层面出发，考虑多方面的影响因素，得到有关企业更为真实和全面的资料。

（2）营业费用结构与企业不同的经济活动有着紧密的联系，因此，在分析费用构成时同样需要考虑到多方因素，来提高信息掌握的综合性和全面性。一方面，企业的多种业务活动以及活动的规模会直接影响到费用结构；另一方面，企业发展战略、品牌建设、拓宽市场占有量等多种活动也会对企业的费用构成产生直接的影响。但是必须要注意一个问题，那就是在企业当前战略性发展的进程中不能够将侧重点放在一定要减少营业费用这一方面，甚至放在片面地追求降低费用这一经营目标。从短期上看一定时期的费用降低，能够为企业利益的获得带来积极影响和作用，但是如果从长远角度进行分析的话，将会极大地制约企业的长远可持续进步。因此，企业必须结合自身的需求来制定发展战略和目标，不能够单一地追求费用的降低，应避免出现费用资本化的问题，否则只会对企业的利润起到一定的粉饰作用，无法产生实际上的意义，相反会带来不良的影响和后果。这同时也会对信息需求者的信息使用和收集带来不良影响，针对上市公司财务分析工作也难以持续进行。

（3）企业在持续经营和运作的过程中出现的利息支出是整个财务费用的主要组成部分，而这一费用的大小受到三个因素的影响和制约：第一，贷款规模。如果企业的贷款规模较大，那么定期要支付的利息费用也会有着较高的水平。反之，则相反。第二，贷款利息率。企业在实际贷款过程中有着较高的贷款利息率，那么在支付利息时就会数额高，相应的财务费用也会提高。反之，则相反。第三，贷款期限。企业贷款时间越长，所要支付的利息数额就越大，反之，则利息数额较少。如果站在整体的层面上进行分析与研究的话，企业由于存在贷款规模的因素，使得报表当中有关财务费用的款项、数额明显降低，那么企业盈利水平也会获得一定程度的提高。但是在对这一问题进行研究时，必须要有较高的警惕心理，企业减少了贷款的规模，极有可能企业的发展也会受到相应的制约和缩小，那么企业的长远运营和发展能力也会相对较弱。另外，外部环境变化会引起贷款利率的变化，而内部环境对于利率往往不会有较大的影响。当出现贷款利率下降的情况，往往是国家通过宏观调控措施对其进行调节的结果，这一情况相应的会降低企业的财务费用，但是在对企业进行费用评价时，不能够对这一下降的评价过高。

（4）上面提及了几项重要的成本以及费用，将其和主营业务进行对照分析，可以了解相应部门的实际工作质量以及效率，同时也能够有效考量企业在融资业务方面是否做到了恰当的把控。比如，透过管理费用，能够了解企业管理部门在实际工作当中的管理质量，考察部门能否通过合理有效的组织安排和经营管理水平的提高来降低费用、提高企业管理的运转效率。透过企业的财务费用，能够了解企业财务部门在财务管理工作当中的质量和效率分析企业的财务管理系统的运转成效，能否通过财务会计处理系统来减少财务费用的支出。另外还可以具体从以下两个方面来分析企业的发展状况：第一，企业在主营业务方面的收入增长水平明显高于成本增速，因此会使得主营业务的利润水平相应提升。透过这样的现象，能够清楚地发现企业生产产品在市场上有着好的销量和销路，市场需求大，而企业也就处在上升发展的状态。第二，企业的主营业务收入提升水平和成本增长水平呈现同比例的关系，这种情况为企业带来的利润提高都非常清楚地表明当前企业在主营业务的运营方面十分稳定，而且企业的发展已经逐步趋于成熟与完善，在利润获得方面有着较好的保证。

（三）营业外收支项目分析

根据国家制定的关于企业会计处理工作的制度和法规的要求，再通过会计核算明确企业营业利润之后，要想获得利润总额的数据还必须要加上营业外收支、补贴、投资收益等多个方面的项目数额。从中也能够非常清楚地看到企业的投资收益以及营业外的收入和支出等都不是有着独立性意义的会计要素，下面将分别对这几个项目进行说明。

1.营业外收入分析

营业外收入和企业的日常经营发展活动没有直接性的关联，属于非常收益或者是意外利得。根据这一概念可以明显地看到营业外收入和上面提及的主营业务收入有着非常显著的不同，具体体现在：

（1）从收入产生方面来看，营业外收入的产生与企业日常的经营和交易活动没有直接关系，同时也是企业管理层不能够实现有效把控的收入类型；主营业务收入产生是直接和企业的经营交易活动构成联系，而且是企业经营主要业务而获得的收入，有着持续性的特征。与此同时，企业管理层能够对这部分收入进行有效把控，也可以通过调节发展战略等模式来对这部分收入进行管理。

（2）从概念的差异方面来看，营业外收入属于一种净额的概念，已经完成了金额的抵销；主营业务收入属于总额概念，需要和费用进行有效配比来进行有效核算。

2. 营业外支出分析

营业外支出和企业的日常经营发展活动没有直接性的关联，属于非常或者是意外损失。将其与费用进行对照分析，能够从概念层面对二者的差别进行直观的认知。费用与企业的主营活动有着紧密的关系，属于总额概念，而营业外支出则相反，它实际上是净额的概念。

通过以上分析，能够清楚地发现企业营业外收入以及支出在性质方面有着一定的特殊性，虽然会对企业的经营成效和最终的运营成果产生一定的影响，但是它们的影响和营业费用以及收入相比还是有着一定差异的。针对这一情况，企业在制定利润表的过程中需要对这几项内容进行单独的列示，使得信息需求者在分析这些要素对企业经营成效的影响程度等方面的实际情况时，更加便利，得到的评估效果更加真实可靠。

上市公司要想获得持续性发展的动力，确保自身的战略发展目标得以达成，并且在整个市场上的占有率和竞争实力逐步提高，必须要对自身的资产结构进行有效的调整和改革。与此同时，还要积极推进公司的战略重组计划。要想达成这样的目的，需要进行资产的出售、转让及置换等过程。在实际的会计实务和处理当中受到技术的限制和影响，如果在对资产进行出售、转让和置换处理当中，与市场发展规律存在不适应的情况，那么就有可能构成营业外的收入或者是支出，而与企业主要营业活动没有直接关联的营业外支出也就成了调整企业利润最简单便捷的手段。因此，必须要着重对这两个项目进行研究，以此来了解企业战略化发展的计划和运作，更加有效地预测和评估企业的财务运转和经营绩效。

（四）投资收益项目分析

投资收益指的是企业采用不同的方式进行对外投资，通过投资的方式所收获的净收益。如果企业在实际的会计运算和处理当中选用权益法进行实际核算，那么被投资单位股东权益提高的话，相应的其投资收益也会提升。

对投资收益的分析应联系投资额注意分析以下几个方面。

（1）在分析企业报表过程中，如果发现账面上的长期股权投资数额巨大，那么相关的分析报表人员就需要对相应报表当中的注释内容进行研究，尤其是要关注企业所投资项目的行业特点、当前行业发展状况以及行业未来的发展趋势，以便能够及时发现风险。如果情况十分必要的话，分析者还需要对被投资企业的相关信息资料进行收集和研究，以便能够准确地判断这一项的长期投资能否获得理想化的投资收益，而且所获收益能否可以长期为企业带来利润。

（2）在分析利润表的过程中，如果在短期投资项目当中的研究发现企业在债权投资上有着较低的份额，但是在短期投资这一项目当中投资收益增长速度以及规模极大，透过这样的情况可以说明企业当前极有可能在进行炒股操作，这样的操作有着较大的风险。虽然从当前看企业获得了较为丰厚的投资收益，但是其潜在的风险也是不可忽视的。在之后的运行当中，如果出现外部环境变化或者是操作不当等问题，会对企业带来巨大的打击，甚至是致命的危害。因此，必须要提高警惕，对这方面的情况进行深层次的调查。

（3）投资收益受到多方面的影响，一般情况下可以划分成两个方面：第一，企业被投资项目当前的经营情况和利润获得潜力、空间等会直接影响到投资收益。第二，企业的收益分配政策也会直接影响到投资收益，并在一定程度上起决定性作用。对此要形成对上市公司投资收益项目实际情况的全方位把控，必须要从根本上意识到投资项目管理以及分析的重要性，并着重对该项目的效益水平、发展潜能以及未来的增长文化趋势等进行评估，保证得到的投资收益信息更加客观准确。

（五）补贴收入项目分析

补贴收入是企业依照国家的相关法律法规收到的补贴性收入，这一项目具体包括以下几个类型。

1. 政策性补贴

政策性补贴与国家的相关经济政策有着紧密的联系，其目的在于实现社会效益。之所以会提供政策性补贴，在很多情况下是企业需要根据国家的相关政策和要求牺牲掉一些利益，那么国家会相应地给予企业一定的补贴，如价格、利息补贴等。

2. 财务扶持性补贴

财务扶持性补贴，体现出国家对企业发展的重视，由国家给予企业一定的财务支持，使得企业能够在特定时期得到扶持以及补贴，能够有效地在一定时期内维持运营。

3. 先征后退的税收优惠

这样的税收政策实际上是政府从国家新制定的相关政策出发，首先按照一般规定的要求向企业征税，之后再将这些税款的一部分或者是全部退还给企业。

补贴收入不具有持续性的特征，是企业在发展营运当中偶然获得的，在分析补贴收入项目时必须要把握这一特征和树立正确的认知。从一定程度上看，补贴收入可以提升特定时期企业的利润收益水平，但是这样的提升并不是持久的，更不能成为评价企业长期盈利水平的依据，不具备代表性，因此在报表当中必须要做到全面深入，以免出现管中窥豹的错误思想。

（六）所得税项目分析

所得税指的是依照国家税法的法律法规，从企业经营以及其他途径所得当中缴纳税金。

（1）列示在上市公司利润报表当中的所得税项目，如果忽略时间性和永久性差异的话，所得税项目必须和利润总额呈现正比例的发展关系。但是如果考虑到以上两个差异因素的话，那么所得税和利润总额的关系就会变得十分复杂，在分析和研究当中也会出现较大的难度。税务筹划是上市公司经营管理活动当中的一项重要的内容，之所以要对税务工作进行一定的规划，实际上是要达到节约所得税的目的。但是必须要注意的是，企业的税务筹划必须要严格遵照国家税法的相关法律法规进行，避免出现偷税漏税等错误的纳税行为。公司的纳税筹划工作和企业的费用控制工作有着显著差异。对此，在常规意义上看，不存在企业降低或控制所得税的说法。

（2）营业、管理、财务等方面发生的费用与企业利润有着直接的关联，并且会通过利润增减的变化来对上述费用的变化进行直观的体现。对于上面提及的几个费用项目，如果费用支出超过了国家的限定数额，超支部分必须要进行计税利润上缴所得税，这也是在所得税项目分析当中必须要把握的一个要点问题。

（3）在我国的企业会计制度当中明确地表示出，有几项可以由企业在会计处理工作当中进行计提准备处理，而这几项内容不能够从所得税当中扣除的科目。这样的规定以及要求说明在我国的税法当中不承认企业的资产减值准备，采用这样的制度规范方法，可以避免一些企业试图通过计提资产减值准备等方式逃避缴税，可以说这形成了确保企业依法纳税的屏障。

（七）净利润

净利润是企业通过日常运营以及管理活动的实施所获得的净利，假设其他所有的条件都不发生变化，那么企业获得的净利润越多，就代表企业的盈利水平越高，同时企业的未来发展前景也会更加广阔。从表面上分析，企业的净利润会与成本以及收入产生直接的关联，受二者的影响程度较高。但是，如果从实质层面上研究的话，除了上面提及的成本以及收入因素，净利润还能够体现出企业多个方面的工作质量，因此能够形成对企业运营管理水平以及能力的表现。如果在对企业的经营发展成效进行评估和预测以及展开财务分析的过程中把净利润当作是评价指标的话有着明显的局限性，具体体现在以下几个方面。

（1）净利润属于总量性质的绝对性指标，难以透过净利润来体现出企业运营以及发展的效率水平，而且要想对企业经营成效进行对照分析的话，对照净利润这一指标不具备可比性。

（2）如果把净利润作为评价企业发展状况指标的话，对于企业的经营活动和战略选择等都会带来一些不良影响，也就是说企业会单一的追求净利润目标，因此着力于眼前利益的获得，进而采用一系列的短期行为来获得短期的收益，从长远上看，这对企业的发展是极其不利的，甚至会为企业带来发展危机。比如，企业单纯地追求净利润就会忽视通过技术革新的方式来提升产品的质量，进而提高产品价格和扩大产品销路，选用价格竞争的方式，意图获得短期的利润，从而对企业的战略性发展带来一定的危害。

（3）就当前而言，有大量的企业在实际的发展过程中太注重提高自身的盈利水平，力图通过不断提高盈利能力和利润的方式来推动自身的发展和在市场当中占有一席之地，忽视了盈利水平和偿债水平之间存在的协调统一的关系，也就是忽略了提高自身偿债能力，形成了一系列的短期行为。在短期时间内企业有可能拖欠偿还债务而加大对经营活动的投入。从表面上看，企业在一段时期内的盈利水平获得了快速的提升，但是这样的提升是不会长远的。从实际以及长远看，企业的经营活动造成了大量资金的占用，使得资金流动性和资金的周转大大削弱，加大了企业债务危机的情况，严重者会为企业招致破产的风险。针对企业这一形式的盈利水平提升，分析者在研究过程中必须要提起高度的重视和树立警惕性的态度，认真分析企业盈利水平的提高是否属于短期追求获利的行为，是否做到了盈利和偿债能力的协调统一发展，这样才能够得到较为准确的企业发展能力判断结果。

（八）利润质量恶化的主要表现

一般而言，有着较高利润质量的企业满足下面的条件：第一，企业选用稳健持续性的会计政策和会计工作的处理原则，因此，在会计核算以及处理工作当中有着较高质量和效率。企业在对自身的财务以及利润实际进行计量工作中坚持了谨慎性的原则，因此计量数据和方法恰当合理。第二，企业利润的主要来源是主营业务，通过推动以及发展主营业务的方式来进一步扩大企业利润规模。第三，企业会计上面的收入在转化现金时速度快，转化速率高，使得企业的资金流动性强，能够有效地周转和运用于生产经营活动，可以切实保障企业各项活动的有效运转。当企业的利润质量恶化时，会有下面几个主要的信号表现。

1. 企业扩张过快

企业扩张的速度过快是利润质量恶化的一个主要信号，此时企业的发展已经面临一定的难题，各项资金的集中化管理工作质量下降，进而出现资金分散化管理的问题，企业的经营管理活动在实施当中遇到较大的困境,在管理成本投入等方面也大幅增加。与此同时,当前企业对于管理工作人员的综合素质提出了极高的要求以及标准,以便更好地对当前企业发展现况进行把握。

2. 企业反常压缩管理成本

在会计实务当中能够发现,某些企业的利润报表当中体现出收入增加但是费用降低的问题,由此能够看到企业反常性地对管理成本进行压缩,企业可能有调出利益的操作问题。

3. 企业变更会计政策和会计估计

如果当前企业的经营状况不理想,利润水平呈现出下降的状态,此时如果对企业的会计估计以及政策等进行有效的调整和变更,往往能够形成对利润报表的改善和优化。那么在分析企业的报表信息当中,一旦发现企业存在着会计政策以及估计出现变更问题,则能够将其看作是昭示企业存在利润质量恶化的标志,此时在分析时就要提起警惕和高度重视。

4. 应收账款规模的不正常增加

一般而言,营业收入和应收账款是对应关系。除此以外,企业信用政策也与之有着紧密的联系。如果企业的应收账款规模有所增加,而且这样的增长是不正常的,极有可能是企业放宽信用政策造成的,企业通过这样的行动可以提高自身的营业收入,但同时也有着一定的风险。因为如果企业采用的信用政策过宽的话,在短期内可以对营业收入形成一定的刺激,使得这部分收入的增长水平极高。但是,如果长此以往,企业坏账风险发生的可能性将大幅提高,一旦出现大量坏账的问题,这对于企业的发展将是致命的。

5. 企业存货周转过于缓慢

存货周转的速度是判断企业利润质量的一个重要的因素,此时如果发现周转速度十分缓慢的话,那就能够清楚地了解企业当前在存货管理、营销方案设置、产品质量等方面有着一定的问题,需要详细分析问题原因,以免对利润的质量带来威胁。

6. 应付账款规模的不正常增加

应付账款规模同样可以作为评估企业利润质量的一个要素,如果在对企业进行分析时发现当前在购货、销售等方面没有风险波动,同时供应商也没有选用宽松的信用政策,而此时如果发现应付账款的规模增长,这就属于一种不正常的现象,很有可能是企业利润质量恶化的一个信号,说明此时企业在支付以及资产管理等方面出现了问题。

7. 企业业绩获得过度依赖非主营业务

毋庸置疑,企业利润的主要来源是主营业务收入,但是如果企业已经挖尽这一方面的利润增长潜力之后,要想使得自身的利润呈现出一个较好的状态或者是继续增长,可能会借助非主营业务获得的利润进行弥补,甚至是对其产生过度依赖的情况。例如,企业选择用出售固定资产的方式来维持自身的利润,想要在短期内获得较好的盈利,那么短期内获利的目标是可以达成的,但是这仅仅是表面的风光和利润的美化。从长远上看,企业的战略发展会受到巨大的冲击以及影响,直至出现利润质量急剧恶化的情况,可谓得不偿失。

8. 企业计提的各种准备过低

企业计提的各种准备如果呈现出较低的状态,极有可能是企业想要实现利润高估的目的,那么本来应该是由以前或者是当前承担的损失,或者是费用转移到未来的会计期间,当前的利润会呈现出一个良好的状态,但是企业在长远发展当中会缺乏后劲,后续发展动力不足问题会

9. 企业可供分配的利润充足，但不分配现金股利

通过对企业利润报表的分析，看到在账面上体现出了非常充足的可供分配利润，但是实质上企业没有进行现金股利分配。这样的行为可以说是利润质量恶化的一个非常显著的表现，对于这一问题的考虑会首先侧重于认为企业当前缺乏现金支付能力，或者是管理当局对于企业的未来发展缺乏自信，那么信息的需求者也不得不思考能否将资金投入到企业当中，来满足自身渴望获得持续利润的要求。

第四节 现金流量表及其分析

一、现金流量表及现金流量的分类

现金流量表是企业财务报表系统当中的又一关键性的会计报表类型，体现的是企业在一定期间现金及其等价物流入和流出的实际情况。也就是说现金流量表可以体现出企业现金流入、流出、净流量等情况以及短期间内的变动情况，透过这些信息，报表信息的需求者就能够全方位掌握以及评判这一企业现金流量的相关情况，评估其获得现金及其等价物的能力水平，以便能够制定相应的投资策略。

（一）现金流量表

1. 现金流量表的基本概念

（1）现金。这里面提及的现金实际上是广义概念，除了包括狭义的库存现金以外，还包含银行存款、其他货币资金等项目当中所包含的金额，只需要从广义层面对现金的含义进行理解。同时还必须要注意一个问题：在上面的这两个项目当中也许有一部分难以随时对其进行使用和支付的存款，而这部分的存款不能够被纳入到现金当中，而是将其归入到投资项目。但是，如果企业提前告知金融机构要支取一定的定期存款的话，那么可以将这部分的存款纳入到现金范畴当中进行会计核算。

（2）现金等价物。现金等价物实质意义上是投资的意思，而这里提及的投资必须有以下特征：第一，企业持有的时间较短，而且有着较强的流动性特征。第二，能够非常容易将其转变成有着明确金额的现金。第三，此项投资的风险以及价值波动程度较小。一般情况下，3月内到期的债券投资属于现金等价物的范畴。但是企业当中的权益性投资变现金额不能够被纳入到现金等价物的范畴，因为这部分的金额变动不满足上面提到的标准。虽然现金和现金等价物的概念不能够等同，但是二者在支付能力方面没有显著的差别，甚至在这一方面是可以将二者等同的。比如说企业为了使自身维持在一个较为稳定的支付水平，需要掌握一定数量的现金，但是避免这部分现金闲置以及无法升值问题的发生，可以用这部分现金购买短期债券。一旦企业需要用现金完成支付的话，可以立即对这些短期债券进行变现。通过对现金等价物性质的判断，企业的一种投资项目能否被认定成现金等价物需要满足一定的条件，下面对这几项条件进行分别的说明：第一，期限短。第二，流动性强。第三，能够非常方便快捷地转换成金额已知的现金。第四，价值波动以及价值风险变化是极小的。要同时满足上面提到的四个条件，才可

以被认定成现金等价物。前面两个条件侧重的是变现能力,后面两个条件侧重的是支付能力。

(3)现金流量。现金流量的含义是现金及其等价物流出和流入的实际情况。而且企业现金流量的来源以及用途都各有不同,这需要根据企业具体的运营活动来进行确定。例如,工业类型的企业或出售自己所生产的产品来回收现金,借助向金融机构借款的方式来获得现金支持;在进行原料采购时,必须要用现金支付等。现金净流量实际上是流入和流出之间的差额,这项差额可正可负。如果差额是正数的话,表现出的是现金的净流入,反之则被视为现金的净流出。一般而言,如果现金流入远大于流出的话,表明当前企业的支付能力以及现金流量的发展水平呈现出积极良好的状态。总而言之,透过企业现金流量的相关信息资料,可以让利益相关者了解企业当前的经营成效,掌握当前企业是否出现资金紧缺等问题,企业是否具有强大的偿付能力等,这对于实际决策的提出是十分关键的。

在对现金流入和流出的概念进行理解时,必须要注意这样的问题:现金形式之间发生转换,不会构成流出或者是流入,因此也不能够被称为现金流量,现金及其等价物之间形式的转换,同样也不构成现金流量。

2.现金流量表的主要作用

透过企业的现金流量报表,能够了解到的是有关现金流量的数据和资料。当前,企业身处在市场经济的发展环境和条件之下,市场在经济发展当中发挥着主导作用,而在这一条件的影响之下,企业现金流转是否恰当有效,将会直接关系到企业生存以及长远的运营。当企业拥有非常充足的现金时,企业可以用这些现金来及时合理地购入相关材料或者是设备等与生产息息相关的要素,同时可以用这些现金来完成工资、债务、股利等方面的支付,使得整个企业处在一个稳定和持续运营的状态之下,这对于企业获得良好的生存和发展机会有着重要意义。相反的,如果企业没有充足的现金,这样的状况和程度较轻的话,会使得日常的经营活动实施出现一定的制约,严重的话会为企业带来生存的难题。随着企业财务管理工作发展水平的提升和财务管理系统的构建,现金管理在整个财务系统当中已经成为一个重要的组成部分,同时也得到了利益相关者以及政府的普遍重视。下面从以下几个方面着手对现金流量报表的主要作用进行细致的说明。

(1)有效说明企业相关现金流入以及流出情况的具体原因。在企业的整个现金流量报表当中,针对现金流量指标主要涉及的是流入量和流出量这两种。按照现金实际收付的各项经济内容,在一般情况下会借助流量总额来体现这部分信息,并且分别阐明企业各种现金流入以及流出的主要原因,也就是说明这部分现金的来源以及用途。

(2)体现企业偿债能力和偿债水平。在企业的现代化发展进程当中,非常显著的特点是采用适度负债的方式来实际地进行运营和发展。在一般情况下,如果企业的市场化程度和发展水平越高,那么相应的企业负债率水平较低,偿债水平越高;如果企业的市场化程度水平很低,那么企业整体负债率水平高,偿债水平低。就我国的大部分企业而言,负债率水平极高,企业会将举债作为非常主要的筹措资金的途径和方法。当企业向债权人提出借债申请时,债权人给出相应的决策,考量是否可以为企业提供短期或者是长期的资金支持,而债权人会考虑到多方面的信息,一个方面是要全面评估自身能否及时从债务企业获得提供资金的相应报酬,另一方面要重视的是本金到期可安全可靠的回收,因为这会直接关系到债权人能否有效地获得自身的报酬;如果债权人难以按期收回本金的话,那么报酬的收取也将失去了重要的基础。除此以外，企业的偿债水平和盈利水平是紧密联系在一起的，企业盈利水平高，那么在清偿债务时就会有足够的现金来给予支持。如果企业能够做到这一方面，在实际筹资过程中也会非常的简单快捷，这在一定程度上可以为企业的偿债提供新来源和新支持。对此，实际上企业的盈利水平和筹资以及偿债水平都有着非常紧密的关系，前者能力高，那么后两个方面的能力也相对较高。债权人在制定决策时会从自身的利益获得出发，因此会将侧重点放在企业的盈利和偿债方面的能力水平上。借助现金流量表当中的信息和数据资料，债权人对以上几个方面的能力会有非常清楚和明了的认知以及判断，从而为其具体的决策提供支持，进而提高资金的利用效率，实现资源配置的目标。

（3）说明企业支付股利的能力。吸收资本是企业筹集资金的另一重要方式，也就是说当企业增加注册资本时，是否对股东有着较强的吸引力，能否让广大投资者愿意为企业投资，并且成为新股东的能力。在整个证券市场的发展当中，企业的股价是否呈现出一个良好的发展态势，起决定性作用的往往是企业股利支付水平，也就是企业能否具备足够的盈利来支付股东应该享受的股利收益。当企业在制作现金流量报表时，会将收付实现制作为基础，这样能够让广大投资者对现金的流入构成状况有清楚的掌握和认知，同时分析企业支付股利的能力，并为投资者的投资决策提供依据，使有限的社会资源得到更加合理的配置。

（4）表明企业未来获现的能力。在企业的现金流量报表当中明确体现出企业在实际经营发展活动当中的现金流量的实际情况，在此基础上对其他的财务报表进行统筹分析，能够在极大程度上获得企业未来的获现能力。例如，企业通过出售自己生产的产品获得的现金收入和产品实际销售收入之间存在很大的差额时，一般情况下和应收款增减有着直接的关联。产品销售收入超出了较大的部分，往往能够表示企业应收款有所增加，在未来会为企业带来现金流入。相反，说明前期的应收款项在本期实现了现金收入，未来这方面的获现能力将减弱。经营获现能力较强的企业，筹资能力一般也较强，同时为投资活动提供了物质基础，有利于增强企业未来的投资获现能力。

在对报表当中有关投资活动的现金流进行分析的过程中，在收回投资过程中，如果有非常明显的现金流入，那么一定会对未来的股利、利润等产生重要的影响。如果企业在债权性质和权益性质的投资方面有着较多的现金流出的话，那么在未来会导致大幅的现金流入，获得较多的投资收益。如果企业表现出对内投资的资金流出，那么能够极大地促进企业的经营和发展，提升企业未来的获现水平。在评价企业的未来水平或现水平时，可以通过其与前期或者是本期现金流的关系来进行研究，掌握现金流量表当中现金流入和流出之间存在的因果关联，并从中获得信息需求者所必需的多种有用资料与数据。

（5）有助于提升会计信息可比性。众所周知，当企业在根据自身的实际经营情况来编制现金流量表时，会把收付实现制作为基础和前提条件。在这一过程中就除掉了传统会计处理方法当中过多的估计性因素，也去掉了很多针对不同企业同样交易活动选用差异化处理手段所形成的一些影响。在对不同企业之间的会计信息和相关的数据资料进行对照研究时，会更加具备可比性，能够更加清晰地了解不同企业有关于现金流量的实际状况。

（6）现金流量表搭建起了损益报表和资产负债报表之间的桥梁。当前研究的企业的现金流量表具有明显的动态性特征，因此从报表当中体现出来的信息也是动态性的。现金流入和流出的展示能够反映不同经济活动当中现金流量的发展和变化情况，也对资产负债以及权益的变化情况进行了原因的说明以及一定的补充。例如，由于企业出现投资活动而导致的现金流出会使得投资方面的资产，以及其他的长期资产在期末阶段显示出余额增加的情况。投资活动会使企业在股利分配以及利润方面呈现出明显增加的状态，使得企业的经营效果显著。总而言之，现金流量有非常明显的催化价值和影响力，因此可以将两个报表进行紧密整合，搭建二者联系的桥梁，补充阐述企业开展投资理财对于企业运营和财务变化的系列影响和作用。

（7）在现金流量表当中同样有影响的补充性资料，可以让相关的信息需求者掌握更多与现金活动无关的资料。在收付实现制的影响之下，企业的现金流量表当中需要表明的是与现金有关的信息和数据资料，其他与之无关的信息却不能够在报表当中反映出来。但是这部分信息仍然是十分关键和重要的，在企业的整个财务活动当中占有重要的地位和比重，也关系到信息需求者对企业实际情况的全面判断。为了使信息需求者获得更加全面和细致的评价和判断的结果，需要提高对报表补充资料研究的重视程度，并从中获得一些重大的财务信息。

（二）现金流量的分类

上市公司在对现金流量报表进行实际的编制和统计过程中，基础以及前提条件是要做好现金流量的分类工作，其根本原因是报表编制体现出企业一定时期内现金流入、流出的变动状况，之所以会出现现金流量的变动，是由于企业多项业务活动形成的。例如，企业向外投资会导致现金的流出，而收回投资则会导致现金的流入等。只有对现金流量进行合理的分类，才能在现金流量表当中清楚地看到两个方面的信息，一方面是整体层面上体现出来的企业总体现金流入、流出；另一方面是不同业务活动构成的现金流入、流出变化。采用这样的方式，报表的使用者还能够从总体上获知现金流量变动，并在此基础之上，深入掌握不同业务造成的现金流量变动，总结出出现增减变化的内在根源。这样，在制定实际决策和方案时会更加全面合理以及具备非常科学的根据。

《企业会计准则第31号 现金流量表》对现金流量表的编制以及其中对于现金流量的总结说明进行了明确的阐述，并将其归纳为以下三个种类。

1. 经营活动产生的现金流量

企业的经营活动是除去投资和筹资活动之外的全部经济活动的总称。如果单纯从概念方面进行分析的话，能够非常清楚地看到经营活动包括的内容十分广泛，只要是不属于投资以及筹资活动的内容都可以被列入经营活动当中。企业类型不同，具体的经营活动也会有着相应的差别。下面具体的对由经营活动产生的现金流量的分类进行说明：

（1）销售商品、提供劳务收到的现金。这一项现金流量具体包含企业销售自身生产产品获得的收入以及应该向产品购买者收取的增值税、销项税额。还必须要注意到一个问题，销售材料以及代购、代销业务获得的现金同样也可以纳入到这一项目当中，被列为销售商品所获得的现金流入，具体可以按照下面的公式来进行实际的运算。

销售商品、提供劳务收到的现金＝本期销售商品、提供劳务收到的现金＋本期收到前期的应收账款＋本期收到前期的应收票据＋本期的预收账款－本期因销售退回而支付的现金＋本期收回前期核销的坏账损失

（2）收到的税费返还。这一项目体现出的是返还到企业当中的税费的总和。

（3）收到的其他与经营活动有关的现金。需要注意的是，如果这一项目当中涉及的现金数额较大的话，需要在现金流量表当中对其单独列示出来。

（4）购买商品、接受劳务支付的现金。这一现金流量的项目体现出的是企业购买产品以及接受劳务等活动必须要支付的现金数额，其计算公式是：

购买商品、接受劳务支付的现金＝本期购买商品、接受劳务支付的现金＋本期支付前期的应付账款＋本期预付账款－本期因购货退回收到的现金

（5）支付给职工以及为职工支付的现金。此项目包括的主体内容是职工薪酬。

（6）支付的各项税费。这一项目当中支付的税费实际上是按照国家的相关税务规定所必须要支付的税费。

（7）支付的其他与经营活动有关的现金。如果支出的这部分费用的金额数目重大，需要在报表当中单独列出。

2. 投资活动产生的现金流量

投资活动是企业经营活动当中的一个重要组成部分，在这一过程中不可避免地会出现现金流量的变化，其主要含义是企业购建长期资产、对外投资（现金等价物范围内的除外）及其处置活动。在对外投资当中之所以要排除掉与现金等价物相关的投资，实际上是在这一过程中将其视为现金投资的范围。下面具体对企业实施投资活动当中的现金流量类型进行说明。

（1）收回投资所得现金。这一现金流量的项目体现出的是企业收回的现金股利以及利益，这一过程中同样要刨除回收的现金等价物。

（2）取得投资收益所得现金。这一项目体现的是企业对外投资分得的利息以及现金股利，在核算当中会除去现金等价物。

（3）处置固定资产、无形资产和其他长期资产收回的现金净额。

（4）处置子公司及其他营业单位所得现金净额。

（5）收到的其他与投资活动有关现金。现金流入的数额以及价值较大的情况需要在现金流量表当中单独列出。

（6）购建固定资产、无形资产和其他长期资产所支付的现金。

（7）投资所支付的现金。

（8）取得子公司及其他营业单位支付的现金净额。

（9）支付的其他与投资活动有关的现金。

3. 筹资活动产生的现金流量

筹资活动会使企业资本、债务规模以及结构出现变动，而筹资活动当中的"资本"，包括实收资本（股本）、资本溢价（股本溢价）；"债务"是指企业所借入的款项，包括银行借款、发行债券及偿债等。有关企业筹资活动当中产生的现金流量有下面几个类型。

（1）吸收投资所得现金。这项现金流量项目属于净额概念。

（2）借款所得现金。里面提及的借款包括短期以及长期借款活动实施当中的现金流入，将来会成为企业负债的一部分。

（3）收到的其他与筹资活动有关的现金。

（4）偿还债务所支付现金。

（5）分配股利、利润或偿付利息所支付现金。

（6）支付其他与筹资活动有关现金。

二、现金流量表的格式与编制

《企业会计准则第 31 条 现金流量表》当中明确指出了企业在编制现金流量报表时必须要坚持的原则和具体的内容。企业类型不同，报表具体的编制格式等内容也会有相应的差异。在这项准则当中，对不同的企业类型报表编制都给出了较为细致和清晰的说明。与此同时，要求各个企业能够从自身经营发展活动的实际性质出发，结合具体的法律法规要求来最终确定好报表的制作格式。政策性银行、信托公司等企业类型较为特殊的应该按照商业银行现金流量表格式来进行实际的报表编制。但是如果存在特别需求的话，这些企业可以拥有一定的自主权，能够从自身实际出发，对该报表进行恰当调整以及完善；担保公司需要选用保险公司现金流量表格式，但是如果存在特别需求的话，这些企业可以拥有一定的自主权，能够从自身实际出发，对该报表进行恰当调整以及完善；基金、期货等方面公司需要依照证券公司所编制的报表的格式来进行，同样的，如果存在特别需求的状况，这些企业可以拥有一定的自主权，能够从自身实际出发，对该报表等相关内容展开科学化的调整优化以及补充。

（一）一般企业现金流量表格式

一般情况下，企业编制的现金流量表格式如表 4-4。

表 4-4 现金流量表

编制单位：　　　　年　　月　　　　　　　　　　　　　　　　单 位：元

项　目	本期金额	上期金额
一、经营活动产生的现金流量		
销售商品、提供劳务收到的现金		
收到的税费返还		
收到的其他与经营活动有关的现金		
经营活动现金流入小计		
购买商品、接受劳务支付的现金		
支付给职工以及为职工支付的现金		
支付的各项税费		
支付的其他与经营活动有关的现金		
经营活动现金流出小计		
经营活动产生的现金流量净额		
二、投资活动产生的现金流量		
收回投资收到的现金		

续 表

项　目	本期金额	上期金额
取得投资收益收到的现金		
处置固定资产、无形资产和其他长期资产收回的现金净额		
处置子公司及其他营业单位收到的现金净额		
收到的其他与投资活动有关的现金		
投资活动现金流入小计		
购建固定资产、无形资产和其他长期资产支付的现金		
投资支付的现金		
取得子公司及其他营业单位支付的现金净额		
支付的其他与投资活动有关的现金		
投资活动现金流出小计		
投资活动产生的现金流量净额		
三、筹资活动产生的现金流量		
吸收投资所收到的现金		
借款收到的现金		
收到的其他与筹资活动有关的现金		
筹资活动现金流入小计		
偿还债务支付的现金		
分配股利、利润或偿付利息支付的现金		
支付的其他与筹资活动有关的现金		
筹资活动现金流出小计		
筹资活动产生的现金流量净额		
四、汇率变动对现金及现金等价物的影响		
五、现金及现金等价物净增加额		
加：期初现金及现金等价物余额		
六、期末现金及现金等价物余额		

（二）金融保险企业现金流量表格式

金融保险类的企业和一般意义上的工商类企业有着非常显著的差异，主要体现在经营性质以及内容这两个方面。在现金流量报表的编制过程中也与这两个方面有着非常紧密的关系，因此产生了报表上面的差异。比如，工商类型的企业会把利息支出纳入到筹资活动的范畴当中，进行会计核算与处理，金融保险类企业会将其纳入到经营活动的范畴。可以说金融保险类的企业在该报表的制作当中有着一定的特殊性的需求和标准规定。在国家颁布的会计准则当中单独就金融保险类的企业报表编制给出了要求，下面这些项目都是此类公司必须要包含的项目内容。

（1）对外发放的贷款和收回的贷款。

（2）吸收的存款和支付的存款准备金。

（3）同业存款及存放同业款项。

（4）向其他金融企业拆借资金。

（5）利息收入和利息支出。

（6）收回的已于前期核销的贷款。

（7）买卖证券收支的现金。

（8）融资租赁收到的现金。

商业银行现金流量表格式如表4-5。

表4-5 商业银行现金流量表

编制单位： 年 月 单 位：元

项　目	本期金额	上期金额
一、经营活动产生的现金流量		
客户存款和同业存放款项净增加额		
向中央银行借款净增加额		
向其他金融机构拆入资金净增加额		
收取利息、手续费及佣金的现金		
收到的其他与经营活动有关的现金		
经营活动现金流入小计		
客户贷款及垫款净增加额		
存放中央银行和同业款项净增加额		
支付手续费及佣金的现金		
支付给职工以及为职工支付的现金		
支付的各项费用		
支付其他与经营活动有关的现金		
经营活动现金流出小计		
经营活动产生的现金流量净额		

续 表

项　目	本期金额	上期金额
二、投资活动产生的现金流量		
收回投资收到的现金		
取得投资收益收到的现金		
收到的其他与投资活动有关的现金		
投资活动现金流入小计		
投资支付的现金		
购建固定资产、无形资产和其他长期资产支付的现金		
支付其他与投资活动有关的现金		
投资活动现金流出小计		
投资活动产生的现金流量净额		
三、筹资活动产生的现金流量		
吸收投资收到的现金		
发行债券收到的现金		
收到的其他与筹资活动有关的现金		
筹资活动现金流入小计		
偿还债务支付的现金		
分配股利、利润或偿付利息支付的现金		
支付的其他与筹资活动有关的现金		
筹资活动现金流出小计		
筹资活动产生的现金流量净额		
四、汇率变动对现金及现金等价物的影响		
五、现金及现金等价物净增加额		
加：期初现金及现金等价物余额		
六、期末现金及现金等价物余额		

保险公司现金流量表格式如表 4-6。

第四章 上市公司财务报表分析

表 4-6 保险公司现金流量表

编制单位： 　　　年　　月 　　　　　　　　　　　　　　　　　　　　　　单　位：元

项　目	本期金额	上期金额
一、经营活动产生的现金流量		
收到原保险合同保费取得的现金		
收到再保险业务现金净额		
保户储金及投资款净增加额		
收到的其他与经营活动有关的现金		
经营活动现金流入小计		
支付原保险合同赔付款项的现金		
支付手续费及佣金的现金		
支付保单红利的现金		
支付给职工以及为职工支付的现金		
支付的各项费用		
支付其他与经营活动有关的现金		
经营活动现金流出小计		
经营活动产生的现金流量净额		
二、投资活动产生的现金流量		
收回投资收到的现金		
取得投资收益收到的现金		
收到的其他与投资活动有关的现金		
投资活动现金流入小计		
投资支付的现金		
质押贷款净增加额		
购建固定资产、无形资产和其他长期资产支付的现金		
支付其他与投资活动有关的现金		
投资活动现金流出小计		
投资活动产生的现金流量净额		
三、筹资活动产生的现金流量		

145

续表

项　目	本期金额	上期金额
吸收投资收到的现金		
发行债券收到的现金		
收到的其他与筹资活动有关的现金		
筹资活动现金流入小计		
偿还债务支付的现金		
分配股利、利润或偿付利息支付的现金		
支付的其他与筹资活动有关的现金		
筹资活动现金流出小计		
筹资活动产生的现金流量净额		
四、汇率变动对现金及现金等价物的影响		
五、现金及现金等价物净增加额		
加：期初现金及现金等价物余额		
六、期末现金及现金等价物余额		

证券公司现金流量表格式如表4-7。

表4-7　证券公司现金流量表

编制单位：　　　年　月　　　　　　　　　　　　　　　　　　单　位：元

项　目	本期金额	上期金额
一、经营活动产生的现金流量		
处置交易性金融资产净增加额		
收取利息、手续费及佣金的现金		
拆入资金净增加额		
回购业务资金净增加额		
收到其他与经营活动有关的现金		
经营活动现金流入小计		
支付利息、手续费及佣金的现金		
支付给职工以及为职工支付的现金		

续 表

项　目	本期金额	上期金额
支付的各项费用		
支付其他与经营活动有关的现金		
经营活动现金流出小计		
经营活动产生的现金流量净额		
二、投资活动产生的现金流量		
收回投资收到的现金		
取得投资收益收到的现金		
收到的其他与投资活动有关的现金		
投资活动现金流入小计		
投资支付的现金		
购建固定资产、无形资产和其他长期资产支付的现金		
支付其他与投资活动有关的现金		
投资活动现金流出小计		
投资活动产生的现金流量净额		
三、筹资活动产生的现金流量		
吸收投资收到的现金		
发行债券收到的现金		
收到的其他与筹资活动有关的现金		
筹资活动现金流入小计		
偿还债务支付的现金		
分配股利、利润或偿付利息支付的现金		
支付的其他与筹资活动有关的现金		
筹资活动现金流出小计		
筹资活动产生的现金流量净额		
四、汇率变动对现金及现金等价物的影响		
五、现金及现金等价物净增加额		
加：期初现金及现金等价物余额		
六、期末现金及现金等价物余额		

（三）现金流量表的编制方法

1. 直接法

针对企业现金流量报表的编制，一般情况下可以采用直接法以及间接法进行，下面将首先对直接法的应用进行说明。

直接法的主要依据是借助于现金收支主类来体现出上市公司经营类型活动所产生的现金流入和流出，也就是现金流量的变化情况。按照这样的方式进行，更加直接和直观。在全面推进直接法的实践应用过程中往往将起点确认为利润报表当中的营业收入，由此开始来展开具体的会计核算并调整与经营类型经济活动有关的项目数额增减，最终得出与经营活动直接相关的现金流量的具体情况。这就是直接法在实际报表编制当中的应用，这一方法相对来说更为简单快捷，能够提高报表编制的效率以及质量。

直接法应用的效果分析：经营活动是分析上市公司财务状况的一个重要环节，而采用直接方法进行报表编制的话，分析者在具体的报表分析环节很容易掌握此类活动现金流量来自于哪些方面，之后又将现金应用到哪些方面，通过得到这些信息能够较为准确的估计以及测算在现金流量方面企业的发展趋势如何，是否具有持续性发展的动力。

2. 间接法

除了直接法，还有间接法。间接法同样也是报表编制当中的一种常用方法，在该方法的实践应用当中会将起点确认为企业的本期净利润，以此为重要开端来展开具体的会计核算，判断企业现金流量的具体变动情况和不同项目的实际数额分布，最终得到的也是有关企业经营类型活动的实际现金流量变化和发展的状况。此计算的起点是净利润，那么就不得不对净利润的相关内容进行说明，净利润计算的基础是权责发生制，同时在净利润当中还包含了投资以及筹资等经济活动当中的损益。如果以此为基础展开现金流量核算的话，是在以上原则的支持之下将净利润调整为现金净流入，之后再减去投资以及筹资的现金流影响。采用间接法进行报表编制，具体主要调节下面几个项目。

（1）资产减值准备。
（2）固定资产折旧。
（3）无形资产摊销。
（4）长期待摊费用。
（5）处理固定、无形资产、其他长期资产损益。
（6）固定资产报废损失。
（7）公允价值变动损益。
（8）财务费用。
（9）投资损益。
（10）递延所得税资产（负债）。
（11）存货。
（12）经营性应收项目。
（13）经营性应付项目。

依据《现金流量表准则》，该项准则和规定当中明确指出并且要求企业在编制报表时选用直接法和间接法来共同完成，这两个方面的信息都需要明确反映在报表当中。

（四）现金流量表的编制程序

1. 工作底稿法

在选用这一方法作为编制程序时需要把工作底稿作为主要方式，把企业编制完成的资产负债报表以及利润报表当中的数据、信息资料作为基础内容，对现金流量报表当中涉及的各个项目展开全方位分析审核，并做好调整分录的制作，最终形成一个完整的现金流量报表。

国家的相关法律法规要求企业在编制现金流量表时将直接法和间接法整合应用，这两个方法应用获得的信息都需要体现在现金流量表当中。在全面实施直接法时，工作底稿可以纵分成三段，从上至下分别是资产负债表、利润表、现金流量表的项目。同时可以横分成五栏，从左到右分别是：项目栏、期初数、借方、贷方、期末数。在应用工作底稿法来编制报表时，可以按照下面的程序具体实施。

第一，录入工作底稿期初、期末数栏。

第二，研究企业当期各项业务，并做好调整分录的编制。

第三，把调整分录过入工作底稿相应部分。

第四，按照会计准则核对调整分录。

第五，按照工作底稿项目编制正式报表。

2. T形账户法

在选用这一方法作为编制程序时需要把T形账户作为主要方式，把企业编制完成的资产负债报表以及利润报表当中的数据、信息资料作为基础内容，对现金流量报表当中涉及的各个项目展开全方位分析审核，并做好调整分录的制作，最终形成一个完整的现金流量报表。在借助T形账户法编制时，可以按照下面的步骤进行。

第一，针对全部非现金项目分别设置T形账户，做好相应数值的录入。

第二，设置大的"现金及现金等价物"T形账户，每边划分成经营、投资及筹资三部分，左流入，右流出，录入相关数据。

第三，编制调整分录。

第四，把调整分录过入各T形账户，按照会计准则仔细核对。

第五，按照大的T形账户编制正式报表。

三、现金流量的质量分析

（一）现金流量质量分析的意义

现金流量质量实际上指的是企业依照预期的发展目标来实际展开经营活动的质量。要想评价现金流量质量水平，还需要了解高质量现金流量的实际特点，具体可以划分成两个方面：第一，现金流量整体发展状况能够很好地彰显企业选择的发展规划以及战略目标。第二，正处在稳定持续运营中的企业现金流量和相应利润有着一定对应关联，同时可以满足企业扩张规模等对于现金流的实际需求。

在对上市公司及其他类型企业的财务分析中，利润的重要性众所周知。作为一个基本的财务指标，利润无时不被用于衡量企业的财务成果。无论是企业的投资人、债权人还是企业的经营者，都把利润作为评价企业经营业绩、制定投资决策、信贷决策的关键性根据和基础要素。但是，在对企业的经营结果以及盈利水平进行实际的判断和评估过程中，单一地强调利润有着明显的局限性。权责发生制作为收入以及费用确认基础的话，最终得到的收益实际上无法真实地反映出实际的收益，属于观念和虚拟意义上的收益，单一体现在账面上，这对于企业，即企业的利益相关者而言无法满足实用性的要求。另外，虚拟和观念意义上的收益会造成的必然结果是，企业在支付以及盈利这两个方面的能力水平无法做到协调一致，如果程度较轻的话，会使企业当前的运营发展活动受到一定的阻碍，严重者会为企业招致巨大的财务风险和经营危机，长此以往得不到控制的话，企业最终也只能够选择破产。

和利润相对比的话，现金流量是真实性收益。在对现金流量进行实际的计量以及确认时，把变现性作为核心标准，所得到的结果也更加真实和贴近企业的实际情况。因此，分析现金流量质量是当前研究企业发展状况的重要途径，其优势是对于企业现金流入与流出的体现十分准确和真实，坚持了从企业实际出发的原则。单纯将利润作为评价指标的话是非常片面单一的，也难以直观体现出上市公司财务的实际发展情况，正确的做法是要与现金流量的资料数据整合起来，这样得到的结果以及数据才符合客观性和科学性的原则，资料结果会更加全面具体。

当然，现金持有量的多少必须依公司对现金的需要量而定，并非越多越好。适当的现金持有量对于公司具有以下作用。

（1）满足公司购买的需要。

（2）满足公司投资的需要。

（3）满足公司支付的需要。

如果企业手中持有过量的信息，也就是说企业存在着现金过剩的问题，同样会对企业的发展带来不良危害，具体体现在以下几个方面。

（1）表面公司资产结构不合理。

（2）公司的资源没有得到充分利用。

（3）是企业财务状况不佳的标志。

（二）现金流量的质量分析

一般而言，要想评判并且确认企业当前的财务运营情况处于良好的状态，需要关注企业在现金流量方面的结构以及流入、流出的变化方面。如果表现出的结构合理，现金流量没有不正常波动变化的话，则证明当前企业的财务运营水平较高。反之则证明当前企业在财务方面存在着一定的问题，需要对出现这些问题的原因进行深究和调查，以便能够及时地进行处理，以免为利益相关者的决策带来不良引导。现金流量的结构可以划分成三个类型，下面将分别对这三个种类的现金流量质量分析进行说明。

1. 分析经营活动的现金流量

企业经营活动当中的现金流量是整个报表的第一分类内容，包括企业在日常经营实践当中出现的现金流量的总和，其中主要是由主营业务带来的。如果一个企业有着非常明显的主营业务，也就是经营的业务侧重点，同时企业的收入水平呈现出稳定持续增长的状态，那么这样的状况也直接标志了当前企业呈现出一个经营状态良好的局面，对此有必要把这一指标作为分析和研究当中的重点。一般而言，在分析现金流入和流出之间的关系时，流入金额属于正数的话，往往可以认为当前企业的运营活动状况良好，是通过出售自身生产产品所形成的现金流入，而且随着现金流入数额的增大，证明企业经营活动十分的稳定，呈现出健康发展的状态。尽管如此，在实际分析当中一概而论也是不恰当的。如果站在企业长远发展的角度来分析，只有当现金流入和流出之间的差额是正数,且在补偿非现金消耗之后,该数额仍然是正数,也就是证明了存在剩余,这才能够真正说明企业经营活动的现金流量有着较高的质量,并且带动着企业经营活动的飞速发展和各项活动的有效运转。透过这一现象可以清楚地看到在这一阶段企业通过稳定的日常经营活动获得现金流入企业,而流入的这部分现金能够有效支付经营活动产生的各项成本以及损失,同时还能够有所剩余,并且将这部分的剩余现金应用到投资当中来获得良好的投资效益。这样的状态如果长久维持下去,能够非常清晰地表明经营活动的现金流量质量极高,同时能够有效推动企业经营以及投资活动的综合发展,促进企业的不断发展壮大。

此外,如果站在企业成长过程的视角来研究的话,在企业事业的初始阶段,也就是刚刚开展经营活动的时期,与经营相关的每一个环节都尚未发展成熟,还需要在实践当中不断地磨合和调整,企业的各种资源不具备较高的利用率,材料的消耗量相对较高,因而导致企业的成本较高。与此同时,为了开拓市场,拓宽产品销路和产品的市场占有额,企业有可能会投入较多的资金,并力求采用多元化的方法让自己的产品可以走向大的市场发展空间。在这一阶段现金流量会呈现出流出大于流入的状况,这也是企业经营活动发展以及成长过程当中的必经之路。

在与企业经营活动相关的现金流量分析和研究当中需要将侧重点放在企业通过销售产品和提供劳务获得的现金方面。可以把这一方面获得的数据资料和营业收入总额进行对照研究,进而得到现款销售率这一重要的指标。如果收现率水平呈现出较高的状态,那么无疑证明企业的管理十分成功。与此同时,还能够体现出企业非常准确地做好了产品定位工作,并且选择的销售方案和市场与产品和企业发展相适应,同时已形成卖方市场的良好经营环境。尽管现金流入有可能包括前期因商业信用产生的应收票据或应收账款的收回,但是在很多情况下可以忽略不计,因为如果站在长远角度进行分析的话,除了企业当前所处的经营环境出现极大程度的波动,上面提到的应收账款年平均收现率差异不会太大,这一差异对每年现金流量的影响也会抵消。除此以外,还需要关注企业购买产品和接受劳务支付现金这一个项目,将其和主营业务成本展开对照研究,这样就能够获得实际成本的评估结果。通过对结果的研究和调研,能够明确企业当前形势状况,便于良好决策的出台。

2.分析投资活动的现金流量

企业的投资活动主要有三个目的。

(1)通过有效地投资来为保持日常产品生产和企业经营维持在良好发展状态打下坚实的根基。

(2)满足企业对外扩张以及战略性发展的要求。也就是说,如果企业想要不断地拓宽自身的发展规模,满足自身的发展目标,可以进行一系列和多元化的投资活动。

(3)将企业暂时闲置资金应用到短期投资环节,以便能够提升投资收益水平。

上面对企业开展投资活动的三个主要目的进行了说明,其中前两个目的需要和企业短期以及长期的发展计划实现统一性和协调性。最后一个属于企业短期阶段的理财活动。当企业选择的投资活动与长期以及短期计划的条件相符的话,最终由该活动形成的现金流量是负数的话,其原因可能是企业扩大投资、企业着力于发掘利润增长点。如果得到的是正数,其主要原因是投资回收大于投资支出,又或者是企业急需资金,于是对自身所控制和拥有的长期资产进行处理。对此,在实际的分析和研究当中需要分清不同的情况,并且找到获得相应情况的具体原因,以便获得最为真实全面的结果。

在这里特别要指出，在很多情况下投资活动实施获得的现金流出，需要有经营活动的现金流入作为补偿。针对这一情况，即使是发现企业当前投资产生的现金流量是负数，那么也不能急于下定论认定投资活动现金流量质量很低，完全否定企业的实力以及投资行为。正确的做法是整合多方面的因素来评估，以及判断企业未来获利水平的程度。要结合的因素有：第一，企业所生产产品在市场当中是否有广阔的发展潜能，能否进一步扩大市场占有量，提高企业产品竞争力。第二，企业对自身所生产产品是否有明确和精准的定位，是否找到了适销对路的方案。第三，企业当前所处的行业发展状况以及企业面临的内、外部经济环境能否为企业的发展提供一定的支持。

3. 分析筹资活动的现金流量

假如企业可以最大化地彰显筹资的价值，提高企业的资本利得，使得财务杠杆的作用发挥到最佳水平，那么企业所开展的一系列筹资活动的现金流量质量处在较高的水平，能够为企业的未来发展提供动力源泉。企业开展筹资活动，必然会带来现金的流入，而且也会借助这部分流入的现金来投入到日常的经营生产当中，同时也会用这部分现金来进行投资。在分析评估筹资活动的现金流量质量时，同样需要做好两面分析，掌握现有净资产收益率和投资前景。如果净资产收益率明显低于银行利率的话，证明此项筹资活动为企业带来了负面影响，由此导致的现金流量质量低，为企业带来了危险信号，因为它直接证明了企业当前创利水平甚至无法完成利息支付。而针对投资前景的研究，在上面的分析中已经给出论述，下面不再进行一一说明。

此外，正处在初级发展阶段，这是开创时期的企业，对于资金有着非常迫切的需求，他们要想满足自身对于现金流的需要，必须要借助多元化的筹资方式来达到目标。对此要想评价企业筹资出现的现金流量是正数，是否可以被判定为正常，最为主要的内容还是要考量企业是否将筹资纳入到自身的发展大计以及战略性规划当中。此时企业的筹资究竟是属于推动企业战略性发展的主动行为，还是一种被动的筹资和不得已的现金流量。如果在报表分析当中发现企业在筹资方面的项目出现的现金流是负数，也存在着几个不同的可能性：第一，可能是企业在经营和投资当中做好了现金流的有效运转，因此可以完成相关现金支付和成本支出等工作。第二，可能是企业在投资以及自身规模扩大等层面没有较为远大的理想和追求，而选择的一种不作为行为。

4. 掌握现金流量表是否存在大额非正常现金流量

首先，在分析和研究企业的现金流量表时，如果发现了非正常现金流量的话，则必须要对其提起高度重视，并用谨慎的态度来对其进行准确的评价和判断。因为此项现金流量数额较大会影响现金增减情况，而且这样增长的状况很有可能在之后不会呈现出一个保持的状态。在这一状况下的大额非正常现金流出，处于偿还历史负债的一种行为，不能够构成评价企业经营活动现金流量的障碍。

其次，还需要特别关注，在投资环节出现的企业处置固定资产回收现金金额数量巨大的话，同样需要秉持谨慎的态度。虽然这属于现金流入的一种良好状态，但是仍然存在一定的隐患，需要查看企业是否存在濒临破产的状况，这样的行为是否属于企业破产之前变卖资产的一种表现，以免由于错误判断而出现损失。

最后，必须要多加留意一些企业粉饰报表的问题，也就是通过人为因素将现金流量净额调整为正数。

投资者应从多个方面的内容考虑，形成一个综合性的判断，更加准确地评判企业的成长以及发展的潜能，认真考量企业的各项能力，查看企业能否真正为利益相关者带来较高的回报。

第五节　所有者权益变动表

所有者权益变动表体现的是一种结构性的资料数据，而且该项报表也是对上市公司进行财务分析研究工作当中的一个重要根据，与前面论述的几个报表相辅相成，共同为企业财务分析提供有力依据。在新《企业会计准则》还没有颁布之前，所有者权益变动表仅仅是利润报表的附属报表，但是在颁布之后升为主表，更加结构鲜明地体现出有关利润分配等方面的信息。

国家颁布的《企业会计准则第 30 号财务报表列报》当中明确地指出所有者权益变动报表必须要能够清楚地展现出与所有者权益相关部分的增减变化，并将具体的构成和结构分布直观清楚地体现在报表信息当中。同时还在规定当中指出需要在报表中单独列明的项目，如净利润、实收资本、盈余公积等。

所有者权益变动表必须从整体上体现出企业在一定会计时期有关所有者权益的一系列变化和发展的实际状况。具体包含下面几个方面：第一，所有者权益总量增减。透过所有者权益的总量能够从整体上对企业的财务发展情况进行评估，了解企业当前的获利水平。第二，所有者权益增减变化的结构性内容。本身该报表就属于一种结构性的报表类型，需要体现出所有者权益精简的结构性特点，这样才能够让信息需求者发现变动的原因，了解实际的变化情况。

一、所有者权益变动表的作用

（一）帮助投资者深入了解企业净资产

透过所有者权益的增减，体现出的是净资产的实际变化。就可以从这一报表当中清楚明了地发现所有者权益变化的原因所在，同时也可以判断净资产增值性质以及发展潜力。

（二）有利于充分体现企业的综合收益

综合收益体现的是企业和所有者之外，在其他方面产生经济关联所带来的净资产变动的情况，该项受益是两个部分组成的，分别是净利润以及所有者权益利得损失。前面提到的净利润已经实现，并且进行了实际的确认，构成了企业收益当中的一部分，而后者则尚未实现。但是按照国家制定的相关法律法规和会计准则已经完成收益确认。需要注意的是，这两个组成部分需要单列出来，直观体现在报表当中，让报表信息的需求者可以深入了解企业综合收益的相关情况。

（三）连接资产负债表和损益表的桥梁

按照相关会计处理原则的要求，在整个利润报表当中不能够明确地列出企业已经完成确认，但是还没有实现的利得损失。需要在企业编制的资产负债报表当中的所有者权益项目当中将其确认下来，最终形成净利润的增加。为了形成对所有者权益的变动补充，则需要充分发挥所有者权益变动报表的作用，并且使其在利润报表和资产负债报表之间构建起桥梁与纽带。

二、所有者权益变动表列报格式

（1）矩阵形式列报。由于所有者权益是由很多不同的部分共同构成的，要想体现出组成部分的实际增减，运用矩阵的形式来对其进行清楚的排列和说明是十分必要的。

（2）列示比较信息。按照国家规定的有关所有者权益变动表列报要求以及规范，企业必须清楚地展示出相关的比较信息，也就是要编制、比较所有者权益变动表，在制作当中可以参照财务报表列报指南。

三、所有者权益变动表的项目分析

要想形成对企业所有者权益变动表全方位信息的掌握和挖掘，必须要找到侧重点和分析研究的开端，也就是要集中解决主要问题。具体而言，必须把侧重点放在所有者权益变动的来源项目，发现导致企业净资产发生变动的根本原因，透过报表观察企业经营活动的真相，查看企业是否存在操作的问题，是否从实际出发做好了投资者的权益分配工作。

（一）会计政策变更、前期差错更正项目分析

（1）会计政策变更。一般情况下，企业所选择的会计政策是不会发生改变的，除非有特殊要求才需要进行政策的变更处理，而在具体的报表当中需要明确说明变更的原因以及变更的具体内容。在处理报表时要求把政策变更的一系列项目单独地体现在报表当中，从而使得报表信息的需求者了解这样的政策变更带来的累积影响额。当然，企业所选用的政策变更法是追溯重述法。毋庸置疑，会计政策方面的变化无疑会对企业的运营以及成果带来重大的影响力，也因此要求分析者能够针对这一问题做好相应工作的处理，具体包括：第一，关注会计政策变更内容、原因、处理方法、影响等多个因素，从而了解事情的来龙去脉。第二，要注意针对变更的披露是否充分，披露前后企业的财务数据是否符合可比性的要求，来进行准确的评估与判断。第三，透过政策变更的问题来评估企业是否采取了粉饰报表行为，或者是否有相关的动机。当然，在分析这一问题时，除了要分析变更的情况以外，还需要整合当前企业的发展背景和运营发展环境，使得到的判断更加综合细致。

（2）前期差错更正。在该报表当中单独地说明前期差错的更正能够清楚地表明由于出现差错更正而影响到的累积额。在前期差错更正的处理工作当中，选择的是追溯重述法。在对这一问题进行研究过程中，投资者应该关注的是企业是否借助前期差错更正的行为进行利润方面的操控，明白清晰地呈现出具体的调查信息，以免对投资者的决策带来误导。

（二）直接计入所有者权益的利得损失项目分析

（1）可供出售金融资产公允价值变动净额。这一项目体现出的是企业能够供给出售的金融资产在期末阶段公允价值变动额。

（2）权益法下被投资单位其他所有者权益变动影响。被投资单位的当期净损益会清楚地体现在投资收益当中，并且对利润报表当中的净利润项目带来一定影响。

（3）与计入所有者权益项目相关的所得税影响。上面提到的两个项目所形成的递延所得税资产或者是负债的变化，应该在所有者权益变动表当中体现出来，同时不会影响到所得税和净利润。

借：递延所得税资产

贷：资本公积——其他资本公积

或 借：资本公积——其他资本公积

贷：递延所得税负债

但是如果是交易性金融资产形成的递延所得税资产是负债的话，会与所得税和净利润产生关联。

借：递延所得税资产

贷：所得税费用

或　借：所得税费用

贷：递延所得税负债

（三）所有者投入和减少投入项目分析

（1）所有者投入资本。所有者投入资本，会增加企业的营运资本，增强企业的经济实力，负债比率也会因此好转，但应该注意所有者选择的投入资本的方式。

（2）股份支付计入所有者权益额。如果股份支付的时间选择存在差别的话，那么相应地采用差异化的会计处理方法，即：

在授予日，不做处理。

等待期内，每年年末，估计行权数量、金额，按年分摊计入成本费用，计入资本公积。

在行权日，按照实际行权数量核算、确认应该转入股本或者实收资本的金额，并完成相关转入操作。

行权日后，不再做调整。

（四）利润分配项目分析

（1）提取盈余公积。如果企业属于公司制度，那么必须要依据税后利润 10% 的比例提取法定公积金，在计算基数时必须要刨除年初未分配利润。累计额度超过注册资本 50% 之后可以去除此项操作。

（2）对所有者（或股东）的分配。股票股利，是指向现有股东送股；现金股利，是指向现有股东发放现金。

相对来说，处于成长中的公司通常采取发放股票股利的形式，预示着公司将有较大的发展空间，而成熟型企业则倾向发放现金股利。

国家针对上市公司现金分红以及相关财务信息的披露给出了强制规定和要求，主要有：第一，上市公司向外界提供的年度财务报告必须细致清楚地对上市公司采用的现金分红策略和具体的方法进行说明，从而为投资者提供必要的根据，使得他们能够对自身投资的公司有着一定的未来预期。第二，上市公司在自身的企业章程当中必须要清楚地说明有关现金分红的制度，同时必须要做到相关制度的全面贯彻实施。除了上面的规定以外，还有很多其他的强制性要求，不再做一一说明。通过对当前我国在相关法律法规方面建设的分析和研究，能够清楚地看到国家强调对股东的保护，并且为了股东权益的实现提出了强制规定。广大投资者将自己的资金投入到上市公司，也就是通过购买股票债券等方式来持有一定的股份，他们要想从这些投资当中获得回报，最为直接和主要的方式就是获得现金分红。当前，全球经济面临着非常严峻的形势，但是相对来说我国的经济发展条件是较为稳定和持续的。通过以上强制性制度的颁布和贯彻落实，能够进一步推动资本市场的发展，形成良好的长期投资观念，也使得整个资本市场有着勃勃生机，让广大投资者能够放心地将自己的资金投入到市场当中，为我国的经济建设和企业可持续发展的实现贡献力量。

（五）所有者权益内部结转项目分析

有关内部结转的项目不会为权益总额带来较大的波动，仅仅是体现出每一个组成部分间的增减。

（1）资本公积转增资本。资本公积实质上是公积金，和资本有着密不可分的关联。公积金的形成主要有以下原因：第一，企业受到资本捐赠。第二，股本溢价效应。第三，重估企业法定资产出现的资产价值增加。在对这一项目进行研究时，必须要明确区分资本公积形成的具体原因，以便能够更加清楚地进行项目的判断。

（2）盈余公积转增资本。法义盈余公积金在提取时需要依据净利润10%完成处理，而任意盈余公积需要由企业股东大会的决议来确定，有明显的自主性特征。

（3）盈余公积弥补亏损。此项目要求的是税前利润，必须要先对亏损进行补充，并且根据相关的制度要求，上市公司只有在全额弥补累计亏损之后才能够进行所有者权益的分配。

第六节 合并报表分析

一、上市公司合并的种类与原因

（一）上市公司合并的动因

企业合并的含义是把两个及以上独立性质企业并成同一报告主体的一种经济活动。企业合并的类型主要有两种，分别是同一和非同一控制下的企业合并。针对上市公司而言，其合并的含义是把两家及以上企业的经济活动和资源因资金纽带关系而置于一个管理机构或集团控制之下的企业组合方法。上市公司间能够完成企业的合并，同时，上市公司能够合并一般企业，反之也能够实现。

企业是国民经济的细胞，是国民收入的源泉。在市场经济体制下，企业按照特定的生产技术条件将生产要素结合起来，进行生产和经营活动，用取得的收入弥补成本、费用，获取利润，求得生存和发展。企业采取的措施中包括转让前景黯淡、经营不善的企业，以换取货币性资产，避免遭受更大风险与危机。也有很多企业本身的运营绩效水平较高，如果被其他企业完成合并之后，那么这部分企业的资产利用率能够获得极大程度的提高，这样的合并也是十分必要的。企业合并现象的发生是当前市场经济体制改革推进以及最终实现的一种必然。因为处于市场经济环境下的一个非常显著的变化是整个市场的竞争日趋激烈，企业面临的外部经济发展环境发生了翻天覆地的变化，他们要想在这个市场当中生存下去，必然要展开激烈的市场竞争。要想在竞争当中立于不败之地，还是有着极大难度的，也由此会引起一系列的产权转让以及交易等事项，最终出现企业合并的情况。

从微观上看，企业合并原因主要有以下几个方面。

（1）节约成本。企业要想获得能够满足自身需求的生产能力或者是相关的条件，选用企业合并的方式会更加节省成本。这样的对比是和企业自身努力来获得相同生产力进行对照。节约成本是企业所需要的，那么这也构成了企业合并的一个重要原因。

（2）降低风险。购买已有的产品生产线，接受现有的市场，通常要比开发新的产品，拓展新的市场风险小。当企业以分散风险为目标实施企业合并时，尤其如此。

（3）能较早利用生产能力。通过企业合并取得的固定资产，可望在短期内投入运行，较早地转化为生产能力。企业新建厂房需要得到政府有关部门的批准，并且会耗用几年的建造时间，从而延误生产时机。

（4）取得无形资产。企业合并可能是为了取得有形的经济资源，也可能是为了取得无形资产，如专利权、专营权、管理技术、优越位置等。上面提及的这些无形资产对企业来说有着非常强大的吸引力，因此他们会愿意用合并的方式来获得。

（5）税务优惠。通过企业合并，组建企业集团，可以得到税务上的优惠。我国和有些国家（地区）的税务条例、税法，对企业集团的增值税、所得税都给予了优惠和支持，这些优惠对于企业来说是非常必要的。

（二）上市公司合并的种类

上市公司在完成合并时有着差异化的标准，因此合并种类也有着非常显著的不同，具体有以下几个方式。

1. 根据控制主体

将控制主体作为分类根据的话，上市公司的合并可以划分成同一和非同一控制之下的合并。前者的含义是此次参与到合并当中的企业在合并之前以及之后都受到同一方或者是多方的非暂时性控制。在实际的会计核算处理中借助权益结合法。在对这一概念进行实践研究时，需要着重关注下面几项。

（1）参与合并的企业在合并前后都可以对其进行最终控制的一方，往往是企业集团母公司。

（2）参与合并各方合并前后都可以实现最终控制的相同多方，主要指按照投资者间约定满足其中某一投资者渴望扩大对被投资单位表决权比例需求，或巩固其控制权。在对被投资单位的生产经营决策行使表决权时，采用相同意见的两个或两个以上的法人或其他组织。

（3）实行非暂时性控制的含义是控制时间超过一年。

（4）依照实质重于形式准则来进行合并方式的判断。

（5）购买子公司少数股权的全部或部分，不应该纳入到企业合并的范畴中。会计在核算和处理当中借助购买法。其特征表现为：非关联方间展开，市价是交易基础，符合公平性的原则，具有核算基础；购买方控制的净资产实际金额应该以公允价值计量。

2. 根据法律形式

如果把法律形式作为分类的标准，那么可以将企业合并划分成三种类型，具体如下。

吸收合并是把两个及以上的企业并成一家，采用这样的合并方法最终只有其中一家会拥有法人地位。

创立合并的含义是构建一个全新的企业所完成的一种合并，这样的合并方式，使得原来的企业完全消失，形成当前新企业。

控股合并是其中的一家企业购入能够达到控股目的的股份所形成的合并，原来企业仍然持有自身的法人资格。理论上，当企业控股股份占普通股50%以上，就掌握了控股的权利，相应得也完成了控股合并。比方说甲公司出资收购了乙公司有投票表决权的51%股份后，就可以完全控制乙公司的生产经营管理权，甲公司成为控股公司，也称母公司；乙公司成为甲公司的附属公司，也称子公司。但是有大量的实证证明不应该将持股比例作为标准，而是要考虑到能否全面控制以及管理被投资企业。

3. 根据所涉及行业

将公司所属行业作为划分标准的话，企业合并有以下几种类型。

横向合并是所处行业相同或相近企业之间完成的水平合并。之所以要进行这一方式的合并,最为核心的目标还是要把原本发展较差的企业合并成一个大企业并与其他企业抗衡;或者是优势互补,共渡难关。

纵向合并指的是所处行业虽然不存在相同或者是相似的情况,但是企业之间有着前后关联,将这样的企业进行合并,就形成了纵向合并。比方说由实力较强的钢铁公司合并煤炭开采以及运输公司,既保证了钢铁冶炼所需的燃料,又可使产品、原材料的运输不致中断,有利于原材料的供应和产品的销售。

混合合并实际上是把负责多元经营的企业合并起来,这些企业之间不存在内在的关联。比如,钢铁公司合并电视台;石油企业合并饭店等。采用混合式的企业合并方法呈现出来的一个局面,最终构成了实施多元复杂经营的公司。采用这样的合并方式,实际上能够进行经营风险的分散,使得企业拥有较高的生存实力,与此同时还能够达到拓宽市场的目的。但是在采用这一方式时,必须要认真思考购买企业的行业管理能力,经营的行业过多,会分散管理层的精力。

二、与合并报表有关的重要概念

(一) 集团

集团是母、子公司的有机集合体。

1. 集团的类型

(1) 直接控制集团。这种集团就是一个控股公司对一个或更多的企业拥有有效的控制权。如图 4-1 所示。

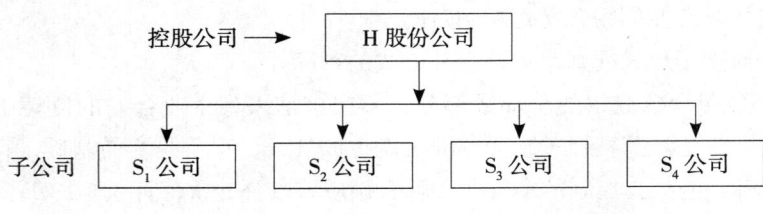

图 4-1 直接控制集团

(2) 垂直控制集团。这样的集团指的是控股公司子公司还有属于子公司的子公司。比如,H 控股公司控制 S_1,S_1 控制 S_2,那么就形成了 H 股份公司 S_1 有限公司 S_2 有限公司。

(3) 混合式集团。如图 4-2。

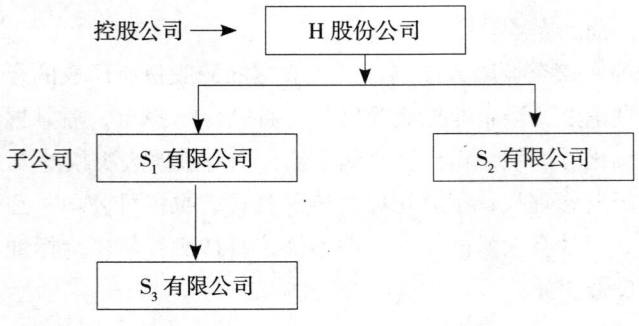

图 4-2 混合式集团

在最后两种情况下,S_1 有限公司也是控股公司,在实际工作中,还会产生更复杂的关系。

2.集团分类

依据相关部门进行分类，企业集团主要有以下几个类型。

由产供销关系形成的企业集团，这种集团类似于我们前面讨论的纵向合并。但是，集团内各公司间属于行政设立。其中每个企业都是法人，在财务和经营政策方面各自独立，企业相互之间不存在严格意义上的控制与被控制的关系。

科工贸企业集团，这一企业集团的形成是因为在科研产销等方面存在关联，在形成的这个群体当中，每一位成员都属于独立法人，彼此之间也不存在直接性的利益关联。

"六统一"的企业集团，实际上是成员企业在生产、销售等六个方面实行内部统一。在这样的状态下，每一个成员都不拥有法人资格，同时也已经不再属于真正企业，只能够成为"企业集团"内部非独立核算单位。

以产权关系形成的企业集团，在这个集团当中，母公司手中持有其他企业股权，把握控制权。母公司对子公司的经营以及财务决策有着直接或间接影响。同时子公司运营成效也直接关系到母公司财务发展的实际情况，可以说母公司和子公司形成了一个利益共同体。

在上述各类集团中，只有以产权关系形成的企业集团，才涉及合并报表编制问题。因为母子公司是一个利益共同体，要想了解到整个集团在财务以及运营发展等方面的具体表现，必须要呈现出一个合并报表，更加直观、全面地体现出集团信息。

(二)合并报表

合并报表实际上指的是由母子公司构成的企业集团所编制的合并财务报表，编制报表的会计主体是母子公司共同构成的一个企业集团，其中无论是子公司还是母公司都需要单独完成报表的编制工作。不同的是母公司所呈现出来的报表是一个综合性的报表系统，体现出的是整个集团在财务运营、现金流等多个方面的实际情况，而子公司所编制的报表仅仅是对子公司实际情况的反映。母公司负责完成合并报表的编制，编制的时间会选在会计年度的期末。具体有下面几个主要特征。

1.合并会计报表不同于个别会计报表

(1)合并报表当中体现出的是整个企业集团的运营以及发展的实际情况，而整个集团当中是由母子公司共同构成的，该报表的主体也是由若干法人构成。如果从这一层面上看这里提到的会计主体属于经济意义上的主体。另外一种个别会计报表最终呈现出来的是单个企业法人的运营以及发展的实际情况，其会计主体是企业法人。由于整个企业集团是母子公司共同构成，而且这都需要从自身出发来做好个别会计报表的编制，那么这些个别的报表体现出的都是各自的运营发展情况。合并报表则是一种综合性的反映，体现出的是这个集团整体上在财务发展、企业经营管理所获得的成果。如果站在这一层面上看，合并报表和个别报表之间的区别是十分明显的。

(2)合并报表是整个企业集团当中母公司编制完成的会计报表，而且母公司享有集团的控制权。站在这一层面上看，在整个集团当中不必全部企业都编制合并报表，也不是整个企业系统当中的成员都要做好合并报表的编制。从这一角度上分析，个别报表和合并报表有着非常显著的差别。国家整个企业系统当中的每一个有着独立法人资格的企业都需要从自身出发来做好个别报表的编制。

(3)在编制集团的合并报表时，需要把个别报表作为必要的基础。当企业在年度终了时，

159

必须要按照国家的相关法律法规来完成，同时结合企业实际发展情况的财务报表，也就是个别报表。在整个过程当中会严格依照一个系统全面的会计核算系统，最终确保报表的编制完成，有着一定的程序和相关的标准设置。合并报表则与之有着显著的差别，在整个合并范围之内的企业都必须要依照相关标准制作完成好能够反映自身企业发展实际的报表，也就是个别报表。接下来母公司在编制合并报表时以此为基础和重要的依据，同时再整合其他的信息数据，最终制作成一个综合性的合并报表，无须单独安排一个核算系统。

（4）针对集团合并报表的编制，形成了专门的系统以及方法体系。企业在进行个别报表的制作时有固定化的程序以及方法。合并报表会把处在合并范围当中的个别报表信息资料加总起来，在此基础之上，借助抵销分录的方式来完成集团业务和个别报表信息的抵销，最终形成合并报表当中的各项数据资料。从这一角度看，合并报表的编制方法是十分独特的，而且自成体系。

2. 合并会计报表不同于汇总会计报表

汇总报表的含义是把企业集团所属企业的全部报表展开加总制作完成的报表类型。在具体的编制环节，选用的方法是把全部汇总范围内的企业相同报表、相同项目简单相加的方法进行汇总。合并报表与其相比有如下特点。

（1）编制目的不同。之所以要编制汇总报表，实际上是要服务于国家或者是相关行政部门，他们之所以想要获得这样的报表信息，是想要从整体上把握行业或者部门所属企业在财务以及运营发展等方面的现况以及具体的需求。编制合并报表的目的则与之有着显著的不同，因为该报表的编制是要服务于企业集团的利益相关者，使他们能够从整体层面掌握当前集团在财务发展和运营当中的状况以及在实际发展当中的需求。

（2）涉及企业范围不同。汇总报表所包含的企业范围是把财务隶属作为范围确认的，只要是属于下属企业的范畴，而且不具备独立财务管理权力的企业都要在汇总报表当中体现出来。合并报表涉及的企业范围选用的是将控制关系作为合并范围的。只要是能够被母公司所控制，无论他们是通过投资还是协议等关系构成的控制都需要纳入到合并报表的企业范畴中。

（3）数据形成方法不同。汇总报表数据是按照加总方法形成的，只是简单地将获得的全部数据加总起来就能够获得汇总报表当中的数据资料。合并报表当中的数据必须要借助抵消以及剔除影响之后才能够获得以及形成。

（三）合并理论

各个国家以及地区在依照相关要求和原则制作合并报表的过程中，并非是单一依照一种合并理论，在更多情况下是把一种合并理论作为主要的理论支持，与此同时企业还会从实际出发，提高理论应用的针对性和有效性。下面对几个主要的合并理论进行说明。

1. 母公司理论

按照母公司理论的说法，合并报表服务对象是现在以及未来母公司股东、为公司提供借款的广大债权人，究其根本，是要维护好母公司股东的切身权益。按照母公司理论的相关内容以及标准要求来进行合并报表的编制，实际的报表制作当中，无论是方法的选择还是其他内容的安排都坚持从母公司股东权益的实现层面出发。比如，针对母公司的少数股东权益，在合并的报表当中将其纳入到普通负债的项目当中来进行核算；针对抵消母公司内销收入，抵消份额只是占有多数的股权。如果站在这样的角度进行研究的话，可以说母公司理论忽视了少数股东权益的实现。在这一理论的支持之下，要确认合并报表的范围，会把法定控制作为基础和原则性的条件，以持有多数股权、表决权或者是法定支配协议作为决定性的因素来判定是否要将企业归类到合并范畴当中。

2. 实体理论

实体理论同样是合并理论系统当中的一个重要的组成部分，按照这一理论的思想，合并报表属于构成集团的经济联合体的报表，而报表在实际使用当中必须要服务于整个经济实体，而这一经济实体是集团当中全部成员共同组成的。按照实体理论的标准，集团的股东无论持有多少股权，都处在平等的地位。即使这个股东是集团成员企业的股东，不管该股东持有多少股权，他们都是整个经济实体的股东。按照实体理论的标准以及内容的设定，少数股东权益同样也是股东权益不可或缺的组成部分。在这一理论的支持下制作完成的合并报表，符合集团管理者的报表需求，同时也符合集团运营发展以及管理的实际需求。

3. 所有权理论

所有权理论侧重的是在合并报表的编制当中，报表编制企业对另一企业在经济以及财务角色等方面的重大影响，和上面提到的强调法定控制或者是经济实体的理论有着非常显著的不同。如果依照所有权理论进行实际的会计处理，其所拥有所有权企业的资产负债以及损益需要依据一定比例并入到合并报表当中。

从整体上看，无论是母公司理论还是实体理论，往往都难以有效地处理隶属企业集团当中企业有关制作合并报表的相关问题。比如，某企业全部股份是由两个投资企业共同形成的，各拥有其50%的股份，在这种情况下，其中任何一个投资企业都不能拥有该企业的控制权力。如果按照前两个合并理论作为实际的工作处理根据的话，要确定合并报表应该怎样完成合并是无法实现的。所有权理论可以说是为解决前两种理论而逐步形成的，在实际的合并报表编制和处理当中，有着最为广泛的应用，其实用价值也得到了肯定和认可。

（四）合并方法

企业合并会计处理的焦点在于：在计价时，被合并公司净资产应该按照哪一种计价手段，是公允价值还是账面价值？合并成本当中包括商誉要素的情况，应不应该在报表当中确认？企业合并前利润和合并时留存利润应不应该同样并入到合并企业当中？

针对上面提到的这些会计处理的焦点问题，可以采取不同的处理方法：

1. 购买法

在企业合并的过程中，企业获得一项净资产交易，此项交易和直接购买资产不存在差异，这就属于购买法，其特征包含以下几点。

（1）购买企业必须依据公允价值记录资产、债务。

（2）如果合并成本超出净资产公允价，将其计入商誉当中，根据相关规定做好分期摊销。如果选用的是控股合并，那么商誉只需要在报表当中体现即可。

（3）购买企业利润仅仅含有当年本身利润和合并日后利润。

（4）购买企业留存利润会在合并发生时出现减少可能性。

《企业会计准则第20号 企业合并》当中明确指出同一控制下的合并，必须要选用权益结合方法来完成会计处理的工作，非同一控制的合并要借助购买法。在实际方法的选择和应用过程中，必须要根据实际情况，具体问题具体分析，避免出现违规操作的问题。

2. 商誉和负商誉

合并成本超出被并企业净资产公允价值的部分被称作是商誉。按照相关的企业会计处理准则，在处理商誉时可以分情况进行：第一，把商誉单独作为资产的一部分，并完成分期摊销列入费用当中。第二，在实施企业合并的过程当中就把商誉冲销留存利润。第三，把商誉纳入到永久性资产的范畴，而且不对商誉实施摊销处理。但是如果有确切的根据，说明商誉的价值保持着持续下降的状态，那么还是有必要将其进行摊销处理的。根据国家制定的相关会计准则，强调商誉需要从无形资产当中独立出来，不对其实施摊销处理。与此同时，在每一个会计期的期末，都要对商誉展开减值评估，查看商誉的价值波动状态。

在实施企业合并的过程中，净资产公允价超出合并成本形成的差额就构成负商誉，当然这一情况只是极少数存在的。负商誉的问题，必须要进行及时的处理，同时也能够体现出被合并的企业在报表当中还有一些风险因素，不能够及时对其展开分析和处理，对于企业未来发展是极其不利的，由负商誉造成的未来利润降低问题会十分明显。

3. 权益结合法

在权益结合法的应用之下，企业合并不能够被纳入到购买的范畴，当然也没有存在购价或者是计价等的必要性。在完成合并工作之后，被合并的企业仍然有权力参与到集团的运营以及管理的实际工作当中。具体而言，这一方法有如下特征。

（1）不存在新计价基础，净资产按账面价值计价。

（2）不属于购买范畴，不存在购价以及商誉，对此在报表当中不对以上信息进行体现。

（3）不考虑合并发生时点，合并后企业拥有被合并企业全年度利润。

（4）被并企业年度留存利润要转入合并后企业。

（5）合并后全部费用纳入当期费用范畴处理。

需要注意的是，如果参与合并活动的企业在实际的会计处理工作当中选用了不同的会计手段，那么必须要根据实际需求来完成追溯调整。另外，还需要在比较报表当中对前期制作完成的报表进行更正。

4. 购买法和权益结合法的比较

（1）影响合并当年。按照权益结合法的会计处理要求被并企业年度利润需要一同并入到合并企业当中。但是如果依据购买法的会计处理标准，只是把合并后企业利润归入到展开合并的企业利润报表当中。对此，在合并发生时点晚于年初，同时被并企业从年初开始一直到合并的时点，通过日常的发展运营活动获得了利润，那么依照权益结合法核算得到的利润将会一直高于购买法核算获得的数额。另外，考虑通货膨胀因素，开展合并企业只需要把并入资产进行现行公允价值变现，就能够提升当年的利润水平，使得利润报表的质量较高。

同样的，依照权益结合法的会计处理准则，一切和合并有关的成本都必须纳入到当年费用当中。按照购买法的会计处理准则，只有间接费用才能够计入相关费用项目。

（2）影响合并后年度。依照权益结合方法的设定依照原本账面价来并入资产以及负债，同时要求不对商誉进行确认。但是购买法在实际的会计处理当中，则与上面恰恰相反。对此，采用权益结合法得到的利润要高于购买法处理得到的结果，而成本费用则相反，这就是对合并后年度影响的具体体现。

5. 购买法和权益结合法的理论依据

在选择应用具体的会计处理手段时，除了要考虑不同方法产生的差异化经济作用以外，还必须要满足内在合理性的原则。究竟是选用上面提到的这两种方法当中的哪一种都有着理论根据。

选择购买法的理由包括：

（1）通过对大量企业合并的事件进行研究和分析，可以清楚地看到展开合并的购买企业取得控制权，在这一过程中有着购买行为，那么对应地要采用购买处理方法。

（2）在企业合并事件的发生当中，最终形成的是一种公平交易的成果，而且这其中提到的交易基础是公允价值，采用这样的处理方法才是最为科学恰当的。

（3）用现金、负债等不同代价完成的企业合并事件，总是会选用购买法的会计手段。

（4）按照购买法所处理完成的报表能够非常显而易见地展示出合并经济实质。

（5）如果站在购买法视角层面来进行分析，权益结合法概念基础不足，尚未出台统一认定的标准。

（6）如果采用权益结合法来对企业合并当中的各项财会业务实施安排和核算，那么开展合并的企业能够轻松地借助合并盈利企业的方式来提升自身的利润。

选择权益结合法有下面几个理由。

（1）与企业合并概念相符。

（2）与原始成本会计准则相符。

（3）方法简便易行，可操作性强。

6.购买法和权益结合法应用条件

在对企业合并过程中产生的会计业务进行具体的核算处理时，可以选用购买法或者是权益结合法。但是必须要注意，两种方法只能任选其一，不能两者都采用。一般而言，如果企业合并是购并企业通过转让资产或承担债务换取被购并企业净资产来完成的，则应用购买法更加恰当。如果是借助发行权益性证券的方式来实现合并的情况，则需要选择后者。由于权益结合法会给并购企业带来有利影响，为了防止企业盲目地选择权益结合法，各国会计管理机构都对权益结合法给出了一定限制和具体要求。比如，早在1970年美国就在相关的法律法规当中要求在实施企业合并业务的会计处理工作当中，要选用权益结合法。除此，还对其要满足的条件进行了说明，如在展开正式的企业合并之前的两年当中，合并参与范围当中的全部企业必须要满足独立性以及自主经营的要求；在完成合并后的企业，所有普通股股东仍能行使其表决权，不被剥夺表决权，也不受限制；合并之后的企业不能够用任何方式赎回普通股；参与合并范围当中的企业合并前后，普通股股东权益与全部股东权益比率不变等。如果要选择应用权益结合法的话，必须要满足上面提到法律条款当中的全部内容，这样得到的处理结果才最恰当。2001年，美国再次颁布相关规定要求，无论何种形式的企业合并都要选择购买法。当前有很多发达国家明令禁止应用权益结合法。我们国家在对待这两种方法时，强调要分别对同一和非同一控制的合并实施权益结合法、购买法。

（五）合并范围

探究、理清合并范围是实现编制合并会计报表目的最基本的前提，所谓合并范围，其理论上的定义就是指合并会计报表编制内实际包含的被投资企业的数量和规模。如何准确界定合并范围，关键在于采用怎样的合并理论来制定报表。从公司结构和组织形式的理论，特别是母公司理论可以看出，一公司对另一公司享有绝对的控股权，或者一公司对于另一公司具有相当大的影响力和左右能力，那么被控股的公司就属于报表制定所依据的合并范围。从会计实务发展现状可以看出，世界各国特别是众多发达国家关于合并范围有十分详尽的法律法规等制度规定。

我国与世界主要发达国家关于合并范围确定的原则相一致，主要表现在将母公司理论渗透进我国现行的《企业会计准则第 33 号 合并财务报表》。关于该理论，母公司对于其领导下的多个子公司享有绝对的控股权和影响力，合并范围就可以因此而界定和明晰。具体到我国会计实务中，有专门的规定：母公司对于子公司的控制，是明确合并范围的核心要素和前提基础，此语境下的子公司，指的是母公司所有能形成影响力的对象，不论其子公司的性质和形式如何。这里必须要明确"控制"的实质含义，即在母公司和子公司的关系中，母公司对于子公司享有绝对控股权，或者母公司对于子公的生产经营活动和决策制定具有相当的影响力和左右能力，又或是实际参与子公司的相关活动从而获得利益，并且关于利益的分配享有话语权（这里的相关活动，是指对被投资方即子公司的利益密切关联的生产经营活动，包括但不限于产品和服务的交易、企业资金的配置、企业生产经营的日常开销、企业新业务的拓展和新产品的开发、企业获利的再投资。）。

1. 母公司持有权益性资本大于 50% 的子公司

以所持有权益性资本的比重作为考量因素，当该比重大于 50% 时，一公司就可以形成对另一公司的控制和重大影响力。则此时该公司和持股公司实际上就是部分和整体的关系，它们的生产经营活动已经实现了融合和内化。通常此情况就属于合并范围（特殊情况除外）。

具体来讲，母公司持有权益性资本大于 50% 的典型例子主要包括。

（1）一公司直接持有另一公司的权益性资本大于 50%。这里强调"直接"，即两公司之间没有其他企业参与，如 A 公司对于 B 公司持股比例为 75%。

（2）一公司间接持有另一公司的权益性资本大于 50%。这里"间接"即两公司之间存在一个类似于媒介功能的其他企业，使得公司之间产生交集，形成控制。母公司可能通过其子公司而持有其子公司的子公司的权益性资本大于 50%，实质上来讲，除母公司外的其他两个公司均是该母公司的子公司。例如，A 公司持有 B 公司 90% 的股份，而 B 公司又持有 C 公司 80% 的股份，则此时 A 公司基于 B 公司就持有 C 公司 80% 的股份，此时 A 公司就同时享有对 B 和 C 公司的控制权，也就是说 B、C 公司均为 A 公司的子公司，均应当属于合并范围。

（3）一公司通过以上方式，即直接和间接共同持有另一公司的权益性资本大于 50%。具体来讲，是指母公司对于一公司直接持有的权益性资本小于 50%。同时又间接持有子公司一定比例的权益性资本。将这两种方式持有的比重求和大于 50%，及母公司对于该公司形成了控制。举例说明，A 公司持有 B 公司 60% 股份，同时持有 C 公司 40% 股份，而 B 公司持有 C 公司 30% 股份，则 A 公司通过 B 公司间接拥有 C 公司 30% 的股份，则 A 公司合计持有 C 公司 70% 股份，从而获得对 C 公司的控制。此时 B、C 公司均为 A 公司的子公司，均属于合并范围。

这里有一重点不可忽略，在前文条件下，A 公司对于 C 公司的间接持股是以 B 公司为 A 公司的子公司为必备条件的。若 A 公司只持有 C 公司 40% 股份，则 C 公司不再是 A 公司的子公司，更不用说是否属于合并范围的问题了。

2. 被母公司控制的其他被投资企业

除以上典型例子外，如果母公司借助其他手段对某些公司实现了控制和绝对影响力，则这些公司理所当然属于子公司，同样理所当然属于合并范围。主要可以归纳以下几种情形。

（1）母公司借助与一公司的其他投资公司之间的协议，持有该公司半数以上的表决权。一公司拥有众多的投资公司，若母公司与其他投资企业签订合作协议或者合同，从而就拥有这些投资企业在该公司股权的管控权利，进而实质上享有了该公司半数以上的表决权，则母公司对于该公司形成了控制，该公司已然成为母公司的子公司，属于合并范围。

（2）若根据合法自愿的公司章程或者合作协议，母公司对于一公司的资产资金和生产经营拥有了绝对影响力和控制力，换句话说该公司的发展方向和策略、日常工作以及投资借贷等相关活动均受制于母公司的意志，此时该公司已经实际上与子公司无异，属于合并范围。

（3）母公司对于一公司的董事会、股东会、监事会等重要机构的众多成员享有罢免和任用的权利时，将进一步影响到公司经营发展策略的制定，从而实际上将公司的生产经营等一系列活动置于其意志之下，换句话说，此时该公司已经实际上与子公司无异，属于合并范围。

（4）母公司在一公司的董事会或类似权力机构会议上享有50%以上投票权。在此条件下，母公司直接参与了一公司重大决策的制定过程，进而影响甚至决定了公司的发展道路和方向，从而实际上将公司的生产经营等一系列活动置于其意志之下，此时该公司已经实际上与子公司无异，属于合并范围。

3. 不属于合并范围的例外情形

母公司虽然满足对于子公司持股的比重条件，但是基于一些特定因素，母公司无法对子公司实现有效控制，或者母公司的意志在子公司不能得到有效的贯彻和落实。则此种情况无须纳入合并范围。究其根本，此情形下子公司的资产资金、生产经营活动与母公司并不能真正的融合和统一，若不排除在外，就会大大影响会计报表的真实有效性。

基于我国的会计实务，子公司属于合并范围的例外情形主要包括：

（1）子公司面临关停并转时，可以排除在外。当某子公司根据我国现行的法律法规，或基于某种正当特殊事由准备关闭、停业、合并或转产时，其基本的运营已经停止或者停滞，此时母公司显然不能继续有效实施控制，因而排除在合并范围之外。

（2）子公司进行重新整顿时，可以排除在外。根据相关法律法规，企业依据司法程序进行重新整顿时，按照法定程序或者行政管理部门有序进行。此时母公司显然不能继续有效实施控制，因而排除在合并范围之外。

（3）子公司破产时，应排除在外。根据相关法律法规，破产后母公司对于子公司不再享有控制权，只能作为旁观者或者一般的债务债权人。子公司名存实亡，更要排除在合并范围之外。

（4）子公司对于其50%以上资产进行出售时，可以排除在外。具体是说母公司虽持有子公司股权50%以上，但其中的一部分属于短期投资并且准备在近期内出售。也就是说母公司持有这一部分股权的目的在于出售而不是控制子公司，当刨去这一部分股权后，母公司持有的股权小于等于50%时，则其对子公司的控制只是短暂的，不能长期有效，可以排除在合并范围之外。

（5）母公司在子公司的股权权益实际上已经消失，甚至只剩下负债时。当股份有限公司的负债大于资产时，即资不抵债，此时该公司的股东也就是所有者的资产为负数，母公司对于子公司的权益也就不复存在，其责任也无须承担，自然应排除在合并范围之外。此情况限定在子公司不能持续经营的语境下。

（6）有一种情况不算在内，即子公司受所在国外汇管制及其他管制、资金调度受到限制。在会计实务中，子公司与母公司相比，经济实力薄弱、生产经营规模不大，若不加区分都纳入会计报表合并范围，一方面会加大工作难度和工作量，另一方面由于小规模子公司对于母公司的整体影响微乎其微，所以将其纳入本身意义不大。综上，我国相关法规切合实际地设置了一个标准，根据某个特定的公式，计算出当子公司资产总额、销售收入及当期净利润按照比例均在 10% 以下时，则可以排除在范围之外。

计算公式如下：

资产标准 = 该子公司资产总额的合计数 / 母公司资产总额与其所有的子公司资产总额的合计数销售收入标准

利润标准 = 该子公司当期净利润中母公司所拥有的数额 / 母公司当期净利润额

（六）少数股权

当母公司持有子公司表决权股份的比例在大于 50% 少于 100% 的范围内，则需要编制合并报表。此时子公司所剩余股份由母公司外的其他股东持有，这部分股份称为少数股权。在编制合并报表时，需要确认少数股权对子公司的净利润（或净损失）和净资产的要求权。少数股权对于合并报表的重要意义在于：一是代表少数股东对集团净资产的要求权，称为少数股东权益，我国规定"少数股东权益"项目应当在"负债"类项目与"所有者权益"类项目之间单列一类反映；二是代表少数股东对集团净利润（或净损失）的应享份额，称为少数股东收益。

三、合并报表的一般原理

作为会计报表的一种形式，合并会计报表有自己的特点，但同样也要与会计报表编制的一般原则和基本要求相契合。

（一）合并会计报表的编制程序

（1）编制报表的样稿和示范格式见表 4-8。

表 4-8 合并工作底稿

项 目	个别会计报表数			抵消分录		少数股东权益	合并数
	母公司	子公司 1	子公司 2	合计数	借 方	贷 方		
流动资产……								

图中"项目"栏，填写合并会计报表各项目的名称，合并会计报表中增加了"合并价差""少数股东权益"和"少数股东收益"等项目。

（2）将母公司、各子公司个别会计报表的数据填入合并工作底稿的相应栏目，并在工作底稿中对各项目的数据进行加总，计算各项目的合计数。

（3）"抵消分录"项目下，对母、子公司之间的债权债务进行登记，特殊情况下进行抵消处理，双方债权债务的变化与时间相一致。例如，成本、费用、资产类项目，以借方表示增加、贷方表示减少；收入、利润、负债及所有者权益类项目，以借方表示减少、贷方表示增加。该项目旨在去重复因素。

（4）根据合计栏、抵消分录栏的数字，计算出合并数，填入合并数栏。

（5）将合并数栏的数字，填入合并会计报表相应项目内。

（二）合并资产负债表的抵销处理项目

会计合并范围内的母公司和子公司各自的资产负债表是合并资产负债表的数据来源和依

托。母、子公司各自的负债表反映了其公司的经营状况和资产资金的数量和质量。也就是说，母、子公司各自的债权债务情况和业务往来，可以详尽地体现在个别资产负债表中。举例来说，母公司赊账购买了子公司的一笔货物，对于赊账销售的子公司，需要将此笔买卖纳入到营业额，通过成本和收入来计算利润，最后在其资产负债表中记录到应收账款；反之，如果母公司赊购的货物尚未售出，则在其资产负债表中分别记录到存货和应付账款。基于此，合并资产负债表中要评估整个企业集团的资产资金状况和债权债务情况，难免会包含重复计算的部分，重复计算的部分必须要刨除，此为抵销处理项目的功能和价值所在。

当搞明白合并资产负债表抵销项目的基本作用和原理后，接下来需要详细列举抵销项目的具体类型和内容。

1. 抵销长期股权投资项目与子公司所有者权益项目

母公司对于子公司的持股意味着母公司资金用于子公司股份的投资，这在母公司的个别资产负债表具有正反两方面意义：一方面代表母公司股权投资的增加；反过来则表明股权投资以外的其他投资的相应减少；这在子公司个别资产负债表中代表了资本和资产的增加。但这都是企业集团内部的消化和增减，其资产和资本的总量对外不会发生变化。因此在合并会计报表时，母公司的股权投资和子公司相对应的资产和资本变化的项目应当进行抵销。

2. 内部债权与债务项目的抵销

此处的抵销包括子公司相互之间、母公司与子公司的债权债务关系，包括但不限于应收应付账款、预付预收账款和债券投资项目。

这些项目主要包括：

（1）应收账款与应付账款。
（2）应收票据与应付票据。
（3）预付账款与预收账款。
（4）长期债券投资与应付债券。
（5）应收股利与应付股利。
（6）其他应收款与其他应付款。

3. 关于未实现销售存货的价值进行的抵销

实际上，企业集团内部子公司与子公司、母公司与子公司之间发生的交易和买卖行为，其产生的利润也仅仅是内部某个公司的利润，对于集团的整体利润并无太大影响。换句话说，只有交易的货物对集团外进行销售才能产生利润。反之，若企业内部的存货没有完全对外获取利润，则剩余的货物价值，应包括从集团内公司中购入存货中包含的毛利，对这部分内部交易毛利，在合并时应予以抵销。

4. 无形资产和固定资产中包含的未实现内部销售利润的抵销

当企业集团内部进行固定资产的赊购赊销时，卖方将产品销售给买方或者将固定资产作价给买方使用，其中的价格就是卖方的收益；而价格对于买方企业就相当于原价并且入账。这个原价就包含了卖方的销售利润。但这种销售行为仅在企业集团内部存在，其实就是固定资产内部转移，对于企业集团的整体利润增减并没有太大影响。

但在合并资产负债表中，原价所包含的内部销售利润部分应当去除和抵销。同理，企业集团同样存在无形资产的内部销售利润的抵销问题，解决方案与前者相同。

（三）合并利润表和合并利润分配表抵消的项目

母公司和企业集团其他子公司的个别利润表和个别利润分配表是制定合并利润和合并利润分配表的数据来源依据。利润表和利润分配表是公司经营状况和利润分配状况的说明载体。在利润合并计算的过程中，同样包含了重复统计的部分，需要进行抵消，具体的抵消项目如下：

1. 内部销售收入和内部销售成本的抵消

所谓内部销售收入，就是企业集团内部各独立法人之间的产品或者服务的买卖行为，包括母公司与子公司和子公司之间的交易行为。而内部销售成本就是以上内部交易行为的销售成本。在企业集团内部交易行为中，各独立法人对于这些交易单独制定财务收支和记录盈亏状况。对于卖方的公司，其在企业集团内部销售的收入作为本期收入记录在报表中，并结转产品销售成本，计入当期损益。对于买方的公司，当其将在企业集团内部交易中购买的产品或者服务对外出售完毕后，可将其收入作为本期收入记录在报表中，同时还要将之前的内部交易价格作为成本进行记录，从而进一步计算出利润。这样，企业内部同一笔交易行为在买卖双方企业的利润报表中都会记录。但这样的内部销售和交易仅限于企业集团的内部，对于集团整体的成本、收入和利润并没有增减。所以，当根据企业集团各个公司的个别利润表进行合并时，以上分析出的内部销售收入与内部销售成本必须进行抵消。也就是编制抵消分录时，借记"主营业务收入"，贷记"主营业务成本"。

例：假设母公司本期将成本为 4 000 元的商品销售给子公司，售价为 5 000 元。子公司在本期将该批商品全部对集团外销售，售价为 6 000 元。对此，应将内部销售收入和内部销售成本予以抵消。应在合并工作底稿上编制如下抵消分录：

借：主营业务收入 5 000
贷：主营业务成本 5 000

在企业集团内部的交易行为中，作为买方的公司，很可能不能将其购买的商品或者服务完全对外实现销售。此时，作为卖方的企业将其内部的交易收入作为普通的交易收入，并核算利润。作为买方的公司，对于该笔内部交易支付的货款应当作为存货入账，并作为其公司的资产，记录在个别资产负债表中。而此时买方公司的这部分资产（即尚未对外售出的存货）就包括了卖方企业的毛利润。但这仅仅是企业集团内部的交易行为，对于整体的成本、收入和利润并无任何影响。所以此时的内部销售收入和内部销售成本应予以抵消。由于买方企业尚未完全实现销售，仍有存货，所以买方企业的成本和卖方企业的收入存在差额，即销售企业的销售毛利，在销售企业虽然已经作为利润确认，但从企业集团整体来看，这部分利润并没有真正实现，而是未实现内部利润。未实现内部利润进入存货成本后，实际上虚增了存货的成本。编制合并会计报表时，还应将存货价值中包含的未实现内部销售利润予以抵消。

例：仍以上例，母公司向子公司销售的商品 5 000 元，本期子公司全部未售出，因而包括在期末存货中。在编制合并报表时，编制如下抵消分录：

借：主营业务收入 5 000
贷：主营业务成本 4 000
存货 1 000

2. 内部应收账款计提的坏账准备的抵消

编制合并会计报表时，集团内部交易双方的应付账款和应收账款应当抵消。对于卖方企业，应收账款应当纳入到坏账范围内，当实现抵消后，其坏账的部分也随之缩减。这些坏账属于企业集团内部母公司和各个子公司应收账款的坏账总和，所以编制合并报表时坏账部分应当予以抵消。

例：企业集团内部 A、B 两家公司发生内部交易，A 公司作为卖方，对于 B 公司应收账款为 3 000 元，B 公司应付账款为 3 000 元。A 公司按期末应收账款余额 5% 的比例计提坏账准备，本期期末对 B 公司应收账款计提坏账准备的数额为 15 元。应在合并工作底稿上编制如下抵消分录：

借：坏账准备 15
（进行抵消）
贷：管理费用 15

3. 内部利息收入和利息支出的抵消

企业集团内部各公司除了相互买卖商品或者服务之外，还会相互持有债券和进行资金的借贷，也就是说很可能互为债务债权人。此时，作为债务人的公司债券利息和借贷款项的利息，应当作为财务支出记录在会计报表中，进而反映其企业资金运行状况。作为债券人的公司，其持有的债券和借贷凭证可以定性为企业资金的投资，其收取的相关利息则作为利润记在会计报表中。进一步分析，这些相互持有债券和进行借贷的行为，仅限于企业集团的内部，也就是说资金在集团内部进行的流转和配置，对于其整体的成本、收入和利润并不产生实质影响。所以，内部利息收入和利息支出要进行抵消。

4. 内部提取盈余公积的抵消

这一抵消项目与合并资产负债表的抵销处理项目中涉及的盈余公积的抵消相同，只不过同一抵消项目同时涉及合并资产负债表和合并利润分配表。

（四）合并现金流量表

合并现金流量表是一个明细，相当于流水账。它是企业集团内部母公司和各个子公司的现金支出和收入变化的实时记录。

其制定方式有：

第一种方式：合并现金流量表与个别现金流量表制定的方法类似，需要以合并资产负债表和合并利润表作为数据的前提来源。这种制定方法较为简单和明晰，但需要经过上述两表的制定过程。

第二种方法：前提是先明确企业集团内部母公司和各个子公司的现金流动和变化状态。更重要的是，企业集团内部的各公司之间的资金往来要进行剔除，也就是需要将这些资金往来与其个别现金流量表中的相应现金变化进行抵消，类似于前文合并资产负债表和各别资产负债表的制定和相应项目的抵消。第一步是表格范式的制定，录入企业集团内部各个公司的个别现金流量表的数据录入；第二步是抵消项目点确定和录入，主要是企业集团内部的各公司之间的资金往来，特别是要把集团内部现金的收入和支出予以抵消；第三步是将抵消后的各个现金流量项目进行合并计算。

合并现金流量表与个别现金流量表的差异主要在于合并现金流量表中多出了少数股东权益的项目。

（1）若某一或者某些子公司中的除母公司以外的股东按照法定程序增加了投资，则这些投资需要附加内容。在"吸收权益性投资所收到的现金"项目一栏中,需要注明:"子公司吸收少数股东权益性投资收到的现金"并录入增加投资的资金数量。

(2)若某一或者某些子公司中的除母公司以外的股东按照法定程序减少了投资,减少的这一部分同样需要记录。在"减少注册资本所支付的现金"项目一栏中,需要注明:"子公司依法减资支付给少数股东的现金",并录入减少投资的资金数量。

(3)若某一或者某些子公司对于除母公司以外的股东支付现金股利,同样需要进行记录。在"分配股利或利润所支付的现金"项目一栏中,需要注明:"子公司支付少数股东的股利",并录入支付股利现金的数量。

(五)合并所有者权益变动表的抵销处理项目

依据我国现行法律法规,特别是《企业会计准则》合并所有者权益变动表抵销处理项目主要有:

(1)企业集团内部母公司对子公司的长期股权投资与其享有的份额相互抵消。

(2)企业集团内部母公司与子公司以及子公司相互之间持有的股权投资和享有的份额相互抵消。

这里要明确一点,在各个合并会计报表的编制过程中,报表反映的会计主体是整个企业集团。主要包括了企业集团对外商品或者服务的交易和内部各个公司的相互交易和投资等项目都需要相互抵消。在制表过程中,不能忽略各个公司股东持股权益的记录和核算,特别是股权的增减等权益的变动。所有子公司中计算盈余公积时,将属于母公司的份额资金单独列出。

除此之外,根据现行法律法规的相关规定,子公司需要留置安全生产等费用。这些费用与留存收益不同,在各个项目进行抵消后,费用中本属于母公司的份额应当恢复,并在"专项储备"一栏中做出标注。当子公司所有者的股权等出现增减的情况时,其中母公司所占有的可供出售金融资产份额需要备注在合并会计报表中,将其由"权益法下被投资单位其他所有者权益变动的影响"项目反映调整至"可供出售金融资产公允价值变动净额"等项目反映。

四、对合并报表作用的认识与分析

美国是合并会计报表的起源地。具体来讲,在1914年—1919年期间,也就是一战时,大部分控股公司开始编制合并会计报表。1940年,美国出台相关法律法规,使得编制合并会计报表成为美国上市公司的必须手段,也成为一种法定义务。自此以后,合并会计报表流行于美国。受美国的影响,20世纪40年代,特别是二战结束以后,世界主要强国纷纷仿效美国,逐步建立和发展合并会计报表的制度。直至1975年前后,出现了首个关于合并会计报表方面的国际通行规则和制度规定。中国改革开放以后,特别是市场经济制度的建立和发展,催生了中国企业的现代化,中国证券市场也应运而生。为了与国际证券市场接轨,助力中国企业的发展,上海证券交易所和深圳证券交易所逐步建立,随后合并会计报表也成为中国上市公司的通行制度。具体来讲,中国证券监督管理委员会规定上市公司必须披露其合并会计报表。

从其发展历史来看,合并会计报表对上市公司的发展尤为重要。当前,学术界关于合并报表的探讨也只是基于会计实务的目的,主要是对制表的方式方法的探索。然而,对于合并会计报表学理上的价值,特别是使用价值的研讨却是甚少。我们需要进行拓宽总结和加深理解。

（一）合并会计报表的作用

（1）合并会计报表相当于一本说明书，通过对企业集团成本、收入、利润和债权债务等各项数据的记载，能够充分描绘出整个企业集团的运行状态是否良好。它将企业集团作为一个整体进行研究，从宏观上把握和理解企业发展各个方面的信息。企业集团由母公司和多个子公司构成，其制定的个别会计报表是每个组成部分的资信运行状况的记录，切入点是独立法人个体而不是整体的视角。这就是要在个别会计报表的基础上进行合并的意义所在。当企业集团的合并会计报表编制出后，企业集团的管理者才能全方位、立体化地掌握集团整体和各个母、子公司的运行状态，从而更好地管理。

（2）合并会计报表使得企业整体集团的信息透明化和准确化。通过对各个母、子公司的各项信息进行整合，厘清了企业集团内部之间的各种关系。比如，相互持股、投资、借贷或者交易行为。这样能够最大限度地避免数据造假和作弊情况的发生。例如，企业集团内部某些公司对于其他公司控股，利用对子公司的控制和管理之便，进行内部价格操纵，而合并后避免了暗箱操作；再加上前文提到的各个项目的抵消，确保了信息的真实性，最大程度减少了数据造假的情形。

（二）合并会计报表的局限性

任何事物都有两面性。合并会计报表的出现和发展，一方面便捷了企业集团管理者和投资者掌握详细信息，另一方面也具有一定程度的缺陷和不足之处。

1. 从债权人角度来看，合并会计报表记载的信息不全面，存在缺陷

对于企业债权人来说，债务人独立的公司，具有独立的企业法人，而不是企业集团。具体来讲，母公司的债权人只能向母公司追偿债务，而不能是子公司。从法律关系来看，因为债权债务关系双方的主体要保持对等和一致，而子公司在这种债权债务关系中，仅仅是第三方或者说是局外人。从经济关系来看，母公司只是子公司的投资者和股权持有人，其资产与子公司是相互独立的，所以子公司债权人的追偿范围只能限于子公司的资金资产，而不能触及母公司，甚至是企业集团的资产。因此，我们可以看出，合并会计报表反映的是整个企业集团的经济运行状况，而各项数据是经过抵消的。但债权人不能从中看出各个公司的资金实力、盈利能力和清偿债务的能力。所以，合并会计报表对于企业集团各个独立法人的债权人来说，并不能提供相应的信息，不能实现债权人找寻信息的目的。

2. 从股东角度来看，合并会计报表信息不全面，存在缺陷

（1）在合并会计报表中，一般的比率分析方法的价值大打折扣。在个别会计报表中，独立的企业法人在进行各项数据的核算和统计时，会采用比率分析方法来分析自己的资产资金状况，了解企业的运营是否良好。而在合并会计报表中，对企业集团内部的持股、投资、借贷和交易进行抵消，随后将各项数据整合相加，但这仅能对整个集团的资产资金等运营状况进行判定和描述，却不能展现各个母、子公司的财务和经营成果。这时再对它进行常规的比率分析得出的结果将大打折扣。

（2）对于股东来说，可以通过合并会计报表掌握整个企业集团的债权债务关系、资产资金流动、股权投资的增减变动等各方面的数据信息，从而分析企业集团的整体运行状态是否良好。但合并会计报表并不能描述和评估企业集团内部各个独立法人的股利以及其他投资收益的分配。包括股利在内的所有投资收益的分配，需要明晰和厘清每个公司的收益和利润、资产成

分的布局、各种公司章程及法律规定的条件以及企业将来的财务状况。总的来说，整体的情况不能反映部分的状况。具体来讲，若合并报表显示企业集团的投资收入较高、利润总量较大、资产资信状况良好，并不能保证集团内部各个公司的运行状态良好，更不用说进行股利等收益的分配了。母公司和各个子公司是独立的法人，财产上也有独立性。同样，子公司所实现的净利润在股利分派之前，母公司并不能动用。

（3）合并会计报表是企业集团内部各个公司的个别会计报表的各项数据经过抵消、合计等方法统计出来的。子公司除母公司外的其他股东难以从合并会计报表中找寻出涉及自身投资和收益的数据信息，更不用说采取进一步的经营措施了。例如，他们所投资的子公司的资金运用信息。

3. 对企业集团的外部人员来说，参考价值不大

企业集团的外部人员，主要指的是各个母、子公司的股份持有者和投资者。当这些外部人员对股权变动、商品或者服务交易、公司资金借贷等制定决策时，合并会计报表并不具有实际作用，它所指向的是企业集团整体，而不是集团内部的各个独立法人。

由以上三点可以看出，合并会计报表的功能和意义仅仅针对企业集团整体，对于其组成部分的各个母、子公司的运营状态等各项数据并无记载。因此，合并会计报表的价值不能替代个别会计报表，两种报表都不可或缺。

第五章 上市公司财务分析相关信息

第一节 上市公司财务报表附注信息

会计报表的各项信息虽然很多，但并不齐全，每个企业都有自己的特殊情况，需要进一步附注和添加记录。所谓会计报表附注，包括对报表中各个项目的具体说明和阐释，也包括对表中未涉及内容的附加记载。其中，表中未涉及的内容，主要指有关公司的资产资金流动、经济贸易往来、生产经营等详细的数据信息。这些信息不是编制表格必需的项目，但是对于公司的投资者和股权持有者的决策制定很重要。前文所述会计报表固有的缺陷和不足，使得其功能在一定程度上有所限制。当其记载信息存在不足和漏洞时，需要对表中各个项目或者未记载项目的信息做出阐释和说明。报表附注的构成内容有两个方面，分别是财务报告依据的会计政策和财务报表项目的注解。

一、财务报表附注的主要内容

我国《企业会计准则第 30 号 财务报表列报》规定附注含有报表数据来源的说明和编制基础，并且与会计报表中债券债务、资金流动、股权的增减等项目相一致和相关联。

（一）企业的基本情况

财务报表中关于企业的基本情况应当附有以下几项。

（1）企业注册地、企业组织形式和性质、总部地址。

（2）企业的业务性质和主要经营活动。

（3）企业集团以及集团内部母公司的全名称。

（4）批准财务报告制定和发布的批准者和批准日期。

（二）报表编制基础及遵循会计准则的声明

1. 财务报表的编制基础。主要包括以下几种情况。

（1）会计期间。

（2）记账本位币。若记账本位币为人民币以外的其他货币的，说明选定记账本位币的考虑因素及折算成人民币时的折算方法。

（3）财务报表中计量属性发生变化的项目和报表编制的计量属性依据。

（4）报表中关于现金流动变化时的等价物及其讨论明确的标准。

2. 遵循的会计准则的声明。企业在编著财务报表的过程中，对于其报表内各项数据信息，要保证其真实有效，没有漏洞，详尽客观。特别是企业的资金流动、债权债务、股权的变动等内容，不能有任何虚假和折扣。

（三）会计政策、会计估计说明

这里主要介绍会计报表编制依据的会计制度、会计年度的起止日期、计账单位、计账基础和计价原则、外币折算方法、现金等价物确认的标准以及主要项目的核算方法。会计政策和会计估计对阅读财务报表、研究公司的实际经济活动非常重要，它直接影响资产的计价和收益水平的确认。同样的经济活动采取不同的会计政策会有不同的财务结果。财务分析的目的是通过对财务报表以及报表编制所依据的会计政策进行分析，将报表还原为真实的经济活动。这一部分往往只是对会计政策和会计估计做简单的原则性规定，可以对照主要会计项目注解进行阅读，了解企业所采取的会计政策。下面我们对主要会计项目的核算方法加以说明。

（1）坏账核算方法。

（2）存货核算方法。

（3）短期投资核算方法。

（4）长期投资核算方法。

（5）关于固定资产价值的评估和确定。

（6）现有在建工程的评估和价值确定。主要包括工程的评估方法和价值确认的时间和地点。

（7）无形资产计价和摊销方法。

（8）开办费、长期待摊费用摊销方法。

（9）企业所得税的计算和会计处理方法。

（10）在合并会计报表中，需要对合并范围的确定方法进行阐述和说明，并表明其选择的核算方法。

当本年度的会计政策、估计等发生变动时，需要对变更所涉及的项目进行记录和说明，特别是能够影响到企业的资金流动、股权变动和生产经营等的数据信息。

（四）税项

税收是影响公司利润的重要外部因素。通过阅读该部分附注，了解公司的主要税种和税率，如增值税、所得税等，是否享受税收优惠，税收减免幅度及有效期限等内容。并与收益表中的补贴收入等项目对照，判断税收对公司业绩的影响程度。由于税收减免一定程度上不受公司自身控制，因此在判断公司竞争力时一般要扣除税收优惠的影响。

（五）控股子公司及合营企业

主要是企业集团内各个子公司及合营企业的一般信息，主要涉及名称、注册资本、业务性质和经营范围，还有各投资者的持股比例。不在合并范围内的子公司，虽不记录各项数据，但也不能忽视其对企业集团和集团内部各个公司的影响和作用。阅读该部分可以了解公司合并报表的主要范围以及公司投资收益的主要来源。

（六）会计报表主要项目注释

财务报表中关于各个项目的进一步说明和阐述，主要涉及资产负债表、利润表、现金流量表、所有者权益变动表及其项目，应当做到记录顺序一致和对应。至于采取的方式，文字、图表和图形等均可。特别注意的是保证各类数据的衔接和一致。

（1）货币资金，附注中按照现金、银行存款、其他货币资金分类披露其期初、期末值。

（2）交易性金融资产。若交易性金融资产的公允价值是通过对最近交易的市场报价进行调整确定的，应披露调整市场报价的依据；若是指定为以公允价值计量的，应披露指定的依据。

（3）对于应收、预付项目。附注中对应收账款、其他应收款按照账龄进行分类，并注明不同账龄提取的坏账比例。这要注意部分账龄构成、坏账提取比例以及主要欠款单位等信息，判断其应收款水平是否合理，是否合理计提了坏账准备；应收票据项目按照出票单位、出票日期、到期日、金额、备注进行披露。对应收票据应注意其贴现、抵押情况。其他应收项目，如应收股利、应收利息、应收补贴款，附注中会分项列示各项目的金额，阅读时关注其中金额较大的项目的性质和内容。

（4）存货及存货跌价准备。附注中存货按照原材料、库存商品、低值易耗品、在途物资等主要类别，列示各自的金额和跌价准备计提情况。阅读时应注意期末存货的构成、变化、跌价准备的计提情况，对照销售收入的变动，判断存货的水平是否合理。

（5）可供出售金融资产。可供出售金融资产有可供出售债券、可供出售权益工具和其他类别，分别披露期初公允价值和期末公允价值，还应列示本期因重分类而计入可供出售金融资产期末余额中的持有至到期投资部分的金额。

（6）持有至到期投资。持有至到期投资应按投资对象和类别进行明细披露。企业应披露本期内出售的尚未到期的持有至到期投资金额，及其占该项投资再出售前金额的比例；将本期内尚未到期的持有至到期投资重分类为可供出售金融资产的，披露重分类的依据，以及被重分类为可供出售金融资产的金额占期初持有至到期投资总额的比例。

（7）待摊费用。关注待摊费用的性质、摊销数量以及增减变化。因为待摊费用是已经付出待以后各自转入成本的费用，有可能被上市公司利用来调节各自利润，所以对大额的待摊费用要特别注意，判断存在的合理性。

（8）待处理流动资产净损失和待处理固定资产净损失。关注金额较大或挂账一年以上的待处理流动资产净损失和待处理固定资产净损失的数额。虽然待摊费用和待处理资产损失都列在资产负债表的左边，但它们一般都不能变现，在计算调整后净资产时要扣除。

（9）长期投资。长期投资首先按照长期股权投资和长期债权投资，分类列示各自的金额和减值准备计提情况。对于长期股权投资中的股票投资还要详细披露被投资公司名称、股份性质、股票数量、占被投资公司注册资本的比例、投资金额、减值准备等情况，如果有市价，要关注市价与成本的差异。长期股权投资的核算有成本法和权益法。不论何种方法，其账面价值与市价都可能会有差异，如果账面价值低于市价较多，则资产被低估，未来变现时可能产生投资收益。对长期股权投资中的其他股权投资附注要披露被投资单位名称、投资起止期、投资金额、占被投资单位注册资本比例、减值准备等情况。如果存在股权投资差额应关注其形成原因、摊销期限、本期摊销额、摊余金额等信息。对于大额投资却采用成本法核算的要特别引起注意，因为这存在被投资企业巨额亏损的可能。对长期债权投资中的债券投资附注按照债券的种类分别披露其面值、年利率、购入、到期日以及利息支付情况，对其他债权投资，按照借款单位分别披露借款本金、年限、年利率等信息。

（10）固定资产及折旧。报表附注中应分类列示固定资产的原值、累积折旧、净值。阅读时重点关注期内是否有在建工程转入、固定资产出售、置换以及抵押担保等情况。

（11）投资性房地产。企业采用成本模式进行后续计量的，应当披露房屋、建筑物和土地使用权的原价、累计折旧和累计摊销、减值准备、账面价值等信息。

（12）工程物资是企业为在建工程准备的各种物资。附注中应分项列示各类工程物资的期初、期末余额。

（13）在建工程。按照项目分别列示期初、期末数、本期增加、本期转入固定资产数以及资金来源、工程进度等信息。阅读时重点关注公司是否有在建很久、一直未竣工的工程。因为在建工程一方面借款利息可以资本化，另一方面可以不计提折旧，因此可能存在利用在建工程迟迟不转入固定资产，从而虚增本年利润的情况。另外，还要注意在建工程中利息资本化的情况是否合理。

（14）生产性生物资产和公益性生物资产。企业应在附注中说明各类生产性生物资产和公益性生物资产的期末实物数量。

（15）油气资产。

（16）无形资产。附注中应按照类别分别列示原始金额、期初数、本期增加、本期转出、本期摊销、期末数、剩余摊销期限。根据《企业会计准则》，当企业获得具有使用年限和寿命的无形资产的所有权时，应当对其使用的剩余寿命做出预测和评估，并确定年限核算单位。当企业无法做出判断和评估时，应将该无形资产定性为寿命不明确的无形资产。

（17）递延所得税资产和递延所得税负债。企业应说明递延所得税资产的暂时性差异，在可预见的未来转回的时间分布及对应金额，转回时间分布或对应金额不能合理确定的，应详细说明理由。

（18）资产减值准备。企业应在附注中说明各项减值准备的期初、期末金额及本期变动额。

（19）所有权受到限制的资产。

（20）短期借款、一年内到期的长期借款。按照借款类别列示抵押借款、担保借款、信用借款的期初、期末值，若有逾期借款，应逐笔说明借款金额、逾期原因。

（21）交易性金融负债。企业应按发行的交易性债券、指定为公允价值计量且其变动计入当期损益的金融负债、衍生金融负债和其他等类别，分类披露交易性金融负债的期初公允价值和期末公允价值，并披露各项金融负债被划分为交易性金融负债的依据，以及确定各项交易性金融负债公允价值的方法。

（22）应付款项，包括应付账款、预收账款和其他应付款等，说明有无欠持本公司5%（含5%）以上股份的股东单位的款项。若有，应在关联方关系及交易中披露，并在本项目附注注明。

（23）应付票据。

（24）应付职工薪酬。对应付职工薪酬，应披露应付职工薪酬中属于拖欠性质或工效挂钩的部分。

（25）应交税费，应按税种分项列示欠交的税额。

（26）长期借款，应按借款单位披露借款金额、期限、年利率、借款条件等。

（27）应付债券，应按债券名称列示债券面值、发行日期、发行金额、债券期限以及利息支付情况。

（28）预计负债。企业应当对其所付债务进行预测和估计，并且对这些债务的性质、种类和缘由进行归纳和统计。据此来预估初期、本期的资金余额变动情况，从而明晰预期债务的补偿金额，做好债务分析和应对策略。

（29）股本。该部分披露公司股本的变动。按照非流通股（发起人股份、募集法人股、内部职工股、优先股或其他尚未流通股份）和流通股（境内上市的人民币普通股、境内上市的外资股、境外上市的外资股、其他已流通股份）的分类分别列示各类股票的变动。阅读时注意引起股份变动的原因。股份变动属于公司重大事件，一般在报告其他部分时也会披露，阅读时可以彼此对照。

（30）资本公积。按照来源分类列示。资本公积金的来源分为股本溢价、接收捐赠资产准备、住房周转金转入、资产评估增值准备、股权投资准备、其他资本公积转入。其中的股权投资准备又可以细分为被投资单位接受捐赠准备、被投资单位评估增值准备、被投资单位股权投资准备、被投资单位外币指标折算差额。且《企业会计准则》规定资本公积金准备项目不能转增股本。

（31）盈余公积，应按法定盈余公积、公益金、任意盈余公积分别列示。

（32）未分配利润，关于报表中利润分配方法和初期利润的流动变化要进行充分的阐述和解释，有时会计政策变化或其他原因需要对以前年度利润进行调整，导致期初未分配利润发生变化，应注意变动内容、原因、变动的依据和影响。

（33）营业收入。对于企业营业收入中金额排序前五名的交易伙伴和合作方，应当进行列举说明，并且核算出这些收入在总收入的比重。

（34）公允价值变动收益。

（35）投资收益。主要包括股权、债权的收益以及联营或合营公司分配来的利润。对于一个会计年度内各个股权持有者股份的增减变动和买卖置换等新情况，要进行特别说明和记录。当企业持股、借贷、商业贸易等投资的收益数额占当期利润总额的比例大于等于10%时，应对此笔收益的具体流程、成本收入、具体资金数额等关键环节进行统计和阐述。

（36）资产减值损失。当企业某个或者某些项目的资产资金损失缩减时，应当对其损失的原因和缩减数额进行记录和说明。

（37）补贴收入。对于金额较大的补贴收入，应该注意其收入的来源和依据，判断补贴收入变化的可能性以及变化对总体业绩的影响程度。

（38）营业外收入、支出。当企业的正常经营活动外的资金缩减和支出数额占据利润总额10%及以上时，应当对这些项目的整体情况、支出类别以及支出数额进行统计和阐述。

（39）每股收益。关于此项目，公司应当注明：基本每股收益和稀释每股收益分子、分母的计算过程。列报期间不具有稀释性，但以后期间很可能具有稀释性的潜在普通股。会计报表制定之后至批准发布之前，上市公司的普通股或潜在普通股股数若出现大量的增减，需要及时补充说明。例如，股份发行、股份回购、潜在普通股发行、潜在普通股转换或行权等。

（40）会计报表中，其资金的流动变化情况要实时记录，特别是涉及公司的日常生产经营、投资、借贷、商品交易等行为，对于其中价值较大的报表附注中会单独列示。阅读时关注是否有异常的现金流出。

（41）母公司会计报表主要项目注释与合并报表类似，阅读时主要关注母公司长期股权投资、投资收益等项目的注释。对于纳入合并报表的子公司，从合并报表中很难看出子公司的资产和收益情况。而母公司长期股权投资、投资收益注释往往会对投资的主要组成、收益的重要来源做出解释，便于阅读者了解重要子公司的财务状况和经营业绩。

（七）或有事项

或有事项是指当前不确定且会计报表中没有记录，但其很有可能发生并对公司的运营状态具有重大作用的事项。它主要包括两类事项：对外担保和未决诉讼。近年来，上市公司因为担保最后承担连带责任的事情时有发生，金额过大时甚至影响到上市公司的正常经营，有时甚至威胁上市公司的生存。对于存在大量担保的公司，投资者应该引起高度重视。

（八）承诺事项

关于承诺事项，不论有无，都要在表中注明。若有，则需要进一步展开解释和阐述，包括这些事项的性质、内容、流程以及所涉及的资金数额。

（九）资产负债表日后事项

此项目所涉及事项的关键时间点是发生在资产负债表制定以后。这些事项无须再在表中注明，但对于公司的运营状况产生重大影响，如债权债务的巨大变化、股权投资等的大幅度增减、自然灾害及汇率变化等客观情况突发导致的公司资产的流失等。

这些事项虽然没有被记载在报表中，但重要性同样不可小视。公司的经营管理者和投资者要充分考虑这些事项的因果，并对其导致的影响进行预测和评估。并且注意根据这些情况适当调整利润分配方案。

（十）租赁

关于此次项目，具体应当对以下几个关键部分进行解释和说明：

1. 在租赁中，特别是融资租赁，出租人应当完整记录租赁的流程和环节，尤其是对于租赁过程中未能如期得到的利润。

2. 同样，承租人关于未能如期实现融资的费用进行核算和确认，并且还需要进一步解释租赁物的初始和现有价值、折旧费、租金以及其他必要事项。

3. 关于固定资产的售后租回合同或者出售后继续租赁的合同各个事项进行记录。

（十一）终止经营

（十二）其他重要事项

所有的未在前述项目说明的重要事项都可以在此项下做出说明

第二节 会计政策、会计估计变更和会计差错更正

一、会计政策的变更及其会计处理方法

（一）会计政策概述

从定义上入手，会计政策并不是字面意义上的政策，而是特指公司对自己的经营状况等各个项目进行核算和统计时采取和依照的原则、基础和方法。会计政策包含会计原则、基础和会计处理方式两个层面。所谓会计原则，公司从自己的实际情况出发，参照国家统一会计制度规定的原则，从而总结和选择自身核算的会计原则。会计基础是指会计处理和财务报表编制所依赖的基础性前提。而具体会计处理方法，是指针对某一会计原则而选择适合于自身状况的处理方式。也就是说，会计原则是就企业某一会计要素和经济事项各种核算与处理方式的概括与总和。例如，商品存货的计价分为历史成本法和市价法，这属于会计原则的范畴。而在历史成本法中，可以采取先进先出法、后进先出法、加权平均法等。在市价法中可分为重置成本法和可

变现净值法。一言以蔽之，会计政策是会计原则、基础和具体处理方法的总和。

从会计实务角度出发，现有会计政策主要有：

（1）存货的计价。

（2）收入确认。

（3）所得税。

（4）坏账损失的核算。

（5）长期投资的核算。

（6）借款费用的核算。

（7）合并报表政策。

（8）外币的折算。

（二）会计政策的变更及其影响

当出现下列情况时，企业变更会计政策发生变更。

1.相关法律法规及制度发生变化。当新的会计准则、会计制度等相关法规更新和完善后，企业应当完全按照有关法规来执行新的会计政策。

2.会计政策变更能够提供更可靠、更相关的会计信息。我们知道企业所处的经营环境并不是一成不变的，经营环境的变化很可能导致企业会计核算中原有的某些会计政策不再符合现实的要求，在这种情况下企业应当寻找一种能够更加有效地反映自身财务状况和经营成果的会计政策。例如，企业原来对存货采用先进先出法计价，由于出现了剧烈的通货膨胀，原材料采购价格大幅上涨，继续采用先进先出法对存货计价已不能正确反映企业生产成本的高低。因此，若企业此时改用后进先出法对存货进行计价，就可以真实反映企业产品中的原材料成本，从而能与产品销售收入更好地配比，真实反映产品销售利润。在这种情况下，如果企业会计准则或会计制度允许，企业就可能改用后进先出法对存货进行计价。

（三）会计政策变更的会计处理方法

依据《企业会计准则》，对于企业会计政策的变更应采用追溯调整法和未来适用法，其中前者在我国独具特色，具体如下。

1.追溯调整法

当会计政策发生变化，涉及的经营活动所采用的会计核算方法回溯到该活动最初发生之时。此时，此变更带来的累积影响数需要纳入考量范围，并将此数据添加至初期留存收益项目中，同时相应调整其他相关数据。

该方法的流程主要有：

第一步，计算累积影响数。

第二步，编制相关调整分录。

第三步，调整会计政策发生变化后的各项数据。

第四步，附注说明。

累计影响数的计算流程为：

第一步，调整会计政策发生变化后的各项数据。

第二步，比较变化前后数据的差额。

第三步，核算变化前后所得税的差额。

第四步，计算变化前每期纳税后的差额。
第五步，得出累计影响数。
应当准确把握一点，追溯调整法只是把累积影响数调整期初留存收益，而不计入当期损益。
2. 未来适用法
与追溯调整法相反，将变更后的会计政策适用于以后的经营活动中。

二、会计估计的变更及其会计处理

（一）会计估计变更的定义

在财务管理的实务工作中，某一项会计政策的实施、会计要素的核算经常是建立在某一种假设或者估计的前提之上的。在对固定资产折旧、存货、无形资产、应收账款在计提减值准备或损失准备时都是属于一种合理的估计。由此可见，会计估计根据现有情况和条件，对于经营活动进行一定程度的评估和预测。这是因为会计核算和财务管理过程中的客体往往具有不确定性的特征，为了有效地计量与确认各种经济活动与事项，保持会计核算的一贯性，就必然要对某些具有不确定性的会计要素与经济事项进行必要合理的估计。要想会计估计具有一定的准确性和科学性，其依据的条件和情况一定要客观真实。会计估计不是一成不变的，它也会随着客观情况变化而适时调整和改善。具体来讲，主要有两个方面的变化。

一是会计估计所依据的企业生存的客观环境发生变化，有新的情况出现。最典型的就是坏账损失中的账龄分析法。随着时间的推移，同一笔应收账款发生坏账的概率会增加，因此计提的坏账比例也应该相应地上升。故此，对于同一个会计事项在不同的会计期间所做出的不同的会计估计，并不代表前后之间的哪一种会计估计是错误的。它们都符合当时特定的情况，只是后来针对不同的环境做出了调整。二是企业本身的运营状态出现变化。原来的会计估计已经不能准确地为企业的发展提供准确的预测和指引，所以需要变更。

（二）会计估计变更的会计处理

会计估计的变更，采用未来适用法最佳，对于变化前的各项数据无须更改，只需进行变化后的估计和预测就行。在实际情况中，会计估计的变更和会计政策变更很容易模糊不清，此时按照前者处理即可。

会计估计的变更在会计报表中有多种体现，包括变更情形、事项、原因和影响数（主要为对当期损益的影响）。若影响数不能确定，需说明理由。

三、会计差错的更正

会计差错是指一些信息的不合理使用，导致了错误和偏差的出现。
（1）编报前期财务报表时预期能够取得并加以考虑的可靠信息。
（2）前期财务报告批准报出时取得的可靠信息。
由于财会工作带有明显的主观性特点，许多会计核算是建立在假设与估计的基础上，因此就难免会出现会计差错。

（一）会计差错的分析

会计差错主要分为三类.
（1）会计政策使用上的差错。这种差错出现的原因是各异的。例如，某上市公司×××

在在建工程已经竣工结算的背景下，仍然依照当地政府的一则红头文件将相关的贷款利息予以资本化。在长期股权投资的核算中，财务人员若单从持股比例而不是从重要性程度来选择成本法或权益法进行核算的话，可能会导致会计政策使用上的差错。

（2）会计估计方面的差错。经济业务的不确定性往往会造成原有的会计估计失误。例如，对固定资产的使用年限和净残值的估计失误。或者有些公司利用多提或者少提损失准备来调控利润。但是，在实务中有时难以确认是会计政策还是会计估计变更导致的，但其中的区别是会计处理方式的不同导致损益在不同年度的分配不同。这时企业财务人员有可能会根据企业的利益进行选择。

（3）其他类型的差错。这主要是指财会人员在会计记账过程中发生的人为错误。例如，一时疏忽导致在核算某一会计科目时记错了借贷方向，从而影响该科目的期末余额，或者漏记了资产折旧和损失准备等。

（二）会计差错的更正

当出现会计差错时，应当及时弥补和改正。此时的更正方法根据错误原因分为以下几类。

（1）发现与当期有关的会计差错。此时方法较为简单，将错误数据更正即可。

（2）发现与以前年度相关的非重大会计差错。此时，也只需要对当期的损益或相关项目进行调整即可。这是因为追溯调整是一项烦琐的任务，只要不会造成重大影响，可以忽略不计。

（3）与以前年度相关的重大会计差错。此时的差错对于企业的运营非同小可，甚至可能是致命的。通常涉及的金额占据企业利润10%以上，则要进行追溯，将往期涉及此次交易的各项数据进行查验和核实，并进行更正。此外，企业滥用会计政策和会计估计也应作为重大会计差错进行处理。

由于追溯调整法是将损益影响数额分布到以前年度，而未来适用法则是将损益集中体现在当期，因此如果会计政策的变更会减少公司收益，那么公司会倾向于采取追溯调整法以尽量减少对当期损益的影响。

对于资产负债表出现的往期非重大差错的情况，将其以后的数据进行相应调整即可，无须追溯。若差错重大，同样需要追溯。

第三节 资产负债表日后事项

一、资产负债表日后事项的概念

在会计报表批准发布之后，才发现报表中某些事项和数据需要进行解释或者完善，这就属于资产负债表日后事项的范畴。

按照相关规定，会计年度自公历1月1日起至12月31日止。所以，资产负债表日指的是12月31日（不包含当天）。企业集团中各个公司，无论经营场所、注册地等是在中国境内还是境外，都要遵照此会计年度的规定。

财务报告批准报出日是指企业的权力机关批准通过并且发布财务报告的日期。在上市公司中，批准机关是董事会。

二、资产负债表日后事项的判别

此方面判别的关键是其性质是否是可调整事项。对于调整事项，报表中各项相关数据需要再次核实和确认，并做出最终的完善。而对于非调整事项，在报表中做出附注即可。

（一）调整事项

目前，相关法律法规对于调整事项并未明确定义，但关于其标准则有不少规定，主要是：资产负债表日后事项，是指年度资产负债表日至财务会计报告批准报告日之间发生的事项。这些事项按性质可分为调整事项和非调整事项。前者对于已经存在情况提供更详细的数据和信息。后者则与负债表本身数据并无关系，而是后来出现的新情况和新事项。调整事项包括但并不仅限于以下具体事项。

（1）已证实资产发生了减损。此种情况是指资产负债报表被批准发布以前，根据现有的条件和形势分析，已经能够预测出表中记录的一些资产可能或者将要发生贬值和损失，因而在表中进行附注说明，并进行了估值。但当会计报表批准发布以后，根据新出现的客观条件，此种减损的情况已经能够被证实和确认，因此将损失的实际数额进行修改和统计。举例来说，B公司欠A公司10万元货款，约定了还款日期，但过期后并没有还款。此时A公司获悉B公司资不抵债，濒临破产。所以，A公司为此估计了5%坏账准备。后来，A公司编制了资产债务报表，而此时B公司宣告破产，债务不能清偿。这与此前A公司估计的5%坏账准备存在差距，因此A公司需要对此进行更正和调整。

（2）销售退回。这种情况主要讲的是企业在会计报表批准发布日之前，对于某一笔货物或者商品的交易，虽已经交付了货物，但尚未取得货款。但根据当时的情况能够确认此笔货款能够取得。因此，在表中将此笔交易的成本、收入和利润等进行统计和核算。当会计报表批准发布日后，基于某种原因，此笔交易取消，货物被退回。此时，这一笔交易的成本、收入和利润等数据，需要在原来的报表中进行删除，并且其他数据要进行相应调整。

（3）已确定获得或支付的赔偿。这种情况是指企业会计报表批准通过日以前，该企业因经营活动等存在纠纷，需要支付或者索要赔款，并且根据当时的条件可以确认能够支付或者获得赔偿，因此在报表中记载评估后的数据。当会计报表批准通过以后，此纠纷得到解决，企业明确了支付或者获得的赔款数额，则此时报表中的相关数据需要进行调整。这种赔偿主要是指公司在销售时向所有客户承诺的质量保证而可能引起的损失赔偿，当然也可以是未决诉讼中的赔偿。

（4）在资产负债表日或资产负债表日以前所提起的诉讼，但最终以不同于原先估计的金额结案。例如，2015年8月，甲企业和乙企业发生了涉及赔偿的经济诉讼。乙企业要求甲企业对其经济损失赔偿100万元，而甲企业在咨询了法律顾问与专家以后，认为败诉的可能性很大，于是在2015年度报告期内将预计的赔款作为一项或有负债。但在2016年，甲公司的财务报告批准报出之前，法院做出了一审判决，判决认为乙公司的损失并不能完全归结于甲公司，甲公司只需赔偿乙公司80万元。这样，甲公司就需要对原先计提的预计负债进行重新调整。同样，如果判决日是在乙公司的财务报告批准日之前的话，也需要对将获取的赔偿进行确认。

（5）新的证据表明，在资产负债表日对长期合同应确认的收入或收益存在估计上的重大误差。例如，2013年，甲企业和乙企业签订了为期3年的厂房建设和设备安装的建造合同。甲企业按照完工百分比法核算长期合同的收入和成本。甲企业在编制2014年的年报时，对当年的工程收入确定为合同金额的30%，但在报表批准日之前的2015年1月10日，甲公司发现实际完成的工程进度为35%。为此，甲公司应当对已确认的收入和成本进行重新调整。

（6）资产负债表日后董事会制订的利润分配方案中与财务报告所属期间有关的利润分配不包括分配方案中的股票股利。此种情况是说，在资产负债日至最终批准报出日期间，需要董事会对于企业的利润（生产经营收入、投资收益和股利等）制定分配方案。一般来讲，每一年的最后一日，企业需要根据当年度的生产经营收入、投资收益和股利等计算最终的利润数额。董事会据此来商讨和确定分配方案。而通常企业核算和统计这一过程一天之内不能完成，因此董事会制定分配方案必定要延长至下一年度。而这一期间的利润并不会被纳入上一年度的分配方案中，对于这一部分的利润，则作为非调整事项在会计报表中做出附注和进一步说明即可。

通过以上调整事项的具体分析，可以归纳出以下几个类型：

（1）资产负债会计报表批准通过之后，该企业所涉及的司法诉讼出现审判结果，并且判定企业在制定会计报表时已经负有相应的法律责任。因此，根据判决要将报表中关于此项债务的一系列数据进行更正和调整。

（2）资产负债会计报表批准通过之后，报表中记载的某项或者某些资产基于一定原因使其自身价值发生了增减的变化，因此需要进行更正和调整。

（3）资产负债会计报表批准通过之后，对于报表中记载的购买或者售出的某项或者某些资产，其成本或者收入已经确定，因此对其数额需要进行更正和调整。

（4）资产负债会计报表批准通过之后，表中某项或者某些数据出现人为造假或者偏差，因此需要进行更正和调整。

（二）非调整事项

所谓非调整事项，其语境和时间点定位在资产负债表经批准发布日之后，此时某些新情况出现，这些新情况对于报表中记载的众多事项并不产生实际影响，因而没有必要进行修改和更正。然而，对于关涉到企业财务状况的重大情形，若不在表中进行详细记录和解释，对于企业的发展将产生负面作用。据此，我们可以得出结论，对于这些重要的非调整事项，理应在表中进行标注和阐释。这些重要的非调整事项，主要有以下几种类型：

（1）股票和债券的发行。在资产负债会计报表批准发布以后，企业的股票和债券发行等行为属于企业的正常经营活动，对于之前报表中的各项数据并不产生实际影响，因而不需要更改。但是股票、债券的发行对于企业的运行状态影响重大，更是密切关涉到企业股权的股东和其他投资者的切身利益。因此，需要对于这些行为进行进一步的记录和解释，从而为企业经营管理者和投资者的进一步决策提供依据。

（2）企业巨大金额和款项的投资。当资产会计报表经批准通过发布以后，企业出现了涉及重大金额的投资行为，此种投资行为对于企业的资产资金和财务状况的影响不言而喻。它对于之前报表中的各项数据并不产生实际影响，但密切关涉到了企业股权的股东和其他投资者的切身利益。因此，需要对于这些行为进行进一步的记录和解释，从而为企业的经营管理者和投资者的进一步决策提供依据。

（3）自然灾害或者极端天气导致的资产损失。当资产会计报表经批准通过发布以后，不可控的极端天气或者自然灾害突发，使得企业固定资产被破坏，导致了其价值的减损或丧失。它对于之前报表中的各项数据并不产生实际影响，但是报表使用者不能从中看出企业资产的实际情况，从而会误导投资者对于企业经营状况的判定和评估。因此，需要对于这些情况进行进一步的记录和解释，在报表中进行补充说明。

（4）外汇汇率发生较大变动。此种情况类似于自然灾害突发，都属于不可抗力。当资产会计报表经批准通过发布以后，人民币对于外汇的汇率出现很大幅度的波动，导致企业报表中一些关涉外汇或者国外资产估值出现偏差。虽然对于编制报表时的数据不产生影响，但若不进一步说明，将会误导投资者对于企业经营状况的判定和评估。因此，需要对于这些情况进行进一步的记录和解释，在报表中进行补充说明。

（5）企业合并或企业控制股权的出售。

（6）资产会计报表经批准通过发布以后，新情况的出现使得企业对于所涉诉讼承担赔偿责任。

（7）资产会计报表经批准通过发布以后，经营管理者对于企业债权债务增减和重构的决定。

（8）资产会计报表经批准通过发布以后，突发事件和新情况的出现，导致企业的固定资产或者流动资金出现重大变化，特别是减损。

（9）资产会计报表经批准通过发布以后，企业的短期投资失利，价值减损。

（三）同一性质事件的调整与非调整事项的判别

关于某一事项在性质上是属于调整事项还是非调整事项的认定，很大限度上关涉到企业的经营状况和资产资金的状态。在很多情况下，某一事项的性质根据不同条件既可以纳入调整事项，又可以归为非调整事项。这一关键判定因素在于事项发生的时间与财务会计报表批准通过时间的先后顺序。对于调整事项而言，这种状况具有阶段性和发展性的特点。也就是说在资产负债日或资产负债日之前，这种状况的迹象已经出现，处于继续发展的过程中，但在报表批准日之前，这种状态日益明朗并且最终结束。而对于非调整事项而言，在资产负债表日之前并没有出现这种状况的任何迹象，这种状况完全发生在资产负债表日之后到报告批准日之前。

三、资产负债表日后事项的会计处理

主要是指资产会计报表经批准通过发布以后，对于调整事项，对报表中的相关数据进行更正和修改。对于非调整事项，在表中附注进一步说明和解释。

具体来讲，对于调整事项会计处理流程可以细分为：

（1）调整损益

在大多数情况下，调整事项关涉到企业的经营状况和资产资金的变化。换句话说，就是涉及企业债权债务价值的增减，所以需要对于这些数据进行修改和更正。根据调整事项定义可知，其发生的时间是资产会计报表记载事项的下一年度，而记载的数据已经完成结算的工作，特别是企业债权债务的减损事项，其所设金额也仅是一个记录，实际上的资金已经结转，没有剩余。

（2）结转利润分配

关于减损项目更正后，应当对"以前年度损益调整"科目中的借贷方余额结转至利润分配科目。如果损益调整后，利润增加或亏损减少，则表示以前年度损益调整存在贷方余额。

（3）关于盈余公积和未分配利润的更正和修改

利润分配科目余额的变化则意味着，原来提取盈余公积金的基础和最终的未分配利润（可供股东分配的利润)也将发生变化。为此公司应当补提或冲抵盈余公积。

其会计分录为：借：利润分配——未分配利润，贷：盈余公积；或者借：盈余公积，贷：利润分配——未分配利润。

(4) 调整报表的相关栏目

以上步骤完成以后，根据之前调整的数据对资产负债表、利润表及其相关附表和现金流量表附注的有关项目进行修改和更正，但要注意某些项目要保持不动。

第四节　分部报告及其分析

所谓分部报告，其主体是企业的所有组成部分，依据一定的标准和原则，可以按照地区、行业或产品进行区分，对它们的资产资金流动和债权债务状况的记载和说明，从而提供给不同需求的使用者和投资者。

一般来讲，分部报告属于会计报表的一部分。无论企业批准通过的是合并会计报表还是个别会计报表，分部报告都是以其为基础和前提的。

一、我国编制分部报告的现实意义

改革开放近 40 年来，中国的公司制度逐步完善，很多企业逐渐发展壮大，其实力在国际市场上已不可小觑。加上政府的税费补贴等优惠政策，越来越多的企业走出国门，在世界舞台上崭露头角，企业的经营行为和经营方式也逐渐多元化。此时，要求企业的各项业务必须更加精细化和专业化。具体到分部信息来讲，在我国起步晚、发展快，这是最大的特点，但是其重要性和意义不可忽略。

(一) 分部信息的披露对股票市场发展的现实意义

企业现代化制度建立发展以来，在激烈的市场竞争中，各个行业都出现了领头人，但也有不少企业日渐衰落。出现了大企业越来越大，微小企业频繁更迭的现象。一些运营状态不佳的大企业，虽然资产雄厚，但其急功近利，把企业的资金投资到更广泛的领域，甚至与自己的经营范围毫不相干。这就加大了企业面对的风险，削弱了企业管理者对于自身资产资金的控制和管理能力。某些企业为了粉饰自己的利润收益，投机取巧，利用合并会计报表，将所有方面的投资进行整合，从而使投资者误以为企业的运行状态良好，收益回报高。长此以往，将企业带入了错误的发展道路，不利于市场经济和股票市场的发展。

完备的现代企业制度和市场经济体制要求企业在发展过程中，对于自身的信息进行充分的公示和说明，特别是存在短板和缺陷的地方。这样，无论是企业的经营管理者还是投资者，都能够充分掌握各方面的数据，从而评估和判定企业的运营状态，以便做出经营和投资。这能极大地推动所有市场主体的参与自主性。而编制分部报告，能够填补合并会计报表的固有缺陷和漏洞，将信息完整真实地展现出来，对现代证券制度和股票市场的发展大有裨益。

(二) 分部信息的披露对间接融资市场发展的现实意义

根据经济学的传统理论，可以得出这样的结论：资本市场存在着固有的缺陷和漏洞，主要是因为信息的不平衡和不对称。具体来说，企业的经营管理者和投资者的地位是不平等的，投资者负责出资，经营管理者负责企业的运营，而管理者在运营过程中对于各种信息，特别是关涉到企业债权债务和资金流动状态是能够直接获得的，而投资者只能是间接和侧面了解，多数情况下，主要通过经营管理者提供的信息和报表来判断。这种矛盾的存在对于企业的融资十分不利。

现代企业制度和金融制度要求完备的信息披露制度的存在，旨在解决信息不对称的问题，填补资本市场的固有漏洞和缺陷。信息披露制度要求企业的经营管理者将信息准确及时地反映给投资者，促使其地位实现对等。分部信息尤为如此，它将企业各方面的投资和各个机构的经营状况事无巨细地呈现在投资者面前，对于其融资决策的制定提供更为科学合理的依据。对于银行亦是如此，我们知道企业融资的资金来源绝大部分就是银行贷款。而银行对企业发放贷款的主要考量就是企业的运营状况和资产资金能力，只有银行对于企业的各项信息进行了整合和分析，才能做出是否支持其融资的决定。当银行根据企业的各个产业和发展阶段的数据进行评估，做出了更合理的预测和预判，并且得到了满意的结果，才会更积极地发放贷款，解决企业融资困难。客观地讲，银行贷款时考量的因素多种多样，但企业的信息完整真实的披露，将大大减少银行的疑虑，从而最大限度减少银行"惜贷"问题，大力推动间接融资的健康发展。

（三）分部信息的披露对促进企业加强内部管理和科学决策的现实意义

从我国企业发展现状来看，很多企业为了规避风险，最大化实现效益，鸡蛋不放在一个篮子里，而是涉足多个产业。然而，企业的步子迈得太大会适得其反，很多这样做的企业实际效益并没有达到自身的目标，甚至将企业陷入困境，濒临破产。

企业在扩大经营和投资范围时，对于同一产业不同地区、同一地区不同产业的特点都要充分把握和评估，这是多元化经营的一个关键点。而在合并报表中，并不能将企业的投资在地区和产业上进行划分，更不用说记录其在某一地区某一产业的具体收益或者亏损情况了。投资者在报表中看不到具体的盈利或亏损状况，就不能判定出自己的收益在某一地区某一产业是否能有较大回报，更不利于其进一步的决策和投资。分部报告的出现，将企业的每一笔投资在地区和行业中进行坐标上的定位和区分，详尽且准确。便于经营管理者和投资者明晰企业的投资发展状态，即使调整策略和方向，也能及时解决实际问题和矛盾，真正规避风险，为企业壮大提供推动力。

（四）分部信息的披露对加强国家宏观经济管理的现实意义

每个地区和行业的发展都离不开经济实力较强的大型企业的发展，而这些大型企业又大多涉猎众多产业和地区，甚至成为具有较强国际竞争力的跨国企业。立法机关、行政机关等若能根据这些大企业提供的各地区各产业的运营状况的详细报告和说明，就可以将这些信息进行整合和进一步分析。从而对先前实施的相关法律法规、产业指导政策、税收优惠和财政补贴政策等进行一个评估和判定，并有效地继续推行，效果不佳或者不适时的应及时立、改、废，从而促进经济运行和产业发展态势的健康向上。

因此，在现代企业制度和金融制度中，分部报告和合并报告缺一不可，共同组成了企业集团的财务报告体系。分部报告将信息细化到点对点，即将每个行业每个地区的投资收益现状详尽地整合并呈现出来。从而为企业的经营管理者提供助力，制定更好的企业发展和运营策略。对于企业投资者来说，可以根据分部信息，不断调整自己的投资数额，将自己的资金投入到更有活力和优势的产业和地区。既有利于企业发展壮大，又能推动社会经济的良好运行，可谓一举多得。

二、分部报告的范围

我国关于分部报告范围的规定与国际会计相关内容是一致的，要求强制提供分部报告的主体限定为上市公司，原因包括。

（1）在现代企业制度建立和发展过程中，上市公司是企业发展的最高级形式，其经营和运转有专业的管理团队负责，各项制度都是较为完善和成熟的。也就是说公司的所有者是其所有股东，而其运营权则是被赋予管理责任的管理团队。进一步讲，关于该企业的财务信息、资金资产流动以及债权债务变动等重要信息，管理者是能够直接接触和掌握到的，而对于所有者来说，基本上只能通过管理者提供的各种数据报表来获取。上市公司涉及的资金量巨大，投资者人数众多。通过强制上市公司发布分部信息，其投资者或者说公司的所有者才能对于自己的每一笔投资做到心中有数，从而为其进一步的决策和投资行为提供科学合理的参考数据，这对于整个资本市场的发展也营造了一个健康的环境。

（2）从上市公司特点来看，上市公司和其他组织形式的公司相比，涉及的投资者众多，债权债务关系复杂，资金数额巨大，这些特点使上市公司状态的好坏对于社会的稳定与否密切相关。因此，上市公司也一直都是行业协会和政府部门的监管、监控对象。我国的相关行业准则和法律法规也因此要求上市公司必须要遵循最严格的制度规定，如分部信息的报告准则。

（3）上市公司的分部信息提供义务是国家通用的惯例和准则规定的，我国作为世界市场经济的重要组成部分，也应当与国际接轨，以便更好地推动经济的全球化。

三、分部的划分

了解分部信息强制发布的原因之后，接下来要探讨的就是分部信息各个部分划分的依据和准则。结合会计实务综合来看，其划分的标准包括业务、地区、客户、组织结构、独立核算单位、生产线、主要产品以及法律实体等。每一种划分方法都提供了一个角度，但从实际效果来看，按照业务和地区进行划分最能满足投资者、管理者及其他信息使用者的多样需求。

（一）业务分部

企业的生产经营活动往往包括很多领域或者同一领域很多方面的业务，包括商品、产品、咨询服务、培训服务等多种业务。而业务分部就是对于企业所涉及的众多业务进行区分统计，将每一项业务的成本、收入、利润等重要信息进行整合和统计，从而比较出各自的优势和发展现状，这对于企业规避风险，发挥核心竞争力尤为重要。

（二）地区分部

地区分部，将企业的同一种业务所涉及的地区进行区分和信息整合。通过该业务在某一地区的成本、收入、利润等关键信息统计，进而明确某一业务在不同地区的开展情况以及是否有优势。鉴于不同地区的各种因素和环境不同，不同地区分部可以为企业进一步的业务拓展和市场发展起到导向作用，同样有利于企业规避风险，增强核心竞争力。在确定地区分部时，应考虑以下因素：

（1）经济和政治条件的相似性。

（2）不同地区的营业之间的关系。

（3）营业的相似性。
（4）在特定地区营业的特有风险。
（5）外汇管制。
（6）外汇风险。

通常来讲，地区分部划分可细分为如下：一个是企业的资产资金所在地，即其企业的生产区域作为依据。另一个是以企业的客户分布区域，即市场区域作为依据。

四、分部报告的内容和披露形式

明确分部划分的依据和标准之后，下面应当确定其内容和形式：（1）公司所有者、管理者以及其他投资者和用户的多样需求；（2）制定分部报告的工作量大小和成本的多少；（3）分部报告对于企业发展的指导作用和企业决策的参考价值。总之，内容既要详尽，也要有所取舍。

我国分部报告准则要求在主要报告中披露营业收入、营业费用、营业利润、资产总额、负债总额以及补充信息等内容。其中补充信息一般包括折旧和摊销费用、资本性支出以及折旧和摊销以外的非现金费用。

1977年，美国相关会计准则和规定并没有强制要求企业提供分部信息。经过数年的论证和研讨，到了1994年，美国注册会计师协会财务报告特别委员会，确认了分部信息发布的必要性。根据我国《企业会计制度》的规定，《分部营业利润和资产负债表》为年报内容之一。

（1）企业的投资者和管理者以及财务报告的使用者，对于各项信息的需求是多样和多变的，他们需要企业各个产业、各个地区的实时信息，并据此来调整发展策略和投资方案。本身财务报告的信息就有滞后性，在一个会计年度中期进行分部信息的披露，将会弥补这一缺陷和短板。

（2）我国证券制度和股票市场起步较晚，发展尚不成熟，存在一些漏洞和缺陷，这就给投机者钻空子的机会。分部报告的发布，为企业的投资者和所有者定期提供了各个业务和区域的发展情况，这些投资者可以根据信息描绘出企业经营活动的走势，从而做出预判和估计。这对于证券制度和股票市场的发展提供了便利条件，很高程度上规避了市场风险。但分部信息毕竟不是年度会计报告，不会提供全部详尽的信息，必然会有所取舍。

具体来讲，公司进行分部报告的制定时，一方面从企业面临的风险性质和收益的渠道出发，应划分为主要和次要两种方式。以上两种考量因素的主要部分纳入主要报告中，次要部分纳入次要报告中。另一方面也要注意，企业面临的风险以及收益的渠道主要因业务而异时，则主要报告以业务为重，次要报告以地区为重，反之亦然。当受业务和地区的影响同样重要时，也按照业务作为主要报告，地区列为次要报告。

第五节 审计报告

一、审计报告概述

审计报告是由会计事务所中的注册会计师出具的具有法律证明效力的书面文件，它需要会计师对于企业的财务报表进行独立审核和检查。审计报告用于证明企业的生产经营状况和资产资信状况，是企业是否良好的说明书。

企业的财务报告、资产负债报表等会计报表记载了一个企业的生产经营状况、债权债务关系、资金流动情况等信息，但是这些报表是由企业一方提供的，其信息的真实有效性值得商榷，需要有一个特定的部门和人员进行验证和证明，这就是会计事务所中注册会计师的作用所在。经过审计报告的证明后，信息的真实可靠性大大增加，此时的投资者和报表的使用者才会更有信心和依据做出进一步的选择和决断。

二、审计报告与会计报表的关系

会计报表记载了一个企业的生产经营状况、债权债务关系、资金流动情况等信息，企业依靠它对外发布一系列信息，制定会计报表是企业的法定义务。而审计报告则是对会计报表进行核验、查证后的证明文件。它的制定者和提供者是独立第三方主体，即注册会计师。相较于会计报表来说，审计报告更具有信服力和说服力，它是法定的文件，证明效力最大。

会计报表是制定审计报告的前提和依据，换句话说，前者是后者的针对方。会计报表由企业及其管理者制定，并且对报表的真实性承担责任。而审计报告则是由注册会计师针对会计做出的，在审计报表中，注册会计师只能提出看法和意见，不能对会计报表中的数据进行修改和更正。

审计报告只是注册会计师证明会计报表数据是否真实有效的方式，它本身不含有任何报表所涉及的数据，只有证明作用，更不能取代会计报表的地位和价值。二者性质不同，不可同日而语。

但从另一方面来看，审计报告和会计报表又不能完全割裂，二者往往是并存的。当投资者需要数据信息时，一方面要查阅会计报表的各项数据，另一方面需要查验其审计报告来证明数据的真实有效性。换句话说，审计报告是会计报告的效力证明文件，没有审计报告，会计报告的证明力就缺少保障。

三、审计报告的内容和格式

（1）标题，即"审计报告"。

（2）收件人，即委托进行审计的企业和公司，注意称谓要全面，如"××股份有限公司全体股东""××有限责任公司董事会"等。

（3）范围段，主要包括：

① 审查报表的种类、名称和日期。

② 会计责任和审计责任。

③ 审计依据，即"中国注册会计师独立审计准则"。

④ 已实施的主要审计程序。

（4）意见段，主要就是注册会计师经审核后的意见，包括：

① 会计报表的种类、形式和所记载数据是否符合相关法律法规的规定。

② 会计报表记载的各项数据是否真实有效，准确无误。

③ 会计处理方法是否具有一贯性。

（5）说明段，当注册会计师对于企业会计报表的各个事项存在疑问和否定意见时，这些保留意见应放置在范围段和意见段之间，并且详尽说明原因和理由，若有必要，进一步说明其意见对于会计报表的作用和影响。还可以对某个或某些重要事项进行阐述和解释。

（6）签章和审计组织地址。

（7）报告日期，就是注册会计师审核完成出具审核报告的日期。

四、审计报告的基本类型

具体包括：

（一）无保留意见的审计报告

1.当会计报表同时满足以下几种情况时，注册会计师应出具无保留意见的审计报告：

（1）会计报表的形式和记载的各项数据符合行业准则和相关法律法规要求。

（2）会计报表记载事项和数据真实有效、准确无误。

（3）会计处理方法保持一贯性。

（4）注册会计审计过程顺利圆满，完全符合法律规定和审计要求。

（5）所有事项定性准确无遗漏。

2.带说明段的无保留意见的审计报告。具体指的是会计报表满足上述所列条件，但出现了一些情况，并不影响无保留意见审计报告的出具。对于这些情况和事项，注册会计师在说明段进行具体的阐述和解释即可。这些事项主要有：

（1）重大不确定事项。

（2）一贯性的例外事项。

（3）注册会计师认同特殊情况下出现偏差的会计准则。在一定条件下，注册会计师认为会计报表的某个或某些事项的采取，一定程度上偏离会计准则是必要和适当的，可以更公允地反映经济业务的性质，避免会计报表使用者的误解，如服装生产企业的缝衣机，单位价值多数低于2 000元，如依制度规定只能属于低值易耗品，不能列入固定资产。但若将其列为固定资产，显然更能公允地反映经济业务的性质，注册会计师应予以支持。

（4）强调某一事项。

（5）需要其他会计师辅助的环节和流程。一定条件下，负责审计工作的注册会计师的正常工作需要在其他注册会计师的帮助下完成部分环节和流程。对于这些非审计会计师进行的工作，若不能进行检验和复查，同时这些工作有又较为重要时，应当详细注明人员和环节。

（二）保留意见的审计报告

只要满足下列条件之一，应出具保留意见的审计报告：

（1）会计报表中某一或者某些重要事项不符合相关法律法规或行业规定，经注册会计师提示后，被审计单位仍然不修改和更正的。

（2）审计程序受到一定程度的阻碍和限制，注册会计师无法取得法定的相关数据和事项。

（3）采用的某个重要会计处理方法违反一贯性。

（三）否定意见的审计报告

这种情况是保留意见仍不能出具审计报告时才采用的。换句话说，某一或者某些事项性质极其恶劣，严重影响正常的审计程序。此时注册会计师不接受会计报告，应当出具否定意见的审计报告。这些情形主要有：

（1）会计处理方法的选用严重违反相关法律法规，并且委托审计的企业不进行更正和修改。

（2）会计报表记载的涉及企业债权债务、资产资金变动和日常生产经营的各项数据和事项严重违反相关法律法规，并且经提示后委托审计的企业依然不进行更正和修改。

（四）拒绝表示意见的审计报告

当注册会计师的审计工作受到阻碍，严重到无法继续审计，不能顺利取得审计证据，导致注册会计师无法做出正常判断，则应当出具拒绝表示意见的审计报告。

应当注意的是，拒绝表示意见也属于意见的一种，一旦做出就意味着注册会计师不能对审计的会计报告发表其他任何意见，更不能做出肯定和否定的价值判断。此种审计报告在审计工作存在阻碍不能顺利进行的情况下出具，因而使得委托者和被委托者双方均不接受和认可。

第六章　上市公司财务报表综合分析

　　财务报表综合分析，是以各种会计报表为基础，将其记载的各项事项和数据进行综合的整合和剖析，从而描绘出公司的运行发展态势，判断出公司所面临的局面和环境的好坏，进而为公司管理者和投资者的进一步决策提供可靠依据。财务报表综合分析是一个复杂的过程，既要以扎实充足的信息为依据，又要采用科学多样的分析方法，才能得出相对合理的结论。

第一节　上市公司财务报表综合分析的基本方法

一、趋势分析法

　　该方法是将公司财务报表记载的重要数据通过公式进行剖析，从而描绘出公司运营的整个趋势，为做出进一步判断提供依据。

（一）销售增长率

采用的通用公式：

$$r = \sqrt[n]{\frac{S_n}{S_0}} - 1$$

　　在此公式中，r 为 n 年的销售增长率；S_0 是初始年份的销售额，S_n 为 n 年后的销售额；常见的是 n 为奇数，比如 3、5。这样算出的增长率也叫销售的复利增长率或环比增长率。

（二）净利润增长率

通用的计算公式为：

$$r = \sqrt[n]{\frac{P_n}{P_0}} - 1$$

　　这里，r 为 n 年的净利润增长率；P_0 是初始年份的净利润额，P_n 为 n 年后的净利润额；常见的是 n 为奇数，比如 3、5。这样算出的增长率也叫净利润的复利增长率或环比增长率。

（三）加权平均每股收益增长率

历年加权平均每股收益增长率的一般计算公式为：

$$r = \sqrt[n]{\frac{EPS_n}{EPS_0}} - 1$$

此处，r 为加权平均每股收益的年均复利增长率；n 为年份；EPS_0 为加权平均每股收益的初始值，EPS_n 为 n 年后加权平均每股收益。

二、结构分析法

又称共同比报表分析法，具体来讲，将债权债务报表、利润报表和现金流量表中的同一个账户数额设定为 100，每一报表的其他项目所占总额比例用百分比显示。

例如，某公司 2014 年和 2015 年共同比利润表分析（表 6-1）。

表 6-1 ××公司共同比利润表

	2015 年	2014 年	差 异
一、营业收入	100.00	100.00	0.00
减：营业成本	48.84	47.65	1.19
税金及附加	5.43	7.09	-1.66
销售费用	14.86	13.59	1.27
管理费用	5.88	8.42	-2.54
财务费用	-0.36	-0.46	0.1
资产减值损失	1.2	1.3	-0.1
加：公允价值变动损益	0.77	0.65	0.12
投资收益			
其中：对其他公司的投资收益			
二、营业利润	24.92	23.06	1.86
加：营业外收入	0.01	0.01	0.00
减：营业外支出	0.03	0.01	0.02
其中：非流动资产处置损失			
三、利润总额	24.9	23.06	1.84
减：所得税	6.04	4.17	1.87
四、净利润	18.86	18.89	-0.03
五、每股收益			
（一）基本每股收益			
（二）稀释每股收益			

通过以上表格可以得出结论，该公司各项数据连续两年变化不大，运营态势比较平稳，在一定程度上反映了目前企业的状态良好。

第二节 综合财务分析报告的构成及评分方法

一、综合财务分析报告构成

具体来讲，综合财务报告包括下列几个部分：

（一）浏览报表

通过浏览报表，可以将各项数据尽收眼底，若哪一部分变化明显，则很容易被发现。

具体来说，可通过以下几个方面进行。

（1）观察公司的利润表，并分析其各个部分和组成结构。从数据上来看，若某公司的某一项业务利润增加率为负数，而利润总额大幅度增加，只能说明该项业务已经在走下坡路，利润的增加是依靠其他项目取得的。此时的利润表结构不稳定，易变性很大。

（2）在各个报表中，找出公司的"净利润"和"扣除非经常性损益后的净利润"两个项目进行比对，若后者占前者比例小于50%，则说明公司主营业务的盈利能力很差，主要利润是通过其他次要方面的业务或者投资带来的，这是一种非正常状态，也是对企业的一个预警。

（3）将报表中的利润和现金流量两个项目进行比对。若报表显示公司的利润总量较大，而现金流量中的流入现金数额较小甚至为负数，则表明企业核算的利润总额存在相当一部分未确定的金额。具体来讲，很可能就是企业已经将商品售出或者提供了业务服务，而与之相对的货款和费用并没有实际到账，是一个不确定的状态。而企业核算利润时又往往将其纳入，因此出现这样的情况。

4.值得说明的是，即将或者才上市的公司，往往会粉饰它的财务报表，使上市前后的数据差额较大，这一点不能忽视。

（二）成长性分析

对公司近几年（一般是5年内）的利润、债权债务关系、现金流量等重要数据进行比对，描绘出公司运营走势；然后是公司业务的开展情况、各个方面的投资情况（包括投资数额、投资规模、投资进展以及受益回报的情况）。

（三）财务比率计算

计算清偿能力、财务杠杆、盈利能力、资产管理效率、投资报酬率等财务比率，并同时列出同行业各比率的标准值。

（四）解释性说明

主要以股东权益回报率为中心，并且分析债权债务、资金流动和投资各个比例与前者的关系。归纳短板和失利部分的原因，对于较为成功的地方，注意总结成功经验。

（五）公司总体综合财务评价

此部分主要是通过以上几个步骤，做出基本的评判结果，从而得出公司运营状况是否良好的结论。

二、综合财务评分方法

下面我们介绍一种基于沃尔比重分析方法的原理所构建的综合财务评分方法。

（一）沃尔比重分析法绩效评价指标体系

由表6-2可看出，每项财务指标均赋予一个重要性系数——沃尔比重，如股东权益报酬率所赋予的系数为0.2，所有系数的合计应为1。

表6-2　沃尔比重评分法

指标类型	具体指标	重要性指数
（一）清偿能力	1. 流动比率	0.06
	2. 速动比率	0.05
（二）财务杠杆	1. 资产负债率	0.06
	2. 已获利息倍数	0.05
（三）盈利能力	1. 销售利润率	0.09
	2. 毛利率	0.05
（四）投资报酬率	1. 总资产报酬率	0.08
	2. 股东报酬率	0.20
（五）资产周转率	1. 流动资产周转率	0.09
	2. 营业周期	0.09
（六）增长率	1. 三年净利润平均增长率	0.09
	2. 三年销售平均增长率	0.09
合计		1

（二）评价标准和评分办法的确定和分类

1. 评价标准主要参考同行业、同时期、同指标来制定。
2. 计算各关系比率，即行业实际值所占标准值的百分比。

如果实际值／标准值＜1，关系比率＝实际值／标准值

如果实际值／标准值≥1，关系比率＝1

3. 计算各项比率指标的综合系数。

$$各项比率的综合系数 = 各指标的重要系数 \times 该指标的关系比率$$

$$综合系数合计数 = \Sigma \ 各项比率的综合系数 \leq 1$$

4. 调整事项。

（1）企业的销售利润率、毛利率、总资产报酬率、股东权益报酬率、三年销售平均增长率和三年资本平均增长率可能出现负值，从而导致对应的关系比率出现负值时，该项指标的综合系数为0。

（2）关于资产负债率：

① 当资产负债率小于等于平均值时，其关系比率为1。

② 当平均值＜资产负债率＜80时，如果企业的总资产报酬率＜股东权益报酬率，则其关系比率为1。

③ 当资产负债率≥100时，系数为0，得0分。

④ 当资产负债率的实际值不符合上述①、②和③三个标准时，关系比率＝平均值/实际值。

（3）设定IC＝本期利息保障倍数，P＝关系比率；

如果IC≥3，那么P=1；

如果2≤IC＜3，那么P=0.15×IC＋0.55；

如果1.5≤IC＜2，那么P=0.2×IC＋0.45；

如果0.6≤IC＜1.5，那么P=$\dfrac{55 \times IC - 15}{9}$；

如果IC＜0.6，那么P=0。

（4）关于营业周期：

如果营业周期实际值/平均值≤1，那么关系比率=1；

如果营业周期实际值/平均值＞1，那么关系比率=平均值/实际值。

5. 评分。

按100分制对以上方法得出的结论进行评分，得分＝该比率的综合系数×100；企业综合评分＝综合系数合计数×100。

综合评价结果按A、B、C、D、E（或优、良、中、低、差）五档划分如下：设企业得分为X

优（A）：X≥85；

良（B）：70≤X＜85

中（C）：50≤X＜70

低（D）：40≤X＜50

差（E）：X＜40

（三）综合评价方法

现代企业发展迅猛，评价方法与过去大不相同，见表6-3。

表6-3 综合评分标准

指 标	评分值	标准比率（%）	行业最高比率（%）	最高评分	最低评分	每分比率的差
盈利能力：总资产报酬率	20	5.5	15.8	30	10	1.03
销售净利率	20	26	56.2	30	10	3.02
净资产收益率	10	4.4	22.7	15	5	3.66
偿债能力：自有资本比率	8	25.9	55.8	12	4	7.475
流动比率	8	95.7	253.6	12	4	39.475

续 表

指　标	评分值	标准比率（%）	行业最高比率（%）	最高评分	最低评分	每分比率的差
应收账款	8	290	960	12	4	167.5
周转率	8	800	3 030	12	4	557.5
存货周转率成长能力：销售增长率	6	2.5	38.9	9	3	12.13
净利增长率	6	10.1	51.2	9	3	13.7
总资产增长率	6	7.3	42.8	9	3	11.83
合计	100			150	50	

标准比率以本行业平均数为基础，评分要确定一个范围（最高值和最低值），从而避免某个数据突变导致整个评价过程不顺利。最高值可设定为正常评分值的 1.5 倍，最低值为 0.5 倍。对于分值进行加减，以此弥补上述方法的不足之处。

第三节　其他不可忽视的事项

一、财务分析的可比性问题

财政部公布的《企业会计准则》出台了与此相关的一系列规定，中国证券监督管理委员会对上市公司中报、季报和年报披露的内容和格式也提出了比较完整的要求。这样一来，各个上市公司之间就可以在一定的平台上或者一定的条件下进行比对。但就现状来说，在进行比对分析的过程中，不要忽略了以下一些重要的不同情况。

（1）每个上市公司选择的会计政策各异。若某一上市公司对于自身固定资产在进行折旧估算时比较保守，减损估值较大，这与同行业其他公司相比，其成本固然处于较高的位置，以此推算出来的利润将会减少，从外表看其盈利能力和运营效果打了折扣。

（2）上市公司所涉及行业的客观情况不一样。哲学上讲，矛盾具有特殊性。具体到市场中的众多行业，每一个行业的发展阶段、发展现状和前景是不同的，因而在不同行业基础上对于上市公司进行比对的难度仍然比较大。举例来说，智能手机产业在我国发展迅猛，前景较好，但是存在融资困难，资金链不稳固的缺陷。而民用建筑产业发展速度适中，资金容量大。所以在对不同行业的上市公司进行比对时，不能忽视其所涉行业的客观情况。

（3）报表之外其他事项的考量。在进行上市公司对比时，仅凭其财务报表上所获取的信息是不能充分判断一个企业运营状况的。特别是同一行业的不同公司，要将其管理团队、运营模式、服务质量等各方面的因素加入到衡量标准中，才能全方位立体化得出较科学的结论。

二、财务分析的局限性

通过总结财务分析的重要性和必要性,可以明白它的价值和意义。但事物都有两面性,财务分析同样存在短板和缺陷。

(1)进行财务分析时,关于公司的资产价值和债权债务价值等的衡量是设定在当时的情景之下的,而不是此时此刻的价值。特别是汇率突变和通货膨胀造成的数据失真,难以得出较为合理的判定和结论。

(2)同一行业中对于不同产品和服务进行比较,是否具有实际意义。

(3)报表记载的事项并不全面,没有归纳和总结出企业盈利的重要因素。比如,管理团队的协作能力、企业的产品质量、公司的信誉等。

(4)会计报表存在的固有缺陷,如报表中的利润包含了未实现的债权,并不能真实反映企业的盈利能力。

(5)会计报表记载的事项和数据即使再真实完备,也是对过去某一阶段企业运营状况的一个反映。通过对这些报表的分析,只是刻画出企业发展历程的走势。未来的情况是多变的,充满了不确定性。通过财务分析做出的预测不一定有效。

(6)通过前文上市公司的可比性分析可以看出,同一行业不同公司,在进行会计报表制定时所采取的会计方法和会计政策是不同的,甚至相互之间存在对抗的效果,有时对于同一事项,不同的会计师核算出来的结果也是不同的。这些不同和矛盾充斥在不同的会计报表中,据此展开的财务分析实际效用将大打折扣。

三、上市公司粉饰报表、制造泡沫的手法

(一)以其他方面的收益利润来掩盖主营业务的亏损

对于某些上市公司,其经营的主打业务已经不景气,如生产的产品滞销、提供的服务没有需求等情况,导致其日常的经营活动出现亏损。但为了掩盖这一不利情况,其仍会通过融资、高利贷、资产的出租出售等非常规手段获得的收入来粉饰利润。

(二)以关联交易维持公司虚假繁荣

此种手段主要包括以下情形。

(1)主营业务中的大量关联交易。这种情况主要指的是,某一个上市公司是属于企业集团的子公司,且由企业集团出资成立,该公司虽然形式上是完整的,但在功能上被限制和阉割。比如,该公司仅是由企业集团用于生产的投资组建,其只能是从事产品的生产加工,而成品的市场销售则交由集团内其他公司负责。此时,该上市公司和负责销售的公司之间不是正常的交易伙伴。负责生产的上市公司,在计算利润和收益时,主要依据自己的生产状况和销售公司的供货需求,而不是真正实现交易的货物数量。这往往导致利润的虚高。当负责销售的公司没有成功将产品售出时,反而形成了大量的积压和滞销,而在上市公司的报表中却不能真实反映出来,造成了虚假的繁荣局面。

(2)非经常性业务中的关联交易。所谓的非经常业务,就是主营业务之外,通过资产的出售出租、债权债务的置换、资金的借贷等非常规手段获得收入,纳入公司利润,从而本末倒置。

(3)利用往来资金操控现金流量。股东以增加投资的目的将大量资金交给上市公司,而公

司在其报表中并不会记录在资本变动一栏中,只记录在日常经营活动中的应收账款,即便出资的股东多为其他公司,也不会将此笔出资记录在投资一栏中,而是应付账款中。这样就使现金流量表中的现金流量增多,以此表示公司的业务往来频繁,"现金泡沫"由此产生。

(三)以大股东的地位侵占上市公司的资金

上市公司的大股东出资比例很大,在上市公司中享有很大话语权。此时,大股东往往会利用自己的地位侵吞公司的资产资金,利用虚假的债权债务关系,将上市公司的资金纳入自己的口袋中,造成企业的亏损,甚至破产。

第七章 国际背景下的上市公司财务报表分析

当今，世界各国经济发展迅速，国际市场形势向好，很多企业走出国门，参与国际竞争，逐步发展成为跨国企业。我国在国外设立子公司或分支机构的企业逐渐增多，并初具规模，同国外企业及机构进行的交易及其经营活动也越来越多。

由于各国（地区）的企业会计准则存在相当的差异，而经济活动的全球化，需要消除这种多样性，如何妥善处理分歧，成为跨国公司发展的关键所在。1973 年，国际会计准则委员会（IASC）成立，在它的大力推动下，国际会计准则逐步向统一化迈进。

第一节 中国境内与国际会计准则的区别

一、概念框架的区别

我国会计基本准则与国际会计准则，既有相同之处又有区别。主要区别见表 7-1。

表 7-1 我国会计准则与国际会计准则的区别

项 目	国际会计准则	我国《企业会计准则》
名 称	编报财务报表的框架	企业会计准则第 ×× 号基本准则
法律地位	独立存在，与会计准则没有关系，没有任何法律上的意义	基本准则属于会计准则体系的有机组成部分，效力上属于部门规章
目 的	制定财务报表的前提和基础	规范具体会计准则的规定以及没有具体会计准则规范交易或者事项的会计处理
结 构	分为前言、引言、财务报表的目标、基本假设、财务报表的质量特征、财务报表的要素、财务报表要素的确认、财务报表要素的计量、资本和资本保全的概念共 9 部分	分为总则、会计信息质量要求、资产、负债、所有者权益、收入、费用、利润、财务报告、附则共 10 章
财务报表的目标	用于记载企业的债务债权关系，资产资金变动、成本收入和利润等情况，从而为企业的投资者提供进一步决策和行动的依据	除了和前者相同的部分除外，在基本准则中未提及财务报表的目标、放在相应的财务报告具体会计准则中阐释

续表

项 目	国际会计准则	我国《企业会计准则》
基本假设	仅包括"权责发生制"和"持续经营"的假设	会计主体、会计分期、货币计量和持续经营假设
财务报表的要素	资产、负债、权益、收益、费用五个要素，并分别做了定义	除前者部分外，还有利润
财务报表要素的确认	对会计报表各个表格内容进行确认和取舍，以及对上述要素进行明晰。	同上
财务报表要素的计量	对各要素所记载事项下涉及金额的核对和统计：主要包括历史成本、线性成本、可变现价值和现值四种计量基础	企业的各种资产和负债在取得时应当按照实际成本计量。除法律、行政法规和会计准则采用重置成本、可变现净值和公允价值计量外企业一律不得自行调整其账面价值

二、准则体系内容的比较

在内容上，我国的会计准则和国际上的不同之处主要体现在以下几方面。

（一）公允价值的运用

公允价值在国际会计准则中是非常重要的。但是，我国原来的会计准则体系中，基本上未体现公允价值的内容。我国会计准则进行修改之后，结合我国的经济发展现状，特别是会计实务中的问题，很多方面才用了公允价值，如投资性房地产、金融工具、非货币性交易和非共同控制下的企业合并等。

其实，公允原则在我国的适用范围较窄，条件设定比较严格。举例来说，在生物资产的核算和统计中，我国采取历史成本模式。原因在于生物资产在我国起步晚，无论从发展规模还是发展态势上看，都有很多不足和缺陷之处。换句话说，生物资产的市场尚不成熟，若采用公允价值，则客观条件下根本不可取，基本上不会有效果。而在国际上则采用公允价值，并将公允价值的变动与损益相衔接。根据一贯性原则，企业一旦采用公允价值，就不能再更改和舍弃。另外，在投资性房地产中，我国新修订的会计准则规定首选成本模式，而国际上规定通用的是公允价值。相比较而言，公允价值将成为主流。

（二）企业合并问题

中国现行会计准则和国际会计准则在企业合并方面有很多区别。举例来说，主要包括企业合并范围的认定、合并范围包含的内容、合并范围的财务合并时间、合并后的资信问题等。可以看出，两者最主要的区别就是围绕合并范围展开的一系列内容。国际会计准则对企业合并的分类包括企业对企业和企业对业务的控制。

我国会计准则关于企业合并的分类包括同一控制下的企业合并（国际会计准则中没有）和非同一控制下的企业合并，对前一合并类型采用权益结合法，后一合并类型采用购买法。关于企业对某项业务的控制，在我国虽然有但是极少。原因在于我国的企业合并不会考量所涉及业务的合并，并且从现状来看，中国的企业合并绝大多数是同一控制下的企业合并。

（三）资产减值损失转回

对于资产减值损失，国际会计准则已经设定可以转回的一些条件和前提。而中国现有规定排除了一些具体资产减值损失转回的类型。这样规定主要是对现实情况的考量。我国现代企业制度虽然发展迅速，但仍处在较为低级的阶段，还有很多不完善的地方。为防止一些不法分子侵吞企业资金，侵犯股东利益，维护资本市场的安定秩序，特采用以上的规定。

（四）关联方关系及其交易的披露

对于国家控股的企业，国际上一律认定为关联方进行披露，而在我国则是独立法人，不需要全部披露。原因在于只有在中国经济中占主导的国有经济和国有企业对其他企业进行投资、购买股权、发生债权债务关系等行为时，才认定为关联方并进行披露，这样可以节约企业成本。

（五）持有待售的非流动资产和终止经营

关于持有待售的非流动资产和终止经营，国际会计准则有专门规定。非流动资产不以交易作为通常目的和手段，主要包括固定资产和无形资产等。终止经营是指企业对于其某个组成部分（生产车间、子公司、办事处等）停止其原来的生产经营活动，并将其出售。若企业持有待售的非流动资产和终止经营时，其所涉及的资产要转为流动资产，采用账面价值与公允价值减去销售费用孰低计量，计入当期损益。我国并没有这方面的规定，而是采用了其他办法。

第二节 跨国公司财务报表分析的基本框架

所谓跨国公司财务报表，专指其所在国的财务报表，它不仅要向所在国的信息使用者报送，还需要提供给其他国家的信息使用者。

一、跨国公司财务报表分析的特点

跨国公司财务报表分析仍然是财务报表分析，它在基本方法和原理上是相同的，只是由于分析的客体是跨国公司，因而其报表所涉及的内容量很大，各种关系错综复杂，要考虑众多因素。其特点主要包括以下几个方面。

（一）弥合语言及货币单位方面存在的差异

在对国际财务报表进行分析时，先要进行语言转换，特别要注意专业术语的运用和转换，最大限度地做到准确无误。对于原来报表中的货币，要按照汇率转换成本国货币，并注意两种货币下导致的差异。

（二）对于不同会计准则的取舍和明晰

各个国家（地区）在会计概念、会计确认和计量方法以及会计的灵活性（即公司对会计政策选择的灵活程度）等方面存在着不同程度的差异。为了评价公司的会计数据是否反映经济现实，分析者必须了解这种差异造成的影响，并采用适当的方法避免和减少这种差异。

此外，地域因素、文化因素、获取信息的成本等也是跨国公司财务报表分析应注意的因素。例如，欧美的文化价值观富有冒险精神、追求个人价值，这使他们规避风险的意识不强，多采用相对乐观的处理方法。关于报表信息的时效性和制表成本，在一般财务报表分析中也会碰到，跨国财务报告分析应当特别注意。

二、跨国公司财务分析的一般步骤

对跨国公司财务报表进行分析，不难发现在国际背景下进行财务报表分析是相对复杂和困难的，所以专门针对其制定出一个模式和范例的可能性很低。退而求其次，我们利用财务报告分析的一般原理和理论基础，结合跨国公司财务报告的特点，总结出对其进行财务分析的基本环节和流程。

（一）对跨国公司财务报表变换形式

由于跨国公司涉及业务众多，债权债务关系十分复杂，导致其报表比较晦涩难懂，所以要进行进一步的解读和转换。首先，语言上的变化。转换为本国语言，特别注意专业术语的解释和阐述，避免出现偏差。其次，可将报表调整为国内的一般格式，但这并不是必需的。主要是因为众多会计报表在国际上的架构和组成部分是一致的，这就降低了解读和分析的难度。

（二）对国际财务报表进行会计分析

这一流程可以评估和判断该报表对于大公司运营状况的反应程度是否真实有效。这一环节又细分为以下几个小步骤：

（1）明晰报表采取的会计准则和本国会计准则的异同点，并将因此对财务分析产生的影响进行预判和评估。

（2）对该跨国公司采取的会计政策和会计处理方式是否合适及效果进行判断和分析。

（3）观察财务报表所记载的信息和各项数据是否存在遗漏和缺陷，并对其完整性进行评价。

（4）综合评价会计信息的质量。

（5）依据重要性原则，消除会计扭曲。

（6）根据本国会计准则的要求，对报表中的重要数据和事项进行检验和再次确认，必要时进行适当调整，最大限度避免误差和缺陷。

（三）进行跨国公司财务报表折算

大多数跨国公司都以本国货币为基础来编制财务报表。这对于其他国家的分析者而言，存在理解上的困难和阻碍，所以分析时要对货币单位进行换算。由于进行报表折算往往会对报表数字造成某种程度的扭曲，所以这些问题不能忽视。

（四）对财务报表进行综合评价

跨国公司会计报表记录的关于其债权债务关系、资产资金状况和经营好坏等各项信息，为投资者和使用者的进一步决策和行为提供了较为科学和合理的依据。经过上述三个流程和环节后，还需要充分考虑公司所处的内外部环境和当地政府的政策倾向，全面剖析公司的财务状况及经营风险，进而对公司的价值做出尽可能准确的评价。此外，在进行评估和判断的时候，还要关注财务报表记载事项以外的信息，并对这些信息进行分类和归纳。这是因为报表以外的信息更难获取和把握，但是这些信息的重要性不可忽视。

第三节　我国记账本位币的确定及外币财务问题

从现实情况看，国际上不同的经济主体（不同国家）的通用货币种类不同，再加上国际上货币汇率的波动和起伏难以掌握，导致具有涉外业务的企业在进行结算和核对时，会因上述原因导致实际利润的减损。

一、记账本位币及其确定

（一）记账本位币的定义

记账本位币，是指企业经营所处的主要经济环境中的货币。主要经济环境，通常是指企业主要产生和支出现金的环境，以本位币结算可以评估和判断出企业的盈利能力和运营状况的好坏。根据相关法律法规规定，我国的记账本位币是人民币。

（二）记账本位币的确定

我国会计准则规定，若企业的营业收入和支出采用的是人民币以外的币种，则需要自己选择一个币种作为记账本位币。同时规定，在我国的企业编制会计报表应以人民币的形式进行记载和说明。但就企业的选择来说，应当对以下情况综合分析。

（1）该货币是企业商品销售或者提供服务的主要币种。

（2）该货币是企业日常生产经营活动中成本、收入和利润核算时采用的币种。

（3）企业债权债务关系的变化、资产和股份的变动等均采用此种货币。

以上三项参考因素判断有先后顺序，前两项确定之后，即不需要再考虑第三项；若不能确认前两项，则主要参考第三项。一般来说，本位币一旦确定，若其经济环境没有变化，就不能任意被替换。

二、境外经营记账本位币的确定

（一）境外经营的含义

所谓境外经营，主要包括两种情况，通常情况指的是，企业的组成部分（包括分公司、子公司、生产部门、销售部门等）处于境外。特殊情况指的是，企业虽然处于中国境内，但是其组成部分采取的记账本位币是人民币以外的其他币种，此种情况也认定为境外经营。

（二）境外经营记账本位币的确定

对于涉及境外经营的企业，在确定记账本位币时应当将以下几种情况纳入考量。

（1）企业对于境外经营所涉及的业务活动是否享有绝对的话语权。

（2）企业境外经营的业务收益在企业的涉外收益总额的比重大小。

（3）企业境外经营的收入现金流量的大小，以及是否可以随时实现汇兑。

（4）企业境外经营的收入现金流量是否能够解决企业的所有债务和欠款问题。

三、外币交易的会计处理

具体参照《企业会计准则第19号——外币折算》中的规定。

四、外币财务报表折算

所谓外币财务折算，就是企业定期对于自身的所有业务、投资等获得的所有收益进行统计和核算时，需要将其涉外部分的成本、收入和利润等各项数据按照企业的记账本位币以及汇率进行核算和统计的过程。

（一）境外经营财务报表的折算

主要流程有：

（1）资产负债表中的债权债务关系以及各项资产，按照制表日期时的汇率进行统计和核算。在关于股权收益的各项数据中，除了未分配利润这一项，都应按照收益获得时的汇率进行统计和核算。

（2）利润表中的收入和费用项目，采用交易发生日的即期汇率折算，也可以按照系统合理的方法确定的、与交易发生日即期汇率近似的汇率折算。

（3）按照上述（1）、（2）点折算产生的外币财务报表折算差额，在并入后的资产负债表中所有者权益项目下单独列示，其中属于少数股东权益的部分，并入少数股东权益项目。

比较财务报表的折算参考以上流程和环节。

（二）恶性通货膨胀下外币财务报表的折算

1. 恶性通货膨胀情况的判断

认定一个国家恶性膨胀情况的因素包括。

（1）通货膨胀率连续三个年度的总和趋近于或者超过100%。

（2）利率、工资和物价与物价指数挂钩，物价指数是物价变动趋势和幅度的相对数。

（3）当地居民在进行商品交易和经济往来时以某种外币作为衡量价值的标尺，而不是当地通行货币。

（4）当地居民对于自己所有的财产以外币的形式来保存，尽量避免持有当地通行货币。

2. 出现上述情况时境外经营财务报表的折算

当一国恶性通货膨胀的情况出现时，企业将其所涉该国相关经营业务的收益等数据，并入企业的整个会计报表的各项数据时，所遵循的详细环节和流程是：对于资产负债表中的债权债务按照当地物价进行统计和核算，对利润表项目运用一般物价指数变动予以重述；根据制表日期的货币汇率将以上各个项目数据进行换算和统计。

（三）关于外币折算的披露

关于外币折算，企业应当进行如下内容的说明和阐释：

（1）企业关于记账本位币的选定以及发生变更时的理由和原因。

（2）关于折算时采取的汇率的解释和说明。

（3）当期损益中的汇兑差额。

（4）关于境外收益等因汇率或其他客观原因出现减损的评估和判断。

第四节　其他国家会计准则和国际会计准则下的外币交易分析

当来自不同国家的公司进行交易时，它们必须在使用何种货币上达成一致。比如，墨西哥公司向中国一公司出售电子元件，两家公司必须在使用比索还是人民币或是其他币种支付货款上达成一致。如果此项交易用比索计价，那么中国公司就有外币交易，而墨西哥公司没有。中国公司就应用合适的汇率将比索转换为人民币来记录此项交易，虽然墨西哥公司也参与了国际贸易，但是它没有外币的交易，只是简单地用比索记录销售收入和应收账款。

在财务报表上使用的货币被称为描述性货币。另一个记录外币交易活动的重要概念是功能性货币。功能性货币是企业主要产生和使用的货币。

本地的货币通常是一个企业的功能性货币，因此拥有众多分散在不同国家的附属公司的跨国公司就有一系列不同的功能性货币。例如，一个母公司位于日本，其附属公司位于泰国，则其位于泰国的附属公司的功能性货币就是泰铢，而其母公司的功能性货币为日元。但是，在某些情况下，位于外国的附属公司也将其母公司的功能性货币作为自己的功能性货币，如英特尔公司的重要外国附属公司就用美元作为它们的功能性货币。

明确地说，外币就是不同于功能性货币的货币，当一个公司使用外币进口或是出口，利用外币偿还借款或收回借款时，外币交易就发生了。在这种情况下，公司就产生了外币资产或负债。

一、外币交易的汇率风险

假设一家芬兰公司在1月份从墨西哥公司进口货物，其信用期为90天，以比索计价，到4月份支付货款。在购买日到支付日之间，芬兰公司会面临汇率风险，比索的价值相对于欧元可能上升，那时芬兰公司将需要更多的欧元来结算比索计价的应付账款。

外币交易中的主要问题是如何处理外币风险，如何在财务报表中体现外币资产或负债价值的改变。

（一）在资产负债表日前的外币交易记账

上例说明了芬兰公司从墨西哥公司购买货物并在资产负债表日之前支付墨西哥比索。基本原则是所有交易都是在交易日以即期汇率记录。当交易日和支付日不同时，可能会出现外币风险。

比如，芬兰公司在2013年11月1日向墨西哥供应商购买货物，购买价格为10 000比索，信用期为40天，芬兰公司于12月10日支付货款10 000比索。芬兰公司的功能性货币和提示性货币均为欧元。即期汇率如下：

2013年11月1日　　1比索 =0.06欧元
2013年12月10日　　1比索 =0.07欧元

芬兰的财政年度结束日为2013年12月31日，芬兰公司如何将外币交易记账？

解答：2013年1月用欧元表示的应付账款为10 000×0.06=600（欧元），而在2013年12月10日，芬兰公司需要将10 000×0.07=700（欧元）转换为10 000比索来支付货款。

尽管现金流出为700欧元，但是存货项目仅为600欧元。这表明如果芬兰公司不延期支付货款应记账数目。由于其延期支付，芬兰公司承担了比索升值的损失100欧元，应将其计入2013年的利润表中，费用及损失为100欧元，在资产负债表中的所有者权益项目下的留存收益也要减少100欧元，资产项目下现金为 –700欧元，存货600欧元，其差额为100欧元。

（二）涉及资产负债表日的外币交易记账

资产负债表日在交易日和结算日之间的外币交易不容忽视。

芬兰公司于2013年12月15日向英国公司销售货物价值10 000英镑，于2014年1月15日收到以英镑支付的货款。芬兰公司的功能货币和提示货币都是欧元。即期汇率如下：

2013年12月15日　　1英镑 =1.46欧元
2013年12月31日　　1英镑 =1.48欧元
2014年1月15日　　1英镑 =1.475欧元

芬兰的财政年度结束日为12月31日,芬兰公司如何将外币交易记账?

解答:以欧元计算的应收账款的价值:2013年12月15日为14 600欧元,2013年12月31日为14 800欧元,2014年1月15日为14 750欧元。

2013年12月15日到2013年12月31日由于英镑相对于欧元升值,此项交易获得收益200欧元,作为外币交易损益确认计入2013年利润表。注意这项确认的收益是2013年收入中未实现的。

在资产负债表日和结算日之间的汇率变动同样导致外币交易的损益。在本例中,2014年1月15日欧元汇率回升,应收账款变为14 750欧元,比2013年12月31日减少50欧元。芬兰公司应确认50欧元外币交易损失,并且此损失应当包括在2014年一季度净利润的计算当中。

从交易日到结算日,外币交易收益为14 750-14 600=150欧元。2013年确认收益200欧元,2014年确定损失50欧元。

(三)分析存在的问题

第一个问题是国际会计准则和美国会计准则要求将外币交易的损益记录在净收入中(即使损益还没有实现),但是两种标准中均没有指明将这种损益记录在利润表中的哪一项,此时的解决方案有。

(1)作为其他营业收入或费用的一部分。

(2)作为非营业收入或费用的一部分。在有些情况下,作为净融资成本的一部分。

外币交易损益记录在利润表会影响经营利润率的计算。由于美国会计准则没有提供关于利润表中的外币交易损益记录的指导,公司对于外币损益可自主选择记录于利润表中的哪一项目,这就造成了对直接比较经营利润和经营利润率的干扰。

第二个问题是当资产负债表日在交易日和结算日之间时,则包括在净收入中的外币交易的未实现损益。会计要求中的一个隐含假定是资产负债表日中外币交易的未实现损益是公司最终净损益的反映。在现实中,由于货币价格的波动及改变的可能性,最终净损益可能会显著改变。

二、外币财务报表的转换

近年来,全球经济的迅猛发展,造就了宏大的国际资本市场,很多企业也在世界经济一体化进程中逐渐发展壮大,成为涉及众多国家众多业务的跨国公司。这些公司的经验和运营模式值得很多企业学习,因此对其研究要全面和深化。特别需要指出的是,跨国公司在制定会计报表前需要进行的外币报表转换这一环节不能忽视。

(一)外币财务报表转换中的问题

关键问题是:一是转换财务报表各项合适时间的转换率是什么?二是在转换过程中出现的调整如何反映在合并财务报表中?

比如,A公司是一家总部位于欧洲的跨国公司,以欧元作为其提示性货币,B公司为其在2008年12月31日设在美国的子公司,投资额为1 000 000欧元,此时美元与欧元之间的汇率为1美元=1欧元,下面我们构建一个B公司简单的财务报表,见表7-2。

表 7-2 B 公司资产负债表

2008 年 12 月 31 日　　　　　　　　　　　　　　　　　　　单位：美元

现　金	300 000	应付票据	500 000
存　货	1 200 000	普通股	1 000 000
总资产	1 500 000	负债及所有者权益	1 500 000

在 2008 年 12 月 31 日的合并资产负债表中，A 公司必须将 B 公司中以美元表示的所有项目都转换为欧元，转化报表见表 7-3。

表 7-3 转换表

2009 年 3 月 31 日

	美元	汇率	欧元
现金	300 000	1:1	300 000
存货	1 200 000	1:1	1 200 000
资产	1 500 000		1 500 000
应付票据	500 000	1:1	500 000
普通股	1 000 000	1:1	1 000 000
负债及所有者权益	1 500 000		1 500 000

假设在 2009 年第一季度中，B 公司没有参与任何贸易，而在此时美元贬值，在 2009 年 3 月 31 日汇率为 0.9 欧元 =1 美元。在准备 2009 年第一季度财务报表的时候，A 公司必须在现行汇率和历史汇率中做出选择。A 公司对 B 公司的初始投资 1 000 000 欧元是既定事实，因此 A 公司仍按照历史汇率转换这一初始投资。

（二）外币财务报表转换方法

1. 现行汇率转换法

接续上例，将 2009 年 3 月 31 日的所有资产和负债均按照现行汇率转换，见表 7-4。

表7-4 转换表

2009年3月31日

	美元	汇率	欧元	变化量
现金	300 000	0.9∶1	270 000	−30 000
存货	1 200 000	0.9∶1	1 08000	−120 000
资产	1 500 000		1 350 000	−150 000
应付票据	500 000	0.9∶1	450 000	−50 000
普通股	1 000 000	1∶1（历史汇率）	1 000 000	0
负债及所有者权益	1 500 000		1 450 000	−50 000
转换调整			(100 000)	−100 000
合计			1 350 000	−150 000

通过现行汇率转换，可以看到从2008年12月31日到2009年3月31日，以欧元表示的总资产减值150 000欧元，负债减值50 000欧元。为了保持转换后的财务报表的平衡，就需要进行转换调整，即−100 000欧元。

那些用现行汇率转换的外币财务报表，按照母公司的功能性货币被重新估值，这一过程与重新估值外币交易中的应收应付款很相似。按现行汇率转换资产和负债所产生的净转换调整被视为净外币转换损益：

现金项目损失：(30 000)欧元

存货项目损失：(120 000)欧元

应收票据收益：50 000欧元

净转换损失：(100 000)欧元

这种负的转换调整是未实现的，所以并不能引起A公司的100 000欧元的现金流出。但是，当A公司按照B公司的账面价值1 000 000美元出售B公司的时候，就会产生损失100 000欧元。

2. 货币/非货币法

假设只有货币性资产和负债按照现行汇率转换，见表7-5。

表7-5 转换表

2009年3月31日

	美元	汇率	欧元	变化量
现金	300 000	0.9∶1	270 000	−30 000
存货	1 200 000	1∶1	1 200 000	0
资产	1 500 000		1 470 000	−30 000

续 表

	美 元	汇 率	欧 元	变化量
应付票据	500 000	0.9∶1	450 000	−50 000
普通股	1 000 000	1∶1（历史汇率）	1 000 000	0
负债及所有者权益	1 500 000		1 450 000	−50 000
转换调整			20 000	20 000
合 计			1 470 000	−30 000

在这种方法下，现金减值 30 000 欧元，而存货仍然按照历史成本 1 200 000 欧元计价。应付票据减值 50 000 欧元。为了保持转换后报表的平衡，正的转换调整 20 000 欧元必须包括在股东权益中。转换调整反映的货币项目的净损益如下。

现金项目损失：(30 000)欧元

应收账款收益：50 000 欧元

净转换收益：20 000 欧元

这种正的净转换调整同样是未实现的。

3. 时态法

在时态法下，按历史成本反映的非货币性资产、所有者权益中除未分配利润以外的其他项目以及折旧费用和摊销费用采用历史汇率折算，采用现行汇率折算外币会计报表的现金、应收项目、应付项目以及按现行成本反映的非货币性资产。

第八章 上市公司偿债能力分析

偿债能力指的是企业对自身债务和欠款的清偿能力。对于上市公司来说，其偿债能力在一定程度上反映出公司的运营状况和资信能力。本章将公司偿债能力分为短期和长期两个类型进行分析。

第一节 短期偿债能力分析

短期偿债能力指的是企业流动资产对流动负债及时足额偿还的保证程度，考验企业是否有充足的资金进行配置和流动。这体现出企业的机动性和灵活性，也是判断一个公司的决策执行和运营状态的标志。

一、短期偿债能力的财务指标分析

判断企业短期偿债能力需要考量的因素如下。

（一）流动比率

它是指企业流动资产与流动负债的比率，其计算公式为：

$$流动比率 = 流动资产 / 流动负债$$

得出的结果越大，企业偿付债款的能力就越强，也可以说二者成正比关系，这对于债权人目的的实现大有裨益。在现实情况中，当流动资产和流动负债的比值为1：2时，企业的运转会比较顺利。也就是说，企业既可以偿还债务，也可以开展正常的生产经营活动。当这个数值较低时，企业不能有较为充足的资金用于短期债务的清偿，也就加大了企业的融资难度，不利于生产经营规模的扩大。反之，当该数值过高时，则意味着企业的大部分资金用于债务的偿还，其主要业务的开展就没有启动资金，企业发展更没有助推力。但严格来讲，1：2这个数值只是实践中的大致经验，并不能代表绝对的科学和正确。企业还是要根据资金等实际状况来探求适合自身发展的数值。

（二）速动比率

它是指速动资产与流动负债的比率，计算公式为：

$$速动比率 = 速动资产 / 流动负债$$

其中：

$$速动资产 = 货币资金 + 交易性金融资产 + 各种应收、预付款项$$
$$= 流动资产 - 存货 - 一年内到期的非流动资产 - 其他流动资产$$

需要注意的是，报表所记载的应收账款项目一般可以定性为速动资产。速动资产不包括企业的存货，原因在于：一是实现存货的价值将其售出需要较长时间；二是存货的目的是用于销售并且获得收益，而不是用来抵销债务。

速动比率的数值和企业的短期偿债能力成正比，但也不是越高越好，视现实情况而定。通过大量实践证明，该比值大于 1 时较为适宜，但并不唯一。鉴于不同行业的实际情况不同，同一行业的不同企业的经营状况也不同，因而数值的确定还是存在差异的。

（三）现金比率

它是货币资金与交易性金融资产之和与流动负债的比值。它首先将企业设定在经营状况不佳的语境中，并在此条件下对企业的偿债能力进行衡量和评测。从实际情况来看，当这个比值大于等于 20 时，表明企业的短期偿债能力较强。其计算公式为：

$$现金比率 = （货币资金 + 交易性金融资产）/ 流动负债 \times 100\%$$

该数值是和企业偿债能力成正比的，并且与上述两个衡量标准不同的是，此数值越高，企业就越能及时配置充足的现金偿还债务，债权人的权益就可以尽快实现。该数值和上述两种数值还存在更大的差异，即在通常情况下，分析者不会主要依据这一比率分析判断公司的短期偿债能力，这是因为，如果公司预期无法依赖应收账款和存货的变现，而只能依靠现有的"现金"在未来偿还到期债务的话，意味着公司已处于财务困境。当然，如果公司已将应收账款和存货作为抵押品抵押给其他债权人，或者分析者怀疑公司的应收账款和存货存在严重的流动性问题，而公司又没有提足相关流动资产项目的减值准备，那么以现金比率分析判断公司短期偿债能力也是比较合适的选择。

（四）现金流量比率

这一因素的主要考量角度是企业的现金流量。其计算公式为：

$$现金流量比率 = 经营现金净流量 / 流动负债 \times 100\%$$

二、其他影响短期偿债能力的因素

通过对以上几个因素和标准的分析，可以体会到其科学性和合理性。但是事物都具有两面性，其仍然存在一定的不足之处。有些影响公司短期偿债能力的信息未必能够包含在上述比率计算之中。也就是说，这些数据只是采取了某一个衡量角度，并不一定能全面反映企业应对债务的能力。影响企业变现能力的因素主要包括：

（一）增强企业流动资产变现能力的因素

（1）可动用的银行贷款指标。指的是根据国家的规定企业可以借贷资金数额的多少。这对企业的融资和运营，特别是应对债务具有重要影响。

（2）企业用于随时变现的非流动资产。在某些特定情况下，企业为了资金周转会将通常不是用于生产经营目的的非流动资产（主要指的是固定资产）出售、出租等，并将获得的资金用于短期债务的偿还。但此种做法往往只是暂时的，企业需要充分考虑各方面因素，以免正常的经营活动和收益出现减损。

（3）偿债信誉。企业在发展和运营过程中会形成一定的信誉和形象，虽然不能用金钱来衡量，但的确属于企业的无形资产。一旦具有较好的信誉和形象，企业的资金周转就会有很多方式，从而减轻企业的偿债负担。

（二）降低企业流动资产变现能力的因素

（1）未记录的或有负债。指的是企业对尚未到期的债务有不能偿还的可能时，这些债务就成为或有债务。根据我国现有规定，这些债务并不需要强制记录在会计报表中。然而一旦不能及时偿还，或有债务就变成实际存在的债务。

（2）担保责任引起的负债。在日常经营活动以及和其他企业的经济交往中会出现以自身的现金资产等为其债务、交易等进行担保的情况，这便增加了企业的债务负担和风险。此外，还有其他表外项目，如经营性租赁、重大投资及资本性支出等。

第二节 长期偿债能力分析

关于此方面内容，要做广义理解。最终来讲，企业所有类型的债务，无论期限和类型，都必须偿还。

一、长期偿债能力的财务指标分析

从学理上讲，判断和衡量企业长期偿债能力的指标主要有：资产负债率、股权比率、权益乘数、利息保障倍数、现金利息保障倍数、有形净值债务率、或有负债比率、带息负债比率、长期债务与营运资金比率等。

（一）资产负债率

它反映的是企业的资金构成以及企业的真正资金实力，并且能据此判定出企业的盈余状况如何。其计算公式为：

$$资产负债率（又称负债比率）= 负债总额 / 资产总额 \times 100\%$$

当此数值比较大时，表明企业的融资能力较强，日常生产经营的资金主要靠融资和借贷款，企业自有的资金则能够进行再投资和贮备。该数值极度偏大时，对企业来说是一个较为危险的信号。此时，企业的负债金额和所占比例重大，企业自身资金实力较弱，这对债权人的利益很不利。所以，企业在处理债务和正常生产经营活动的关系时需要综合分析和考量。一般，此数值在60%上下时较为适宜。当然，每个企业情况不同，应当针对自身情况具体分析。

（二）股权比率

通过这一数值可判断企业资金架构是否科学合理，也可衡量企业处理权益和债务关系是否合理。其计算公式为：

$$股权比率（又称资本负债率）= 负债总额 / 股东权益总额 \times 100\%$$

总的来说，此数值和企业的长期债务偿还能力成反比。当此数值较低时，企业通过债务的融资并没有较好地推动生产经营活动的开展和获得收益，也就是说企业过于保守和谨慎。所以，企业在谋求发展时，需要妥善处理企业债务和盈利之间的关系。

（三）权益乘数

计算公式为：

$$权益乘数 = 资产总额 / 股东权益总额$$

权益乘数是股权比率的倒数。股权比率与资产负债率也是此消彼长的关系。

（四）利息保障倍数

计算公式为：

$$利息保障倍数 = 息税前利润总额 / 利息支出$$
$$= （利润总额 + 利息支出） / 利息支出$$

此数值的大小和企业偿债能力成正比，一般情况下数值通常大于1。否则，企业就会资不抵债，所有收益还不足以支付债务利息。此时，企业的运营状态就会呈现消极局面，需要调整策略，挽救危机。从实际情况看，此数值在3左右比较合理。

（五）现金利息保障倍数

计算公式为：

$$现金利息保障倍数 = 息税前经营活动现金流量 / 现金利息支出$$
$$= （经营活动现金净流量 + 现金所得税支出 + 现金利息支出） / 现金利息支出$$

由于并非所有的利润都是当期的现金流入，也并非所有的利息费用和所得税都需要在当期用现金支付，因此用利息保障倍数来反映企业支付利息的能力并不十分准确。对现金利息保障倍数的分析与利息保障倍数类似，因此不再赘述。

（六）有形净值债务率

其计算公式为：

$$有形净值债务率 = 负债总额 / （股东权益总额 - 无形资产余值） \times 100\%$$

此公式的计算方式更为合理，主要是将无形资产刨除，因为无形资产不能估价，因此不能解决债务问题，所以对所有收益进行提纯，保证数据的准确和真实性。总的来说，此数值大小和企业偿债能力成反比。

（七）或有负债比率

或有负债的定义和内涵前文已经涉及。其计算公式为：

$$或有负债比率 = 或有负债总额 / 股东权益总额 \times 100\%$$

（八）带息负债比率

其计算公式为：

$$带息负债比率 = 带息负债总额 / 负债总额 \times 100\%$$

带息负债总额一般包括：短期借款、一年内到期的长期负债、长期借款、应付债券、应付利息等。

（九）长期债务与营运资金比率

计算公式为：

$$长期负债与营运资金比率 = 长期负债 / （流动资产 - 流动负债）$$

如果企业营运资金小于长期负债，说明借款给该企业存在较大风险。

二、其他影响长期偿债能力的因素

（一）长期资产市价或清算价格与账面价值的比较关系

当公司缺乏盈利能力时，拥有的长期资产如果具有较高的市价或清算价格对于债权人利益的保障是十分重要的。但是，如果企业没有进行详细的信息披露，外部分析者可能难以得到这些信息并做出恰当的评估。

（二）长期经营性租赁对公司财务结构的影响

长期经营性租赁实际上也是一种长期筹资行为，但是在现行会计准则条件下，并不反映经营租赁资产和租赁负债。因此，如果某公司较同行业公司更多地使用经营租赁方式获取固定资产，那么根据其资产负债表数据计算的资产负债率就会偏低，而未来的支付义务（租赁费）未能在资产负债率计算中得到体现。

（三）资产负债表外揭示的各种风险因素

风险因素多种多样，如公司是否面临重大汇兑损失，公司对境外投资是否面临重大损失，公司所处的产业是否面临重大的降价风险或成本上升压力等。

第三节　企业财务危机识别及预警分析

所谓财务危机，指的是企业在运营过程中入不敷出，面临丧失偿还债务的能力，甚至出现资不抵债的情形。经营者通过财务危机预警分析，可以主动规避风险，换句话说，当出现财务危机的苗头时，要提高警惕，主动改变策略，避免企业误入歧途。通过对财务危机的预测和评估推动企业健康发展。

一、企业财务危机的识别

财务危机识别方法包括：一是法律对企业破产的定义；二是以证券交易所对上市公司的处理标准。前者是通用的标准，后者仅针对上市公司。从性质上看，财务危机是一种状态，是变化和发展的。因此，对其判断没有统一的标准，从学理上看，判断一个企业是否面临财务危机主要考量因素如下：

1. 营运情况因素，指的是企业正常的生产经营状况出现危机，产品滞销，无法通过销售来获取利润。
2. 资本结构因素，表现为应收账款大幅增加，产品库存迅速上升。
3. 偿债能力因素，是指企业资不抵债，债务压力大，甚至濒临破产。
4. 企业现金流量因素，指的是企业现金储备量很少，用于流动的资金远远不能满足各项开支，陷入僵局，入不敷出。

二、企业财务危机预警的实证分析模型

企业财务预警分析主要是根据企业的各项会计报表和各种信息综合评估和剖析，并且预测和判断其发生财务危机的可能性和危险性。也就是说，通过分析描绘出企业的发展历程走势，从而对未来的发展进行预测。财务危机预警分析有定量分析与定性分析两种，前者是重点，即财务危机预警模型。财务危机预警模型主要是通过分析一些比率的趋势及变化，利用这些比率的特性来确认未来财务陷入困境的可能性。此模型包括：

（一）单变量分析模型

单变量分析模型是通过单一变量、用个别的财务比率来判断和评估危机。最早提出和研究

此模式的学者是美国的威廉·比弗，1968年10月，他在《会计评论》上提出了一元判定模型。比弗对1954—1964年间79家财务危机企业和相应财务成功企业进行了比较，其研究表明，下列财务比率对预测财务危机是有效的。

（1）折旧、损耗以及摊销计提前的净收益／总负债。

（2）现金流量／资产总额。

（3）净收益／资产总额。

（4）负债总额／资产总额。

（5）净营运资本／总资产。

（6）流动资产／流动负债。

该方法主要通过检查企业资金运转情况，特别是重点分析企业利息及票据贴现费用占销售收入的百分比来判断企业经营是否正常。

但是此模型也存在一些不足，包括：

第一，企业的财务状况是错综复杂的，此方法只提供了一个角度，具有一定程度的片面性。

第二，运用此模型可以分析出一系列的数据和比值，但没有提供各个比率在评估财务危机发生可能性时的重要性。

第三，企业在制订报表时对于各个数据和事项，往往会通过各种手段来描绘出其虚假繁荣的形象，这使得此模型的运用效果大打折扣。

（二）多变量分析模型

多变量分析模型包括 Z 计分模型和 F 计分模型。

1. Z 计分模型

最早提出和研究该模型的学者是美国财务专家爱德华·阿尔特曼，他在1968年提出了多变量财务预测模型，简称"Z"计分（Z-Score）模型。这种方法首先选出一组最能反映企业风险的财务指标；其次，根据这些比率反映风险的能力大小给予不同的权重；最后，根据企业实际数据计算相关比率，通过对观测数据进行多元回归，计算出权重，用该权重计算加权平均数并加总，得出一个总的判别分，称为 Z 值，作为评价的依据。其基本模型如下：

$$Z = 1.2X_1 + 1.4X_2 + 3.3X_3 + 0.6X_4 + 0.999X_5$$

$X_1 = $（期末流动资产 − 期末流动负债）／期末总资产

$X_2 = $ 期末留存收益／期末总资产

$X_3 = $ 息税前利润／期末总资产

$X_4 = $ 期末股东权益的市场价值／期末总负债

$X_5 = $ 本期销售收入／总资产

其中，各变量的解释如下：

X_1 是判断一个企业筹集现金能力和运营规模大小的标准。企业的周转资金用于生产经营活动、解决即将到期的债务以及满足各项开支。因此，这部分资金要有一定的储备，否则会使企业陷入僵局。

X_2 反映了企业的累计获利能力。它和企业的每一年度税后的盈利剩余密切相关，对于上市公司，其存留的收益需要刨除股权收益。一般来说，新企业累积的盈利较少。而对于具有发展历史的企业来说，此数值与其风险成反比，数值越小，风险越大。

X_3可称为总资产息税前利润率。该指标主要是从企业资金来源及其结构的层面对企业的使用效率进行评价，这些资金包括日常生产经营收入、股东投资、银行贷款和各类型债务。通过评估企业对各项资金的运用和调度是否合理来判断企业是否面临危机。

X_4测定的是企业财务结构，分母为流动负债、长期负债的账面价值之和，分子是股东权益。这样大大增强了数据的科学性和合理性。

X_5为总资产周转率，顾名思义，就是对企业所有资产的调度和流转进行评价。总的来说，此数值和企业的生产经营状况成正比。总资产周转率越高，企业对资金资产越能灵活运用，从而大大增强企业运营的活力。反之，则是相反的结果。

Z计分模型综合以上所述的各项因素，对企业的财务状况进行评估，深化和升级了危机预警模式。经过反复验证和实验，得出结论，Z值和企业的风险成反比。对于美国企业来说，Z值的最低限度是1.8，具体判断标准见表8-1。

表8-1 Z计分模型判断标准

Z值区间	财务状况判断
Z ≥ 3.0	状况较优，基本上没有危机
2.8 ≤ Z ≤ 2.9	有财务失败的可能
1.8 ≤ Z ≤ 2.7	状况不佳，危机可能性不小
Z ≤ 1.8	表明企业陷入僵局，面临破产

阿尔特曼选取几十家企业进行测评，结果证明颇具可行性。但必要前提是企业会计报表记载的各项数据是真实可靠的，这样才能最大限度地保证结果的科学性。

在对企业危机进行分析时，其所涉及的数据和事项十分复杂，相互之间的关系不容忽视，对企业运营状况的影响各异。但是除会计报表记载的数据之外，还有很多信息，包括当地政府的政策、通货膨胀等。这样，评测出的Z值往往只具有个体性，各个企业之间无法进行对比。

阿尔特曼的Z计分模型中的X_4要求优先股和普通股的市场价值必须已知，因此只适用于公开上市公司。1983年，阿尔特曼对Z计分模型进行了改进，提出了适用于公开上市公司和非公开上市公司的新模型，即

$$Z=0.717X_1+0.847X_2+3.107X_3+0.420X_4+0.998X_5$$

见表8-2。

表8-2 改进后的Z计分模型判断标准

Z值区间	财务状况判断
Z ≥ 2.9	财务状况良好，无财务危机可能
1.2 ≤ Z ≤ 2.9	属于灰色区域
Z ≤ 1.2	企业濒临破产

在使用 Z 计分模型时，必须注意时间性问题，对短期风险的判断可以使用 Z 值的绝对值大小，将这些短期的判断结果一一列入坐标，可以描绘出企业危机风险走势，从而做出预测和估计。

2. F 计分模型

Z 计分模型未涉及企业的现金流量，这一点是短板所在。随后，学者设计出新模型 F 计分模型（Failure Score Model）。具体公式为：

$$F=-0.1774 + 1.1091X_1 + 0.1074X_2 + 1.9271X_3 + 0.0302X_4 + 0.4961X_5$$

$$X_1=（期末流动资产-期末流动负债）/期末总资产$$

$$X_2=期末留存收益/期末总资产$$

$$X_3=（税后纯收益+折旧）/平均总负债$$

$$X_4=期末股东权益的市场价值/期末总负债$$

$$X_5=（税后纯收益+利息+折旧）/平均总资产$$

F 计分模型和 Z 计分模型相比，存在 X_3 和 X_5 两个差异。X_3 是一个现金流量变量，指的是企业用于债务偿还的现金储备的多少及其偿债能力的强弱。X_5 测定的是企业总资产在创造现金流量方面的能力。这两点不同是一种改善和升级。F 计分模型的主要特点如下：

（1）F 计分模型将现金流量纳入考量因素，比 Z 计分模型更加全面和科学。

（2）F 计分模型充分考量了时效性，对企业的财务状况进行动态剖析，特别是企业发展过程中的生产设备的更新和新技术的应用。

（3）F 计分模型的数据来源渠道更为广泛。具体测算结果见表 8-3。

表 8-3　F 计分模型检验结果

显示结果	财务状况判断
破产公司 22 家（100%）	破产公司 15 家（68.18%），非破产 7 家（31.82%）
非破产公司 4 138 家（100%）	破产公司 1 056 家（25.52%），非破产 3 082 家（74.48%）
合计 4 160 家	破产 1 071 家，非破产 3 089 家

从测算结果看，当 F>0.027 4 时，说明企业的运营状态尚且可以；当 F 值 <0.027 4 时，则企业被判定为具有破产危机。此模式的优势在于：参考数据数量庞大，可以在很大限度上减少误差；测算方法灵活，避免结果失真。其弱势在于：分析数据的庞大导致程序比较烦琐，工作繁重。况且此方法再科学，也只是得出一个数值，其他因素不能忽视。

第九章 上市公司盈利能力分析

盈利是企业存在的根本目的，对于企业的生存发展至关重要。如何通过融资、投资、资产出租和生产经营等多种手段保持企业收益的持续增长是关键。对企业盈利能力的分析，特别是对上市公司盈利能力的分析主要是运用数据和各项信息进行测算，评估经济主体在发展历程中所用时间长短和创造利润多少的关系，从而得出结论。

利润表披露的财务成果是应计制下的一种货币收益信息，其表现形式主要是经营利润信息。分析利润表，可以掌握企业收益的相关信息。

在分析过程中，这里涉及几个专业概念，主要包括：

1. 商品经营盈利能力分析。此方面主要分析的是企业经营成本和收入的各项数据。

2. 资产经营盈利能力。此方面主要考量的是企业的总资产，包括资产的数额、周转速率以及由此带来的利润多少的分析。

3. 资本经营盈利能力。此方面主要分析的是净资产收益率，分析对净资产收益率关系密切的指标，主要有总资产报酬率、企业资本结构和所得税率等。

4. 非经常性损益分析。非经常性损益也是企业收入增减的一部分，虽然此种损益不是企业主要生产经营活动导致的，但此事项不能忽视，也要纳入考量。

5. 盈利水平及变动趋势分析。具体分为利润的稳定性分析与利润的增长性分析。评估盈利的变动水平，是在描述企业盈利额上升或下降的基础上分析引起变化的主要原因，这种纵向分析可以从绝对值与相对值变动两个方面进行。

第一节 商品经营盈利能力分析

商品经营是企业对商品展开销售和买卖活动。商品经营能力分析就是考量其成本和收入两大方面内容。此评价的标准包括两大类：反映各种利润额与收入之间的关系即收入利润率指标，反映各种利润额与成本之间的关系即成本利润率指标。

一、商品经营收入利润率分析

以销售收入为基础的盈利能力分析评价指标主要有：

（一）*销售毛利率*

计算公式为：

销售毛利率 = 销售毛利 / 销售收入 × 100%

＝（主营业务收入－主营业务成本）/ 销售收入 ×100%

销售毛利率与企业的获利能力成反比。销售毛利率有很明显的行业特点，同行业企业毛利率通常是比较接近的，若出现差异，往往是由于企业在价格制定和变动成本控制方面存在差距。此数值可以进行横向比对，从而为企业的进一步决策提供依据。

（二）营业利润率

计算公式为：

$$营业利润率 = 营业利润 / 营业收入 \times 100\%$$

与销售毛利率相比，营业利润率不仅考虑了变动成本（营业成本），还考虑了主要的固定成本（期间费用）和投资收益，在评价企业的盈利能力方面更进了一步。该比值和企业盈利能力成正比。

（三）销售净利率

此数值计算公式为：

$$税前净利率 = 净利润 / 营业收入 \times 100\%$$

该数值和企业的盈利能力成正比。

（四）销售税前利润率

计算公式为：

$$税前利润率 = 税前利润 / 营业收入 \times 100\%$$

此数值和企业的盈利能力成正比。同时，该指标与销售净利率相对比，能够体现出所得税对企业盈利水平的影响。当然，此数值和政府政策、行业情况和货币汇率密切相关。因此，即使税前利润率一样的企业，也会由于企业所得税的不同而导致最终盈利能力不同。

二、商品经营成本利润率分析

（一）销售成本利润率

计算公式为：

$$销售成本利润率 = 销售总成本 / 销售总收入 \times 100\%$$
$$= 主营业务成本 / 主营业务收入 \times 100\%$$

该数值和企业盈利能力成反比。同行业企业的销售成本率通常是比较接近的。

（二）营业成本利润率

其计算公式为：

$$营业成本利润率 = 营业利润 / 营业成本 \times 100\%$$

该数值和企业盈利能力成正比。

（三）完全成本利润率

完全成本利润率可以分为全部成本费用总利润率和全部成本费用净利润率两种形式，具体计算公式为：

$$全部成本费用总利润率 = 利润总额 /（营业费用总额＋营业外支出）\times 100\%$$
$$全部成本费用净利润率 = 净利润 /（营业费用总额＋营业外支出）\times 100\%$$

公式中的营业费用总额包括营业成本、税金及附加、期间费用和资产减值损失。该数值和企业盈利能力成正比。

（四）期间费用率

此数值计算公式为：

$$期间费用率 = 期间费用 / 销售总收入 \times 100\%$$
$$= 期间费用 / 营业收入 \times 100\%$$

该数值和企业盈利能力成反比。

三、现金流量指标对商品经营盈利能力分析的影响

不同的会计方法和假设会形成不同的报告期利润，这些指标包括：

（一）盈利现金比率

盈利现金比率也称盈余现金保障倍数，计算公式为：

$$盈利现金比率 = 经营活动净现金流量 / 净利润$$

通常，该数值和企业盈利能力成反比。如果该比率小于1，说明有一部分收入没有真正转化为现金，此时公司会出现资金周转不开的危机。在实际分析过程中仅靠一年的数据还不足以得出正确的结论，需要进行连续的现金比率的比较。

（二）净资产现金回收率

其计算公式为：

$$净资产现金回收率 = 经营活动净现金流量 / 平均净资产$$

这是对净资产收益率的补充，当企业具有尚未实现的债权和未获得的货款时，可以用此指标进行衡量，从而评估企业的盈利能力。

第二节 资产经营盈利能力分析

企业的资产经营指的是企业对其所有的资产（包括固定资产和流动资产等）进行融资、运营、出租、出售等行为，追求资产的增值和资产盈利能力的最大化。

一、资产经营盈利能力分析的主要指标

资产经营盈利能力是指企业运用资产产生利润的能力。评价指标包括：

（一）总资产报酬率

总资产报酬率是指企业占用的全部资产的获利能力，也称为总资产收益率、资产利润率，常用ROA表示。计算公式如下：

$$总资产报酬率 = （净利润 + 利息费用）/ 平均资产总额 \times 100\%$$

该数值反映企业对拥有的资产进行盈利的能力，与投资者和债权人的利益密切相关。该指标能够帮助管理者重视资产的应用效率，加强对资产的管理，在有限的资产投入的情况下，尽可能多地获取利润。该数值和企业盈利能力成正比。

（二）净资产报酬率

它是在总资产报酬率计算的基础上将分母中的债务扣除，从而反映所有者投入所获得的收益。此指标具体细分为加权平均净资产报酬率和全面摊薄净资产报酬率，计算公式如下：

加权平均净资产报酬率 = 净利润 / 平均所有者权益 × 100%

全面摊薄净资产报酬率 = 净利润 / 期末所有者权益 × 100%

企业获取的报酬最终归属于企业的投资者，净资产报酬率能够充分说明所有者的每一单位投资能够获取多少回报。在盈利能力分析时，一般用第一个指标。但从投资者和潜在的投资者角度来讲，应用全面摊薄净资产报酬率指标，将更加影响投资者的投资决策和投资倾向。该数值和企业盈利能力成正比。

（三）长期资本收益率

长期资本收益率是指企业的净利润加上扣除所得税后的长期负债利息费用之和与平均长期资本的比率。

长期资本收益率 = [净利润 + 长期负债利息费用 × （1 - 所得税税率）] / 平均长期资本 × 100%

长期资本是指长期负债与所有者权益之和，来源于长期债权人和股东，平均长期资本是期初和期末长期资本的平均数。由于利息费用在税前扣除，能够抵扣所得税，因此需要将净利润加上扣除所得税后的长期负债利息费用。该数值和企业获利能力成正比。

二、现金流量指标对资产经营盈利能力分析的补充

现金流量指标是全部资产现金回收率，其计算公式为：

全部资产现金回收率 = 经营活动现金净流量 / 平均总资产 × 100%

现金流量指标作为对资产经营盈利能力的补充，反映企业可以调度流动资金用来生产经营的能力。该数值和企业盈利能力成正比。

第三节 资本经营盈利能力分析

与资金经营和资产经营相比，资本经营更重要，它对企业的发展和获得收益至关重要。如何扩大企业的资本规模，并且利用这些资本获得更多的收益，使投资者和债权人获得最大的回报，是企业必须重视的问题。

总的来说，评价企业资本经营能力的指标包括：股东权益回报率、市盈率、市净率、股利支付率、股利收益率、每股现金流量、每股股利等。这里只分析其中一部分。

一、股东权益回报率

这是企业所有股东最重视的问题，其计算公式为：

股东权益回报率 = 净利润 / 期初所有者权益 × 100%

（一）基本每股收益

其计算公式为：

基本每股收益 = （净利润 - 优先股股利） / 发行在外的普通股的加权平均数

发行在外的普通股的加权平均数计算公式为：

发行在外普通股加权平均数 = 期初发行在外普通股股数 + （当期新发行普通股股数 × 已发行时间 / 报告期时间） - （当期回购普通股股数 × 已回购时间 / 报告期时间）

基本每股收益率指标越高，说明股东获取的收益越多，股东的投资报酬情况越好；反之，则股东获取的收益少，股东的投资报酬情况差。

（二）稀释每股收益

稀释每股收益是指当企业存在稀释性潜在普通股时，应分别调整归属于普通股股东的当期净利润和发行在外的普通股加权平均数，并据以计算稀释每股收益。

稀释每股收益＝（净利润－优先股股利）/（发行在外的基本普通股股数＋稀释性潜在普通股）

二、市盈率和市净率

市盈率又称价格盈余比率，是股票的市场价格与其每股收益的比值。这一数据可以对股票市场的风险进行一定程度的预测。此指标具体包括静态市盈率和动态市盈率。

市盈率分析与宏观经济、公司行业、当前业绩以及未来业绩预期有密切关系，一般情况下，高科技、新能源、生物制药等具有广阔发展前景的上市公司市盈率较高，从事普通制造业等传统产业的上市公司市盈率普遍较低。不同的证券市场的平均市盈率也不相同，规模较大并在主板市场的上市公司市盈率相对较低，而规模较小的中小板和创业板的上市公司市盈率相对较高。在应用市盈率指标进行分析时，需要注意同行业资料的比较，还要结合企业的未来盈利预测判断投资价值。市盈率指标过高，说明风险较大，但是发展潜力也很大。

市净率又称价格账面值比率，是普通股每股市价与普通股每股净资产的比值。它同样可以对股票市场的发展状态进行评估和判断。利用市净率进行分析的优势在于：该指标适用于资产规模和净资产规模巨大的企业，如钢铁、汽车制造等行业的企业。

三、股利支付率

其计算公式为：

$$股利支付率 = 每股股利 / 每股收益 \times 100\%$$

此指标是对企业股利政策的说明和解释，其高低视企业的资金状况而定，没有一个固定的衡量标准。一般，企业发放股利越多，在每股收益一定的情况下，该数值和企业盈利能力成反比，数值越大，其融资的可能性就越大。

四、股利收益率

其计算公式为：

$$股利收益率 = 每股股利 / 股票市价 \times 100\%$$

股利收益率是衡量投资股票回报的重要决策指标，股利收益是相对稳定的投资回报，股利收益率越高，就越能吸引投资者。

五、每股现金流和每股股利

其计算公式为：

$$每股现金流量 = 现金流量净额 / 发行在外普通股股数$$

现金流量不仅是企业日常经营的必要保障，也是企业寻找新的盈利机会的重要资本，还是企业分配现金股利的重要前提。每股现金流量指标与每股收益指标类似，不太适合进行横向比较，因为每个企业的股本规模设置存在较大差异。

每股股利计算公式为：

$$每股股利 = 现金股利总额 / 发行在外普通股份股数$$

每股股利反映了普通股获得现金股利的情况。股利和现金报酬成正比。股利分配状况与企业的盈利水平、现金流量状况和股利分配政策等密切相关。

第四节 非经常性损益及盈利水平变动趋势分析

一、非经常性损益分析

所谓非经常性损益分析，是指企业经营业务之外的其他项目的收入的增减（主要有资产出租出售、资金的再投资等行为），这部分损益也属于企业最终收益的一部分。

我国现行的法律法规和行业制度规定，非经常性损益的类型主要包括：

1. 非流动资产处理损益；
2. 越权审批或无批准文件的税收返还、减免；
3. 计入当期损益的政府补助；
4. 计入当期损益的对非金融企业收取的资金占用费；
5. 企业合并的合并成本小于合并时应享有被合并单位可辨认净资产公允价值产生的损益；
6. 非货币性资产交换损益；
7. 委托投资损益；
8. 因不可抗拒因素，如遭自然灾害而计提的各项资产减值准备；
9. 债务重组损益；
10. 企业重组费用，如安置职工的支出、整合费用等；
11. 交易价格显失公允的交易产生的超过公允价值部分的损益；
12. 同一控制下企业合并产生的子公司期初至合并日的当期净损益；
13. 与企业主营业务无关的预计负债产生的损益；
14. 除上述各项之外的其他营业外收支净额；
15. 中国证监会认定的其他非经常性损益项目。

以上这些项目能够使投资者和股东对企业盈利情况的把握更加全面和深入。

二、盈利水平变动趋势分析

盈利水平变动趋势的分析主要是依据企业的利润表及相关辅助资料，从主营业务利润、营业利润、利润总额和净利润这四个关键利润指标着手，对利润水平变动总量和盈利能力变动趋势进行的分析。

（一）盈利水平变动的绝对值分析

将企业连续几期的主营业务利润、营业利润、利润总额和净利润以及相关的成本费用和现金流量等项目的绝对额进行对比，比较这些项目的变化情况及分析企业盈利能力水平的变动和趋势。

（二）盈利水平变动的相对值分析

1. 环比分析

主要是将主营业务利润、营业利润、利润总额和净利润以及相关的成本费用和现金流量等项目在几个会计时期内进行统计和列举，描绘出这些数据的变动幅度，从而为进一步决策和行动提供依据。

2. 定基分析

定基分析就是选择一个固定的期间基期计算各分析期的主营业务利润、盈利利润、利润总额和净利润以及相关的成本费用和现金流量等项目与基期相比的百分数。此种方法将其走势准确描绘出来，具有较大优势。

第十章 成本费用分析

费用是企业生产经营活动的各项开支,从经济用途角度来看,可分为生产成本与期间费用。生产成本是指企业产品的设计、试验以及加工等流程的必要花费。期间费用是产品生产之后到销售之前的所有环节的费用,包括运输管理、仓储、广告等费用。

第一节 成本费用分析概述

一、成本费用报表

成本费用报表是企业会计报表必不可少的一部分,是对其生产成本和期间费用使用情况的记录。它属于企业的内部报表,不对外报送,所以其投资者往往不能获取到,对于财务分析会有一定影响。

成本费用报表是企业对各项开支费用充分了解的一个重要途径,通过此种报表分析资金使用的结构和情况。因此,成本费用报表具有不可替代的重要作用。

（一）成本费用报表及其特点

1. 灵活性

成本费用报表不是国家法律法规和制度强制规定的,所以其形式和内容完全由企业决定。每个企业对成本费用报表的规定不同,其编制时间、信息种类、格式等各不相同,具有很强的灵活性。

2. 多样性

成本费用报表是企业编制的,不同行业的企业的实际情况不同,即使是同一企业,不同部门基于其职能对成本数据的要求也不一样,这就决定了报表的多样性。

3. 综合性

成本费用报表对企业的各部门（生产部门、销售部门和会计部门等）都具有重要作用。它所记录的各项信息复杂多样,各种指标、数值、比例等形式也多种多样。当这些不同种类的数据共同呈现在报表上,就能分析各个事项之间的关系,为企业了解经营状况和进行管理提供不可替代的依据。

（二）设置和编制成本费用报表的要求

作为内部报表的成本费用报表在编制时除应遵守会计报表的一般要求外,还应根据企业生产的特点和管理要求注意以下四个方面的问题。

1. 成本费用报表的专题性

根据企业不同部门的不同需求，成本费用报表记录的内容是不同的，很有针对性。成本费用报表的专题性是报表设置需要考虑的重要问题。所谓专题性，就是对某一方面或者某些方面进行详细描述。

2. 成本费用报表指标的实用性

成本费用报表的指标设置应以适应企业内部成本管理的需要为标准。成本指标既可按全成本进行反映，也可按变动成本和固定成本来反映。

3. 成本费用报表格式的针对性

成本费用报表格式既要满足各种需求，又不能有太大工作量，要保持科学性和有效性。

4. 成本费用报表编制的及时性

为了反映成本计划和费用预算的执行情况，成本费用报表可以像财务报表一样定期按月、季、半年、年编制，从而为企业进行成本预测、编制成本计划提供必要的成本信息。在日常成本核算过程中，为了及时反馈成本信息和提示存在的问题，还需要以旬报、周报、日报甚至班报为形式编制不定期成本费用报表，从而使有关部门及时了解生产耗费的变化情况和发展趋势，并采取相应的措施改进工作，加强成本控制。

（三）成本费用报表的种类

成本费用报表是企业基于不同职能部门的要求自行编制的，从报表的种类、格式、编制报表项目、编制方法到报送时间和报送对象都不是由国家统一规定的，而是由企业根据自身生产经营过程的特点和成本管理的要求确定的。一般情况下，企业编制的成本费用报表形式和内容各不相同。尽管如此，为了加强企业成本的日常管理，有必要对成本费用报表进行科学的分类，通常按不同的标准进行如下分类。

1. 成本费用报表按其反映的内容分类

基于企业不同部门的需求，成本费用报表所记录的内容也是不同的，主要包括：

（1）反映成本水平的报表

通过本期实际成本与前期平均成本、本期计划成本的对比，充分把握企业成本的运用情况，对企业当前的成本水平进行评估，从而为企业接下来的节约成本的策略提供参考。具体包括产品生产成本表和主要产品单位成本表等。

（2）反映费用支出情况的报表

这类报表反映企业日常经营活动的各项开支。通过此类报表可以分析费用支出的合理程度及变化趋势，有利于企业制订费用预算，考核费用预算的实际完成情况，以明确有关经济责任。

（3）反映成本管理专题报表

这类报表反映企业日常经营活动各项开支的某些特定、重要的信息。通过对这些信息的反馈和分析，可以有针对性地采取措施，加强企业成本管理。具体包括责任成本表、质量成本表等。

2. 成本费用报表按其编制的时间分类

成本费用报表按其编制的时间可分为定期报表和不定期报表两大类。定期报表一般按月、季、半年、年编制，如产品生产成本表、主要产品单位成本表、制造费用明细表等。但为了及时反馈某些重要的成本信息，以便管理部门采取对策，定期报表也可采用旬报、周报、日报乃至班报的形式。不定期报表是针对成本管理中出现的问题或急需解决的问题而随时按要求编制的报表，如发生了金额较大的内部故障成本，需及时将信息反馈给有关部门而编制的质量成本报表等。

3. 成本费用报表按其编制的范围分类

成本费用报表按其编制的范围可分为全公司报表、车间成本报表和班组成本报表等。

总的来说，上述三种报表，第一种是通用的，占据主要地位，后两种是次要的。

（四）成本费用报表的编制方法

各种成本费用报表一般需要反映本期产品的实际成本、本期经营管理费用的实际发生额以及实际成本或实际费用的累计数。

二、成本费用

（一）生产成本

生产成本是指一定期间生产产品所发生的直接费用和间接费用的总和。主要包括以下几方面。

（1）直接材料，即产品的原料和构成来源。

（2）燃料和动力，专指用于加工生产的部分。

（3）直接人工，专指用于产品加工生产的人员的各项开支和费用。

（4）制造费用，专指除了加工生产支出的其他费用的统称。通常包括生产部门管理人员的职工薪酬，生产单位固定资产的折旧费、仓储管理费、水电费等必要开支。

（二）期间费用

期间费用亦称期间成本，一般包括销售费用、管理费用和财务费用三类。

1. 销售费用主要有

（1）产品自销费用。

（2）产品促销费用。

（3）专设销售机构费用。

2. 管理费用主要有

（1）企业管理部门发生的直接管理费用。

（2）企业直接管理之外的费用。

（3）工会经费、职工教育经费、劳动保险费、待业保险费。

（4）提供技术条件的费用。

（5）业务招待费。

（6）其他费用，如绿化费、排污费等。

3. 财务费用主要包括

（1）利息净支出。

（2）汇兑净损失。

（3）金融机构手续费。

（4）企业发生的现金折扣或收到的现金。

（5）其他财务费用。

与生产成本相比，期间费用的特点在于：首先，与产品生产的关系不同。期间费用的发生是为日常生产经营活动服务的，和产品的加工生产没有直接关系。其次，与会计期间的关系不同。期间费用跟其他期间和阶段没有任何关系，有关系的只是费用发生的当期。而生产成本中若有拖延部分，则会影响到下一个期间。

三、成本费用分析

（一）成本费用分析的一般方法

成本费用分析旨在通过对企业一定时期内的各项开支使用情况加以剖析和总结，为提高企业的资金使用效率、节约成本和进行决策提供可靠依据。

通过成本费用分析对企业的管理水平和生产经营进行进一步的检测和评估。做到开源节流中的节流，减少各项开支，确保每一分钱用得其所。这是企业实现发展和管理的重要手段。

下面介绍几种成本分析方法。

1. 对比分析法

此方法是将企业的同一项开支在不同时间段和不同地域进行横向和纵向的对比，从而掌握这些支出项目发生变化、产生差异的原因，为企业制订具体的解决方案提供依据。

对比的客体多种多样，如实际产品成本与计划产品成本对比、本期制造费用与前期实际制造费用对比等。此时要注意对比的条件和前提要具有共同点。倘若对比客体不具有可比性，可以转换对比角度和范围，寻找共同点。在实际工作中对比分析法常用以下几类指标进行对比分析。

（1）实际指标与成本计划指标或定额指标的对比分析

通过此对比可以掌握企业加工生产的实际进度，相应地调整计划和预算。

（2）本期实际与前期（上期、上年同期或历史先进水平）实际指标的对比分析

通过此方法可以描绘出对比客体的变化和发展走势，从而掌握企业的实际情况。

（3）本企业实际成本指标（或某项技术经济指标）与国内外同行业先进指标的对比分析

此对比分析旨在寻找存在的缺陷和不足，从而取长补短。

2. 比率分析法

顾名思义，比率分析法是通过相关数据和事项所占比重的对比，全面把握企业的发展状况。比率分析法主要有以下两种。

（1）相关指标比率分析法

此方法分析的数据和事项之间虽然内容和类型不同，但是存在一定的关系。在企业发展的实际情况中，要对比的数据和项目很广泛，每一种对比分析在一种角度上都有意义，如产值成本率、成本利润率等。其中：

$$产值成本率 = 成本 / 产值 \times 100\%$$

$$成本利润率 = 利润 / 成本 \times 100\%$$

（2）构成比率分析法

此方法又叫比重分析法，具体来讲，就是将一些重要的数据和事项在整体中所占的比重进行横向对比，来分析成本开支的结构和组成，从而判定各项成本的运用和费用开支的效率高低。其中：

$$直接材料费用比率 = 直接材料费用 / 产品成本 \times 100\%$$

$$直接人工费用比率 = 直接人工费用 / 产品成本 \times 100\%$$

$$制造费用比率 = 制造费用 / 产品成本 \times 100\%$$

无论采用相关指标比率分析法，还是采用构成比率分析法，进行成本费用分析时都可将本企业比率的实际数与其计划数（或前期实际数）进行对比分析，也可将本企业比率的实际数与其他企业相同时期的构成比率指标进行对比分析，从而反映本企业在不同时期，与其他企业存在的差异，反映企业产品成本的构成是否合理。

3. 趋势分析法

从对比方法本身来说，它采取的是一种纵向的角度，通过同一数据和事项在不同时期费用开支的情况来描绘出此事项的走势，从而判断和评估该事项的发展态势。具体到对比时，绝对值和相对值均可。

（二）成本费用分析的内容

（1）全部商品成本费用分析。这是对企业各项开支进行把握和理解的最全面、最详尽的角度和模式，包括从产品的设计实验、生产加工到广告销售等各个环节和阶段的成本消耗情况，从全局角度来剖析。

（2）可比产品成本费用分析。主要指的是企业在不同时期（不同年度、季度或者月份）生产同一种产品所耗费成本的对比分析，从而检验是否实现了节约成本。若存在问题，要分析其原因。这是大多数企业通用的一种手段和方法。

（3）单位产品成本费用分析。这是一种横向对比，企业将自身的产品成本消耗与同行业具有较强竞争力的企业进行对比。

（三）生产成本差异分析

具体来说，在各种因素相同或者类似的条件下，企业对某一产品的加工和生产所耗费的成本和行业的标准水平的差额，如果前者较高，则说明在某一环节企业的花费是不合理的。通过成本差异，企业可以分析导致这种结果出现的关键问题，从而采取相应措施。

成本差异分为价格差异和数量差异。价格差异指成本项目实际价格脱离标准价格所产生的成本差异，它集中反映各生产投入要素的实际价格与预算价格之间的差异；数量差异指成本项目实际单位耗用量脱离标准耗用量所产生的差异，它集中反映各投入要素的利用率情况。

成本差异计算的通用模式：

实际数量 × 实际价格 =（1）
实际数量 × 标准价格 =（2）
标准数量 × 标准价格 =（3）

价格差异 =（1）－（2）= 实际数量 ×（实际价格－标准价格）
数量差异 =（2）－（3）= 标准价格 ×（实际数量－标准数量）

按照成本项目内容，成本差异分析具体可分为对直接材料、直接人工、变动制造费用和固定制造费用的差异分析。

1. 直接材料的差异分析

直接材料差异包括材料用量差异和材料价格差异，其中：

材料价格差异 = 实际数量 × 实际价格－实际数量 × 标准价格
= 实际数量 ×（实际价格－标准价格）

材料用量差异 = 实际数量 × 标准价格－标准数量 × 标准价格
= 标准价格 ×（实际数量－标准数量）

一般价格差异是企业采购部门负责的。材料数量差异是生产部门负责的。

2. 直接人工的差异分析

此项目分为直接人工效率差异和直接人工工资率差异。

直接人工工资率差异 =（实际工时 × 实际工资率）—（实际工时 × 标准工资率）

= 实际耗用工时 ×（实际工资率 — 标准工资率）

直接人工效率差异 =（实际工时 × 标准工资率）—（标准工时 × 标准工资率）

= 标准工资率 ×（实际工时 — 标准工时）

出现这些差异的原因是人工素质不同、工作时间、工资标准、生产设备、原料质量不同导致的费用不同。这些差异由相对应的职能部门负责。

3. 变动制造费用的差异分析

变动制造费用差异由变动制造费用效率差异（"数量"差异）和变动制造费用耗费差异（"价格"差异）构成。

变动制造费用效率差异是指按生产实际耗用工时计算的变动制造费用与按标准工时计算的变动制造费用之间的差额，其计算公式为：

变动制造费用效率差异 =（实际工时 × 标准分配率）—（标准工时 × 标准分配率）

= 标准分配率 ×（实际工时 — 标准工时）

变动制造费用耗费差异是指实际发生的变动制造费用和按实际工时计算的标准变动制造费用之间的差额，其计算公式如下：

变动制造费用耗费差异 =（实际工时 × 实际分配率）—（实际工时 × 标准分配率）

= 实际工时 ×（实际分配率 — 标准分配率）

4. 固定制造费用的差异分析

固定制造费用在生产经营过程中因各种因素的变化而变化，由固定预算来制约和管理。固定制造费用的差异包括预算差异和生产能力利用差异，具体如下。

固定制造费用的预算差异又称固定性制造费用耗费差异，其计算公式为：

固定制造费用预算差异 = 固定制造费用 — 固定制造费用预算

固定制造费用的生产能力利用差异又称"固定性制造费用数量差异"，是指固定制造费用按应耗的标准小时数（预定分配率）计算的分配数与固定制造费用预算数之间的差额。其计算公式如下：

固定制造费用生产能力利用差异 = 固定制造费用预算数 —（应耗的标准小时数 × 固定制造费用分配率）

=（以工时表现的正常生产能力 — 按实际产量计算的标准工时）× 固定制造费用单位工时标准分配率

固定制造费用生产能力利用差异具有如下特点。

（1）预计业务量等于应耗的标准小时数，差异为零。

（2）若预计业务量大于应耗的标准小时数，则说明业务目标未完成，生产能力利用程度较低。

（3）若预计业务量小于应耗的标准工时数，说明超额完成业务，生产能力利用程度较高。

5. 成本差异分析示例

某企业2012年3月份A产品的单位成本资料见表10-1。

表 10-1 主要产品单位成本表

项目	本期实际成本			本期计划成本		
	单位用量或单位工时	单价或小时工资	单位产品实际成本	材料用量或单位工时	单价或小时工资	单位产品计划成本
直接材料	4.2 千克	6.5 元/千克	27.3 元	4 千克	6 元/千克	24 元
直接人工	1.8 小时	7.5 元/小时	13.5 元	2 小时	7 元/小时	14 元
变动制造费用	1.8 小时	5.5 元/小时	9.9 元	2 小时	6 元/小时	12 元
固定制造费用	1.1 小时	3 元/小时	3.3 元	1 小时	3 元/小时	3 元
合计			54 元			53 元

根据上述资料对 A 产品的成本计划完成情况分析如下：

（1）直接材料差异分析

本期直接材料单位成本实际与计划的差异额：27.3-24=3.3（元），其中：

直接材料价格差异：4.2×（6.5-6）=2.1（元），不利差异

直接材料用量差异：6×（4.2-4）=1.2（元），不利差异

（2）直接人工差异分析

本期直接人工单位成本实际与计划的差异额：13.5-14=-0.5（元），其中：

直接人工工资差异：1.8×（7.5-7）=0.9（元），不利差异

直接人工效率差异：7×（1.8-2）=-1.4（元），有利差异

（3）变动制造费用差异分析

变动制造费用差异额：9.9-12=-2.1（元），其中：

变动制造费用耗费差异：（5.5-6）×1.8=-0.9（元），有利差异

变动制造费用效率差异：（1.8-2）×6=-1.2（元），有利差异

（4）固定制造费用分析

固定制造费用差异额：3.3-3=0.3（元），其中：

固定制造费用生产能力差异：（1.1-1）×3=0.3（元），不利差异

通过以上四个方面的分析，可以看出 A 产品实际成本大于计划成本的原因：1=2.1＋1.2＋0.9-1.4-0.9-1.2＋0.3。

以上是关于成本差异分析的一个简单示例，通过对成本报表的分析，可以找出影响企业成本的有利因素和不利因素，从而进一步加强成本管理，提高收益水平。

第二节 本量利分析

本量利分析具体指的是企业成本、销量和利润之间的关系分析。此方法在企业管理和会计实务中的应用十分普遍，对企业日常生产经营活动大有裨益，其作用不可替代。该方法经过近百年的发展完善，是当前世界各国企业的评测和分析的重要手段。

一、本量利分析的基本公式

本量利分析是以成本性态分析和变动成本法为基础的,在把成本分解成固定成本和变动成本两部分之后,再把收入和利润加进来,使成本、销量和利润三部分内容相连接和沟通,打破以往各算各的割裂局面,从而更好把握和分析三者之间的关系。其基本公式:

$$利润 = 销售收入 - 总成本$$

其中:总成本 = 变动成本 + 固定成本 = 单位变动成本 × 产量 + 固定成本

$$销售收入 = 单价 × 销量$$

假设:产量和销量相同,则:

$$利润 = 单价 × 销量 - 单位变动成本 × 销量 - 固定成本$$

即:$P = px - bx - a = (p - b)x - a$

式中:P 为税前利润,p 为销售单价,b 为单位变动成本,a 为固定成本,x 为销售量。

这个方程式明确表达了本量利之间的数量关系,它含有五个相互联系的变量,给定其中四个便可求出其中另一个变量的值。该公式是本量利分析的基本出发点,也是此公式运用的必要前提和基础。

(一)损益方程式的变换

1. 计算销量的方程式

$$销量 = \frac{固定成本 + 利润}{单价 - 单位变动成本}$$

2. 计算单价的方程式

$$单价 = \frac{固定成本 + 利润}{销量} + 单位变动成本$$

3. 计算单位变动成本的方程式

$$单位变动成本 = 单价 - \frac{固定成本 + 利润}{销量}$$

4. 计算固定成本的方程式

$$固定成本 = 单价 × 销量 - 单位变动成本 × 销量 - 利润$$

(二)包含期间成本的损益方程式

税前利润 = 销售收入 - (变动成本 + 固定成本) - (变动销售和管理费 + 固定销售和管理费)

= 单价 × 销量 - (单位变动产品成本 + 单位变动销售和管理费) / 销量 - (固定产品成本 + 固定销售和管理费)

(三)计算税后利润的损益方程式

$$税后利润 = 利润总额 - 所得税 = 利润总额 × (1 - 所得税税率)$$

将损益方程式代入上式的"利润总额",则:

税后利润 = (单价 × 销量 - 单位变动成本 × 销量 - 固定成本) × (1 - 所得税税率)

此方程式经常被用来计算实现目标利润所需的销量。

（四）边际贡献方程式

边际贡献是产品扣除自身变动成本后给企业所做的贡献，计算结果若为正值，则属于利润；若为负值，则属于亏损。

1. 边际贡献

计算公式为：

$$边际贡献 = 销售收入 - 变动成本$$

如果用单位产品标示：单位边际贡献 = 单价 - 单位变动成本

2. 边际贡献率

计算公式为：

$$边际贡献率 = 边际贡献 / 销售收入 \times 100\%$$
$$= (单位边际贡献 \times 销量) / (单价 \times 销量) \times 100\%$$

3. 由于"边际贡献"这一概念，基本的损益方程式可以改写为新的形式

因为：利润 = 销售收入 - 变动成本 - 固定成本 = 边际贡献 - 固定成本

所以：利润 = 销量 × 单位边际贡献 - 固定成本，且这个方程式可以根据需要变换成其他形式。

$$销量 = (固定成本 + 利润) / 单位边际贡献$$
$$单位边际贡献 = (固定成本 + 利润) / 销量$$
$$固定成本 = 销量 \times 单位边际贡献 - 利润$$

3. 边际贡献率方程式

上述边际贡献方程式可以用"边际贡献率"改写成下列形式：

$$边际贡献率 = 边际贡献 / 销售收入 \times 100\%$$
$$边际贡献 = 销售收入 \times 边际贡献率$$
$$利润 = 边际贡献 - 固定成本$$

所以：利润 = 销售收入 × 边际贡献率 - 固定成本

二、本量利图

将成本、业务量、销售单价三者描绘在坐标图中，可以详尽、清晰地反映出它们之间的关系，见图 10-1。

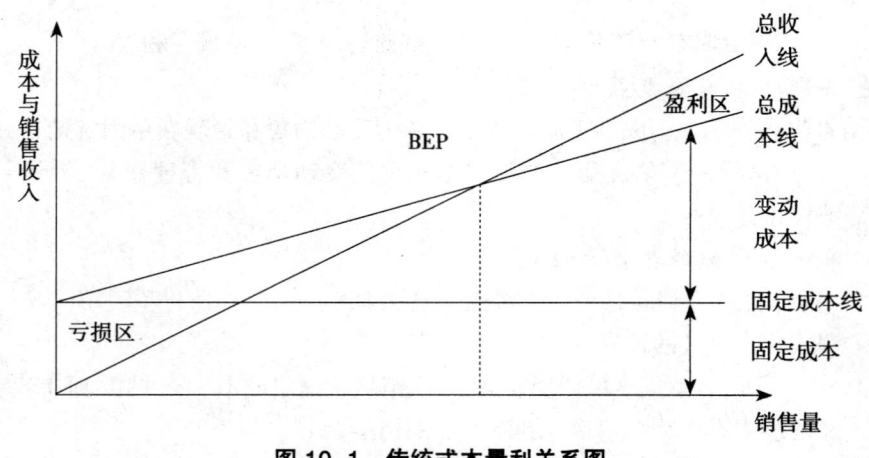

图 10-1　传统式本量利关系图

绘图具体流程：
1. 在直角坐标系中，以横轴表示销售量，以纵轴表示成本和销售收入；
2. 绘制固定成本线；
3. 绘制总成本线；
4. 绘制销售收入线。

从图中可以看出：企业销量和利润成正比；临界点以前，企业处于亏损状态，随销量增多亏损逐步减少；临界点以后，处于盈利状态，随销量增加，盈利增多。

三、盈亏临界分析

盈亏临界点（break even point）又称为保本点、盈亏平衡点等，在临界点时，企业收益和支出相等，利润为零。盈亏临界点分析就是找出企业不盈不亏时的数值，并在此基础上进一步分析其与成本、销量和单价之间的关系，以便做出更合理的决策。

（一）盈亏临界点销售量

盈亏临界点销售量是利润为 0 时的销售量：

0＝单价 × 盈亏临界点销售量－单位变动成本 × 盈亏临界点销售量

盈亏临界点销售量＝固定成本／（单价－单位变动成本）

由于：单价－单位变动成本＝边际贡献，所以：

盈亏临界点销售量＝固定成本／单位边际贡献

（二）盈亏临界点销售额

盈亏临界点销售量主要用于分析单一产品企业，多品种产品企业的盈亏临界点分析常用销售额来进行。

由于：利润＝销售额 × 边际贡献率－固定成本，利润等于0时的销售额为盈亏临界点销售额：

0＝盈亏临界点销售额 × 边际贡献率－固定成本，所以：

盈亏临界点销售额＝固定成本／边际贡献率

（三）盈亏临界点作业率

计算公式为：

盈亏临界点作业率＝盈亏临界点销售量／正常销售量 ×100%

其中，正常销售量是在不受任何影响的理想状态下的销售量。

第三节　期间费用分析

占据企业期间费用很大比例的是固定费用，顾名思义，固定费用在一定时期内比较稳定，不会随业务量变化而发生变化。期间费用全额抵减当期收入，其金额对利润产生直接影响。因此，企业通常会不定期地编制期间费用报表，反映某一时期企业期间费用的发生情况。期间费用报表是企业自行编制的，属于其内部信息，用于为管理决策提供依据。

期间费用分析的主要方法是：对费用项目进行结构分析，计算各项目的费用与费用总额的比重，从而反映各项费用的变化，分析各项费用的开支是否合理；对费用项目进行比较分析，将费用实际发生数与本年计划数或与上年实际发生数相比较，分析各项费用计划的执行情况，与前期对比分析其发展变化趋势。

一、管理费用分析

管理费用是维持和开展生产经营所涉及的开支。企业可以通过编制管理费用横向比较分析表（表10-2）和管理费用结构分析表（表10-3）分析管理费用发生变动的原因及管理费用变动的趋势。

表10-2 管理费用横向分析表

项 目	本期实际	本期计划	节约或超支
管理人员工资及福利费			
办公费			
差旅费			
业务招待费			
咨询费			
…			
合 计			

表10-3 管理费用结构分析表

项 目	本期计划数 金 额	本期计划数 比重%	本期实际数 金 额	本期实际数 比重%
管理人员工资及福利费				
办公费				
差旅费				
业务招待费				
咨询费				
…				
合 计				

通常将管理费用定性为固定成本。此项目涉及开源节流中的节流问题，在保持一定规模的生产经营活动的前提下，尽可能地减少和节约管理费用等各项开支。在其他条件不变的情况下，管理费用支出增多，则说明企业的管理存在漏洞和缺陷。若企业为了做出科学合理的决策，进行了大量前期实践和考证工作，因此此方面费用增加，这属于合理的支出。

一般情况下，企业管理费用包含的项目内容繁多，不同项目具有不同的管理要求和发展变化特点，应做具体分析。有一些项目需要特别注意以下几点。

1.企业研发活动是企业价值增值过程中的一个重要评判对象，这部分支出可以通过管理费用中的金额直观地进行分析。促进企业发展的费用虽然在短期内难以看到成效，但这部分费用却是企业未来发展至关重要的投入，应在企业可承担的范围内适当增长。国际上公司研究开发费用的水平通常应达到销售收入的10%以上。

2.一般来讲，企业的行政管理费用和其日常生产经营并没有直接关系。所以，企业对这部分费用的管控一定要合理和有效，尽可能节约，从而达到节流的目的。通常情况下，企业行政管理费用的水平变化情况可以反映出企业最高管理层的自我约束能力和价值判断。

3. 无形资产及长期待摊费用的摊销受到会计政策的影响很大，这部分摊销金额的大小取决于摊销年限和摊销比例。

4. 聘请中介机构的费用和咨询费用通常金额较小，当企业面临重大投资项目或并购重组时，这部分费用会突然增加，但这部分费用一般是不能被企业控制的，因此可以不作为分析的重点。

二、销售费用分析

销售费用是企业对其加工生产的产品进行销售时所产生的费用。对于此项目，可以比照上述管理费用，采取制表的方法进行分析。

对于销售费用可通过与收入的比率进行分析。对销售费用的具体项目进行分析时，需要注意的是：

1. 企业销售过程中的运输费、装卸费、包装费、保险费等是企业为客户提供产品时的附加服务，是企业保证对客户的服务质量不可或缺的费用，这些费用属于变动成本，通常与企业销售量的变化成正比。该部分费用的支出应当基于多种因素的考量。

2. 广告费和展览促销费用是企业为了提高产品知名度、拓展市场和增加营业收入所发生的费用。一般情况下，广告费和展览费决策的依据应是预计增加的营业利润至少应当能够补偿相关费用支出，评价手段可用费用投入后一定时期的销售收入增长额与广告等费用投入额进行对比。

现代企业普遍接受了利用广告投入增加销售的观点，但广告费的金额是否合理较难确定。企业应当意识到，使产品和服务收入增加的根本力量来自产品和服务满足客户需要的能力，广告费是一项抵减收入的费用，一般和企业利润成反比。在成熟的市场上，广告费的增加可能会增加企业的营业收入，但不一定会增加企业的利润，甚至有可能减少企业的利润。关于广告投入，企业要综合分析其利弊。

3. 专设销售机构的费用与企业规模成正比。具体来说，企业发展壮大后，其销售渠道和业务面就很广泛，用于销售的机构、人员配置等相关费用就会剧增。

三、财务费用分析

财务费用是企业为筹集生产经营所需资金而发生的费用，在一定程度上反映企业筹资活动和闲置资金的利用效果。财务费用的高低主要取决于企业的筹资决策，即长短期债务安排和资金来源中负债比例的结果。

分析财务费用的时候应该特别注意需要资本化的利息费用，严格核实其资本化的条件是否满足。另外，分析财务费用应特别注意几个问题：一是财务费用相对于主营业务收入的比重，通过该比率的行业水平、企业规模以及本企业经营生命周期、历史水平的分析，考查其合理性与合法性；二是财务风险程度，有大量外汇业务的企业通过分析汇兑损益，掌握外汇市场风险对企业的影响程度；三是财务费用赤字问题，对于大多数企业而言，财务费用不会出现赤字，这种情况出现在企业的存款利息收入大于贷款利息费用时，如果数额较大，也不正常。

财务费用的很大一部分是利息支出。分析利息支出的方式通常为计算利息保障倍数、企业财务杠杆系数等指标。一般来说，企业会将利息费用存入银行，但是银行存款利率不是企业盈利的手段。因此，应当控制和调节存入利息的规模，尽可能将资金用于生产经营活动，也就是说使其流转起来，才有盈利的可能。

此外，有一些关键问题不容忽视：

1. 注意核对各项费用是否符合企业的原来预算及其上下限度。

2. 各费用之间的关系是比较密切的，企业不能只关注某一数值的增减，要和其他相关事项相联系进行分析。

3. 企业在生产经营活动中所涉及的费用支出种类繁多，但其对企业的价值和作用是不同的。每个企业的支出实际情况各异，应当着重关注几个所占比重较大的支出项目。

第十一章　上市公司发展能力分析

从发展历程来看，一个企业从创立到壮大，其发展的能力是逐步增强的，具体表现为生产经营规模逐步扩大、市场占有率不断提高、利润收益逐渐增多等。对于企业的发展能力进行分析，可以评估其运行的前景如何，从而左右投资者的投资策略和投资规模，这对企业的生产发展也至关重要。

第一节　上市公司发展能力分析概述

企业的发展能力，最关键的就是其盈利的能力和潜力。对于上市公司尤为如此，因为它涉及大量的资金和极其复杂的债权债务关系，众多股东和投资者的权益依赖它的发展，甚至还影响到社会的安定。所以，只有通过各项数据和指标对其进行一系列的研究和评估，才能较为科学地评判一个企业，特别是上市公司是否具有发展能力以及其潜力的大小。

一、企业发展能力的基本表现形式

展开来说，这些形式有：

（1）企业发展能力取决于企业持续增长的销售收入与核心经营活动的企业剩余收益，因而，通过包括发行新股、提高财务杠杆、降低股利支付率、提高销售利润率与资产周转率等指标都可以评价企业的发展能力。

（2）市盈率与市净率是很好的预示企业发展能力的指标，甚至可以考虑直接用市盈率或市净率来表示企业发展程度与增长机会。

（3）企业发展能力是在保持一定财务资源情况下企业销售所能增长的最大比率，尤其是考虑通货膨胀率对可持续增长率数值的影响，其公式为：销售净利率 × 总资产周转率 × 留存收益率 × 资产权益率。

（4）关于潜在收益成长率，计算公式为：

$$g = ROE \times (1 - D/E)$$

其中：g 为可持续增长率，ROE 为期初净资产收益率，D/E 为负债权益比率。

对于企业发展概念的理解往往是多角度的，通常意义的发展由企业价值概念来表达，它是企业财务资源使用效果的综合体现。

二、企业发展能力与其他财务专项分析的关系

具体来讲，这些关系指的是：其一，上述内容是前提和基础。三个指标有机结合，从不同角度和方面来剖析问题，大大提高了评测的科学性和准确性。其二，企业发展能力分析起到一个连通器的作用，它将企业预算、财务状况和市场价值相衔接，具有很高程度的科学性和合理性。

进行企业发展能力分析要避免绝对化，同时要关注分析结论的特定环境性，主要包括以下三个方面：

（1）不同行业和地区发展水平不同，因此进行横向发展能力对比，必须要有相类似的前提和基础。主要原因在于小企业资源的极度有限性。无论是人力、财力，还是自身产品、品牌以及研发能力等方面，小企业均处于弱势地位。而且同为小企业，在企业增长的不同阶段所要关注的关键因素也可能完全不同，因为各个小企业在规模和增长空间上有着天壤之别。

（2）即使同地区同行业，甚至企业的性质相同，也是要视具体情况才能判定可比性的。比如，非国有控股上市公司与国有控股上市公司，虽然性质上都是国家控股，但还是不能同日而语的。究其根本，这是因为不同性质的企业受市场体制尚未完全确立等环境因素的制约。像民营企业与国有企业，作为两种不同性质的企业所拥有的财务资源（资本）的创利能力不具可比性。

（3）在一定条件下，企业的运营模式存在漏洞和缺陷，导致其发展能力不强。究其根本，资金规模只是企业发展的一方面因素。这是一个综合性的课题，如何合理运用和配置这些资金，从而达到最高效率，这是不可忽视的。更为重要的是，如果企业能充分利用自身内部资源并以此带动一定比例的企业外部资源，就会极大地促进发展能力的提升。

因此，即使是同行业企业的比较分析，也要关注分析对象与参照对象（或标杆企业）在比较起点上的差异，否则结论就没有太大意义。企业所处行业并不是决定企业发展潜力的唯一重要因素，只能说企业选定了具体行业后就会显示出该行业所具有的基本特征。

第二节 上市公司发展性财务指标分析

一、营业成长性分析

企业的营业成长性可以用许多财务指标来衡量，通常表现为销售收入的成长性、利润的成长性。

（一）销售收入的增长

1. 销售收入的增长率

从销售本质特点进行分析，对于任何公司来说，企业销售的增长决定着企业的发展，当然这也是企业发展前进的动力，更是在这个竞争激烈的社会当中存活的根本所在，也是企业实现利润和稳定现金流的重要源泉。因此，我们在对企业进行综合分析时，销售增长的能力是一个必要的分析方面，这关系着企业的成长性。在世界500强公司的评比中，销售规模是最为重要的财务指标；其次，在创业板发行上市规定中，也特别强调公司的成长性，主要就是用营业收入的增长来评判的，如规定营业收入的增长率不低于30%。反映销售收入增长的公式有：

销售收入增长额＝本年销售收入－上年销售收入

销售收入增长率＝（本年销售收入－上年销售收入）/上年销售收入×100%

销售收入增长额是反映销售收入增长的绝对指标，但无法反映不同规模的企业销售收入的相对增长状况。

销售的高增长反映了净销售额的相对变化，和销售计算的绝对量对比，消除企业规模的影响更加重要，这样也更能反映出一个公司的发展情况。最好的方法就是通过分析销售收入的组合来分析销售收入规模和销售收入增长的速度。利用该指标进行企业成长性分析，需要注意以下几点：

（1）对于该公司的销售，如果要确定它是否具有强有力的成长性和发展性，需要分析销售效率是否增长。如果净销售额的增长是依赖于主要资产的相应增加，换句话说，如果收入增长速度低于资产的增长速度，则这种销售增长是无效的。在正常情况下，该公司的收入增长速度必须高于资产增长速度，只有在这种情况下，销售公司才能表现出良好的增长态势。

（2）如果指标大于0，可能是企业的销售增长，则该指标值越高，投资价值就越高，公司拥有良好的发展前景。如果指标小于0，可能是企业产品销售下降，还有一个问题，市场份额很可能会萎缩。

（3）在平常的工作当中运用到该项指标的时候，必须综合分析企业对年的销售水平、行业内未来发展前景状况和企业市场占有情况以及其他影响企业发展的潜在因素。同时，要确定比较的标准，只有在同规模、同类型企业当中进行比较才更有说服力。

（4）销售收入增长率是一种相对指标，不是绝对指标，它们也存在基数影响的问题。假如增长的基数相对比较小，比方销售的收入基数仅有1 000万元，若销售额增长400万元，则销售收入增长率可达到40%，属于高成长性；但如果销售收入基数高达1亿元，销售收入增长1 000万元，销售收入的增长率只有10%左右。由此可见，必须要将销售收入增长率与销售规模以及当今的社会实际情况等因素结合起来进行综合分析，这样才能保证数据的科学性与准确性。

2. 销售收入平均增长率

销售增长率也可能受到销售短期波动的影响。为了消除销售的短期异常波动的影响，以客观、合理地反映长期的销售收入的增长情况，一般公司计算的多年销售收入的平均增长速度为三年，平均销售增长率的速度增长也称为三年销售复合增长率。计算公式为：

$$三年销售平均增长率 = (\sqrt[3]{\frac{本年销售收入}{三年前销售收入}} - 1) \times 100\%$$

三年的销售情况，可以通过分析这些数据，算出企业销售的增长率，进而加起来平均一下，就可以算出它的平均增长率。这个数据指标可以反映企业的好多情况，如从这个数据中可以体现出销售增长的长期趋势是什么样的，然后可以根据这个长期发展的趋势做出相应的应对策略。如果它呈现上升趋势，说明之前运用的销售策略是有效的，这样就能够发挥出好的效果，大大提高销售率，可以卖出去很多产品，则这种销售策略和技巧可以继续沿用；如果这个长期趋势呈下降情况，说明企业已经在走下坡路，当然以后的产品会越来越卖不动，也就说明当下运用的销售策略和技巧是不好的，起不到理想的效果，应该停下来及时调整策略，有必要的话要及时更换策略和技巧，遏制住这种下滑的趋势；还有的情况就是这个长期趋势比较平稳，说明当下的销售策略和技巧没有起到理想的效果，只能维持现在的情况，那可以在当下的策略和技巧上做出完善和调整，使它有一个大的突破，走上升的路线。除此之外，就是最常见的情况——有起有落，这样的话可以更加具体地分析高峰值与低峰值的数据，比对两组数据，然后得出到底是哪些具体的销售策略和技巧起到的作用最大，调整方案会更加具有针对性，也可以避免未来出现销售业绩下滑的趋势。除了可以看出长期趋势之外，还可以看出它的稳定程度，因为在一个长期趋势中，可以看出它的波动情况。换种说法就是，如果它的稳定程度只是偶尔的起起落落，则完全不影响大局，那么可以稍作轻松，不必太在意；如果其中有大起大落，就会影响大局，那么一定要重视起来，以免造成不必要的损失，提前想好应对策略，以备不时之需。除了以上所说的，销售平均增长率还能较好地反映企业的发展状况以及它的成长性，通俗来说就是通过以上的长期趋势和它的稳定程度等信息，可以将企业的整体情况做一个大致的梳理和预测，如它的成长点在哪里以及它有没有具备继续发展的能力等。

该指标使企业成长的曲线平滑了，所以不会受短期回报剧烈波动的影响。也可以理解为，年增长率是短期的概念。从一个产品或产业的发展来看，如果处在成长期或爆发期，年度结果可能变化很大，但是"复合增长率"是依据长期时间基础上的计算结果，因此这个数据相对来说更加精准和科学，具有更好的信度和效度，更能够从这个数据中看到企业发展的整体趋势，投资人当然也会通过这些考虑评估这个企业的产品销售增长或变迁的潜力，减少甚至避免出现企业的销售收入会因为偶然性因素出现不正常增长的情况。我们一定要认清楚在这种情况下，不应该将这些偶然因素和大数据放在一起，否则会影响大数据的准确性以及科学性，进而很可能会导致对企业增长能力做出错误判断，以致影响企业的整体发展。该指标越高，表明企业主营业务增长势头越好，市场扩张能力越强。

（二）利润的成长性

1. 税前利润的增长

对于利润来说什么是最重要的，答案毫无疑问就是收入，但是收入的增长和利润的增长并不是同步的。原因有很多，如营业成本、期间费用、公允价值变动收益、资产减值损失、营业外收入等都有可能导致。从可持续发展的角度来考虑，应分析企业经常性税前利润的增长，用以反映企业的成长性。

反映税前利润增长的财务指标有：

$$税前利润增长额 = 本年税前利润 - 上年税前利润$$

$$税前利润增长率 = （本年税前利润 - 上年税前利润）/ 上年税前利润 \times 100\%$$

税前利润增长额对于反映税前的利润而言是非常重要的，是一项重要的指标，但是这也不能反映规模不一样的企业税前利润的相对增长状况。

从上面税前利润增长率的计算公式可以很明显地看出，它能够反映税前利润情况是否是相对变化的，而不是绝对变化的，还可以看出它的变化程度如何，它的稳定性如何，并且将税前利润增长率与计算绝对量的税前利润增长额进行比较，是否存在误差，有没有出现绝对的增长，企业的发展是否处于一种良性循环的状态。当然在这一比对过程中，要消除营业规模的影响，这样比对出来的数据更加具有权威性、科学性，当然毫无疑问地说就是它们的信度和效度也会更高，更加可靠，也更能反映出企业的整体发展水平以及未来的发展状况。不仅如此，还可以通过这些数据及时地调整销售策略和方案，完善销售技巧，以免出现不必要的损失和麻烦，避免让企业陷入困境，一蹶不振。当然，最好的分析是将税前利润增长额与税前利润增长率结合起来。利用该指标进行企业成长性分析的时候必须注意以下几点：

第一，对于指标大于 0 的情况，意味着企业本年的税前收入有所增加，指标值越高，表明增速越快，企业发展前景越好。一般地，税前利润增长率达到 40%～50% 甚至以上，表明企业具有高成长性；对于指标小于 0 的情况，意味着企业销售可能萎缩，也可能说明毛利润降低或期间费用增加。

第二，在实际运用该指标的时候，一定要将企业多年的税前利润、成本费用变化情况、企业销售规模、行业未来发展前景、企业市场占有状况以及其他影响企业发展的潜在因素结合起来，并加以综合分析。同时，必须确定比较的标准，只有在同类企业、同规模企业中进行比较才存在一定的意义，否则一切都是无用功。

第三，其实税前利润增长率作为相对指标存在很多的问题，对于基数来说受到的影响会很大，如果基数增长的很小，对于税前利润而言就是非常好的，说明税前利润提高很容易。

2. 税前利润平均增长率

与销售增长率一样，税前利润增长率也可能受到销售、毛利、费用等短期波动的影响。如果上年因特殊原因而使税前利润减少，而本年可以恢复正常，就会造成税前利润增长率偏高；反之，就会造成税前利润增长率偏低。为了消除税前利润短期异常波动的影响，并且能够客观合理地反映企业在相当长的时期内，它的税前利润是如何增长的以及它的增长是良性循环还是恶性循环，是在走上坡路还是在走下坡路，可以根据这些情况，做出相应的应对策略，还可以通过这些数据及时地调整销售策略和方案，完善销售技巧，以免出现不必要的损失和麻烦，避免让企业陷入困境，一蹶不振。因此，要统计出更加准确的数据，综合分析影响数据的多种因素，排除偶然性因素和不可控因素，留出那些最有参考价值与统计意义的数据。通过分析这些可靠性数据可以计算多年的税前利润的增长率，再通过把这些增长率平均得出平均增长率，因为运用的是可靠性数据，那么得出的结果也一定是科学的、权威的，具有很高的参考价值和实用意义。一般在实际运用中计算出三年的税前利润平均增长率，称为三年的利润复合增长率。其计算公式为：

$$三年税前利润平均增长率 = (\sqrt[3]{\frac{本年税前利润}{三年前税前利润}} - 1) \times 100\%$$

其实该项指标可以很好地反映企业的税前利润增长趋势和稳定程度，也能够较好地体现企业的发展状况和成长性。该指标使企业成长的曲线平滑了，所以不会受短期回报剧烈波动的影响，在销售增长率的基础上，充分考虑了成本因素、费用因素等，可以作为判断企业价值最为核心的成长性财务指标。

3. 税后利润的增长与经常性损益的增长性

税前利润这一指标对于净利润而言是一项非常重要的因素，而经营管理的最后成功又决定了净利润这一因素，通俗地讲，在所得税税率不变的情况下，税前利润与税后利润的增长率几乎一致。但在现实中存在很多的变化因素，如税率变化因素等，这些都会导致税前利润与税后利润增长率出现不一致。

反映税后利润增长的财务指标计算公式为：

$$税后净利润增长额 = 本年税后净利润 - 上年税后净利润$$

税后净利润增长率 =（本年税后净利润－上年税后净利润）/ 上年税后利润 × 100%

$$三年税后净利润平均增长率 = (\sqrt[3]{\frac{本年税后利润}{三年前税后利润}} - 1) \times 100\%$$

一般重点关注经常性损益的成长性，以考察企业可持续的成长性。计算公式为：

经常性利润增长额 = 本年经常性利润－上年经常性利润

经常性利润增长率 =（本年经常性利润－上年经常性利润）/ 上年经常性利润 × 100%

$$三年利润平均增长率 = (\sqrt[3]{\frac{本年经常性利润}{三年前经常性利润}} - 1) \times 100\%$$

二、企业资产成长性分析

能够直接反映出企业资产增长能力的有很多数据，而且这些数据有长期的，也有短期的；有模糊数据，也有精准数据；有大概的数据，也有具体的数据。我们就从这些数据里找到那些最可靠的，信度和效度最高的，数据最准确、最科学，最具有权威的数据来表达企业资产增长能力，其中一项非常好的数据就是财务比率。当然财务比率是一个比较大的词，这个词只是一个概括的词汇，实际上还包括企业总资产增长率、净资产增长率和固定资产增长率，当然除此之外还有其他的数据，这些数据都可以很直接明了地说明企业资产增长的能力。资产的增长对于任何公司来说都是一项很重要的工程，也是企业发展的一个很重要的方面，并且可以很好地实现价值的快速增长。从管理的实践当中去分析，凡是能保证资产快速稳定增长的都是一些成长性比较高的企业。关于成长性，不能只看到企业资产的增长能力，还要根据市场占有率情况、行业内竞争对手的情况以及影响企业发展的其他多种因素进行综合分析，只有这样才能保证我们分析的客观、科学、公正合理。如果对资产的增长情况进行更加细致的分析，找出影响企业增长的具体因素，并提出相应的策略加以应对，就可以得出更加准确有效的结论。在这里，不得不提的就是关于分析的方法。分析方法当然也很重要，有效的分析方法可以简洁有效地得到我们想要的答案，避免不必要的麻烦。目前，主要的分析方法有两种，即绝对增长量分析和相对增长率。这两种分析方法不是独立存在的，而是要相互补充，将这两种分析方法统筹起来综合考虑，得出的分析数据和结果才是最完善的，最有权威性和科学性的，当然也更加具有信度和效度。单独的某种方法，都存在一定的漏洞，所以用两种分析方法可以互相弥补彼此的短处，更加满足分析者的要求。换句话说，就是更加适应分析企业资产增长能力的需要，适应企业继续可持续发展的需要，并为它的发展提供更多的依据和提前预防企业未来将要面临的危险和难题。

（一）总资产增长率

总资产增长率是一项很重要的影响因素。其计算公式为：

总资产增长率 =（本年期末总资产－本年期初总资产）/ 本年期初总资产 × 100%

企业经营周期内资产规模扩张的速度越快，也就意味着总资产增长率越高。但同时也不能忽略资产规模的过快扩张与管理效率之间的矛盾，必须尽可能地避免盲目扩张，关注企业可持续的扩张能力。

销售增长率以及税前利润增长率等指标的原理基本上是一样的。该指标的计算公式为：

$$三年总资产平均增长率=\left(\sqrt[3]{\frac{本年年末总资产}{三年前年末总资产}}-1\right)\times 100\%$$

（二）固定资产成新率

固定资产成新率指标如果高的话，表明企业技术性能较好，企业固定资产也比较新，所以没有必要马上淘汰原有的技术，其还可以继续为企业服务比较长的一段时间；反之，该指标值较小，表明企业设备陈旧，技术性能落后，其将严重制约企业未来的发展。

应用固定资产成新率指标分析固定资产新旧程度时，应注意折旧方法的不同和生产经营周期的不同等因素对固定资产成新率的影响。由于技术进步可能导致一些崭新的设备因技术落后而淘汰，所以固定资产成新率高低并不是判定公司资产增长能力的唯一标准。

三、股东权益成长性分析

（一）净资产的增长

总体来说，投资者对净资产的增长状况比对总资产的增长状况关注程度要高。在公司股本没有发生变化的情况下，净资产的增长是企业不断盈利且留存利润不断增加的结果，净资产增长额 = 本年净资产 — 上年净资产。

$$净资产增长率=（本年净资产-上年净资产）/上年净资产\times 100\%$$

净资产增长率在分析时具有滞后性，仅反映当前情况，而且有时候容易受当期的偶发因素影响而产生剧烈波动。利用三年净资产平均增长率指标，能够反映企业净资产增长的历史状况以及企业稳步发展、可持续发展的基本趋势。其计算公式为：

$$三年净资产平均增长率=\left(\sqrt[3]{\frac{本年年末净资产}{三年前年末净资产}}-1\right)\times 100\%$$

该指标越高，表明企业净资产的可持续增长能力越好，抗风险和保持可持续发展的能力越强。

（二）股本规模的增长

如果发生增资扩股，公司的净资产增长不一定完全源于留存收益。因此，在对资本扩张进行分析时，要特别注意股东权益各类别的增长情况。当然，能反映企业成长性的另外一个重要的财务指标便是股本规模的扩张。

$$股本增长额 = 本年股本额 — 上年股本额$$

$$股本增长率=（本年股本额-上年股本额）/上年股本额\times 100\%$$

上市公司股本增加主要有两个原因：一是发行股票；二是通过内部权益类资产的转换而增加股本。

股本规模的扩张，将给投资者带来较大的填权效应，这反映出企业的成长性。理论上讲，企业若通过增资实现股本规模的扩张，会带来股权稀释效应，不利于现有投资者的短期利益；若通过转增股本或送股实现股本规模的扩张，不会给投资者带来实质上的利益，只是降低了股价。但在实践中，若企业盈利能力能保持高速增长，投资者则希望企业高比例送配，分享填权效应带来的价值增长。总的来说，企业是将增资与转增送配结合起来，实现股本规模扩张的，这种股本规模扩张的方式具有可持续性。在分析股本规模扩张时，需要结合企业盈利来综合分析。

利用三年股本平均增长率指标，能够反映企业股本增长的历史状况以及企业可持续发展的基本趋势。其计算公式为：

$$三年股本平均增长率=(\sqrt[3]{\frac{本年年末股本额}{三年前年末股本额}}-1)\times100\%$$

（三）现金股利增长率

现金股利是帮助投资者实现投资收益的一种非常重要的方式。现金股利增长率是衡量企业成长性的一个重要指标。从企业价值评估理论可以看出，股利增长率与企业价值有密切的关系，股利增长率越高，企业股票价值越高，反之股票价值越低。

现金股利增长率＝（本年现金股利额－上年现金股利额）/上年现金股利额×100%

要想反映长时期的股利增长情况，一般计算三年股利平均增长率（也就是它的复合增长率），它的计算公式如下：

$$三年股利平均增长率=(\sqrt[3]{\frac{本年现金股利额}{三年前现金股利额}}-1)\times100\%$$

利用股利增长率来分析企业发展能力，可以从以下方面理解：

1. 所有者权益的增长包括两种类型：第一种是外来资金的投入导致资本的扩张，在报表上体现为实收资本或股本的增加；第二种是留存收益的增加导致了资本的扩张，在报表上体现为盈余公积和未分配利润。企业的盈利并非全部形成留存收益，这取决于企业的股利分配政策。

2. 股利并不是越多越好，也不是越少越好，这里存在着企业与其股东、股东短期收益与长期收益的博弈，考虑到股利的增长会向市场传导积极的信息，因此也可以从另一个方面影响企业的发展。

四、财务调查分析

调析技术包括调查技术和分析技术，是实施上市公司企业文化前的基本操作技术，对于上市公司企业文化的执行及其结果起着关键性的作用。由于学员对上市公司企业文化的需求具有复杂性和不确定性，往往组织者根据自己工作的需求，按照决策者的意图预设上市公司财务培训需求，很多的学员对于上市公司财务培训需求调查也没有很好地重视，因此并不能够全面地了解真实客观的上市公司财务培训需求。

（一）调查技术

1. 上市公司企业文化调查

对于调查可以这样去理解，简单而言就是通过一种手段或者方式来了解自己所想知道的事情。调查是上市公司企业文化的起点，主要就是通过一定的科学方法对客户进行了解，知道客户的需求。在调查活动中收集、整理分析学员情况、上市公司财务培训基地等资料和信息，掌握客户在组织文化、发展的规律、需求和不足等方面的信息，为上市公司财务培训的过程、结果预测与控制、主题深层开发设计和上市公司财务培训风格的决策提供可靠的数据和资料，这样就可以帮助上市公司财务培训老师确定正确的上市公司财务培训思路。

2. 上市公司财务培训调查内容

（1）上市公司财务培训环境的调查包括执行上市公司财务培训的室内外场地、基本设施、周围自然环境等，还包括客户所处的行业环境、组织文化环境等。

（2）上市公司财务培训需求调查主要包括客户相关人需求调查，如决策高层、上市公司财务培训主体、组织者等，参训学员学习动力调查、学习内容需求调查、客户群体行为调查、工作压力调查等。

（3）资源调查包括客户的经费调查、可利用资源调查（交通、涉外能力）。

（4）对于经验调查可以从学员的上市公司财务培训经历和对于上市公司企业文化认知两个方面入手。

3. 上市公司财务培训调查方法

上市公司财务培训调查的方法主要有观察法、测试法、访问法、问卷法、资料搜集法等。

（1）观察法对于上市公司企业文化而言是非常重要的方法。根据上市公司财务培训群体的需求，调查员深入研究，利用各种方式搜集资料。例如，上市公司企业文化调查人员到参训者的工作场所去观察其工作状态和状况。

（2）测试法是由调查人员对代表性学员进行的有关主题的上市公司财务培训知识性测试的方法。

（3）访问法有三种，分别是结构式访问、无结构式访问和集体访问。结构式这种类型的访问必须提前设计好调查规划，调查人员必须按照事先设计好的调查进行访问，对于提问方式也是一样的，在提问态度和记录方式上也要尽最大努力保持一致。无结构访问就不一样了，这是比较随意的方式，没有统一的问卷，具体是要根据调查人员和被调查者之间的谈论情况而定，其内容也是比较广泛的。集体访问顾名思义就是大家在一起进行访问，就是要通过座谈的形式进行，这种情况下的人员比较集中，能够更好地收集资料和信息。

（4）问卷法就是让被调查者填写调查问卷来展开调查。

（二）分析技术

1. 上市公司企业文化分析

分析就是了解事物的本质或者说内在的联系，是将事物、现象和概念分门别类。分析方法作为一种科学方法，由笛卡尔引入，源于希腊词"分散"。分析方法认为，任何一个研究对象都是由不同的部分组成的，是一种机制。上市公司企业文化分析技术就是将上市公司企业文化的整体分为各个部分、方面、因素和层次，并分别加以考察和研究的技术。

2. 分析技术的分类

学科不同其分析方式也是不一样的，具有其独特性，但是不同的学科也有共性，对于上市公司企业文化的分析方式有很多种，其具体分为：定性分析、定量分析、因果分析、可逆分析、系统分析、文化分析、调查分析和比较分析等。

（1）定性分析

定性分析对于上市公司财务培训学员来说非常重要，其制定方式也是专门为上市公司财务培训学员而制定的一种分析方式。主要解决"有没有上市公司财务培训需求""是不是这个需求点"的问题。实践中，学员对上市公司财务培训的需求往往是多元化的，并且很多时候又是变化的、不确定的。上市公司企业文化具有很多特性，通过这些特性来具体分析学员情况就显得尤为重要。由于不能准确地确定学员需求导致上市公司财务培训失败的案例比比皆是，上市公司企业文化定性分析要在调查的基础上进行详细的分析，得出决策者、组织者和受训群体三者对上市公司财务培训的真实需求，从而为开发和设计有针对性的课程提供方向上的需求和依据。

（2）定量分析

定量分析是为了确定组成客户上市公司财务培训需求的各种成分的量级分析，主要解决"客户的需求有多少、到什么程度"的问题。客户对于上市公司财务培训的需求不仅具有量的区别，而且具有质的区别，上市公司财务培训课程会因客户需求的程度不同而相互区别。同样是有效沟通课程，但由于学员对于沟通知识的了解程度、沟通技能的获取程度和组织文化中的沟通含义等不同而会发生变化。因此，能否通过调查分析，设计个性化的课程是上市公司财务培训师水平高低的重要标志。定量分析需要掌握不同需求的量级划分方法，如沟通课程可以按照需求来了解沟通知识、提升沟通技巧、建立良好的沟通意识、营造和谐的沟通氛围来划分。

（3）因果分析

因果分析是为了确定寻找和发现引起组织发展中诸多要素存在的问题而采取的相关联系分析，主要解决"为什么会出现这样的情况，什么原因导致了这样的结果"的问题。因果分析在上市公司企业文化当中是比较重要的分析方式。在上市公司企业文化的初始情况当中，把其原因和非原因的现象区分开来，找出其中的普遍性和联系性。诸要素之间的因果表现形式各异，具有复杂性，但其中也有一定的规律。上市公司财务培训分析中，要以学员基本需求为主要目标，针对性分析出与目标相关联的诸因素之间的关系。分析因素，找到原因，寻找背后的根源，客观地运用上市公司企业文化，真心实意地帮助客户解决问题才是上市公司企业文化发展的根本道路。

（4）可逆分析

可逆分析是指作为上市公司财务培训后的结果现象是否又反过来作为原因，从而产生上市公司财务培训前原来是原因的那一目标现象的分析技术。上市公司财务培训中有些现象之间的因果联系是不可逆的，而有些是可逆的，认识这种特性是非常重要的。由于有些现象具有可逆性，因此可以运用这一特点，在上市公司企业文化分析中有针对性地设置可逆性的体验项目，让学员在结果现象中反思目标现象，在目标现象中总结结果现象，这恰恰符合上市公司企业文化开发思维中的逆向思维。

（5）系统分析

系统分析是一种动态的、多层次的、多维度的分析，它将上市公司企业文化看成是一个发展变化的、复杂多层的、立体多维的系统。上市公司企业文化分析工作任务是艰巨的，需要考虑上市公司财务培训的诸多方面的要素及其之间复杂的关系和不断变化的状态。上市公司企业文化中因学员对环境的要求会发生很多的变化，上市公司财务培训师要在系统分析的基础上，以三因教育理论来设计课程和组织实施上市公司财务培训。首先，要因材施教，因学员的需求而改变上市公司财务培训的方法和技术；其次，要因地制宜，根据上市公司财务培训中的环境精心设计和开发；第三，要因势利导，根据学员的状态做好针对性的引导和总结。

（6）文化分析

文化分析法是上市公司企业文化调查分析工作中独特的分析方法，它是将组织文化作为上市公司财务培训的重要理论依据进行主题化分析的方法。现代社会，无论大小组织都会有其独特的文化。而组织文化基本上是由其创始人根据自身的理解和价值观，建立起来的支持组织发展的精神力量。上市公司企业文化也不例外，如新员工入职或者组织大家进行上市公司财务培训等都会涉及企业的文化。通过对企业文化进行深入的分析，将其与上市公司财务培训目标、参训人需求和企业战略目标等以模型的形式结合起来，形成一套针对性强和主题鲜明的上市公司财务培训总结模型。

（7）调查分析

调查分析法是指上市公司财务培训师通过实地与客户交谈、收集和了解与上市公司财务培训相关联的详细资料数据，然后加以分析得出上市公司财务培训所需求的结论的方法。这种方法通常用来描述或解释学员在日常生活中出现的问题，从问题中分析上市公司财务培训的目标，从而设计和开发有关课程。

（8）比较分析法

比较分析法是分析其异同的一种分析方法，是对于相同类型的客户之间进行的比较。在客户信息分析研究的过程中，比较分析法是研究一切上市公司企业文化客户需求生动有力的、普遍的逻辑方法，是进行分析、开发、设计拓展课程、策划上市公司财务培训活动等的基础。比较分析实质上是对上市公司财务培训中不同客户的特征性研究。比较分析法可以分为两种，分别是横向比较和纵向比较。横向比较法可以理解为对同一产业类型的不同客户进行比较。从中找出之间的不同，为课程的开发提供客户属性上的基本依据，为开发行业系统性专属课程奠定基础。纵向比较法可以理解为对客户不同时期状况进行比较。通过比较得出客户的过去和现在的不同，根据组织的未来发展趋势的需要开发相关的上市公司财务培训课程。比较分析的作用有：通过比较研究能够发现出不易直接观察到的学员内心的问题和需求；通过比较分析能够追溯同一客户群体发展的历史渊源，寻找其文化规律性特征，为锁定长期的大客户上市公司财务培训奠定坚实的文化认同基础；通过比较分析可以从时间、空间等不同的维度对客户进行有效定性的鉴别和定量的分析，通过一定参照物明确客户在分析中的发展性目标认知，从而强化上市公司财务培训课程主题的认同性。

以上调查分析的内容覆盖了上市公司财务培训的前期、中期和后期，是贯穿始终的，是做好上市公司财务培训师的武器。

（三）上市公司企业文化分类策划

1. 教育性体验策划

对于上市公司企业文化的课程要注重其教育性。教育性体验策划就是为此制订的。在上市公司企业文化培训的过程中，任何一个环节和要素对学员的内心都将产生影响，整体教育观是强调"关联"的教育，其"关联"大体又可以分为四种：逻辑与思维、心与身、认知性、自己与自我。人类存在的价值不仅是追求知识和技术，更是为了寻求一种生命的意义。上市公司企业文化的课程就是超越了学科之间的限制，通过多维角度来看待和训练学员。

教育性体验策划就是根据这一基本教育原理进行的课程开发和设计，如以团队建设和凝聚力为代表的各种能力模型的课程、以改变心力为代表的心态性体验教育课程等。教育性课程的特点是：

（1）注重上市公司财务培训师对课程布置与规则讲解的严谨性，学员需要从中思考上市公司财务培训师的命题，从而获取解决问题的能力，以提高自身水平。

（2）在体验环节，上市公司财务培训师要进行详细而有针对性的监控，学员要在体验的情境中充分发挥主动学习的积极性，获得直接的经验和感悟，对事件进行自我概念的建构。

（3）上市公司财务培训师要注重学员体验后的分享，并采用教练的方法来促使学员将发自内心的感受毫无保留地与大家分享。上市公司企业文化的分享注重的是团队化的学习和个体批判性的再认知过程，并非单纯地使用语言来分享。许多时候，语言是苍白的，更需要行为动作以及团队的氛围和气场来达成。

（4）教育性体验的点睛之笔在于，上市公司财务培训师运用丰富的知识和优秀的教学水平来完成，通过引导学员对切身体验的恰当描述并且与有效的具有针对的理论相衔接，从而带领学员升华到心灵的高级境界。

教育是上市公司企业文化的核心目标，是从本我到达自我的境界。

2. 娱乐性体验策划

娱乐是人类的一种天性，是为了追求快乐、缓解生活压力的方式。其具体就是通过自己的喜怒哀乐或者带有一些启发性的活动，达到愉悦身心的目的。

娱乐性体验的策划是通过上市公司财务培训师根据学员的需求有针对性地设计趣味性的项目、参与性的表演或活动。娱乐感觉是需要体验者自我感知的，因此在设计和策划体验时，创意就显得非常重要。如何具有创新性地开发上市公司财务培训活动，是每一位上市公司财务培训师需要认真思考的问题，因为娱乐本身意味着教育，最为简单的是通过娱乐性体验使得学员能够感知到压力的舒缓、快乐的产生，从而达到健康的目的，而健康则是人生价值的重要体现。

参与式体验不仅对人的身体会有影响，而且对体验者的心理和情感也有影响。娱乐性体验策划主要遵循以下原则：

（1）开发设计内容和程序时，注重学员参与其中的个性化权利。
（2）注重体验环节的安全性和高峰体验点的设计。
（3）减少理论性分享，增加与个人发展相关联的内容。
（4）提升体验的趣味性和增加生活化元素。
（5）要多一些感官上的体验，多一些活动。

3. 逃避性体验策划

逃避简单来说就是躲避不想遇到的人或者不想正面对待的事。"逃"含有远离的意思，"避"是躲藏。逃避有着正反两种行为，积极方面的逃避有休息旅行、投入学习、找人谈心、参与活动和运动等；负面的有调岗辞职、逃学退学、孤立封闭等。而正确的逃避是在意识到内心开始动荡不安、无法承受压力的时候，适时离开原本环境，通过一定时间的沉淀，在内心深入反思，寻找到动力和接受方式后重新返回到生活中。

逃避性体验策划的根本就是转换环境，远离原有空间。当某一个基地为学员培训两次或两次以上，学员之后的体验学习效果会明显减弱，随之而来的是逃避性体验的缺失。当学员在原有工作环境中疲惫不堪地工作时，势必想离开原有环境放松自己，这实质上就是逃避性体验的一种，最为简单的举例是：即将步入神圣婚礼殿堂或刚刚步入婚礼殿堂的年轻人离开生活环境度蜜月。因此，策划逃避性体验时要注意以下几方面：

（1）注重学员的初体验；
（2）远离现实生活和工作环境；
（3）帮助学员寻找曾经快乐的体验记忆；
（4）减少教育性体验，让学员在体验中自我分享；
（5）以减压和健康快乐为主要目的；

（6）不涉及组织关系性问题；
（7）近乎松散式的团队管理模式；
（8）精心设计的体验活动和适当的能量消耗。

4. 审美性体验策划

对于审美性而言，每位学员都有自己独特的评判标准。这对于上市公司财务培训师而言是一个挑战，他们要根据每一位学员的特点，对学员进行分析研究，并且还要特别熟悉体验点和环境之间的吻合程度，在理智与情感上追求真理。审美是一种主观的心理活动的过程。只要人的心境到达的地方就会有审美的存在。这些美并非仅来自于环境对人的震撼，更重要的是通过与大自然、环境的对话完成重审人性之美，提高自我的精神境界，促进人的进一步发展。

（1）审美性体验在很高程度上就是为了完善自己，当然这个过程也会愉悦自己的内心并且会寻找自己的兴趣所在。通过审美可以让学员更好地去认识大自然，更加珍惜眼前的一切，也会给空虚的心灵带来满足。

（2）审美体验获得的是对生命的信心、生活的期望、职业的价值和生存的意义，体验环境和体验设计是在策划当中需要重点关注的。

（3）审美体验是一种心理过程，即移情，是发自内心的深层次体验。

（4）距离产生美不是没有道理的一句空话，审美体验策略也要充分考虑距离的因素。

第三节　上市公司发展性的影响因素分析

一、企业竞争能力分析

企业竞争能力，是指企业生产的产品在品种、质量、成本、价格、销售渠道、盈利模式、管理能力等各方面所具有的优势。在市场经济中，竞争力最直观地表现为一个企业能够持续地比其他企业更有效地向消费者提供产品或服务。

（一）市场占有情况分析

企业竞争能力综合表现在产品的市场占有率上，企业目前的市场占有情况对企业未来的竞争能力也会产生重要影响。

1. 市场占有率

市场占有率是一个基本指标，它能够反映企业市场占有情况。它是指在一段时期里或者在一定范围内，一家企业的某种产品的销售量能够占据市场上同类商品销售总量多大比重。市场占有率一般与同等水平的竞争对手进行PK，对比出企业之间竞争能力的强弱，实际上对每家企业都是一种激励，有竞争就会有压力，当然也就会有动力，如果你不努力，就会被竞争对手打败，被行业所抛弃。一般说来，一家企业的市场占有率越高，那么就说明它的竞争能力就越强，当然综合来说它的抵御风险能力也比市场占有率低的企业要强，相对应地企业的市场谈判能力也比较强。在遇到风险之后，它可以通过及时调整产品价格的形式来应对风险，成功渡过难关。而低市场占有率的企业就不能那么容易抵御这些风险，即便调整价格，也不能影响市场的大局，反而容易让自己亏损，时间一长，难免会面临破产的风险。这就是市场占有率的巨大影响，当然以上这些都是根据大部分情况来说的，也不是绝对的。既然市场占有率对企业有着如此大的影响，哪些因素可以影响市场占有率呢？例如，进入市场时间的长短、市场的需求状况、产品的竞争能力和生产规模等都可以影响市场占有率。

2. 市场覆盖率

除了市场占有率可以反映企业市场占有状况，市场覆盖率也是反映这一情况的又一重要指标。它实际上是指本企业的某种产品销售的地区数量或者范围占同种产品销售地区或者范围总数的比率。那么影响市场覆盖率的因素有哪些呢？据调查，不同地区的需求结构可以影响市场覆盖率。因为一个地区的需求越旺盛，那么它的市场覆盖率就会越高。这也跟一个地区的经济发展水平、民族风俗习惯有关系。当然社会如此发达，做一个产品肯定存在许多竞争对手，那么就需要与竞争对手一较高下，利用自身的优势去进行市场竞争。如果是外来的产品，当地政府部门会不会有地区经济保护政策，然后限制企业去拓展市场，如此一来，市场覆盖率也会受到影响。一般来说，一个企业的市场覆盖率越高，那么它抵御风险的能力也就越强，当然它的竞争能力也就越强。

（二）产品竞争能力分析

1. 产品质量的竞争能力分析

产品的性能好坏、精度、纯度、物理的特性及化学成分等内在质量特征都是包含于产品的质量内的，除此之外，产品的质量在外在特征上也包括产品的外观、重量、形状、色泽等。市面上产品的质量特征可以主要表现为它的性能好坏，它的寿命长短，是否安全、可靠、经济实用以及它的外观是否美观等。产品质量的优劣是最重要的，也是企业进行竞争的最重要的部分，一家企业如果产品质量没有保证，销售将会受到影响，利润也会降低，严重影响企业的市场竞争力和企业的发展能力，甚至会导致企业衰退，甚至是破产。当然影响的方面不同，企业的市场竞争力也是不同的。但是不管是哪方面的影响，可能是寿命太短或是不够可靠安全，都会降低企业的竞争能力，只是降低的程度不同罢了，所以产品质量的保证是一个重要环节，这直接决定企业在市场上有无竞争能力，而且已经成为企业发展的首要条件。

2. 产品成本和价格的竞争能力分析

企业生产的产品如果仅考虑产品的质量和品种、捡着高质量的原料采购，到最后的产品价格一定非常高，一些经济条件不是很好的地区，它的销路就会受到影响。所以，在生产产品的时候，不仅要考虑它的质量，还要考虑到当地消费者的经济承受能力。综合考虑这些因素，然后再生产与之匹配的产品，这样的产品才能有很好的销量，才能打开市场，获得盈利，当然也才会促进企业的大力发展。实际上，在中国大多数人们的消费观还是偏向于选择价格较低的产品，换句话来说，是选择物美价廉的产品。因此，企业竞争的重要手段之一就是价格竞争。企业要学会熟练地运用市场规律，灵活地调整价格，以灵敏的嗅觉来适应复杂多变的市场需求。当然刚开始一定要以物美价廉的产品迅速占领市场，这一步对企业的生存发展来说至关重要。又想要获得盈利，又要保证产品的质量，所以得学会控制产品的成本。成本的高低也是影响一个企业进行价格竞争的决定性因素。我们都知道成本越低，就越可能、越有能力通过降低价格来迅速占领市场，提升企业的竞争力；反之，如果产品的成本越高，那么它的价格可调整的余地越小，相对来说企业竞争能力就越弱。

3. 企业竞争策略分析

指企业根据市场的发展以及竞争对手的情况制订的经营方针，这就是企业的竞争策略。常见的低成本领先战略、差异化战略、集中化战略等都是企业常用的竞争策略。

二、企业周期分析

企业所面临的周期现象有很多种，主要有经济周期、企业生命周期、产业生命周期以及产品生命周期等几种类型。

经济周期是宏观经济由波峰到低谷，再由低谷到波峰的反复交替过程，即由繁荣到衰退，再由衰退到繁荣的交替过程。

产业生命周期不是某个生命周期的某个作用所决定的，而是由产业内各种产品的生命周期的综合作用形成的，比产品的生命周期表现得更为复杂。它分为导入期、增长期、成熟期、衰退期四个阶段。

第四节 可持续增长能力分析

一、可持续增长能力的含义和本质

企业可持续增长能力是指企业在从事创造财富事业的时候，在一个较长时期内，不断地实现自我超越、自我壮大、由小变大、由弱变强、持续不断地取得收益，并且这些收益值不低于市场平均利润率的收益值。一个企业发展能力的核心内容就是可持续增长能力。

二、可持续增长率分析

可持续增长率的定义里有两个条件，一是不增发新股，二是保持目前经营效率和财务政策。在这个公式里经营效率指的是资产周转率和销售净利率，财务政策指的就是资本结构和股利支付率。可持续增长率的计算公式如下：

可持续增长率 = 净资产增长率 = 留存权益／所有者权益
    = （净收益／所有者权益）×（留存收益／净收益）
    = 净资产收益率 × 收益留存率
    = 净资产收益率 ×（1 − 股利支付率）

可持续增长率的高低取决于企业净资产收益率和股利支付率两个指标，即可持续增长率在净资产收益率最高而股利支付率最低时最高。其中股利支付率通常指现金股利支付率。

将可持续增长率计算公式进一步分解，可以为进一步深入分析影响可持续增长的因素提供帮助。可持续增长率的分解公式为：

可持续增长率 =（净利润／销售额）×（销售额／平均资产额）
    × （平均资产额／平均净资产）×（1 − 股利支付率）
    = 销售净利率 × 资产周转率 × 权益乘数 ×（1 − 股利支付率）

由此可见，企业的业务销售政策、资产运营政策、融资政策和股利政策是影响企业可持续增长率的四个经济杠杆。利用这一经济杠杆原理，可以通过测算销售利润率、资产周转率、权益乘数及股利支付率等四个指标的影响程度，进行因素分析。

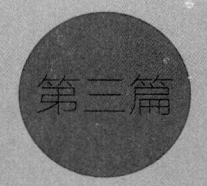

上市公司表外信息分析

第十二章 上市公司表外披露信息概述

表外信息主要包括财务报表附注和其他财务报告等。

第一节 表外披露信息界定及分类

一、表外披露信息的界定

通常认为,会计信息是否披露的重要前提条件就是相关性、重要性与成本效益原则。第一,能够进入会计视野一定是符合相关性的信息;第二,要一次性筛选出符合重要性的信息;第三,要再次筛选出符合成本效益原则的信息。这些会计信息被录入系统之后才可以允许披露,否则是不允许披露的。当然能够进入会计信息系统的信息,也是有一定的标准的,不是进入之后就可以无标准的进行披露。由此看来,那些既满足相关性、重要性和成本效益原则,还不能完全或者部分符合会计要素的确认和计量标准的信息,才是最需要密切关注的、予以重视的表外信息,也是最需要在表外进行披露的信息,也就是说并不是所有会计报表之外的信息都能够成为被披露的表外信息,它只是一部分而已,而且还要根据表外披露的相关原则和标准才可以完成。当然,我们在这里所讨论的表外信息主要是财务报表附注、注释和其他的财务报告,并不是所有的会计报表全都是这样的,在此只是根据本章所讲的内容加以阐述。

二、表外披露信息的分类

对于表外信息披露范围是如何界定的,本节有以下几个观点。第一,表外信息披露的内容应该已经或将会对企业的财务状况以及即将到来的经营成果产生重大的影响。第二,表外信息披露的内容对报表的使用者提出的决策会起到重大作用的一些重要事项。根据以上标准,可以将它们分为以下几类:

第一类:会计政策。会计政策是指具体的原则、方法和程序,一般是企业进行会计核算和编制会计报表时所采用的。但是,即便是有统一的会计政策模板,还是要因地制宜,具体问题具体分析。因为每个企业的特点都不尽相同,出现的问题以及需要解决的问题也不相同,所以企业可根据自己的实际情况选择最适合当下自身特点的,也最能够解决当下问题的会计政策。一般企业所采用的会计政策,会以表外的方式进行披露,目的是为了提高会计信息的可比性以及对它的可理解性。

第二类:会计政策的变更问题。一般情况下,企业采用的会计政策不应轻易变更,因为它的变更，可能会带来很多的问题，如好多围绕它展开的业务都需要做出相应的调整，所以大部分情况下，应该保持其稳定性。否则的话，经常变更会计政策会削弱会计信息的可比性和准确性以及科学性、权威性。但如果因为经济环境的变化，不得不改进经营的策略时，又应允了法律或者会计准则的要求，这个时候一定要响应国家政策的号召，适应市场经济的变化，及时变更会计政策，以适应市场经济的要求，这样才是最明智的选择。

第三类：非常事项。非常事项是指偶然发生的事项，一般来说它的性质非常特殊。比如，企业遭受天灾，如地震、洪水、火灾等自然灾害。既然是非常事项，那么一定会具有特殊性和偶然性，只有符合这两个条件，才能称为是特殊事项。特殊性是指该事项不同于企业正常的经营活动。偶然性是指该事项具有不可预见性，突然发生，让人觉得非常突然，没有事先安排好的。当然上述情况也不是绝对的，需要考虑经营的事项具体处在一个怎样的经营环境里，如经营的地方处于地震多发带，那么地震对于这个地区就不能算作非常事项。而对于大部分地区来说那就是非常事项，因为我国的大部分地区都不处于地震多发带地区。

第四类：有助于帮助理解和分析报表需要在账目上说明的事项。主要有或有事项、期后事项和衍生金融交易事项等。

第五类：财务报表中对主要的项目明细进行详细的说明。详细说明企业应收账款的重大变动情况、公司股本构成情况、本期费用发生情况以及本期利润比前期增减情况等。

第二节 表外披露信息方式

一、表外信息披露的必要性

从报表使用者的角度来讲，上市公司在披露法定会计报表的同时，应该依据关联性、重要性和成本效益等原则，力求做好表外信息的披露工作。表外信息披露的必要性主要体现在以下四个方面：

1.可以提高报表信息的可比性。当新的法规政策颁布之后，需要响应国家的号召，根据所处的经济环境的变化，让表外信息披露占有主导地位。

2.可以增强报表信息的理解性。当下，随着社会经济的快速发展，企业响应时代的号召，其发展也是非常迅速的，因此企业财务报表的使用率大大提高。企业也非常看重这些财务报表，因为这些报表直接关系着企业的经营状况和盈利状况以及对未来的规划等。如果一般的财务报表反映的信息符合常规的信息需求，但还是很难满足不同企业使用者的所有要求，那企业就会很明智地通过附加的形式，将这些特殊需要的信息通过表外信息的方式进行披露，这样人们也能更好地理解这些报表，并且能够明白企业财务报表需要传达的特殊信息。

3.一定要保证报表信息的真实性，这样才能保证数据的准确性和有效性。如果报表中的一些项目想要表达企业的经营情况，通过详细地列示经济业务的实际变动情况，就不太合适了。那么此时，就需要采用表外信息来说明一些项目实际变动情况以及其他的详细情况。

4.必须要提高报表信息的有用性和应用性。因为会计报表中各个项目的数据给到的只是一个结果，通过这个结果可以提供一定的参考作用，但是报表使用者不能只凭借这种结果，就轻易地下结论去分析企业的好坏,这未免太过武断。要想做出正确的分析和最终的决策,还需要了解多方面的情况,将这些数据结果和已经掌握的相关情况以及对未来产生的影响结合起来,才能最终得到正确的决策。

二、表外信息的披露方式

目前,财务报表附注、注释和补充报表三种表外信息的披露方式最为常见。

1. 财务报表的附注。根据现行会计准则,企业必须要在财务报表附注中披露遵循企业会计准则的声明、企业基本情况、重要会计政策、财务报表的编制基础、资产负债表日后事项的说明和会计估计的说明、会计政策以及会计变更和差错更正情况的说明、或有事项的说明、财务报表重要事项的说明、它们的关联关系及其交易的说明以及其他有助于理解和分析财务报表的事项说明。

2. 注释。在用文字披露表外信息时一定要注意以下四点:
(1) 对于文字的表达要准确无误和客观公正,既要保证内容的完整性,也要保证内容的真实性。
(2) 尽量做到定性揭示与定量揭示相结合。
(3) 按规范的内容分类揭示,做到条理明晰,易于理解。
(4) 正确处理好充分揭示与商业秘密的关系。

3. 补充报表。补充报表的具体方式主要有以下三种:
(1) 附表;(2) 调整报表;(3) 专项报表或非财务报表。

第三节　表外披露信息分析运用

根据资产负债表的信息需求,总结定量声明来准确地解释意义。使资产负债表信息的定量和定性相结合,才更容易让报告使用者理解。因为各种报告用户,不仅对资产负债表信息的需求不同,而且对资产负债表信息的分析和解读也不同。

一、投资者对表外信息的分析运用

针对现代的金融市场,投资者是一个极其复杂的构成,这一点对于上市公司来说更是明显。所谓的投资者其实就是在金融市场交易当中购入金融工具融出资金的个人和机构。规模、档次、品位、财富和信仰的不同,对表外信息的需求和解读等方面就有所不同。

1. 作为投资者为了提高经济决策的合理性,需要表外信息。在日常生活中,投资者最常见的经济决策就是购入、持有或卖出股票。因为有必要来分析股票市场价格之间的差异,从而做出买入、继续持有或卖出的决策。在这个过程中,投资者需要注意股价的问题。公司股票内在的投资价值,取决于公司的盈利能力和风险状况。表外信息在于帮助投资人分析公司披露的表外信息,以帮助人们做出正确的评估,以确定合理的投资决策。

2. 作为投资者利用评估管理团队的信托业务的性能,可以有效获得资产负债表的信息。作为机构的管理部门,其将拥有该公司对管理的基本控制。对于利益冲突,投资者往往会与管理当局产生目标纠纷。财务报表是一种手段或方法可用于投资者监督当局,以履行其受托责任。所以必须有资产负债表外项目信息,以补充关于公司治理的更详细的信息。

二、债权人对表外信息的分析运用

上市公司的债权人的投资是为了获得稳定的利息收入,但债权人的风险仍然是存在的。一些银行不良资产表明,债权人的风险不能被忽视,这个数字是停留在公司坏账上的。因此,债权人有履行相关的当前或未来的债务或其他金融工具的义务,即有必要评估公司所用资金的债务人的信托业务的性能。例如,银行是企业的最大债权人,如果确定有必要贷款时,那完整披露的资产负债表信息就是决策信息的关键,分析表外信息,这是有价值的。

三、中介机构对表外信息的分析运用

中介机构可以被视为一种产业,它主要依赖于其他类型的金融信息和客户服务的数据。中介可以帮助客户了解更多的实际信息,之后,必须将其转换为另一种形式,以增强这些信息解释的能力。在另一方面,中介机构对原始数据的理解和解释其信息形式具有多样化特征。因此,对财务表外的信息披露可以满足债权人一定程度的信息需求。

四、政府部门对表外信息的分析运用

政府和有关监管部门通过资产负债表外信息,以获得关于上市公司操作的更多信息。政府作为国有企业的所有者,使用会计信息,其不是为了满足投资决策的需要,而是评估和了解增值国有资产和国有企业的安全性能的。政府将无法管理每一个国有企业的经营活动,因为业务的信托义务只是检查是否受保护以及基于受托责任理论来理解资产负债表外项目披露信息是否会被执行。对于政府,会计信息披露的有效性体现在以下几个方面:首先,它降低了资金成本,以促进投资增长,促进经济增长。其次,为了避免资源的浪费,其可以更有效地分配社会资源。再次,信息披露可以提高资本市场的流动性。最后,它还可以促进竞争的信息披露。

五、企业自身对表外信息的运用

第一个方面是弄清公司价值的需要。中国是新兴的证券市场,蓝筹公司自愿性披露将有助于强调企业价值。这减少了信息不对称程度,显示了公司的核心竞争力,揭示了公司的内在价值。

第二个方面是有利于最大限度的再融资。为了提高公司的市场形象,提高股价,企业运用表外信息可以加强与投资者的信息沟通,这被认为是上市公司最大化的理性选择的再融资行为。

第三个方面是用于控制权安排的需要。因为企业和投资者相互之间的信息严重不对称,所以投资者可以通过公司的相关信息,以确定企业的努力程度。

第十三章 证券投资风险分析

上市公司的投资类型从投资形式上来划分,可以分为以下三类:证券投资、非上市公司股权投资、其他投资。其中其他投资包含的投资项目是属于公司内部履行相应的决策审核程序就可以实施的项目,其风险因素比较容易判断和控制。

第一节 证券投资风险分类

对于证券投资来说,投资行为和投资过程目的就是为了获得资本收益,投资者通常会购买股票、债券和基金等,以及它们的衍生物。证券投资风险是指不确定性造成证券价格波动。证券投资风险的主要形式有股权投资风险、固定收益投资风险和衍生品投资风险。其中,股票投资的风险主要是指由于股票价格变化造成的投资者的损失。从风险的角度来看,证券投资的风险可分为系统性风险和非系统性风险。系统性风险和非系统性风险的总和是证券投资的总风险。

一、证券投资的系统性风险

系统性风险其实指的是一个时间在一连串的机构和市场构成的系统当中引起一系列连续性损失的可能性。针对现代社会,全球经济以及金融体系发展一个重要的趋势就是虚拟经济,这是时代发展的特点。这样对于现代的公司和企业来说当然存在很多的风险,但是没有风险也就意味着没有发展的可能性,我们要客观地对待这一问题。系统性风险分很多方面,如市场风险、利率风险、政策性风险、贬值风险、汇率风险、政治风险等。

(一)市场风险

市场风险是指由于市场行情的变更而引起的投资风险。

(二)利率风险

利率风险是指由于银行利率的波动而带来的投资收益风险。

(三)政策性风险

政策性风险是指由于宏观经济政策的调整而对投资带来的投资收益风险。

(四)贬值风险

贬值风险是指由于价格持续广泛上涨,使投资者承担的货币贬值风险。

(五)汇率风险

汇率风险是指由于汇率的波动而对投资收益带来的风险。

（六）政治风险

政治风险指由于一国政治局面的变动而使证券市场产生震动，从而影响投资收益的可能性。

二、证券投资的非系统性风险

证券投资的非系统性风险是指因非全局事件导致投资收益变化而产生的不确定性投资风险。在现实生活中，每家公司的经营状况有其自身的因素，这些因素仅导致公司的证券收益率的变化，而不影响其他公司的证券收益率。非系统性风险，包括违约风险、财务风险、经营风险、产品风险和技术风险。

（一）违约风险（信用风险）

违约风险是指一个公司不能按时向证券持有人支付利息和本金的可能性，它主要针对债券而言。

（二）财务风险

财务风险是指公司财务结构不合理，融资不当使公司可能丧失偿债能力而导致投资者预期收益下降的风险。

（三）经营性风险

经营性风险是指由于公司经营状况变动而导致盈利能力的变化，造成投资者的收益和本金减少或损失的可能性。

（四）产品风险

产品风险是指由于产品的生命周期变化而给投资者带来损失的可能性。

（五）技术风险

技术风险是指技术开发方面的各种不确定性因素，如技术难度、成果成熟度、与商品化的差距、开发周期与技术寿命期等。

现如今技术更替太快，新技术眨眼间就可能会被更新的技术代替，这无形中会损耗或降低产品的附加值，影响企业的整体收益，所以说技术风险的存在会影响证券投资的市场。

第二节　证券投资风险分析方法

一、基本分析法

基本的分析也被称为基本面分析，其包含的内容有很多，其中就有经济学、金融学和财务管理。

基本分析的内容主要包括宏观经济分析、行业分析和区域分析、公司分析等三大类。

（一）宏观经济分析

宏观经济分析主要探讨各经济指标和经济政策对证券价格的影响。经济指标分为三类：
（1）先行性指标。
（2）同步性指标。
（3）滞后性指标。

（二）行业分析和区域分析

业内人士分析，主要是以各类行业产品生命周期的不同，来分析企业经营业绩的影响和对证券价格的影响。一方面，是行业发展空间对上市公司的影响巨大。另一方面，上市公司都受到一定程度的区域经济的影响。因此，在中国证券市场的不同地区上市公司的行为和表现以及影响的程度是不同的。

（三）公司分析

公司分析是分析方法当中的一个重要方式，这可以作为基本面来对公司进行重点的分析，其能落实公司最终证券价格趋势。基本分析法的优势是对证券价格的基本趋势较为全面地掌握，应用相对简单。它的缺点主要是对短线投资者的指导，预测的准确率是比较低的。因此，基本的分析方法，主要适用于相对成熟的证券市场或者股票价格预测的周期相对较长，预测精度要求不高的领域。

二、技术分析法

在技术分析方法的基础上，从以前的角度去分析，不同的数据所用的处理方法各异，这受到了投资者的喜爱和重视。不仅股市，技术分析也被广泛使用在金融市场上，如外汇和期货。什么是技术分析，说白了就是应用金融市场最简单的供求关系变化规律，在此基础上寻找摸索出一套能够分析市场走势的金融市场分析方法。对于技术分析方法的理论有很多种，当然也是众说纷纭，但是一般来说，可以将技术分析方法分为以下五类：

1. 技术指标分析法。
2. 切线分析方法。
3. 形态分析方法。
4. K线分析方法。
5. 波浪分析方法。

各种分析方法虽然是考虑不同的方式，但目标是一致的，彼此之间交叉引用而并不排斥对方。首先，为了留住技术分析的优势，必须同时使用技术分析和基本分析方法，以提高预测结果。其次，是为了确定，以避免需要使用多种技术分析方法的局限性和盲目性。再次，使用技术分析方法，需要为了使理论与实践相结合做适当的调整，需要按照对各种分析方法的了解以及对实际情况精髓的关注。

在与基本分析方法的比较当中，我们可以很明显地分析出来一些结论，技术分析方法的优势就是贴近市场，是时效性强的分析。技术分析的缺点主要是：考虑问题的范围很狭窄，投资周期短，缺乏长远的对市场趋势的断定。出于这个原因，技术分析是不能获得相对较长周期的结论的。此外，得出的技术分析的结论不是绝对的，仅是作为一个参考。

三、证券组合分析法

（一）马柯维茨（Harry Markowitz）的均值方差模型

一系列的严格假设基础上，并不是凭空想象出来的，这个模型是有科学依据和科学道理的。对于任何的投资来说都存在一定的风险，但是并不能因为存在风险就不去做，对于风险我们要有效地避免。证券组合的收益可以用期望收益率来表示，对于有效证券的组合而言，可以建立一个二次规划模型，这样就可以根据投资者的无差异性来确定最满意的证券组合。

（二）夏普的资本资产定价模型（CAPM）

夏普的资本资产定价模型的内容主要有以下几个方面：第一，是研究一般证券组合期望风险与收益关系的证券市场线；第二，是研究有效证券组合期望风险与收益关系的资本市场线；第三，是研究市场组合收益率之间与证券或证券组合的统计关系的特征线模型。除此之外，还包括一些非标准的资本资产定价模型，当然这些模型并不像之前的模型那么有名和权威，但是这些模型可以给我们一定的参考作用，它们里面的好多思想和方法还是值得借鉴和提倡的，没准哪个模型就会带给我们一些新的灵感。

（三）罗斯的套利定价模型（APT）

罗斯的套利定价模型是在金融领域盛行十多年的资本资产定价模型（CAPM）的基础上提出的。这个模型只是停留在理论层面，所以让人无比头疼。

证券组合分析法的缺点有好多，我们只捡着重要的来说：第一，它的计算是比较复杂的，尤其是在确定各证券的最佳比例关系时；第二，现实生活中根本不存在或者说达不到模型对证券市场的假设条件，所以在运用这个模型的时候，得到的分析结果可能存在一定的数据偏差，得到的结论也不是那么客观公正、科学权威；第三，模型只对能够定量的因素加以分析，对于一些难以定量化的因素没有考虑进去。比如，在计算投资比例时，需要大量的预测数据，这些数据相当庞大，统计起来也非常烦琐，不能够定量化，所以选用这种模型的人们一定会掂量其中的难易程度。

第三节　证券投资风险的度量

一、单个证券投资风险的度量

（一）单个证券投资风险的计算

俗话说得好，投资需谨慎，这就意味着只要是投资一定会面临各种各样的风险，如果投资者想要获得较高的收益率，以这个收益率为出发点进行决策的话，那么一定要提前考虑到高收益背后存在的风险，当然也可能会有期望收益率。那么什么是期望收益率呢？期望收益率是使可能的实际值与预测值的平均偏差达到最小（最优）的点的估计值。如果呈现在图上的话，这些点越分散，就说明可能的实际收益率也就越分散，它们与期望收益率的偏离程度也就越大，投资者需要承担的风险也就越大。反之，如果这些点分布得越紧凑，那么说明它的实际收益率与期望收益率的偏差越小，当然风险也是越低的。如此看来，我们可以通过分析收益率与期望收益率的偏离程度来预估投资风险的大小。久而久之，可以呈现出整个分析系统规律，这样以后使用起来也会更加方便。

设某证券未来收益率 r 的概率分布见表13–1。

表 13-1　r 概率分布

收益率 r	r_1	r_2	r_3	…	r_n
概率 p	p_1	p_2	p_3	…	p_n

根据概率论中求数学期望的公式，可得期望收益率的公式为：

$$E(r)=r_1p_1+r_2p_2+r_3p_3+\ldots+r_np_n=\sum_{i=1}^{n} r_ip_i \qquad (13-1)$$

公式（13-1）实际上是以概率加权的平均收益率。根据方差（标准差）的计算公式，证券投资的风险可由下式计算：

$$\sigma^2(r) = \sum_{i=1}^{n}[r_i - E(r)]^2 p_i \qquad (13-2)$$

p_i 表示可能收益率发生的概率，σ 表示标准差。

（二）单个证券投资风险的估计

其实在实际生活当中，我们可以使用以前的数据进行分析，如对方差进行分析，这是与期望收益的估值是一样的。我们可以假设，证券的月或年实际收益率为 r_t（$t=1, 2, \ldots, n$），那么方差的无偏估计公式为：

$$\bar{\sigma}^2 = \frac{1}{n-1}\sum_{i=1}^{n}(r_i - \bar{r})^2 \qquad (13-3)$$

当 n 较大的时候，可使用下述公式估计方差：

$$\bar{\sigma}^2 = \frac{1}{n}\sum_{i=1}^{n}(r_i - \bar{r})^2$$

二、证券组合投资风险的度量

（一）两种证券组合的风险

1. 设 r_A，r_B 表示两个证券 A，B 的收益，它们的概率分布见表 13-2 和 13-3。

表 13-2　r_A 概率分布

收益率（r_A）	r_{A1}	r_{A2}	…	r_{An}
概率（P_A）	P_{A1}	P_{A2}	…	P_{An}

表 13-3　r_B 概率分布

收益率（r_B）	r_{B1}	r_{B2}	…	r_{Bn}
收益（P_B）	P_{B1}	P_{B2}	…	P_{Bn}

由表 13-2 和表 13-3，根据公式（13-2），可以得 r_A，r_B 方差分别为：

$$\sigma_A^2(r) = \sum_{j=1}^{n}[r_{Aj} - E(r_A)]^2 P_{Aj}$$

$$\sigma_B^2(r) = \sum_{j=1}^{n}[r_{Bj} - E(r_B)]^2 P_{Bj}$$

进一步假设 r_A，r_B 的联合分布为：

$$P(r_A = r_{Ai}, r_B = r_{Bi}) = q_{ij}$$

$i, j=1, 2\cdots, n$

则 r_A，r_B 的协方差为：

$$\text{cov}(r_A, r_B) = \sum_{i,j=1}^{n}[r_{Ai} - E(r_A)] \bullet [r_{Bj} - E(r_B)]q_{ij} \quad (13-4)$$

r_A、r_B 的相关系数为：

$$P_{AB} = \text{cov}(r_A, r_B)/\sigma(r_A)\sigma(r_B) \quad (13-5)$$

相关系数大（小）于 0，称两个证券为正（负）相关关系。相关系数衡量了两个证券收益率的相互影响，符号表示影响的方向，大小计量了影响的程度。

由相关系数的定义得：

$$0 \leq |P_{AB}| \leq 1$$
$$\text{cov}(r_A, r_B) = P_{AB}\sigma(r_A)\sigma(r_B)$$

（1）$|P_{AB}|=1$，这也就意味着证券 A 和 B 的收益率完全相关，r_A，r_B 之间存在线性关系。其中，$P_{AB}=1$，表明证券 A，B 收益率之间完全正相关；$P_{AB}=-1$，表明证券 A，B 收益率之间完全负相关。

（2）$|P_{AB}| < 1$，这也就意味着证券 A，B 收益率不完全相关，r_A，r_B 之间存在一种线性回归关系，$|P_{AB}|$ 越大，它们之间的关系越密切。其中，$0 < P_{AB} < 1$，表明证券 A，B 收益率之间不完全正相关；$-1 < P_{AB} < 0$，表明证券 A，B 收益率之间不完全负相关。

（3）$|P_{AB}|=0$，这也就意味着证券 A，B 收益率不相关，r_A，r_B 之间不存在相关关系。

2.两种证券组合的风险

设有两种证券 A 和 B，某投资者将一笔资金以 x_A 的比例投资于证券 A，以 x_B 的比例投资于证券 B，且 $x_A \times x_B = 1$，则该投资者拥有一个由证券 A 和证券 B 组成的证券组合 P。如果到期时，证券 A，B 的收益分别为 r_A，r_B，则证券组合 P 的收益率为：

$$r_P = x_A r_A \times x_B r_B$$

证券组合中的权数可以为负，如 $x_A < 0$，则表示该组合卖空了证券 A，并将所得的资金连同自有资金买入了证券 B，因为 $x_A \times x_B = 1$，故有 $x_B = 1 - x_A > 1$

因为 r_A，r_B 为随机变量，所以 r_P 也为随机变量，这样，投资组合 P 的收益率方差为：

$$\sigma_P^2 = x_A^2 \sigma_A^2 + x_B^2 \sigma_B^2 + 2x_A x_B \sigma_A \sigma_B P_{AB} \quad (13-6)$$

公式中，σ_P，σ_A，σ_B 分别为投资组合 P、证券 A 和证券 B 的标准差。

（二）多种证券组合的收益和风险

根据上述思路，我们可以计算出证券组合 P 的收益率为：

$$r_p = x_1r_1 + x_2r_2 + \cdots + x_mr_m = \sum_{i=1}^{m} x_ir_i$$

证券组合 P 的方差为：

$$\sigma_p^2 = \sum_{i=1}^{m}\sum_{j=1}^{m} x_ix_j \operatorname{cov}(x_i, x_j) = \sum_{i=1}^{m}\sum_{j=1}^{m} x_ix_j\sigma_i\sigma_j p_{ij} \tag{13-7}$$

公式中，σ_p^2 为证券组合 P 的方差；p_{ij} 为 r_i 与 r_j 的相关系数（$i, j=1, 2, \cdots, m$）

从上面这些公式当中我们可以很明显地看出来，各种证券之间的风险关系相当复杂，并不是一句两句就能说清楚的。根据上面的公式可以得出，除了风险的因素以外，还与证券的加权系数、证券之间的关联性有着很重要的关系。

三、非上市公司股权投资风险分析

对非上市公司进行股权投资是上市公司对外投资的重要形式，投资对象可能与本公司主营业务相关联，在产业链中属于上下游，投资目的可能是为了确保原材料供应或者是为了建立稳定的销售渠道。投资对象也可能与本公司经营业务无关，是公司发展多元化战略的具体体现，其投资的目的可能是为了获取稳定良好的投资收益。但无论怎样，对外股权投资还是存在着较高的风险，由于决策的失误或投资对象的经营不善，可能会导致投资的损失。所以，对非上市公司股权投资的风险控制应贯穿在整个投资期间。我们可以从以下三方面分析。

（一）投资前期的风险分析

1. 项目初选环节

项目初选包括项目拓展与评估，在这个环节公司可通过发布投资指南、联系中介机构或直接拜访目标企业等多种途径拓展和收集项目，经过筛选后进行初步评估，对于初选的项目进入尽职调查阶段。这个环节没有明显的投资风险，但因为这个环节是所有后续环节的基础，因此存在一些对后续环节有负面影响的因素。主要风险有：首先，项目来源渠道过于单一，影响所拓展项目的数量和质量，进而影响总体资金的使用效率和投资业绩。其次，项目来源渠道主要是中介机构，信息在传递过程中有损耗，导致信息失真，加剧信息不对称。再次，由于公司内部对项目的理解存在较大差异，不同的管理者对于同一个项目有可能做出大相径庭的判断，在这个环节可能会有不少有价值的项目遭到淘汰。

2. 项目尽职调查

项目尽职调查是一项很重要的方式，对于项目估值、项目投资方案设计也是一种前提方式。项目的尽职调查对于公司的前期而言有着非常重要的作用，不仅能够降低信息的不对称，更能够排除大量的风险，对于公司的发展铺就了一条非常平坦的道路。尽职调查包含的范围非常广泛，根据一般情况分为八类：

第一类是项目所处行业分析。

第二类是产业链分析。

第三类是企业历年发展状况。

第四类是企业经营管理团队和人力资源。

第五类是技术与产品竞争力。

第六类是企业财务状况。

第七类是企业面临的机会与风险。

第八类是通过企业的客户、竞争对手、合作伙伴等多方面对企业进行外围调查等。

其实在这个环节存在很多风险，为了能够使融资成功而故意对自己的公司进行虚假包装，并且还会有意隐瞒企业的缺点，甚至提供虚假的财务资料和会计报表，严重干扰尽职调查的客观真实性和信息的完整性。如果公司基于这样一份报告展开后续工作，无异于为将来的投资过程留下隐患，这将严重影响投资机构对融资企业股权的估值和未来资本增值预期，更为严重的是让公司做出错误的投资方案，使公司受到损失。

3. 项目谈判和投资方案设计

由于投资方案是投融资双方经过多轮谈判产生的结果，因此将这两个部分放在一起。该环节的主要工作是对融资企业的股权价值进行评估，确定投资方式，讨论确定投资金额和入股比例，确定投资者的权利以及未来在董事会所占有的席位和享有的权利，确定公司的监控权利，确定投资收益的分配，投资双方的权利和义务等。这个环节的主要风险在于投资方对中期管理和后期退出的不确定性估计不足，相关内容未在条约中进行限定或者约定不清，最终导致法律纠纷。此外，还有投融资双方在投资理念上差异较大，导致进一步合作难以进行，投资计划只能半路夭折。

4. 项目决策

项目决策环节将决定是否投入资金，由于投资具有不可逆性，如果该环节不够严谨，前述三个环节积累的风险都将会变成现实。这个环节的主要风险是因决策环节不严谨而导致项目决策失误。为防范决策风险，许多投资方公司内部专门设立了投资决策委员会和风险控制委员会，对拟决策的事项进行审核论证和把关。

（二）投资中期的风险分析

每一个时期都会存在每一个时期特有的问题，如某一个项目进行到中期阶段，意味着这个项目对外股权投资的完成，那么这一段时期我们要做些什么呢？其实每一个时期都有每一个时期的特点，对症下药就能药到病除。在这个阶段最重要的工作就是监控方面和服务方面。在监控方面我们要进行动态监控，不能一成不变地进行静止的等待；在服务方面就要增加服务的种类，进行增值服务，保证项目的顺利进行。其实作为投资方会受到很多方面的限制，本公司的人力资源和管理要求方面就是最大的自身限制，这样投资方就不愿意直接派人参与日常的经营管理，一般采取的方式就是用财务管理的方式进行监控跟踪。投资方提供增值服务涉及多个方面，如帮助企业制订战略规划、完善治理结构，制定及完善激励制度；帮助企业进行必要的筹资和融资，提供资本运作方案等。

中期阶段的首要风险在于，所有权与管理权相分离而产生的委托代理问题和信息不对称问题，具体表现为投资者与经营者目标不一致，投资者与经营管理层之间存在利益冲突，管理者更为关注个人的价值取向而导致投资者利益受到损害。还有一种说法就是，如果作为企业管理者不能很好地经营企业或者自身的能力和公司发展要求相违背，就不能很好地得到投资者的信任，更不能使投资者的资本进行保值和增值。另外，如果企业的负责人不能把每日的经营情况以及各种完整信息及时地反馈到投资方那里，就会导致一系列的弊病，如投资方不能在第一时间获得准确完整的信息，不能更好地了解公司的进展，这样就会给公司带来不必要的风险。这些问题还不是最严重的,其实能够把一个公司推向倒闭深渊的原因就是管理者的道德问题以及诚信问题。比如,管理者不能很好地处理各种报表信息,一味地弄虚作假,或者不按照正常的手段去获取其他公司的信息或转移资产等问题,都会使投资方受到不可挽回的损失。

投资中期的另一个主要风险就是企业经营风险,由于目标企业或项目在技术、产品、市场上的不确定性爆发后而影响了预期经营业绩;或者由于外部环境和政策干预出现意想不到的突变,使企业陷入难以预料的困境;或者由于目标企业或项目内部经营与管理过程中各种问题积累到一定程度后引发重重经营困难,这些都会影响投资者的最终收益。

投资中期的第三种典型风险,是投资方公司缺乏相关人才或者精力难以覆盖所有的投资项目。很多投资方没有足够的精力对对外股权投资进行细致的中期管理,所以有可能出现投资失控的情况。

(三)投资后期的风险分析

最后一个阶段是投资退出。一般情况下投资退出有四种方式:第一种是上市退出。第二种是在并购市场上退出,理论上只要投资项目存在被其他企业并购的价值,就有可能并购成功。这种方式是成功退出最为普遍的方式。第三种是管理层回购(MBO)或者员工收购(EBO)。最后一种是清算,以清算形式退出通常意味着投资失败,清算往往只能收回原始投入成本的一部分。

由于中国证券市场的发展还不成熟,使得非上市公司股权投资的上市退出存在很大难度。上市退出还面临时机风险,如果证券市场处于熊市,IPO很困难,即使上市,市盈率也会非常低。

总之,对外股权投资与风险永远相伴随形,如何很好地识别这些风险是关系投资方能否获得预期投资回报的实际问题。研究非上市公司股权投资的风险既具有理论意义,又具有现实意义。

第十四章　上市公司并购重组事项分析

企业的并购是兼并（Merger）和收购（Acquisition）（简写为 M&A）的合称。兼并在资本市场通常是指在价值或重要性方面较强的一个企业融合或吸收了另外一个在价值或重要性方面较弱的企业；收购在资本市场上通常是指某个经营主体通过一定方式获取特定财物的所有权或控制权的行为。通常并购对于上市公司而言是一个很重要的概念，并购也是和资产重组联系很紧密的一个概念。对于资产重组的定义可以这样去理解：企业资产的拥有者和控制者与企业外部的经济主体进行重新配置的过程。这个过程其实就是对资产进行重新组合或者调整配置的过程。

第一节　上市公司并购重组概述

并购的概念可以有广义和狭义的理解。最广义的并购概念可用于指两家企业之间的各种资产性业务，包括不同比例、方式、程度的资产收购、出售、置换等业务。最狭义的并购概念仅指一家企业取得另一家企业的控制权的行为，即通常所说的"兼并"。

从产权经济学的角度来分析，资产重组的实质在于对企业边界进行一定程度的调整。我们还可以从会计学的角度去分析，资产的重组对于企业和其他主体在负债或者权益项目上有着非常重要的作用，这样就可以达到资源的有效配置，这样的行为也能够更好地对上市公司进行重新组合。目前，在我国，资产重组这一概念还不是那么深入人心，对此的定义也是比较模糊的。

在资本市场的环境下，并购和重组是相对独立的两个概念，但是在实际操作的过程当中也是密不可分的，它们之间有着非常重要的联系。因此，除特别说明之外，均将两个概念合称为"并购重组"。

一、上市公司并购重组的内容

由于上市公司的并购重组是在并购公司与目标公司之间展开的，所以与单个公司的资源整合相比，并购重组涉及的内容更广、层次也更深。

并购重组不仅包括有形资产的整合，还包括大量无形资产的整合。具体来说，公司的并购重组主要包括以下几个方面的内容。

（一）公司治理结构的整合

公司治理结构是指一组连接并规范所有者、支配者、管理者和使用者之间相互的权利、利益和责任的制度安排。它是公司运行机制的基础和核心，其实质是公司各权力机关之间相互制衡的关系，这种制衡关系在实践中表现为某种组织结构和制度安排。对公司治理结构的整合是公司并购完成后整合的最基本内容。上市公司治理结构整合的目标就是要形成有效的激励机制，建立科学的监督体系。因此，如何建立一种有利于公司未来发展的公司治理结构是并购重组的重要内容。

（二）经营战略整合

公司经营战略整合，是指并购公司与目标公司合并后，其经营战略的调整、融合与重构。不同的公司经营战略是不一样的，一旦公司进行并购，那么公司所面临的环境就会发生翻天覆地的变化，这种变化是随之而来的。在并购之后还必须保证公司的正常运行，这样就必须调整内部环境和外部环境之间的关系，只有正确处理好两者之间的关系才能保证公司的发展。并购公司不仅会因摩擦、冲突消耗宝贵的内部资源，而且还可能会丧失进一步发展的机会。实际上，进行经营战略整合的最终目的是为了实现并购的经营协同效应，使并购之后两公司的总体效益大于两个独立公司效益之和。

（三）公司组织结构的整合

组织结构的整合不仅包括组织结构的重建和调整，还包括对保证组织结构正常运行的相关制度与相关业务流程的重建和调整。组织结构整合能够提高公司的运行效率，节约公司的管理费用。当公司完成并购交易后，就需要有新的组织结构来支撑公司的正常运转。倘若没有一个更有效率的、更完善的层级组织来代替过去的组织结构，那么扩大了的公司可能会因效率过低而无法维持，原公司的组织结构与并购后不配套的公司的组织结构就会成为新公司发展的障碍。

（四）产品的整合

在上市公司并购交易结束后，对于合并双方来说，都会面临着各自产品的战略性调整。上市公司并购重组完成后，通常会面临并购后产品广度的扩张和产品深度的扩张及增加，明确了企业并购后的产品战略，才能对并购双方现有产品进行分析整合。

（五）财务的整合

财务整合主要是指公司为了实现并购的财务协同效应而采取的资产整合和负债整合。通过财务整合可以降低公司的财务风险、提高公司的价值，最终形成财务上的协同效应，降低资本成本，优化资本结构。

（六）公司文化的整合

公司并购中文化的不融合与财务、产品或市场的不融合一样会产生很大的风险。企业并购中的文化冲突是内化于公司的根本性冲突，是公司制度、机制、组织、心理冲突的集中表现。并购公司的文化冲突所导致的并购危机主要表现在形象冲突、经营方式冲突、经营理念冲突、价值观冲突等方面。只有科学有效的文化整合才会体现并购的优势所在，最终实现公司并购的目标，因此对并购公司之间进行文化的整合，对公司并购来说是至关重要的。

（七）人力资源的整合

当并购协议签订后，应该迅速进行人力资源的整合。这是因为，若员工的利益得不到保障就会影响公司的整体利益，使得公司的新管理层难以获得员工的信任与尊重。因此，公司必须具有正确的激励机制，才能让公司所有的员工真正关心公司的发展。

（八）技术整合

上市公司并购过程中技术的整合，一方面包括公司围绕主导产业和主导产品目标，对并购公司双方掌握的专有技术、专利和技术研究开发机制进行整合，其目标是形成合力，开发和生产出需要的产品和服务。另一方面包括公司研发能力的提升和研发资金结构的合理化，它们是保证公司核心竞争力的关键。整合后的公司必须围绕核心技术进行系统的拓展性的研究，加快技术的产业化进程。

二、上市公司并购重组的意义和价值

从理论上看，上市公司并购重组的意义和价值概括为以下几个方面：实现规模经济；完善产业链，通过垂直整合形成经济效益；追求协同效应；提高管理效率；扩大市场份额。

第二节 上市公司并购重组的类型和支付方式

一、上市公司并购重组的类型

随着我国经济的不断发展，对于上市公司的并购形式也出现了很多创新，证券市场的交易行为和方式都是创新的基础，不同的标准可以划分出不同的并购类型。

（一）按照所属行业的相关性划分

如果按照并购双方所属行业的相关性程度，或者是相关的宽度和深度，可以把上市公司的并购和重组划分为以下三类：

（1）横向并购。它是指并购的双方所处的行业相同或相关，这样的并购属于横向的并购，当然并购以后发展也比较容易接手，因为它们所处相同的行业或者相关的行业，可操作性与适应性会非常强，可以将横向并购看作对自己生产规模的扩大，又或是对相关行业业务的拓展与推广。

（2）纵向并购。它是指并购的双方处于不同阶段，但是生产的是同类产品，实际上它们之间的相关性很强，因为是对同类产品的并购，这样企业接受起来会比横向并购还要更加容易一些，并且方便管理和继续深造。它们对同一产品的属性和性能都非常了解，操作起来也会更加方便。

（3）混合并购。它是指并购的双方所属的行业没有特别直接的联系，相差的程度比以上的横向并购和纵向并购都要大，也就是它们的相关性很低，并购起来非常困难，尤其是对企业以后的管理和运作都有着巨大的困难。一是对产品的了解不够，而且以前企业的管理方式与运营系统以及人员架构都存在许多无法挽回的问题，所以企业才会面临并购的处境。如此可知，这样的并购是非常艰难的，而且只有一个企业达到一定的规模和水平，拥有雄厚的资本做支撑以及拥有混合并购经验丰富人才的公司才可以选择这种并购方式。比如，有一些上市公司的并购大部分都是为了借壳上市，所以这种并购基本都属于混合并购，因为并购的双方所属行业一般都是大相径庭，没有直接的联系。

（二）按照并购后双方法人地位的变化情况划分

企业并购之后，双方法人地位一定是不一样的，可以根据两者地位的变化情况，将上市公司的并购重组划分为三类：

（1）吸收合并。它是指并购的一方仍然存续，而被并购的对象解散。通俗点来讲，就是并购的一方通过并购另一方而发展壮大，继续发展自己的企业，而被并购的一方就完全要受控于并购的一方，被并购的一方永远消失掉，不存在了。

（2）控股合并。它跟吸收合并不同，它是指并购的双方都不解散，还都继续存在着，但是并购的一方收购目标企业之后要处于新企业的实力控股地位，一切的决策都由掌握实力控股企业的并购方决定，被并购方依存在并购方下继续苟延残喘的生存下去。两个企业的并购与被并购肯定是有利于双方的，并购是为了扩大自己的规模，吸纳更多的人才，让自己的企业在自己的管理运营系统下继续发挥它的能力，而被并购方一般是面临各种管理问题和经济不足以支撑企业继续发展壮大或者是自己的经济实力不够，通过依附别的企业可以让自己获得更大的发展空间，更好地借助这个平台继续发展下去。

（3）新设合并。它与上面两种并购方式都不同，它是指并购的双方都解散，同时放弃以前的企业，结合两个企业各自的优势，强强联手，运用双方的优势联合起来重新成立一个具有法人地位的公司，并不会存在谁控制谁的情况，它们建立一个新的公司会重新建立一个新的管理系统，重新开始运营新的产品，重新划分各个部门的职能，并且合理进行领导班子和员工的调配。

（三）按照并购是否取得目标公司同意划分

有些并购是强制性的，不管目标公司是否愿意，就通过各种渠道或者威逼利诱强行进行并购，也有的并购是征得目标公司同意的。由此，可以将并购与重组划分为两类，分别是善意收购和恶意收购。

（四）按照并购的形式划分

收购的形式有很多种，根据不同的标准可以存在很多的划分形式，对于上市公司来说就可以分为间接收购和协议收购。

（1）在我国间接收购是一种很重要的收购方式。一是收购方直接收购上市公司大股东股权，典型的如江淮动力（000816）第一大股东江苏江动集团有限公司被重庆东银实业（集团）有限公司等两家民营企业收购；二是出资与大股东成立合资公司，然后通过合资公司控制上市公司，典型的如南钢股份（600282）被"复星系"间接收购、民丰农化（000950）被外资间接收购；三是大股东向收购人增资扩股，典型的如云南铜业（000878）的收购模式。

（2）协议收购在我国也是一项很重要的收购方式，其具体就是通过每家公司或者一家公司的股东之间进行的协议，具体步骤就是进行股权的转让，目的就是达到对公司的绝对控制。

（3）要约收购是指收购人对目标公司的各个股东发出购买的目标意见，并且按照规定的收购条件和价格等对其进行的收购方式。要约收购也是我国很重要的收购方式之一，其最大的特点就是公平性，它可以使得每一位股东都能及时地收到消息，自主地做出选择，这样就防止了很多交易的黑幕，也更能保证每一位股东，特别是一些小股东的利益。要约收购还有很多程序，在这里就不一一表示出来了。

（4）二级市场收购具有很多特点，大致可以分为三点：一是收购的成本相对来说是比较高昂的；二是收购的时间也是比较长的；三是不能获得豁免全面收购。其实在一般情况下，如上市公司的股权全部流通，那么最常用的收购方式就是二级市场收购，但是这样的收购方式存在很多缺点，会导致收购的难度加大。对于二级市场收购来说，主要针对的还是上市公司。

（5）股权拍卖分为强制拍卖和任意拍卖。这也是股权转让的一种形式，其具体就是通过法律程序将自身的权益进行拍卖，那么有需要的人士就会主动进行收购，这也是近几年来市场上出现的一项全新的业务。当然股权拍卖也受到很多的限制，对于股权拍卖流行这么一句话，即以自由为原则，以限制为例外，这也是对股权拍卖的一个总体规则。

二、上市公司并购重组的支付方式

承债支付、资产支付、金融衍生品支付、股权支付和现金支付等对于我国的上市公司都是比较重要的并购支付方式。

1. 股权支付。是指作为收购方的上市公司通过增发新股或换股的方式获得目标公司股权的对价，在并购中用股权作为支付手段。股权支付方式的优点在于：对并购公司而言，可进行较大规模的并购交易，不受即时付现能力的制约；对于目标公司而言，目标公司的股东在并购完成后不会完全失去所有权，而且可能享受延期纳税和低税率的优惠。以股票支付方式完成并购交易是大型企业并购的主流方式。

2. 现金支付。是指收购方以现金出资，作为最终获得出让方所持有的目标公司股权的对价。现金支付方式的优点在于：对于并购方而言，现金并购能够保证并购公司股东的控制权不被稀释，而且能够迅速完成并购；对于被并购公司股东而言，接受现金能够使他们免于承受证券支付所带来的收益不确定性，特别是对于那些因举债过多而被迫出售的目标公司而言，及时获取现金无疑是比较受欢迎的支付方式。

3. 承债支付。是指用承接债务作为并购中的支付方式，最终获得目标公司股权的对价。

4. 资产支付。是指收购方以实体资产对目标公司进行收购，目标公司原控股方在让渡目标公司控制权以后，获得收购方的资产或享有收购方资产的权益，收购方直接获得控股权或通过与目标公司（母公司）之间的交易间接获得控股权。

5. 金融衍生品支付。是指用债权、可转换债券、认股权证等金融衍生品作为并购中支付的方式。

第三节　上市公司并购重组估值方法和定价要求

一、上市公司并购重组估值方法

目前，并购重组中大多依据净资产来定价，净资产定价基本上有两种，一是审计值，二是评估值。评估的估值方法包括收益现值法、重置成本法、市盈率、市净率估值法等。有关上述估值法的具体运用详见前面章节相关内容。这里主要通过一些典型案例举例说明。

（一）市盈率、市净率估值法

例如，锦州六陆吸收合并东北证券（000686）的对价中，东北证券整体价值的确认，由锦州六陆聘请国泰君安证券出具估值报告。国泰君安证券利用绝对估值法和相对估值法对东北证券的整体价值进行了估值。其中，运用绝对估值法得出东北证券的合理价值在21.77亿元～26.70亿元之间；相对估值法中，运用PE和PB的相对比较，以及参照宏源证券（000562）的总体市值水平，得出22.68亿元～26.70亿元是东北证券市值的合理波动区间。综合这两种方法，国泰君安估值报告认为东北证券整体价值的合理区间在 22.68 亿元～26.70 亿元之间。根据估值的合理区间，由交易双方协商确认为 23 亿元。锦州六陆流通股价格的确定依据是其停牌前 20 个交易日的均价，即每股 9.29 元。

（二）重置成本法

例如，宝钢股份（600019）发行 30.32 亿元 A 股，以每股 2.30 元的价格折合约 69.74 亿元资金购买集团公司资产。目标资产价格扣除购买资金的差额部分，由宝钢股份在交割审计报告出具后的一个月内以现金予以补足，实现宝钢集团钢铁主业的整体上市。采用收益法对目标资产的净资产评估值为 708 271.45 万元，比重置成本法评估高出 10 753.14 万元，根据谨慎性原则，决定采用重置成本法评估结果作为目标资产的最终评估结果。

（三）收益现值法

例如，第一医药（600833）以现金方式收购汇丰医药 100% 股权，收购价格参照评估结果确定为 3 700 万元。对拟收购资产的资产评估采用了收益现值法，汇丰医药 2005 年 12 月 31 日评估价值 36 389 864.26 元，增值率为 53.24%。

目前，资产评估主要采用重置成本法，而采用市盈率和收益现值法的比较少，主要原因是担心采用相对估值法和现值法容易对评估资产"注水"，损害上市公司和股东利益。

二、上市公司并购重组的定价原则

上市公司并购重组定价的法规要求，在中国证监会发布的一些制度办法中给予了明确规定。

（一）《上市公司重大资产重组管理办法》中规定

以发行股份作为支付方式购买资产的上市公司，其发行股份的价格不得低于本次发行股份购买资产的董事会议公告日前 20 个交易日公司股票交易的均价。

（二）《上市公司证券发行管理办法》中规定

（1）发行价格不低于定价基准日前 20 个交易日公司股票均价的 90%。

（2）本次发行的股份自发行结束之日起，12 个月内不得转让；控股股东、实际控制人及其控制的企业认购的股份，36 个月内不得转让。

（三）《上市公司非公开发行股票实施细则》中规定

定价基准日可以是关于本次非公开发行股票的董事会决议公告日、股东大会决议公告日，也可以是发行期的首日。上市公司应按不低于该发行底价的价格发行股票。

第四节 上市公司反收购策略及预防措施

一、反收购概念

所谓反收购（Anti Takeover），是指目标公司为了防止收购的发生或挫败已发生的收购而采取的一系列行为。具体而言，此概念具有如下含义：

1. 反收购的目的是防止或阻止收购方通过购买一定数量的公司股份的方式达到对公司的控制，从而维护控制权的稳定。

2. 反收购的措施具体可划分为两大类：其一，为防范收购方的收购所采取的事前预防措施，如目标公司可以事先在公司章程之中就董事任职资格做出限制；其二，为阻止收购方收购成功所采取的事后反收购措施。

从目标公司股东的角度来讲，反收购具有两方面的作用：一方面能够抵制提高收购溢价与股东利益，但是另一方面也会减少竞争方收购成功的概率。因此，目标公司股东应该权衡这两方面的因素以确定其反收购策略。一般而言，在收购溢价的提高不会危及收购成功机会的情况下，最理想的策略是提供足够的激励机制以鼓励目标公司管理层对收购行为予以抵制。

二、上市公司反收购策略

目前，国际上通常采用的反收购策略和方法有以下几种：修改公司章程；毒丸计划；金色降落伞；员工持股计划；交叉持股；保持控股权；管理层收购；焦土战术；白衣骑士；皇冠明珠；绿色邮件；帕克曼防御术；法律诉讼。

绿色邮件又可以称作对收购方的定向回购。具体来说就是可以通过目标公司协商方式从收购方那里溢价回购自己的股票，这样就可以在很大限度上促使收购者把股票出售给相对应的目标公司，并且在这个过程当中还可以赚取一定利润，这也是绿色邮件的一种前提方式，这样就可以放弃收购计划。这种策略有损股东的利益，受益者则是目标公司的管理者，因此存在争议。

帕克曼防御术指当遭到恶意收购者收购时，目标公司针锋相对，同时对收购者发起进攻，提出收购要求。通过大量的海外实践就可以很明显地看出来，帕克曼防御术其实是一种带有很高程度甚至有点残忍的收购战争，因为往往最终的胜者是一些大的公司，这些公司的特点往往都是实力雄厚并且融资渠道广泛，但是两家公司的实力如果很均衡，最终结果可能会两败俱伤。

以上所列示的反收购防御策略，有些并非在所有国家都适用。在我国现有法律框架下，其中的修改公司章程、员工持股计划、保持控制权、管理层收购、法律诉讼、焦土战术等都可在我国法规允许的范围内使用；金色降落伞、相互持股、帕克曼防御术等在现行法规中尚未找到有关允许或禁止的规定；而对于在美国运用非常广泛的毒丸计划，则在我国目前《公司法》条件下无法实施。所以，在对以上反收购策略的实际运用时还需仔细甄别。

三、上市公司反收购预防措施

上市公司的反收购策略通常是在遇到恶意收购时采取的对抗收购的防御性战术。而在每类防御性策略中又隐含着各种预防性的措施。所谓预防措施，是指目标公司为了防范可能的收购举动而采取的一系列安排和措施的总称。一般而言，注意事项可进一步划分为两种类型的内部防卫和对外防御。前者是指一些改变内部结构和目标公司性质的决定和行动。对于后者，它是指采取措施尽早提供预警信号。以下是国际上较为流行的反收购预防措施，其中一些防御策略并不具有普遍适用性。

（一）*内部防御措施*

（1）提高经营效率、降低成本。这样做的目的就是提高每股收益、股价和公司市值，这样就更能提高收购成本。

（2）为了提高每股收益、股价和公司市值，增加收购方剥离资产的难度，必须通过资产重组和资产剥离等手段加强战略重点。

（3）改变公司所有权结构，如设置双层股票、杠杆举债、股票回购、毒丸计划等。目的是限制杠杆收购，使收购方难以控制。

（4）改变管理结构或激励机制，如设置董事轮换制、金色降落伞等。目的是推延收购者的控制，提高收购成本。

（5）修改公司章程，规定收购必须获得"超级多数"的股东同意，或者必须提供公平的对价等。

（6）培养利益相关者的组织机构，如工会等，使其作为对抗收购者的有力盟友。

（二）外部防御措施

（1）培养股东和投资者，如起用投资者关系顾问来通告公司业绩、前景和政策。目的是确保收购期间重要股东的忠心和支持。

（2）为了减少股票定价过低的风险和提高收购成本，必须将公司战略、融资政策和投资项目告知证券分析人士。

（3）为了引起公众对恶意收购方的反感情绪，必须要勇敢承担责任，这样才能树立一个良好的社会形象，才能更好地达到外部防御的效果。

（4）进行战略性的防御投资，如与合作伙伴建立合资公司或与伙伴企业之间相互持股。目的是阻碍收购者的控制。

（5）监控异常的股票购买，要求披露买主身份。目的是提早得到可能存在收购者的警报。

四、上市公司反收购行为的价值评价

（一）反收购行为能够有效对抗掠夺式收购

企业收购并不总是在长远利益驱动下进行的，有时只是为短期利益而进行炒作。传统的"企业兼并"被视为企业借外力成长的一种手段，主要方式是企业兼并与其生产相关的企业，以追求企业经营的协同效应。收购公司，在很多情况下，选择有发展潜力和丰富的资产的公司。

（二）反收购行为能够确保股东利益最大化

反收购中的好多策略都是属于能够减少收购者收益的防御策略（Value Reducing Defensive Strategies, VRDS）。事实上，只要恰当地运用这些策略，其对收购者的破坏（必要时甚至会对目标公司进行自我伤害）不仅不会减少收购概率，反而会使目标公司获取较高的收购价格。当目标公司管理者无权行使 VRDS 时，第一收购者因为具有先进入优势，其提出的先发制人的竞价往往可以阻止后来者竞争。如果目标公司管理者有权使用 VRDS 时，则 VRDS 的实施将使第一收购者的收益减少，潜在竞价者就会被鼓励参与竞争，因为先进入者的成本增加使后进入者更有竞争力。由于 VRDS 的存在，第一收购者必须出更高的价格，以防止目标公司的管理者因不满意其报价而将 VRDS 付诸实施，因此 VRDS 仅作为威胁手段就能增加第一收购者的报价水平。这样可以形成对目标公司进行"拍卖"的局面，达到目标公司股东利益最大化的目的。

（三）反收购有利于优化资源配置

收购者对目标公司进行收购筹划往往受利益驱动，这种潜在利益主要是目标企业股票价格没有真正反映资产的重置成本和其未来的盈利能力，在这种情况下，收购行为会向市场发出低估的信号，使收购完成后股价符合公司实际价值甚至高出，收购者通过买进卖出就可以获利丰厚。当对同一目标公司进行公平竞价时，对协作收益估值较高的竞价者往往愿意出更高的价格进行竞争，从而赢得收购。这样，就使目标公司流向最需要目标公司、最有可能发掘目标公司潜力的竞价者。因此，通过反收购措施吸引更多的竞争者形成竞买，可以实现资源的最优配置。

（四）反收购行为可以防止行业垄断

中国上市公司，在一般的市场占有率较高的行业是领先的。后上市公司，外资并购的过度发展和股份的全流通将导致市场结构和行业垄断发生变化，还有就是影响市场竞争的可能性。

（五）反收购策略研究能够使中国上市公司更好地处理外资进入问题

对于现在的国际环境，对上市公司来说充满了机遇和挑战，现在的经济越来越开放，现在的企业和之前的企业相比较也是越来越充满竞争，当到达一定程度之后，这些企业最终会走向跨国的企业。特别是在发达国家，由于其经济早已成熟，市场已趋于饱和，往往竭尽全力向发展中国家进行市场扩张。随着我国改革开放进一步深入，资本项目实现可自由兑换，并且证券市场渐趋完善，外国资本必然会从二级股票市场上收购中国上市公司，以实现其跨国经营战略。因此，我国企业在受国家行政、经济、法律保护的同时，还要学会自我保护，只有这样才能以生存求发展，并最终走向国际市场。

第五节　上市公司并购重组事项的分析重点

由于上市公司并购重组会对上市公司本身资产状况、未来生产经营活动及经营业绩产生重大影响，所以在对上市公司进行综合分析时，要将其并购重组事项及可能导致的影响作为分析的重点内容。

一、并购重组的目标公司选择和并购动机分析

对上市公司并购重组事项分析的首要内容就是对其所选定的目标公司本身进行基本分析。包括该目标公司所处的行业，与并购方的产业有无关联；该行业的生命周期、产业结构、行业内部的战略联盟；目标公司行业内各公司的市场规模和相关增长率、市场份额和竞争地位；目标公司财务状况和生产经营状况分析等。这样的分析有助于判断目标公司行业与现有行业的发展比较优势，把握该行业的总体发展趋势。

公司每项并购重组事件的背后都有着具体的并购动机，不同的并购动机使得并购的方式、对目标公司的估值、对并购资产的处置不相同，对于并购方的资产状况的影响程度也都不同。在分析并购动机时，应当关注的主要问题包括以下几个方面：

1. 并购动机是什么？并购行为能从哪些方面为股东创造价值？
2. 并购双方分别处于什么行业？各行业的发展情况如何？两家公司横向相关还是纵向相关？两者之间经营相关程度如何？如果经营不相关，并购公司是否有充裕的现金却不愿意分配给股东？
3. 并购双方的主要经营优势是什么？这些优势是否能形成协同效应？
4. 并购是得到目标公司管理层支持的善意收购还是恶意收购？

5. 并购双方合并前的业绩如何？目标公司较差的业绩是否源于管理效率的低下？

财务报表信息有助于分析上述问题，如有关盈利能力的指标能够帮助信息使用者了解并购双方所处行业的发展情况和并购前双方的经营业绩等信息；有关经营效率的指标能够帮助信息使用者了解目标公司管理层的经营效率和投资管理水平等信息；有关财务杠杆的指标能够帮助信息使用者了解公司的并购过程中是否存在融资压力等信息。

二、并购重组中的估值方法和定价分析

并购价格的高低不仅影响到并购行为能否最终完成，也会影响到并购行为是否能为股东创造价值，并购公司必须避免支付过高的并购价格，否则可能得不偿失。并购价格的确定是并购双方就收购方愿意支付的最高价和被收购方愿意接受的最低价进行谈判的过程，其定价基础是目标公司的价值。因此，目标公司的价值评估是并购价格分析的核心。

评估并购价格是否过高的一个简单办法，是比较并购方支付给目标公司股东的并购溢价与类似交易中的溢价。如果并购公司支付的溢价相对较高，那么就可能降低并购行为给并购公司股东创造的价值。分析并购价格合理性的另一个方法是：运用市盈率法或剩余收益法等指标的计算和敏感性分析，来比较并购价格与目标公司的估计价值。

因此，在分析并购价格时，其关键就是要分析并购价格是否超过了目标公司所能带来的价值增加。具体分析时应关注以下问题：

1. 并购公司支付的并购溢价程度如何？目标公司的预期价值能否支持溢价的合理性？

2. 管理层期望并购行为能带来哪些方面的业绩增长？是利用新产品的生产、价格的提高或更好地分销渠道来增加收入？还是利用规模经济、提高效率来降低成本？这些业绩增长因素是否合理？

3. 业绩增长如何影响公司价值？

三、并购支付方式分析

并购支付方式也是并购成功的重要因素之一。在实际运作中，并购支付方式主要包括现金支付、股票支付、混合型支付和卖方融资支付等。一般来说，并购企业在选择支付方式时，应考虑自身的实际情况，如自身市场定位、竞争战略、是否存在竞购公司、并购前后公司资产的流动性、股本结构变化、每股稀释程度以及各种融资成本的差异等因素。此外，并购公司还要顾及目标公司股东的利益和目标公司的财务结构、资本结构等情况，并结合所处法律环境和税务约束等因素来选择并购支付方式。

并购双方股东对并购支付方式的偏好可能存在分歧。从目标公司股东角度来看，对支付方式的选择通常取决于各种支付方式对税收和交易成本的影响。从并购公司股东来看，支付方式可能影响公司的资本结构和财务报表数据。所以，在具体分析时，应该关注并购双方股东的不同需求。

四、并购重组事项的实际成效分析

一般通过对以下几个方面的分析评价，来合理评估上市公司并购重组的实际成效。

1. 并购是否对公司治理结构进行了有效整合。上市公司治理结构整合的目标就是要形成有效的激励机制，建立科学的监督体系，并形成对经营管理者的高效激励机制。

2. 并购的经营协同效应，通过并购给公司生产经营活动在效率方面是否带来提高。并购后产品的整合是否扩大了产品广度和深度，使整合后的产品系列具有了更高的市场竞争力。

3. 并购是否实现了公司组织结构和人力资源的有效整合。组织结构整合的目的是为了提高组织结构的工作效率，以一个更高效的、更完善的新的组织结构来代替旧的组织结构，提高公司管理水平和运行效率，增强公司盈利能力，实现公司价值的最大化。人力资源的有效整合可以减少人力成本，激发公司创新能力，提高公司经营业绩。

4. 并购是否实现了公司文化和企业理念的充分融合。只有科学有效的文化整合才会体现并购的优势所在，才能实现并购的协同效应，最终实现公司并购的目标。

5. 并购是否实现了技术方面的整合。公司围绕主导产业和主导产品目标，对并购公司双方掌握的专有技术、专利和技术研究开发机制进行整合，目标是形成合力，创造出更优质的产品和服务。

6. 并购是否实现了规模效应，并促进了新兴产业的发展。通过并购扩大公司的规模，可以使公司集中提供管理服务、会计服务、金融控制等，使公司的效率更高。同时通过产能扩张和研发力量的投入，带动新兴产业的开发。

7. 并购是否实现了良好的经济效益。通过收购价值链上下游的企业，使得价值链上的各个部分能够更有效地协作，从而提高效率，获得良好的经济效益。

8. 并购是否实现了有效的资源互补。如果不同公司的资源具有互补性，那么合并应该能够实现资源的互补，并最终创造出良好的经营业绩。

第十五章 上市公司资产置换与债务重组事项分析

随着经济的发展，市场的完善和产业分工的细化，上市公司的资本市场运营方式会越来越丰富。从终极结果的意义上看，任何一项资本市场运营都可以概括为现金资产、实体资产、信贷资产和证券资产这四种价值形态自身以及相互之间的转换，在每一个过程中都要选择最优的方式和最优的结合以实现资本增值最大化的终极目标。资产置换是上市公司最为常见的资产重组形式，是最具特点的实体资产实体化的处置形态。而债务重组是上市公司在陷入财务困境时，积极寻求合理途径和恰当方法摆脱困境的必然选择。

第一节 上市公司资产置换的经济动因及分析框架

一、上市公司实体资产实体化及资产置换的概念

实体资产实体化是将实体资产转换为另外的不同的实体资产。它存在多种实现形式，物物交换是一种最为初级和简单的实体资产实体化的形式。在资本市场上，资产置换就是资本的物物交换。

资产置换式的重组方式之所以可以称为资产重组是因为如下原因。其一，资产置换没有或者很少存在现金的流入或者流出。没有现金的流入或者流出是投资银行在资产重组中追求的最高境界，而资产置换就是一种存在较少现金流出或者流入的资产重组模式，自然受到资本市场运营高手的青睐。其二，交易，尤其是大规模的交易，一般都需要缴纳巨额的税费。资产置换作为一种特殊的交易形式，其价值创造存在于企业的后续经营中，交易本身存在税收方面的优惠（国家税务部门专门为资产置换制定了规范的税收制度）。其三，资产置换的重组速度比较快，能够在短期内实现企业的目标，优化一个企业的资产结构。其四，存在成熟的操作规范和模式，比较容易成功。

二、上市公司资产置换的经济动因

资产置换的经济动因表现在以下两个方面。

（一）资源配置的效应

资产置换的主体在资源的优化配置中获得利益。譬如，两个企业都拥有一个属于自己的下属企业，由于多种原因这些所属企业无法有效发挥其产能，无法创造最大化的财富。而这两个所属企业又恰好是对方控股公司所希望得到的产业，通过将所属企业的资产进行置换，它们都

将可以创造更多的财富。资产置换的资源配置效应就存在于"更多的财富"之中。

(二) 套利交易效应

在进行资产置换时，收益不是来源于财富的增加和创造，而是在交易中，利用各种合规的手段，通过交易主体的权属变动，经过市场的合理运作实现交易资产的价值增值。中国资本市场上曾经流行的资产置换的买壳上市就是一种套利交易效应。

在中国的资本市场上，资产置换在上市公司中成为普遍的资本市场运营方式之一。在非上市公司中，资产置换并没有成为一种成熟和主流的资本市场运营方式。其根本的原因在于，中国资产置换的动力源于上市公司的壳价值，而不是资产置换中的资源优化配置价值。资产置换的经济动力是套利交易，而不是资源配置交易，因为中国的资本市场环境适合于套利交易的资产置换。

资产置换是中国上市公司的主流资产重组方式。但是，在成熟市场经济国家中，资产重组的主流方式是资产的购买、出售等资产结构的调整。随着中国资本市场制度的完善和股权分置问题的解决，套利交易的资产置换将日渐式微，资源配置的资产置换将茁壮成长。

另外，一个需要注意的问题是，公司的资产重组不但包括资产置换，而且包括资产的购买、出售等行为。资产购买是现金资产实体化的过程，资产的出售是实体资产现金化的过程，资产置换是实体资产实体化的过程，它们一起构成了资本市场运营的循环系统。

三、上市公司进行资产置换的分析内容

资产置换是一个按照战略规划以实现既定目标的过程。根据资产置换的实施过程，为了高效率地实施资产置换，战略规划要求具有全面性、周期性和详细性。首先，需要分析资产置换的制度约束，并与企业的财务定量指标和公司治理定性指标进行比较，找出实施资产置换的约束瓶颈和突破点；其次，界定资产置换的当前目标和后续目标，说明目标是一个长期目标还是一个短期目标，是战略性目标还是财务性目标；再次，分析资产置换的外生环境约束，关键是财政和税收约束，判断怎样才能获得政府的财政补贴和税务部门的税收优惠，分析资产置换的成本和收益。在资产置换中，关键的环节是上市公司的再融资安排，为此，需要提前努力促使公司的各项指标满足再融资的要求。同时，需要对资产置换的后续计划做出安排，考虑是否退出上市公司，再次进行资产置换。最后还需评价一下怎样才能获得监管部门的批准。在制订战略规划时，上述各个方面都要提前考虑到，还要借鉴其他成功的经验和失败的教训。

(一) 资产置换的制度约束

资产置换作为资产重组的一种形式，成为许多上市公司改善经营和扭转亏损的一件非常有效的工具。为了维护上市公司的利益和中国证券市场的健康发展，在1998年2月，中国证监会出台了文件《关于上市公司置换资产变更主营业务若干问题的通知》(简称"26号文")。这个文件主要是为了从法律意义上把资产置换正式纳入监管的范围。这个文件里还提出了"对主营业务变更视同新股上市，要求按照新股发行程序报批以及重大重组需要申请试点和申请保留上市资格"等非常新颖的监管思路，因此这个文件是一种提醒和监督，也是一种鞭策，对资产置换起到了非常大的制度约束作用，也能更好地解决资产置换中出现的问题。经过多年经营，中国当时许多上市公司迫切需要重组，而依据"26号文"的规定，资产置换的资产重组方式获得再融资的资格非常困难，因此产生了大量的ST和PT上市公司，导致了大量"壳"公司的产生，成为市场和政府的包袱。

为了解决这一问题，1999年出台了《证券法》。这个文件实际上是在积极鼓励一些上市公司进行并购重组，资产置换作为资产重组的一种新的方式又在企业的并购重组中流行起来。2000年6月，证监会废止了"26号文"，又出台了一个新的文件《关于规范上市公司重大购买或出售资产行为的通知》（简称"75号文"），这个文件相比于之前的文件，放宽了资产重组的条件。与此同时，文件里又提出了前提条件，那就是在"充分信息披露的前提条件下，重大资产重组的监管由审批制调整为事后备案制"的思路，放宽了资产重组的条件。但是，在随后的资产重组中，存在大量的虚假重组、报表重组、救火式重组、操纵二级市场式重组等一系列问题。为了解决这些七七八八的问题，2001年12月，证监会又出台了新的文件《关于上市公司重大置换资产、购买、出售若干问题的通知》（简称"105号文"），与此同时废止了原来的"75号文"，并在这个文件里提出了"由事后备案制调整为战略性重组优化资源配置、审批核准制的监管思路的目标要求、强调信息披露的社会监督机制"的总体性方案，其主要目的是防止操纵性和虚假性的资产重组和资产置换。

资产置换的制度演进折射出一条基本的主线：由套利交易的资产置换向资源配置的资产置换转变。

（二）资产置换的目标

在资产置换实施之前，战略规划就已经制订完毕。在战略规划的指引下，资产置换是一个按照战略规划以实现既定目标的过程。

资产置换的目标统领一切。界定和说明资产置换的目标，是进行资产置换的前提条件。在实践中，富有操作性的目标一般可以分为三类：战略性资产置换、财务性资产置换、在关联性交易中获利的资产置换。

（1）战略性资产置换的目标是要达到资产的长期发展性和营利性，在经营实体资产中获得收益。资产置换后，能够获得长期的收益、增强企业的核心竞争力和调整企业的产业结构。在实践中，更为具体的目标是，获得上市公司的资源（包括政策资源）、进入存在垄断壁垒的行业和获得规模效应。

（1）财务性资产置换是指提高上市公司的"壳"价值，避免上市公司的再融资功能和"壳"价值的丧失，具有短期行为的性质，一般在短期内就退出上市公司。

（3）在关联性交易中获利的资产置换是指通过与上市公司的关联性交易获得相应的收益，此时要求上市公司具有优质资产或者发展前景良好的资产。如果排除造假、欺诈的情况，这种类型的资产置换主要是在信息不对称的条件下，在资产的未来价值上进行操作。

（三）成本和效益分析

在进行资产置换时，需要对资产置换的成本和收益进行分析，不但包括资产的置入方，还包括资产的置出方，一个成功的资产置换方案能够实现买卖双方的双赢。在进行资产置换的初期，就要对资产置换的成本收益进行分析，不能遗漏收益，更要充分考虑成本。

（四）资产置换的核心问题——再融资

实施资产置换的关键性目的是解决资产置换后上市公司的再融资问题。

在"105号文"中对进行重大重组的上市公司再融资条件进行了详细的规定。这个规定将资产重组后的公司分为四类情况，并据此规定了不同的条件，任何一个上市公司在资产置换后的再融资安排都需要在以下四个方面的基础上进行设计。

（1）实施重大重组的公司跟一般情况下的公司再融资的条件是不同的，存在一定的差异。完成重大重组的公司进行交易的时候，需要经过一个不少于完整会计年度的期间才能提出再融资的申请，这个过程是相当复杂的，跟一般公司的再融资是不一样的。一般公司的再融资提出的条件比较简单，而且程序也比较简洁明了，需要办理的手续也不是很复杂。

（2）实施重大重组的上市公司一定要满足一定的条件，而且条件相对来说比较苛刻——在这次重组前上市公司就符合发行新股的条件、在这次交易完成后注册会计师为上市公司的中期财务报告出具了无保留意见的审计报告、依据"105号文"判断是否属于重大重组的相关指标介于50%～70%之间，其申请不受"不少于一个完整会计年度"的期限约束。

（3）当上市公司依据"105号文"判断的重大重组的相关指标在70%以上，并满足资产完整性和经营持续性要求、盈利增长性要求、辅导验收条件时，在距离交易完成的时间间隔不少于一个完整的会计年度后，可以对交易完成的业绩进行模拟计算。如果达到融资条件，可以提出再融资的申请。这些条件包括满足模拟计算的条件、进行模拟计算后达到再融资的条件、交易完成的时间间隔在一个完整的会计年度、重组的重大指标在70%以上四个方面的条件。

（4）重大重组规定的指标需要在70%以上，否则是不符合要求的。如果这个公司对交易完成前的模拟计算的条件不满意，那么这个上市公司只能从重组完成之后才能开始，要重新计算直到满足进行重大重组的公司再融资所必须的条件。

从以上四个方面的分析来看，在资产置换后的再融资安排中，首先需要满足两个方面的约束条件：融资的迫切性和置换资产的财务指标、经营指标。在两个方面的约束条件下，选择最优的置换方案，综合融资方案和置换资产两个方面的状况，在再融资安排中，需要设计资产置换的数量、资产置换中的资产选择、资产置换的方式和资产置换后的融资方式等，这些问题都解决后，就会为企业构成一个完整的资产置换后的融资方案，操作起来也会更加便捷。

（五）资产置换的监管

资产置换的监管问题涉及两个方面：其一，证监会的监管和报批；其二，在股权分置条件下，如何能够获得流通股股东的支持，以保护流通股股东的利益问题。证监会的监管可以分为两类：一类是不需要提交审核委的审核程序，即一般的重大重组（资产置换）审核程序；另一类是需要提交"发审委的重大重组委"的审核程序。在两类审核程序中，存在不同的要求。在资产置换中，上市公司可以根据实际的情况酌情选择哪类审核程序。

在资产置换中，一个非常关键的问题是，股权分置条件下如何获得流通股股东的同意。许多资产置换不能进行就是因为不能恰当地处理非流通股和流通股的利益分歧问题。在分类表决的机制下，这个问题是阻碍资产置换进行的棘手问题。

第二节　上市公司壳资源及借壳上市事项分析

一、壳公司的基本含义及借壳上市的动因分析

公司的重组与并购有一种特殊形式，那就是借壳上市。借壳上市通常是指有一些公司不是上市公司，但它们通过重大股权的并购或者收购上市的公司，然后通过控制上市公司的股权

以后，上市的公司再通过重大资产进行返回并购，还要把没有上市的这个公司控制的资产放到上市公司，将原来在上市公司控制的资产从现在的上市公司弄出来的过程。在借壳上市过程中，上市公司控股股东发生了变化，非上市资产变为上市资产，上市公司股权、资产结构均发生了根本性的变化。借壳上市过程中非上市公司是收购人，上市公司就是目标公司，即所谓的"壳公司"。也就是说，没有上市的公司先通过重大股权获得上市公司的控股权，然后再通过资产置换的重组与并购的方式来实现最后的重大资产的重组和业务方面的重组，最后以合法的新公司的名义进行手续的变更，把一个没有上市的公司变为上市公司，这就是借壳上市的真正含义。

虽然对于壳公司进行重组要付出较高的财务成本，而且还要面临对壳公司历史遗留问题的承担。但是借壳上市仍然是一些公司实现尽快上市的较好选择，其经济动因主要表现在如下几个方面：

（一）使非上市公司实现从证券市场直接融资的目的

借壳上市最直接的目的就是借助上市公司这个上市的资格，也就是上市的这个"壳"，把它里面的无形资产并注到优质资产进行上市，然后再通过增发新股和配股、重新分配股权的形式从证券市场里获得再融资的资格，因为这样一来，这个新上市的公司就拥有了再融资的资格，最终实现发展自身业务和促进经济运行的目的。

（二）高效率、低成本、低风险

借壳上市是一种快捷的上市方法，成本低、时间快，能避免直接上市的高昂费用与上市流产的风险。借壳上市的时间周期比较短，避免了正常IPO需要股改后运行3个完整会计年度的时间要求。

（三）借壳上市具有巨大的新闻和宣传效应

非上市的公司，通过行动本身与上市公司持有的资产交换，有可能对投资者控股股东产生很大的新闻效应。通过优质资产提升上市公司的行业属性，提高资产质量，这有可能使股票价格飙升。借壳上市迅速扩大了企业的影响力，显示了公司的实力，带来了巨大的宣传效果和新闻。

（四）获得上市公司的政策优势或经营特权

上市公司是地方经济发展的日益重要的"指标"，反映了整体市场表现和投资环境，已成为推动地方经济发展的一个窗口。因此，地方政府为了促进上市公司的发展必须提供给它们一定的优惠。这些优惠政策已成为一个可以影响借壳方购买行为的一个重要因素。

（五）借壳上市可以实现合理避税

首先说说税收优惠，大部分的上市公司，可以享受不同程度的退税等税收优惠政策。另外，有的地方政府鼓励借壳上市。为了使上市公司尽快摆脱困境，这些往往会采取措施减轻企业负担，如对银行贷款采用挂账停息、延期支付的方式，这样就可以减少企业很多利息负担。

二、借壳上市的模式

一般情况下，借壳上市主要存在三种模式，最终目标是实现实体资产的实体化。

（一）净壳公司模式

净壳公司是指无法律纠纷、无负债、无遗留资产的壳公司，其形成的原因是空壳公司的大股东解散员工、出售资产、清理债务、处理法律纠纷以清理公司，使其只维持上市资格，便于待价而沽,卖给意欲借壳上市的公司。譬如,"中国重汽"重组"ST 小鸭",选择的就是净壳模式,"中国重汽"与原"壳"公司控股股东——山东小鸭电器集团有限公司及第二大股东——中信信托投资有限责任公司于 2003 年 9 月 22 日分别签署了《股份转让协议》,以每股 1.11 元的受让价格收购两家各 47.48% 和 16.30% 的股份,从而合计持有"ST 小鸭"16 200 万股,占总股本的 63.78%,成为"ST 小鸭"的控股股东。同日,"中国重汽"与"ST 小鸭"签署《资产置换协议》,"中国重汽"以其卡车公司的部分资产和销售公司全部资产与"ST 小鸭"合法拥有的全部资产和大部分负债实施了重大资产置换,"小鸭集团"则回购置出家电资产。"中国重汽"的部分资产由此实现借壳上市。

(二) 空壳公司模式

对于空壳公司,是指遭受了重大的业务麻烦或重大损失,公司的业务萎缩或即将停业,公司没有发展的未来。但是,该股仍然在市场上交易,但股票价格已经持续下降。其形成的主要原因是,公司产品的生命周期处于衰退期,无法完成产品的转换;低迷的公司业绩和前景不透明,使公司的经营举步维艰,造成关闭的危机。

(三) 实壳公司模式

实壳公司是指业务规模相对较小、业绩一般或者较差、总股本与发行在外的流通股规模较小、股价较低的壳公司。其形成的原因主要是,业务规模较小,在公司产品处于成熟期之后,公司业绩一般。

就买壳方而言,净壳模式是最优选择。没有分流员工的苦恼,没有处置资产的难题,没有法律纠纷,更没有债务的困扰。

三、借壳上市的运作步骤

整个借壳上市的运作步骤可以概括为:先买壳,再借壳。具体步骤如下:

(1) 在整个借壳上市的过程中,第一步就是选择上市公司的这个壳,也是整个借壳上市过程中最重要的一环。因为壳公司选择是否正确,将直接关系到收购兼并的过程是否顺利,关乎这个借壳上市的目的是否能够取得最后的成功,所以说选择壳公司这一步至关重要。要想选好壳公司,最重要的一件事就是对壳公司的特征进行细致的分析,无论是它的外在、它的品牌名气与宣传力度,还是它的内在实力都极为重要,所以必须通过专业人士的分析,综合考量这个上市公司的各个部门和管理运行的整个系统是否符合借壳上市的需要,再者,这个上市公司是否需要通过借壳上市带给它们利益,从而达成合作,实现共赢。当然选择的壳公司的合理性和公司价值需要做出对比,另外这个借壳上市与买壳公司的控股成本有着极为密切的关系,因此在达成并购重组,双方同意借壳上市之前一定要考察好对方的控股成本与控股比例等,以免出现不必要的问题,达不到借壳上市的良好效果。

(2) 在借壳上市之前,一定要仔细分析研究壳公司的股本结构,接触拟进行股权转让的法人股和国有资产的代表负责人。操作者一定要对壳公司非常熟悉,如这个壳公司的现状、交易的价格、买壳后重组的未来规划,都得胸有成竹才行。参与者谈判的基础就是取决于双方的实力、地位和交易条件,当然也不能忽视在谈判中的经验、手段、策略及技巧,因为这些东西对交易的成败有着至关重要的特殊作用,千万不可轻视。所以,必须通过专业人士的分析,综合考量这个上市公司的各个部门和管理运行的整个系统是否符合借壳上市的需要,再者,这个上市公司是否需要通过借壳上市带给它们利益,这是合作双方的事情,不是单方就能决定的事情,就像做买卖一样,你想买,我想卖,才能达成合作,实现共赢。

(3)买壳方在买这个壳成功之后,也就是取得第一大股东地位之后,开始利用自己的权利重组董事会。这个董事会一定不同于之前的董事会,它通过对原来董事会的架构调整和董事会的强大权利对上市的壳公司进行清理或者是内部的重新整合,还会剥离掉不良的资产,经过这个董事会重新整合的系统来改变未来的经营状况,从而提高经营的业绩。

(4)买壳方在成功购买这个壳之后,通过强大的股份掌控重组董事会,将剥离掉不良的资产,并向这个壳公司注入新的优质资产,这样一来,重新整合董事会的系统来改善未来的经营状况,通过注入优质资产,可以使这个壳公司的资产质量提升一大截。当然它的经营业绩也会发生质的飞跃,彻底利用这个上市公司的壳,改变之前经营的不景气状态,这样做的目的就是谋划这个新公司在未来的某个时期的再融资计划,因为再融资上面已经说过了,它是企业具备一定的条件和资格才可以重新再次融资,当然买壳公司的目的就是通过借壳上市壮大自己的经济实力,利用上市公司的壳,将自己的整个领导系统重新整理,然后组成新的董事会领导公司,通过注入优质资产等方式重新进行再融资满足壮大自己的条件和要求,促进公司的整体运营和经济发展,这才是它借壳上市的最终目的。

四、壳公司的选择标准

根据我国资本市场上成功实施的借壳上市案例分析,通常对于壳公司的选定通过下列因素来判断:

(一)股本结构与股本规模

针对我国股市情况,上市公司股本结构中设有不同类型的股份类型,如国家股、法人股、社会公众股和外资股。在一般情况下,股权分散的上市公司很容易成为壳公司的目标。

(二)股票市场价格

股票的市场价格对买壳方有着巨大的影响,因为股票价格的高低直接会影响到买壳方收购成本,也就是说如果这个上市公司的股票市场价格比较高,那么它的收购成本也会比较高,如果上市公司的股票市场价格比较低,那么买壳公司的收购成本也就相对较低,所以在买壳方选择壳公司时候,对壳公司的股票市场价格也是做了很多的考虑,可以说这个环节也是非常重要。因为一旦买壳方觉得收购成本太高,与自己的计划和目的不相符,那么这个买壳公司可能会放弃它而选择别的公司,一是怕负担太重,另一方面觉得自己的公司没有能力承担这么大的风险,可能花这么大的收购成本收购完之后,起不到太好的效果。还有就是相比于这个壳公司,可能还会有更好的合适公司给予选择,所以这个买壳公司会在可选的范围内做出比较,最终选择一个最适合的、股票的市场价格非常低的壳公司作为自己的筹码,借壳上市。股票市场价格越低对收购方越有利,这也是协议转让价格确定的主要参考依据之一。

(三)经营业务

上市公司在并购的过程当中存在产品单一和经济缺乏规模等特点,一般经营业务比较单一、产品重复的上市公司,较易成为壳公司的目标。通过外壳的转让,实现优化和壳公司的工业产品结构调整转移。

（四）经营业绩

如果上市公司用过去两年每股收益大小来衡量公司业绩的规模，每股收益低的上市公司，很容易成为壳公司的目标。但是有时候买壳方背负沉重的债务负担，会减少买家的收购热情。

（五）财务结构

在一般情况下，上市公司有良好的财务结构，不容易成为买壳的对象，而财务结构处境不佳的上市公司，有可能由于资产重组的负担太大而失去了收购的意义。上市公司的总体适中的财务结构，使其更适合成为一个卖壳公司。

（六）资产质量

公司的资产质量包括公司的人力资源和技术含量的声誉。因此，资产质量一般和不太专业的公司，成为空壳公司的目标相对容易。

（七）公司成长性

主营业务收入或利润的增长速度，该产品的年销售增长率，在一定程度上反映了企业成长性的增长。上市公司良好的成长性，一般不会成为被购买的目标。

除了上述纯经济性因素外，重组双方经营理念的差别、区域化因素、地区整体经济布局与规划、企业领导人个人喜好等因素均会对重组工作本身以及目标公司的选择产生重大影响。在现实生活中不存在最优的借壳上市重组方案，适合自己企业状况的才是最好的。

第三节　上市公司财务困境下的债务重组分析

通过破产清算，可能会造成债权的重大损失，而采用相对温和的债务重组方式可以给债务人留出扭转经营状况的时间和空间，可能会因为债务人经营状况和资金流转状况的好转，使得债权人的利益得到维护。所以，对于已经陷入财务困境的债务人，更多的是采用债务重组的方式帮助自己摆脱财务困难。

一、上市公司债务重组的定义和重组方式

（一）债务重组的定义

债务重组是指在债务人发生财务困难的情况下，债权人按照其与债务人达成的协议或法院的裁定做出让步的事项。在债务重组的定义中，"债务人的财务困难"，是指债务人出现资金周转困难或经营陷入困难，导致其无法或没能力偿还债务。债务人的财务困境是债务重组的前提条件，债权人是债务重组进行让步的一个必要条件。

（二）债务重组的方式

对于债务重组的方式主要包含四种：

（1）如果一个债务人将他的资产转让给债权人，他的转让目的又是为了清偿债务，那么这种偿还债务的方式就叫作以资产清偿债务。债务人偿债的资产主要可以分为现金、固定资产、无形资产存货、金融资产等几种资产。这里的现金，不仅指的是平常买卖商品的钞票现金，它还有一部分指的是货币资金，也就是除了存的现金之外，也包括银行里的存款。在债务重组的情况下，是不是要以等量的现金偿还所欠债务呢？答案是肯定的。一般情况下，要以等量的现

金偿还所欠债务,如果在用现金清偿债务的情况下,现金值低于债务的账面价值,或者高于清偿债务的账面价值,这种情况则不能被称为本章讲的以资产清偿债务。因为以资产清偿债务是要以等量的现金偿还债务。

(2)债务转为资本的定义到目前来说并不是非常清晰,而大部分人们常用的债务转化为资本的定义一般是指,承担债务的负责人会将自身的债务转化为一种用于投资再生产的资本,而与此同时,发放债务的债权人会将这部分债权直接转为股权,实际上这是一种新的债务重组的方式,跟上面的都有所不同。但是值得说明的是在用这种方式进行债务重组的时候需要承担债务的负责人(我们简单说是债务人),可以根据双方签订的转换协议,将自己欠的债务转换为公司的债券,然后再通过这种方式将其转为资本,当然这种属于正常情况下债务的资本转换,但是却不属于债务的重组。两者之间是有明显的区别的,核心的差别在于债务是否转化为资本、是否用于投资再生产,如果是那么就是债务转化为资本,如果不是,那么就是债务的重组。如果将自己的债务直接转为资本之后,承担债务的负责人会因为将债务转化为资本而增加了在公司里的股本,而接受债务的债权人会因此而增加在该公司的股权,这部分资本的转换可以用于投资再生产,作为流动资金使用,当然也会推动整个公司的发展。

(3)这一点是区别于第一和第二种情形的债务条件,在执行第三条的债务重组的时候,需要修改不同于第一和第二条里的其他的债务条件,而且在修改的时候还不能包括上述进行债务重组的条件。也就是说,既不能将自己的资产转给债权人,如自己拥有的现金、货币等,也不能将自己的债务转化为资本,用于重新投资再生产。那么第三种债务重组的方式究竟是什么呢?实际上降低利率、减少债务本金、免去应付未付的利息等都属于第三点讲的用于债务重组的债务条件,并且在第一条和第二条里面根本不会出现这样的债务条件。

(4)其实以上所提到的三种债务偿还的方式都可以被利用起来,那就是将债务的清偿可以分为三部分,第一部分可以用资产清偿,第二部分可以转化为资本,最后一部分则可以修改其他的债务条件,这样一来,对偿还债务的人来说无疑会减轻偿还负担。

二、上市公司财务困境下的债务重组模式

针对企业业务来说,当财务陷入困境的时候必然进行重组选择,重要的问题是在合适的时间选择合适的转型的典范。具体而言,公司在财务困难时,要采取不同的债务重组的措施。

(一)破产式的债务重组方式

破产债务重组是指债权人和公司的债务人双方不能达成债务和解时,其中任何一方都可以向法院提出破产申请,并根据最终的破产程序完成。破产财产利用债务重组的形式,是债务重组的最极端的重组。

一个特定破产的过程,包括以下内容:法院判决公司破产,通知债权人,过期而不被记录所述权利要求的视为自动放弃。法院组织会计师、审计师以及相关的专业人员组成清算委员会,根据还款的顺序,进行资产和负债的清算评估。清算委员会最后终止破产程序,提交法院。破产将包括以下几种情况:首先,双方达成债务和解协议,结束破产程序;其次,如果资产清算不足以支付结算费,剩下的费用,无论是债权人和股东都要进行补偿,至此破产程序完成。

从整体经济和资源配置的角度来看,破产重组债务是企业最没有效率的选择。

（二）一般性的债务重组方式

所谓一般性的债务重组方式具体包括"非削债条件下的债务改组和解"和"削债条件下的债务展期"两类。债务重组的通用方法是改善公司财务状况，以避免财务问题，这是自主债务重组行动防止财务困境进一步恶化的目的。从重组的角度来看，重组的一般方法是企业牵头重组。

"非削债条件下的债务改组和解"是指通过重组能得到债权人和股东的同意，公司进行了自行重组。在债务重组和非支付结算的情况下，企业正在重新评估全部按照市场价值的资产和负债，需以调整的累计损失为零，然后重新定价股东权益。

削减债务的条件下，债务膨胀，不仅推迟了债务履行期，还减少债务人的责任，在实现利润最大化的基础上减少了债务人的债务。在偿还本金和利息本金的过程中，企业需要以一定程度的让步来与债权人进行谈判。

从资源优化配置的角度来看，企业债务重组的一般性方法是企业债务重组的主流模式。但从资本市场的运作来看，债务重组的一般方法是信贷资产的信贷化。

（三）问题债务重组

在更严重的金融危机的情况下，企业并没有能够解决问题的实力，简单的债务清偿和债务的延期并不能够解决金融危机。公司在原有管理团队运作的情况下，无法摆脱困境，因此通过有效地交流，需要引进新的管理人员和股东。重组的具体方法一般是债转股。但从资本市场的运作来看，债务重组的问题是信贷资产证券化的过程。该债务重组的本质是通过谈判，债权人和债人寻求两者都有可能接受的一个新"债务"。

财务手段是一个短暂的缓解企业财务困境的手段，并不能从长期解决企业的财务问题。改善企业的管理，提高企业核心竞争力是企业摆脱财务困境的根本手段。对于已经需要进行问题债务重组的企业而言，没有管理的改善，核心竞争力的提高，不可能挽救陷入财务困境中的企业。

（四）外部力量主导的债务重组方式

外部力量主导的债务重组是由外部力量主导企业的债务重组。外部力量，是指中央银行、金融、政府机构和各级政府的财政部。如果公司倒闭，社会影响过大，社会成本是一个严重和持续的经济危机。从政府的社会效益来看，公司的领导层选择重组，是平衡公司社会效益的结果。

三、上市公司债务重组的条件分析

（一）避免无效破产

如果一个企业陷入了财务危机，那么它的处境会相当危险。财务，作为企业最重要的部分，企业每日的流水和盈利状况，都是通过财务来进行统计，获得的利润进行扩大再生产，也要通过财务才能实现，包括盈利后对公司资产的支配和调控以及对这部分资产的投资和利用都是通过财务人员精准的分析和谋划，公司的内部盈利到外部的投资利用都是靠财务进行的。小到每个员工的工资和公司里的一砖一瓦，大到公司的生产资产和盈利资产等的合理分配和有效利用，都是通过财务来进行处理的，这意味着财务对于整个企业和公司来说都有着至关重要的作用，把握着整个公司的命脉，一旦公司财务出现了危机，要么是通过企业的其他渠道获得临时性的资产作为补缺，以应对公司的正常运营，要么就是通过盈利资产的投资部分进行资金的回收，使资产亏空情况得到暂时的缓解。如果有了流动资金，但还是不能解决财务危机，说明公司的亏空资产数额巨大，无法在短时间内进行弥补，或者根本弥补不了这个资产的亏空。公司的正常运营都维持不了，那么企业将要面临被收购、并购重组或者破产的危险，此时最重要的就是对企业破产之后仍具有存续价值的部分进行价值判断和评估，当然对破产价值的大小也要做出判断。如果一个企业的存续价值大于这个企业的破产价值，那么可以进行债务重组，因为企业的存续价值大于破产价值是进行债务重组的先决性条件，否则不能够进行债务重组，还不如进行破产，这样的预估判断还是非常有效的，也是非常有必要的。

（二）避免无效的债务重组

反过来，如果一个企业的破产价值大于一个企业的存续价值，那么从理论层面上讲，这个企业应当以破产来保护自己的资产不受侵害，这是最明智的方法，也是最有效的方法。所以，要进行有效的评估和判断，以免以后在实践中出现此种条件下的无效的债务重组。

但是，以上的分析都是通过这两个技术条件进行的，所以并不能通过这个技术分析结果就断然肯定，一个企业是应当破产还是进行债务重组，因为这样是不科学的。在实际的决策行动中，还需要多方面考虑问题，实事求是，其中有一项就是需要考虑债务重组中的这两个经常出现的效应。

（1）债务重组中的"囚徒困境"效应。为了保护自身的利益，银行往往会冻结公司资产。但这种手段会导致债权人权利的差异。在这种情况下，后续债务重组，不容易形成债务重组计划，以满足所有债权人的要求，甚至无法选择最佳重组方案。

（2）债务重组的"信誉"效应。企业倒闭破产的原因是多方面的，不能只说是企业的原因。

四、公司债务重组方案设计的合理性分析

债务重组的成败是由债务重组方案的设计决定的，并且在债务重组方案的设计当中存在许多技巧，而且这些技巧具有技术性和战术性。衡量一个债务重组方案是否合理，主要从以下几个方面进行分析和判断。

（一）需要在公司现有资产的分配和未来发展中寻求平衡

一个公司的债务重组方案就是对公司现有资产的分配计划，从严格意义上讲，建立资产的分配是一个经济问题，它代表经济实力。然而，该公司的债务重组，将使公司重视现有存量资产的分布。如何整合到公司现有股份和资产在未来的发展，是债务重组方案的突破点。

（二）合理的融资工具的设计

公司的债务重组是各方利益的重新划分和分配，需要在各方利益主体的博弈中寻求平衡，需要在公司的现在和未来之间寻求平衡，需要在公司的风险分配中寻求平衡，需要在公司的管理权利分配中寻求平衡。为了寻求上述平衡，需要创新性地运用各种金融工具。例如，多种类型的优先股、多层次和不同优先级的债券、可转债、存在投票权的股票和没有投票权的股票、信托等。一个繁杂的债务重组就是多种金融工具组合运用的体现和展示。

（三）需要对公司结构进行调整

公司债务重组的过程也是企业结构的重建进程。在债务重组中不同的资产需要不同的处理方法。如果可能的话，公司可以采取债务重组，为其各类资产采取不同的方法。

（四）不能突破各方利益主体的利益底线

在公司的债务重组过程中，双方都存在一个心照不宣的利益底线。实际上每个公司的利益底线就是破产清算价值，如果破产清算价值低的话，它们是不能够进行破产的；如果破产清算价值比较高的话，还可以考虑破产。所以，在进行债务重组的时候，都不能突破双方的利益底线，否则就会以失败告终。也就是说，在公司的债务重组过程中，债权人获得的利益不能低于这一底线，如果低于这一底线，那么肯定是无法完成债务重组的。同样，公司股东可能有零值的利益底线，如公司所在的行业存在进入的政策壁垒、公司的破产会损害公司股东的声誉、可能引发对公司股东的法律诉讼等。如此看来，无论是在什么情况下，债务的重组过程中，都不能突破双方公司里各个利益主体的利益底线。否则，债务重组将无法顺利实现。

第十六章　上市公司关联交易事项分析

关联交易是我国证券市场的一个颇受关注的话题。大量的事实证明，公允的关联交易能够保证各关联方的利益，有利于企业的经营发展，而非公允的关联交易则会损害上市公司中小股东、债权人等相关利益主体的利益。因此，规范关联交易对证券市场的健康、平稳发展意义重大。在对上市公司进行财务分析时，要关注其关联交易事项的交易价格是否公允，交易事项的披露是否及时、规范。

第一节　上市公司关联方交易的相关概念

一、关联方关系的识别和界定

关联交易的本质其实是关联方之间的资源或义务的转移，关联方及关联方之间的关系是界定关联交易的关键。在实际操作中，企业往往隐瞒和漏报其关联交易，但是，只要找到所有相关的关联企业，关联交易就比较容易确认。

二、上市公司关联交易的类型及其成因

（一）上市公司关联交易类型

针对我国目前的情况来说，上市公司的关联形式多种多样、形式繁多、关系复杂，所以在实际操作的过程当中存在很多的弊端，总的来说，上市公司的关联交易可以简单概括为以下几点：

1. 关联购销

这是上市交易的最常见形式。一般是指上市公司与控股或非控股股东之间的原材料采购、产品销售以及委托加工、提供后勤服务等。为了扶持该公司上市，企业集团往往以较低的价格向股份公司提供原材料，而以更高的价格买断并包销股份公司的产品。反之亦然。

2. 资金占用与资金担保

针对上市公司而言，可以通过资本市场进行低成本的融资，而且由于信誉良好，相对比较容易从银行获得信贷资金，因而可以成为集团公司的融资窗口，一些集团公司利用各种办法占用股份公司资金的情况屡屡出现。除了正常的业务来往，如相关的购买和销售，一些公司以资助形式向母公司或同属公司提供资金，这将改善上市公司与关联公司的盈利能力。为了筹集资金，也有大量公司与其关联方存在金融担保关系或相互担保关系。

3. 资金租赁

如果上市公司的盈利水平并不理想，集团将减少或降低租赁价格，或以名义价格租赁，或者上市公司以比市场价格更高的水平将资产租赁给集团公司使用。资产从母公司租用，然后以更高价格分配到子公司。

4. 关联重组

针对我国近些年的情况，上市公司的重组已经成为上市公司资本运作的重要途径。上市公司与大股东及其附属公司的重组是最常见的，关联方资产重组已成为资产重组的主流。在重组中暴露出的问题是交易价格的不公平及其他利益相关方的侵权。在大多数情况下，关联交易的价格不是市场价格，而是双方合谋的当事人之间实际谈判的结果。它主要采用资产置换模式。

5. 费用负担

对于公司上市以及子公司需要提供相关的服务，因此双方将会签署费用分配和支付的协定。这些项目范围广泛，包括医疗保健、膳食、幼儿园、员工住房、员工退休成本等。如果上市公司经营不理想，无论是关联公司承担上市公司支付的成本，或者承担上市公司的相关费用，都可能达到上市公司转移成本、虚假利润的目的。

（二）我国上市公司关联交易的一般成因

上市公司发生关联交易时理论上是无可厚非的。关联方也是一般的企业法人，应当拥有相同的市场条件和交易的权利。在实际经济生活中，关联交易的存在既受经济因素的影响，还受制度因素的影响。经济因素是导致各国公司存在关联交易的普遍原因，如规避税负，转移利润或支付，为了获得控制，形成市场垄断。

减少或调整上市公司的利益，维护上市公司融资平台，母公司通常会利用自己的身份和控制，通过关联交易降低成本以保证未来上市公司的再融资功能。特别是，对于那些不适合的条件和业务，母公司会将关联交易作为桥梁，以弥补上市公司报表与实质的差异。

上市公司之所以常常与控股股东发生关联交易，关键在于交易价格是具有可控性和不公平性的。中国证券监督管理委员会一直不断加强上市公司交易的披露制度。然而，上市公司的关联交易不断翻新，关联方之间的非关系的方式已经逐步发展成为一个新的趋势。当然，唯一不变的是，关联交易是为了实现自身特殊目的和为了满足各种利益的需要。

第二节 关联交易的披露标准和审批程序

一、关联交易的披露标准

对于上市公司来说关联交易的相关事项必须要进行披露，这样才有利于公司更好的发展。上市公司的年度报表和每一季度的报表都要进行关联，具体披露的标准如下：

（一）关联关系的披露

只要是存在控制关系，不论有没有关联交易都会进行披露，这种事情对于母公司和子公司来说是一样的，只要存在控制就会披露母公司和子公司的公司名称，如果母公司不是最终的控制方，那么直至找到最终的控制方进行披露，这样才算结束。假如母公司和最终的控制方都没有提供相应的财务资料，那么这件事情也不算结束，最后的结果还是要披露提供财务数据的公司名称。这就是只要有存在关联关系的公司都脱不了关系，都要进行披露。

（二）关联交易的披露

1. 需要披露的内容

关联交易需要披露的内容是，如果有一个企业一旦跟关联方之间发生了某种比较大型的或者比较小型的交易，毫无疑问，必须在它附注中披露出该关联方是怎样的一个交易流程，交易的规则是什么，属于什么样的交易类型，在交易的过程中会包含什么样的交易要素以及这种交易是什么样的性质。尤其要重点说的是，交易要素种类非常多，而且比较复杂。我们平常用到的主要有以下几种，具体来说就是交易的金额，主要是指金额的数值有多大，还没有进行结算的项目的使用金额，里面涉及的条款有哪几项以及使用这些条款和金额所需要的具体条件，这里的条件相对来说还是比较苛刻的，因为毕竟是关于资金的问题，所以要求会非常高。如果这些合同的证明不够，一旦起诉准备讨要这些资金的时候，可能会由于诉讼条件不足而处于被动地位。因此，为了安全和长远的打算，在进行交易之前，就必须把有关的条款、条件以及日后要用到的法律收据和合同等有法律意义的材料准备齐全，以防不测。当然，除了上面提到的这些之外，交易的要素还包括提供有关信息或者是取得担保的信息以及还没有进行结算的应收项目，这里面也包括应收项目需要提前准备的金额和这个项目的定价政策等，都需要考虑在里面。

2. 不需要披露的内容

关联企业之间零星的交易，如果对企业的财务状况和经营成果影响较小或者几乎没有影响，可以不予披露。

在合并会计报表中不需要披露在合并范围之内的企业集团成员之间的交易。但是与合并报表一起提供的母公司的会计报表就需要披露其关联关系。

二、关联交易的披露审批程序

1. 公允的关联交易与非公允的关联交易

公允的关联交易，它的定义从字面上来看，肯定是非常注重公允二字。公允的意思实际上就是公平合理，不以权谋私，不暗箱操作。它指的是如果有一个具体的关联交易，必须要关注它的实质内容，而重中之重的就是这次关联交易的交易结果，对进行关联交易的相关权益人是非常重要的，特别是那些在这次关联交易过程中所涉及的非关联方，必须要对他们本着公平合理的原则，千万不能为了一己之利和一己之私而丧失原则，这样会造成更多的不信任，而且也不利于长期发展与合作。

与之相反的非公允的关联交易，跟公允的关联交易一样，重点在于对非公允的理解，即在一个具体关联交易过程中，关联交易的实质和内容，尤其是在关联交易的结果上产生的效果是不公平的，也是不合理的，对于关联交易的相关权益人，特别是对在这次关联交易的过程中所涉及的非关联方的权益是非常不利的。对待他们的方式一定是不合理、不公平的，这样长期下去的话，一定会有损于双方的利益和长期建立的友好关系。如果产生了非公允的关联交易，那么很可能因为这次交易的不公平和不合理，而损害关联双方的共同利益，可能会因为这次交易出现友谊的破裂，更严重的是会影响关联交易双方的长期合作和互惠互利的发展，毫无疑问，这种情况对彼此的利益都是不利的。

2. 实际的关联交易与虚构的关联交易

在经济生活或者企业的经营活动当中,确实发生了关联交易的叫作实际的关联交易。

在经济生活或者企业的经营活动中并未实际发生而只是虚构文件,并在企业财务报表中有记载的关联交易叫作虚构的关联交易。

3. 重大的关联交易与非重大的关联交易

针对这种交易来说,一般情况下是以交易的金额作为判断的基本标准,其主要目的就是为了在进行关联交易的披露、批准时参照不同的要求。

上交所和深交所发布的股票交易规则中规定,关联交易按规模不同,需要履行不同的披露和审批程序。不具备交易总金额的要提交股东大会审议,本公司已与关联方签订的书面协议应当及时予以披露,然后将参与合同货币总交易金额提交董事会或股东大会。如果不具备交易总金额的具体协议,应公开提交股东大会审议。

第三节　上市公司关联交易事项的分析重点

中国从有关股份转让和资产交换的股票的发展到上市公司的关联交易,许多形式已从无形资产的交易发展到有形资产。一方面会降低资金成本,有助于企业集团内部资源的充分利用,提高资本管理能力,使之规模化、多元化。而另一方面,已经确定的特殊资产由公司负责利润和支付的控制,以方便相关传输,避免市场垄断的形成,因为它与非关联交易有很大不同。

一、关联交易价格是否公允

在一般情况下,如果上市公司及其控股股东进行资产交换和资产出售时,通常采用估值价格来作为一个公平的价格,评估价格将取代大多数市场价格。证券市场的做法是相似的,但评估价格是不公平的。例如,上市公司的控股股东占用上市公司的资金,以偿还上市公司土地使用权所占用的资金。在本质上,公司控股股东以无形资产作为上市公司的还款标的但是上市公司可以申请地方政府的土地使用权,以充分享受地方政府的优惠政策,可以降低新项目的土地成本。

二、关联交易程序是否公允

上市公司在进行重大关联交易过程中,一般应履行以下主要程序。

1. 市场调研,制订方案。
2. 聘请中介,确定交易价格。
3. 签订协议。
4. 阶段性信息披露。
5. 出具专业报告。具体包括:《独立财务报告》《审计报告》《资产评估报告》和《法律意见书》等。
6. 整理董事独立意见、董事会决议(关联董事回避表决)及公告。
7. 股东大会(关联股东回避表决)决议及公告。

8. 定期报告，包括监事会的独立意见。

三、关联交易信息披露是否重程序而轻实质

因此，很多上市公司在关联交易信息披露时仅用市场定价等代替公允价格，影响投资人等信息使用者的判断。为了规范上市公司与关联方之间的关联交易，必须利用法律法规规范信息披露。

第十七章 上市公司退市制度与ST公司盈余管理分析

上市公司经营过程中，由于经营管理不善或其他原因，可能会出现持续性经营亏损，而成为ST公司或者*ST公司面临退出资本市场的问题。中国上市公司资格作为一种稀缺性的"壳"资源，通常难以正常退出资本市场，为了保住这个"壳"资源，ST公司本身会竭尽全力，想尽一切办法实现公司盈利，从而保住其上市公司资格。如果无法通过自身努力摆脱公司经营危机，那也不会甘心退市，而是会通过公司重整实现"壳"资源的转让，获取转让收益，而"买壳"方则通过资产置换实现"壳"公司扭亏为盈的华丽转身。所以，在每一个ST公司扭亏或重整的事实背后，都有一些不同寻常的故事。分析ST公司盈余管理的过程，会对一个陷入经营困境的上市公司有更加清晰而全面的认识。

第一节 我国上市公司退市制度简介

一个成熟的股票市场不仅包括健全的上市制度，也应该包括完善的退市制度。通过法定程序使已经不符合上市条件的公司退出证券市场，是各国上市公司退出制度的基本要义，然而各国却没有统一的退市标准，这是由证券市场的发展程度不同所决定的。我国也出台了一些证券法规，其对于我国主板市场和创业板市场的上市公司的退市标准做出了规定，基本构成了我国现行的上市公司退市制度。

一、主板上市公司暂停上市、恢复上市与终止上市制度

根据证券交易所《股票上市规则》规定，目前我国处理上市公司退市主要有四个步骤。一是其他特别处理（Special Treatment,ST），二是退市风险警示，三是暂停上市，四是终止上市。暂停上市是给予上市公司整顿经营的机会，是终止上市的缓冲阶段。如果在暂停上市期间达到法律规定的标准，可以恢复上市，否则就会被退市。

二、中小板上市公司暂停上市与终止上市的特别规定

深交所出台了《中小企业股票暂停上市、终止上市特别规定》（以下简称《特别规定》），增加了三类七项退市指标。在实施退市风险警示、撤销退市风险警示、暂停上市、恢复上市和终止上市等具体处理流程方面，《特别规定》仍然执行《股票上市规则》的相关要求，没有改变。

三、创业板上市公司暂停上市与终止上市的特别规定

创业板公司的平均规模相对较小，它的操作不够稳定。同时，它具有较高的风险。因此，通过有效的退市制度的实施，实现了它们的优势，保持了市场的整体素质。创业板应通过更为市场化的设计学习，发挥市场作用，进一步优化资源配置，帮助投资者建立谨慎投资理念。

第二节 以保壳为目的的 ST 公司盈余管理分析

在进行资产置换时，需要对资产置换的成本和收益进行分析，不但包括资产的置入方，还包括资产的置出方，一个成功的资产置换方案能够实现买卖双方的双赢。在进行资产置换的初期，就要对资产置换的成本收益进行分析，既不能遗漏收益，更要充分考虑成本。

当公司陷入财务困境面临终止上市时，绝大多数的公司首先采取的措施就是千方百计调整公司产业结构，努力增收节支，尽力扭转亏损局面，早日实现"摘帽"。在"保壳"的过程中，除了通过正常的经营活动减少亏损实现盈利之外，也普遍存在利用规则本身设计出诸多的盈余管理手段，以达到实现盈利目的的情形。

一、上市公司亏损的主要原因

公司经营的宗旨是以追逐利润为主要目的，但在市场经济环境下，企业发展过程中经历盈亏起伏和业绩的波动变化是非常正常的，即使是上市公司也不例外。除了由于宏观经济和外部市场的影响造成公司亏损之外，上市公司因自身原因导致公司亏损的情形是值得关注的。

二、常见的 ST 公司盈余管理手段分析

公司盈余管理主要发生在两个层面。第一个层面是企业实际处理的盈余不同于准则盈余。企业对收入、成本、费用、资产、负债等要素的确认没有完全遵循会计准则的规定。绝大多数盈余管理的行为发生在这个层面上。第二个层面是虽然企业盈余计量和处理符合会计准则的规定，但是，企业的会计盈余严重违背了其计量和处理企业经济盈余的目标。企业从表面上来看严格执行了会计准则的规定，但是事实上进行了盈余操纵，虚假地创造出企业的经营业绩。

常见的 ST 公司的盈余管理手段可以分为四类，分别是改变会计政策、改变应计项、安排实际交易和安排会计交易。

在四种常见的盈余管理方法中，后两种方法常为我国上市公司所用，而且形成了一些比较固定的模式。举例分析如下。

(一) 资产置换——变"废"为"宝"

资产置换分为整体和部分资产置换。整体置换是上市公司尤其是一些主营业务处于严重亏损或陷入绝境的上市公司所经常采用的扭亏手段。其基本过程通常是由公司的大股东以其优质资产置换出上市公司的劣质资产，然后通过优质资产较高的盈利能力实现公司的扭亏为盈。很多情况下，上市公司的劣质资产的置出价格通常还要高于其账面价值，从而获得一笔可观的收益。

（二）资产转让——断臂求生

除了进行资产置换外，也可以干脆将资产卖掉。上市公司通常将部分资产或自己拥有的股权以高价卖给大股东或大股东的其他关联方，产生高额的资产处置收益，以实现扭亏目的。

（三）关联交易——利益的直接输送

虽然证监会对于上市公司与其控股母公司之间，出台了避免同业竞争和非公允的关联交易的严格规定，但是由于天然的股权纽带关系，使得上市公司与其大股东或其关联方通过购销渠道中的定价机制向上市公司输送利润成为可能。例如，赛格三星（000068）1999年年报称，1999年度公司向深圳赛格日立彩色显示器件有限公司销售彩玻14 364万元，占当年公司产品销售收入的16.8%；向深圳三星电管有限公司销售彩玻32 969万元，占当年公司产品销售收入的38.65%；向天津三星电管有限公司销售彩玻3 422万元，占当年公司产品销售收入的4.01%。合计向关联公司共销售彩玻50 755万元，占公司产品销售收入的60%。

（四）债务重组——天上掉下的馅饼

如果要分析资产的来源，一定要通过合理正确的渠道，不要道听途说，或者是听一些小道消息。因为大多数企业的资产来源一般来自于负债人和所有者权益。在其他现有条件不变的情况下，无论是处于增加负债人的规模还是增加所有者权益的规模，都会提高总共资产的增长率。从企业自身的角度去分析这个问题，企业盈利增加了，企业的资产才会增加。当然，盈利的增加程度就不一定完全与资产增加的程度相一致，还要根据企业实行的股利政策才能得出最终的结论。亏损公司大多债务负担沉重，而由高额债务衍生出的利息计入财务费用之后则会直接冲减公司的净利润。因此，通过剥离债务从而减少财务费用的方式已成为上市公司减少亏损的一个重要手段。另外，大股东在关键时刻的债务豁免则是救上市公司于水火的有效手段。

（五）资产委托经营——一种持续的利益输送

资产委托经营是资产所有方将一定价值的资产整体委托给经营方经营。如果资产经营收益归委托方时，由委托方向受托方支付一定的托管费用，如果资产收益归受托方时，则由受托方向委托方支付一定的资产使用费。委托经营也是上市公司获得利润的手段之一，无论它是外包或已经投产，上市公司都可以在大股东的帮助下获得利润。与资产置换或资产出售相比，资产委托经营产生的影响更为持久。

（六）加强传播方式——用速度带动发展

说到企业的发展就必须说到企业的文化，文化是一个公司得以生存的必然条件。说到传播方式首先来说说文化的传播，因为企业文化就是文化的一种。

随着文化的不断发展，不同种族、民族之间的交流日益密切和频繁，由于不同种族、民族之间存在着不同价值观念，他们在交流的过程中会产生碰撞和融合，彼此之间在保留本土文化特色的基础上，相互借鉴和学习。在这种开放的环境里，任何社会、国家都不可能单一生存，都会受到来自不同的非主流文化的冲击。当今社会经济全球化也是世界发展的一大趋势，在这一大趋势下，具有独立个性和不同特征的各种本土文化，势必会受到外来文化的冲击而产生文化的变迁。变迁和整合是一对立现象，但是会同时存在在文化发展之中，并且会推动着传统文化的和平发展。文化的变迁和整合之间不仅是对立的关系，还有相辅相成的关系。也就是说文化变迁一旦发生，势必会导致最终的文化整合。而在文化整合的过程中，不同的文化之间会出现互相利用、互相吸取、互相借鉴和融合，这也促进了文化的变迁，这种相互对立又相辅相成的现象有利于文化自身的自觉反思，从而获得发展，也带来了文化创新的萌芽。企业文化也要不断地创新，这是公司发展的动力。创新，是一个民族的灵魂，是一个国家兴旺发达的不竭动力。

以上仅是对于 ST 公司盈余管理的一些常用手段的介绍。随着证券市场的不断发展和相关监管法规的不断完善，ST 公司进行盈余管理的手段不断翻新，手法变动频繁。但是其根本的目的都是为了采取一切可能的手段，实现对上市公司的利益输送，以摆脱公司财务危机，避免公司陷入终止上市的困境。

第三节　以卖壳为目的的 ST 公司破产重整分析

当上市公司发生连续亏损陷入财务危机时，如果无法通过"保壳"方式摆脱公司困境，可能就需要通过外力来对上市公司进行重整，以期公司获得重生。

一、ST 公司重整的概念

（一）公司重整

在此说明一下司法重整和非司法重整的区别。司法重整是指通过向法院申请破产的方式，对公司进行重整。非司法重整是指债务公司、股东和债权人通过其他利益相关者来完成的关系的调整，不进入法律程序来执行重整。司法重整的主要优点如下：首先，通过法院的正式参与，为重整计划的制订与执行均提供了必要的法律保障。其次，缩短了重组所需的时间，使公司的重组更具计划性。当然，司法重整也有一些缺点。首先，法院管辖权的实施有可能损害多数债权人和小型、中型投资者的利益。其次，由于进行正式法律手续及指定管理人而产生大量的费用。

（二）破产重整

在美国，常用"Bankruptcy Reorganization"或"Business Reorganization"表示"破产重整"或者"商业重整"。具有再生和维修价值的公司，破产重整计划是该公司破产制度的一个重要组成部分，在大多数市场经济国家被采纳。

其实重整制度也是慢慢发展和不断创新的，重整制度不仅是当事人从个人的利益出发，以此作为鉴别和判断的主要依据，而且还有更多的因素是来自社会方面的判断。这里指的是社会政策，一个国家的政策决定这个国家发展的趋势，所以这是很重要的一项因素。具体的标准就是效率和公平，这是社会一直追求的终极目的。

二、破产重整的程序

1. 破产重整的申请；
2. 重整计划草案的制订及主要内容；
3. 重整计划草案的通过；
4. 重整计划的执行。

自重组计划通过之日起算起 10 天内，必须向人民法院提出重组计划的申请。重组计划将由债务人进行。管理人负责向在监管期间向人民法院提交监督报告。人民法院，主导重整计划的完成，重组计划完成后，债务人不再负责。

三、破产重整的模式

（一）经营保留模式

维护模式其实就是保留资产和原上市公司的业务、投资基金和调整公司债务，通过投入资金、调整企业债务改善原有上市公司的财务状况，提高公司治理系统的操作。这是重组的标准模型，也被称为"可再生重组"，它也被认为起到了重组计划的本意。这一时期也可以被看作战略调整的最佳时期，以实现原有业务，在保持公司的前提下提高盈利能力。在这种模式下，为了保持原有上市公司的经营性资产，就需要一个有行业背景和经验的公司作为重组方，这样就可以保留大部分原有的员工，尽快恢复生产，受到政府和人民的支持。

（二）借壳上市模式

借壳上市是一种很常见的收购方式，但是这种收购方式和一般的收购方式不太一样，我们称之为反向收购（Reverse Merger）。这种收购方式是没有上市的公司对上市公司的一种收购，同时获得上市公司的绝对控股权，这样做的目的很明确也很直接，这样将上市公司的主体全部注入非上市的公司，就能直接实现非上市公司上市的目的。对于借壳上市模式重组的方式，不要求原上市公司的资产水平，只需要通过自己的资产定向增发清洁"壳资源"，以"借壳上市"。"清算重组"这种做法已经通过了当前上市公司的重组。对于我们的审计系统，壳资源往往是资源不足。

四、破产重整的方法

从我国 ST 或 *ST 公司经过资产重组恢复上市资格的实践案例来看，公司重整，主要运用的手段是债务、业务、资产和股权重整。在债务重整方面，上市公司普遍采用整体资产置换方式和向公司注入利润的方式，整体资产置换往往导致公司主营业务方向的改变。部分公司因原股东实力有限，无法完成公司重整，引进新股东就成为现行法律框架下公司重整的重要途径。新股东一般要承接上市公司不良资产，并负责向上市公司注入优质资产，承担上市公司一定的债务和担保，还需要支付一定的收购现金，因此公司重整对新股东实力要求较高。不过对于新股东来说，通过在重整过程中与金融机构的谈判豁免大部分债务、获得上市和再融资资格是其进入退市公司的主要目的。

已有的公司重整案例的普遍特点是：

1. 地方政府在公司重整中仍发挥着重要作用，并且对退市公司重整进行了深度介入。
2. 重整手段较为单一，主要采取了股权转让、债务豁免或剥离、资产注入等形式。

在我国上市公司中，郑州百文的重组就是一个典型的案例。郑州百文截至 2000 年 6 月 30 日，其债务总额高达 23.46 亿元，每股净资产为 -6.81 元，股东权益为 -13.46 亿元，未分配利润为 -18.21 亿元，严重的资不抵债。如果郑州百文宣告破产，绝大多数债权将永远丧失清偿机会；郑州百文的股东将损失所有投资，无望得到任何补偿；郑州百文的 2 800 名职工将丧失工作机会，地方政府将面临安置失业职工的压力；郑州百文的相当一部分债权人将因为债权损失而陷入困境。面临上述情形，在法院的主持下，郑州百文的债权人、债务人、债务人股东和外部投资者四者之间充分让步，最终达成债务和解，并提出了共同接受的公司重整计划。因此，公司重整较之于终止上市来说，是在法律框架下，使公司各利益相关人损失最小而收益最大化的一种有效方式。

第十八章　上市公司定向增发及债券发行事项分析

企业上市最为重要的目的之一便是融资，增强企业资本运作能力。上市公司直接融资的方式除了 IPO 之外，还有配股、定向增发、发行可转换债券、发行公司债券等重要方式。

第一节　上市公司定向增发

一、公司定向增发的操作

1. 发行资格；
2. 发行价格的确定；
3. 发行规模；
4. 发行对象；
5. 发行程序。

二、深交所定向增发指引特别规定

深交所根据《公司法》《证券法》《上市公司证券发行管理办法》《深圳证券交易所股票上市规则》等有关规定，于 2007 年 2 月 5 日发布《深圳证券交易所上市公司非公开发行股票业务指引》，并自发布之日起施行，用以规范上市公司的定向增发行为。其规定的要点包括：

1. 上市公司在筹划非公开发行股票过程中，预计该信息无法保密且可能对股票及其衍生产品交易价格产生重大影响时，可向交易所申请公司股票停牌，直至公告董事会预案之日起复牌。

2. 上市公司申请非公开发行股票，应当就相关发行事宜经董事会审议做出决议，并提请股东大会批准。该董事会会议由过半数的无关联关系董事出席即可举行，董事会会议所做决议须经无关联关系股东过半数通过。

3. 自中国证监会核准发行之日起，上市公司应当在 6 个月内发行股票，并到深圳证券交易所、中国结算深圳分公司办理发行、登记、上市的相关手续。超过 6 个月未发行的，核准文件失效，须重新经中国证监会核准后方可发行。

4. 上市公司非公开发行股票导致上市公司控制权发生变化或相关股份权益变动的，还应当遵守《上市公司收购管理办法》等相关规定。上市公司应建立募集资金专项存储制度，并遵守募集资金使用的相关规定。

5. 上市公司新增股份上市首日，交易所对该公司股票不设涨跌幅限制、不纳入指数计算，上市公司总股本、每股收益按《发行情况报告暨上市公告书》中的相关指标进行调整。

第二节　公司债券的发行与上市

公司债券，是指公司依照法定程序发行、约定在一年以上期限内还本付息的有价证券。

一、公司债券的发行

1. 公司债券发行的条件；
2. 公司债券的发行程序；
3. 核准与发行。

其实对于证券发行又可以称之为准则制或者实质审查制，这样就要求发行人不但要公开自己的判断资料，还要符合发行的条件，证券的主管部门可以根据相关的法律进行审查，只有在发行人得到批准以后才可以发行证券。在美国，大多数州都是实行蓝天法或者和欧洲的公司一样实行核准制。核准制有利于新兴市场的健康发展，但是相对于证券市场来说并不完善，还存在很多的不足之处，这样一来风险还是比较大的。但是对于中国来说，当证监会受理以后就会进行审核，这样就可以对审核的案件做出相应的评判，到底是可以发行还是不可以发行。

二、公司债券的上市

（一）债券上市条件

根据《上海证券交易所公司债券上市规则》，公司债券申请上市，应当符合下列条件：
1. 经有权部门批准并发行。
2. 债券的期限为 1 年以上。
3. 债券的实际发行额不少于人民币 5 000 万元。
4. 债券须经资信评估机构评级，且债券的信用评级良好。
5. 申请债券上市时仍符合法定的公司发行条件。
6. 证券交易所认可的其他条件。

（二）债券上市申请

发行人申请债券上市须向证交所提交下列文件：
1. 债券上市申请书。
2. 有权部门批准债券发行的文件。
3. 同意债券上市的决议。
4. 债券上市推荐书。
5. 公司章程。
6. 公司营业执照。
7. 债券募集办法、发行公告及发行情况报告。
8. 债券资信评级报告及跟踪评级安排说明。

9. 债券实际募集数额的证明文件。

10. 上市公告书。

11. 具有证券从业资格的会计师事务所出具的发行人最近3个完整会计年度审计报告。

12. 担保人资信情况说明与担保协议（如有）。

13. 发行人最近3年是否存在违法违规行为的说明。

14. 债券持有人名册及债券托管情况说明。

15. 证券交易所要求的其他文件。

经中国证监会核准发行公司债券的上市公司可豁免上述第5、第11、第13项等内容。

第三节　可转换公司债券的发行与上市

可转换债券的发行要在约定的时间内以约定的转股价格转换为股份。可转债是兼具债券和公司股票的双重特性的混合证券。利用可转换公司债券融资具有利息成本低，发行价格高，对股本的稀释程度低等优点。

一、可转换公司债券的发行

（一）发行条件

对于可转换公司债权的发行要根据相关规定进行，不能盲目地为了公司利益不管不顾，这样最终导致的结果一定不利于公司的发展，其实规范发行条件的规章制度有很多，《上市公司证券发行管理办法》就是一项规定，除了根据《上市公司证券发行管理办法》的第二章第一节以外，还应该符合以下规定：

（1）收益率要求：最近3个会计年度加权平均净资产收益率平均不低于6%。扣除非经常性损益后的净利润与扣除前的净利润相比，以低者作为加权平均净资产收益率的计算依据。

（2）债券余额要求：本次发行后累计公司债券余额不超过最近一期末净资产额的40%。

（3）利息要求：最近3个会计年度实现的年均可分配利润不少于公司债券1年的利息。

（4）负债率要求：可转换公司债券发行后，发行人的资产负债率应不得高于70%。

（5）特殊行业规定：属于能源、原材料、基础设施类的公司最近3个会计年度加权平均净资产利润率可以略低，但不得低于7%。

（6）发行规模：可转换公司债券的发行额不少于人民币1亿元等。

（二）赎回、回售及担保

对于募集书来说当事人必须要同意出售的条款和其中的规定，出售债券的上市公司按照条件和债券持有者事先约定价格。募集说明书可约定回售条款。企业发行可转换债券应为其提供保障，包括本金及利息、违约金、损害赔偿金、执行债权的费用等。

（三）可转换公司债券发行的申报与核准程序

申报与核准程序参照中国证监会有关股票发行核准的规定执行。

（1）受理申请文件；

（2）初审；

（3）发行审核委员会审核；
（4）复议；
（5）核准发行。

二、可转换公司债券的上市

可转换公司债券发行人在发行结束以后，可以向证券交易所申请将可转换公司债券在发行人股票上市的证券交易所上市。其实能够直接反映出企业资产增长能力的有很多数据，而且这些数据有长期的也有短期的，有模糊数据也有精准数据，有整体的数据也具体的数据。可转换公司债券上市必须遵守交易所上市规则的一系列相关规定。证券交易所应当与发行人订立上市协议，并报中国证监会备案。

我们从这些数据里找到那些最可靠的，信度和效度最高的，数据最准确，最科学，最具有权威的数据来表达企业资产增长能力。其中一项非常好的数据就是财务比率。当然财务比率只是一个概括的词汇，实际上还包括企业总资产增长率、净资产增长率和固定资产增长率，除此之外还有其他的数据，这些数据都可以很直接明了地说明企业资产增长的能力。在这里，不得不提的就是关于分析的方法。分析方法很重要，有效的分析方法可以使我们简洁有效地得到想要的答案，避免不必要的麻烦。目前主要的分析方法有两种，就是绝对增长量分析和相对增长率分析。这两种分析方法不是独立存在的，而是要相互补充，将这两种分析方法统筹起来综合考虑，得出的分析数据和结果才是最完善的，当然也是更加具有信度和效度的。单独的某种方法，都存在一定的漏洞，正好这两种分析方法可以互相弥补彼此的短处，更加适应分析者的要求。换句话说，就是更加适应分析企业资产增长能力的需要，适应企业继续可持续发展的需要，并为它的发展提供更多的依据和提前预防未来企业将要面临的危险和难题。

第四节 上市公司定向增发及债券发行的相关分析

一、公司定向增发的分析重点

定向增发的目的其实就是引进机构投资者进行资产的注入，通过整体上市，改善公司治理结构，为公司创造更多的财富，但是在实际操作中，一些发行机构利用"选取定价基准日""注入资产高估作价"等漏洞进行低价操作，从原来的定向增发的意图中获得了不同的利益。因此，着眼于公司的定向增发，将重点放在是否有利益输送上。

（一）注入资产高估作价

大股东或通过相关资产控股的上市公司股东，以认购的股份将上市公司与母公司的关联交易问题作为一个整体，以独立性和竞争能力来认定上市公司的实力。在财务重组的定向增发，以收购上市公司的控股权，收购资产认购发行股份来实现。因此必须关注定向增发中注入资产的价值评估是否合理。

（二）定价区间价格操纵

从平均20日交易的操作过程当中来看，压低股票平均价格的手段主要有：第一，上市公司以控制信息披露，强调的未来业绩爆冷，卖出股票，结果股价下跌。第二，具体的投资者，关注一些 20 个交易日的，购买该公司股票，但某几个关键日才能出售，从而抑制股票价格。第三，这两种方式的组合，这种手段具有强大的"杀伤力"。

二、可转换公司债券的风险分析

对于发行人，利用可转换债券融资有两种类型的风险。首先，由于发行失败造成的亏损。可转换债券的发行，需要有在资本市场上被选中的机会，就可以确保顺利发行。其次，转换失败造成的亏损。在债券转换期内的任何时间，持有人都可以行使转换权，发行人将不能够准确地预测这一时间。如果转换失败，现金库存不足，资金难以偿还债务贷款，这种情况甚至有可能导致破产。

为了避免亏损，可转换债券的发行，第一笔投资基金要以生产经营项目的大型经济利益为主，提高公司的业绩。其次，如果股价在长期内有所下降，股票价格在转折点年底飙升的可能性是最小的。目前，企业的发展，必须加大利用合理转换补贴等保护措施来保障可转换债券的成功。

对于购债人，风险也很高。通常，购债人遭遇的主要风险有：利率风险、交易风险、转换风险和收购风险。因此，购债人必须在购债前仔细了解发债企业的经营现状和发展前景。

上市公司案例分析

第十九章　上市公司财务分析案例

第一节　东风汽车收购郑州日产财务分析案例

2005年3月4日，郑州日产向郑州市工商行政管理局办理完成股权变更登记手续，并获得了换发后的营业执照。至此，东风汽车（600006）收购郑州日产尘埃落定。本案例从理顺投资者关系及企业长期战略发展的角度对此项收购进行了财务分析，以期为投资者如何对上市公司的收购行为进行财务评价提供一些思路。

一、公司介绍

东风汽车股份有限公司在我国发展得非常不错，东风这一个品牌也被大众所熟知，在人们的心中也树立起了良好的口碑，但是公司在成立初期也是几经周折才创办起来的。东风汽车公司作为一个独立的发起人，在它旗下有很多的子公司。东风汽车股份有限公司是经国家经济贸易委员会批准，将其属下轻型车厂、柴油发动机厂、铸造三厂为主体的与轻型车和柴油发动机有关的资产和业务进行重组，采取社会募集方式设立的股份有限公司。公司现拥有汽车分公司、铸造分公司两个分公司和东风康明斯发动机有限公司、东风裕隆汽车销售有限公司、东风襄樊旅行车有限公司等几个控股子公司。

中国证券监督管理委员会于1999年6月28日下发（证监会）〔1999〕68号文件，批准了东风汽车的上网定价，公共人民币3亿股，发行价格5.10元/股，公众股票在上海证券交易所于7月27日挂牌交易。该公司的总股本为10亿股，其中发起人原东风汽车有限公司持有7亿股。在2003年12月26日，国务院国有资产监督管理委员会批准了国有股的变化。因此，该公司目前是东风控股股东。东风汽车有关资料见表19-1、图19-1。

表19-1　东风汽车控股股东变更一览表

时　间	控股股东	变更原因
1999—2002	东风汽车公司	
2002—2003.9	东风汽车有限公司	东风汽车公司实施债转股，将其持有的东风汽车股份无偿转让给子公司东风汽车有限公司

续 表

时 间	控股股东	变更原因
2003.9—2003.12	东风汽车工业有限公司	东风汽车有限公司的名称经国家工商行政管理总局核准变更为东风汽车工业投资有限公司
2003.12至今	东风汽车有限公司（日产合资）	合资方资产转入合资企业

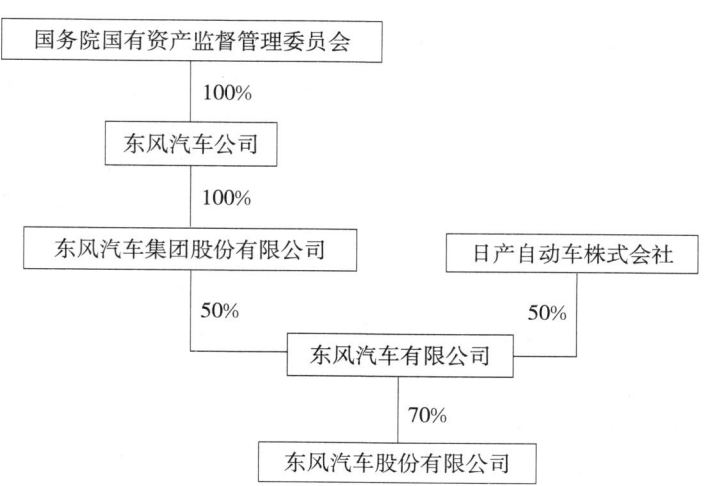

图 19-1　收购前东风汽车与实际控制人之间的产权及控制关系

二、收购郑州日产事件介绍

（一）整　合

2002年9月，东风汽车签署了日产的战略合作协议。根据协议，东风汽车是一家合资企业。东风汽车是日产在中国唯一的合资伙伴。

2003年6月9日，东风汽车和日产正式成立了合资公司。东风汽车有限公司更名为东风汽车工业投资有限公司，它是世界上最大的日产投资项目。东风汽车现在已完全拥有郑州日产。

（二）周　折

其实东风收购日产的过程不是一帆风顺就完成的，从2003年6月到2004年10月，经历了漫长的16个月时间才终于达成协议。在2003年年底就有消息称东风要收购日产，但是在随后的几个月时间，这一消息也没有得到内部人士的确认，此消息一直到日产公司一位副总裁接受媒体采访时才被确认，在这次采访当中，该副总裁表示："即使没有新的产业政策，公司也在考虑把郑州日产纳入东风有限公司之内。"

这一次是官方的首次公开回应，因此东风收购日产的消息才得以印证。在之后的一次谈话当中，郑州日产的副总经理也对这一问题发表了自己的看法，该副总经理表示，此次收购对于双方来说都有很大发展的空间，并且日产的副总经理还针对收购的细节做出了自己的预测，也表示此次收购存在很大的障碍，最关键的问题就是如何解决中外股东的股权比例问题。

在2004年上半年，东风集团其实还没有下定决心收购郑州日产。对于一个企业并购另一个企业并不是看上去的那么简单，这其中涉及很多人的利益，任何层面都要考虑清楚，不能出现一点纰漏。根据当时的收购方案，郑州日产将近一半的股份都会由东风集团出面进行购买，但是这样一来，日产公司直接持有郑州日产30%的股份，加上其通过合资公司持有的郑州日产股份将超过50%，这显然与我们国家的政策相悖，根本无法通过有关部门的审批。

另外一个重要的因素就是股权转让的价格，资金问题往往是一个公司或者企业最为敏感的问题。在2004年前半年，中国的汽车市场并不景气，这一段时期出现好多问题。当然这一场暴风雨把郑州日产伤得很严重，这也是当时人们对于郑州日产并不看好，觉得郑州日产没有发展前景的原因。遇到问题不能正确及时地解决好，中国市场的不景气也沉重打击了郑州日产。所以，当时针对股权价格产生了分歧，其实这一问题放在2003年时就不算问题，因为在2003年中国汽车市场很火爆，尤其对于这些汽车生产厂家，在2003年即使是更高的价格也会被接受。但是每一段时期都会存在某一段时期的问题，我们能做的就是面对问题解决问题，仅此而已。

（三）尘埃落定

东风汽车2005年2月28日召开公司2005年第一次临时股东大会，审议并通过了关于收购郑州日产汽车有限公司股权的议案，此次收购获得中国证监会的同意，并获得商务部的批准，同时郑州日产向郑州市工商局办理完成股权变更登记手续，并于2005年3月4日获得换发后的营业执照。收购完成后各公司之间股权控制关系见图19-2。至此，东风汽车收购郑州日产事件尘埃落定。

三、收购事件的财务分析

（一）收购前东风汽车股份有限公司的生产经营及财务状况

1. 收购前东风汽车的生产经营状况

东风汽车收购前的主营业务范围是汽车、汽车发动机及其零部件、铸件的开发、设计、生产和销售业务，主导产品为东风系列轻型车、东风康明斯B、C系列柴油发动机

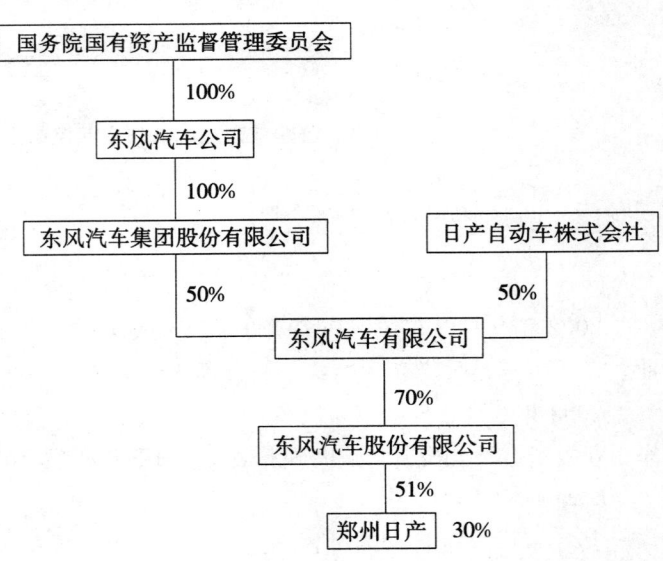

图19-2 收购完成各公司之间的股权控制关系

和东风梅花铸件。同时还兼营汽车修理、机械加工及技术咨询服务。公司从1999年成立以来，轻型载货车年均增长速度达36%，高于行业年均增长近21个百分点，其轻型客车底盘连续多年增长速度为行业第一。2004年，公司汽车和柴油发动机市场占有率分别为5.64%和13.36%，出口汽车业务取得阶段性突破，出口量达到1 579辆。

2002—2004年，公司主要产品的销售情况见表19-2和表19-3。

表 19-2 主要产品销售状况

产品 时间	东风轻型商用车（辆）	康明斯柴油发动机（台）	梅花铸件（吨）
2002 年	63 670	114 384	
2003 年	66 048	96 313	30 924
2004 年	60 527	122 087	42 970

表 19-3 主营业务销售收入明细表

类别 时间	汽车（万元）	占主营业务收入的比例（%）	发动机（万元）	占主营业务收入的比例（%）
2003 年	258 262.69	44.14	326 602.76	55.82
2004 年	407 136.11	45.39	482 923.56	53.84

2. 收购前东风汽车的财务状况

东风汽车股份有限公司自 1999 年上市以来，不断整合和优化研发、制造、销售的价值链，开拓创新，开发新产品，开创新市场，创造了优良的经营业绩。2002 年，被美国《财富》杂志旗下的贝恩公司评为中国持续盈利增长型的 8 家上市公司之一，被中国科学院评为"全国百家最有竞争力的企业"之一；2003 年，被中国诚信建设成果展组委会推选为"中国十大诚信企业"之一。东风汽车有关资料如表 19-4，19-5 和 19-6 所示。

表 19-4 东风汽车 2002—2004 年主要会计数据

单位：元

主要会计数据	2004 年	2003 年	2002 年
主营业务收入	6 100 132 474.75	5 851 438 324.08	7 000 588 582.83
利润总额	543 296 188.02	685 159 875.22	768 075 682.26
净利润	465 874 785.14	629 853 939.27	622 769 186.29
扣除非经常性损益的净利润	463 063 369.54	586 323 244.55	636 305 007.50
总资产	7 110 696 433.30	6 517 729 366.36	6 620 691 906.71
股东权益	4 297 138 400.53	4 028 465 868.86	3 581 189 365.63
经营活动产生的现金流量净额	724 875 578.41	791 247 917.88	1 940 038 211.48

表 19-5 东风汽车 2002—2004 年主要财务指标

时间 项目	2002 年	2003 年	2004 年
流动比率	1.449 830 847	2.103 062 728	
速动比率	1.243 652 849	1.902 781 833	1.710 218 235

续表

时间 项目	2002 年	2003 年	2004 年
现金流动负债比率	0.691 771 062	0.327 644 86	0.264 283 751
存货周转率	10.375 811 98	8.664 077 123	7.876 255 423
应收账款周转率	51.891 061 36	26.818 673 58	15.677 318 2
资产周转率	1.211 005 112	0.891 242 773	0.895 207 204
权益比率	0.510 317 693	0.618 078 113	0.604 320 328
产权比率	0.890 775 51	0.599 833 008	0.638 621 19
资产负债率	0.454 578 503	0.370 743 654	0.385 931 767
净利润率	0.088 054 081	0.107 640 875	0.076 371 257
资产收益率	0.093 211 634	0.096 637 019	0.065 517 462
净资产收益率	0.182 654 13	0.156 350 819	0.108 415 122
销售毛利率	0.200 504 804	0.183 488 814	0.185 146 892
主营业务利润率	0.196 385 036	0.178 308 74	0.182 773 251

表 19-6 东风汽车 2003 年主要财务指标与同行业平均值比较情况

	数 值	行业平均值	行业排名
流动比率	2.103 062 728	1.488 5	10
速动比率	1.902 781 833	1.071 9	5
现金流动负债比率	0.327 644 86		5
存货周转率	8.664 077 123	5.176 1	8
应收账款周转率	26.818 673 58	8.925 5	8
资产周转率	0.891 242 773	0.817 8	19
权益比率	0.618 078 113	0.396 8	11
产权比率	0.599 833 008	2.612 3	13
资产负债率	0.370 743 654	0.566 8	12
净利润率	0.107 640 875	0.015 9	8
资产收益率	0.096 637 019	0.012 5	4
净资产收益率（净利润）	0.156 350 819	0.066 9	9
销售毛利率	0.183 488 814	0.180 6	26
主营业务利润率	0.178 308 74	0.176 6	27

注：按照中国证券监督管理委员会的行业划分标准，东风汽车属于机械设备仪表大类 F 的交通运输设备制造业。2003 年，同业上市公司共有 59 家。上述行业平均值及行业排名根据色诺芬数据库基础数据

加工获得东风汽车公司的上述主要会计数据及财务指标表明,东风汽车具有较强的偿债能力和盈利能力,与同行业其他公司相比也属佼佼者。

(二)收购前郑州日产的生产经营及财务状况

1. 生产经营状况

郑州日产目前主要生产和销售 ZN1031 系列轻型汽车(皮卡车)及 ZN6452 多功能乘用车和 ZN6491 轻型客车等三大系列车型。三种系列车型混线生产,具有双班年产 6 万台的生产能力。有关产销量及市场占有率见表 19-7。

表 19-7 郑州日产各品牌销量及市场占有率

时间 \ 项目	产量(辆) D22皮卡	产量(辆) 帕拉丁	销量(辆) D22皮卡	销量(辆) 帕拉丁	市场占有率(%) D22皮卡	市场占有率(%) 帕拉丁
2001 年	6 358		6 105		40.50	
2002 年	10 982		10 156		50.60	
2003 年	11 710	9 909	11 809	9 750	51.30	42.20
2004 年上半年	6 306	5 135	6 718	4 963	56.80	20.00

注:皮卡市场占有率是指在高档皮卡市场的份额。帕拉丁市场占有率是指在中高档SUV合资品牌市场的份额。

2. 财务状况

详见表 19-8,19-9 和 19-10。

表 19-8 郑州日产资产负债表

单位:元

项目 \ 时间	2004年6月30日	2003年12月31日	2002年12月31日
流动资产:			
货币资金	293 658 717.97	508 471 312.74	125 310 451.92
短期投资			
应收票据	181 356 200.00	496 813 200.00	96 954 912.39
应收股利			
应收利息			
应收账款	389 240 023.28	196 254 751.38	233 254 124.37
其他应收款	96 819 320.02	108 020 904.33	91 918 196.10

续　表

时间 项目	2004年6月30日	2003年12月31日	2002年12月31日
预付账款	80 977 217.97	56 054 163.18	60 060 964.46
应收补贴款			
存货	717 929 310.53	798 331 458.12	272 146 330.22
待摊费用			
待处理流动资产净损失			
一年内到期的长期债权投资			
其他流动资产			
流动资产合计	1 759 980 789.77	2 163 945 789.75	879 644 979.46
长期投资：			
长期股权投资			
长期债权投资			
长期投资合计			
固定资产：			
固定资产原价	591 936 832.64	569 225 477.94	579 455 830.37
减：累计折旧	260 635 286.26	242 792 332.19	211 455 826.23
固定资产净值	331 301 546.38	326 433 145.75	368 000 004.14
减：固定资产减值准备	5 580 613.65	5 580 613.65	16 349 290.55
固定资产净额	325 720 932.73	320 852 532.10	351 650 713.59
工程物资			
在建工程	35 581 593.21	22 340 061.67	8 863 894.92
固定资产清理			
固定资产合计	361 302 525.94	343 192 593.77	360 514 608.51
无形资产及其他资产：			
无形资产	50 783 550.81	12 624 576.44	14 793 103.00
长期待摊费用	42 283 270.30	54 409 755.65	54 402 791.44
其他长期资产			
无形资产及其他资产合计	93 066 821.11	67 034 332.09	69 195 894.44
递延税项：			

续表

时间 项目	2004年6月30日	2003年12月31日	2002年12月31日
递延税款借项			
资产总计	2 214 350 136.82	2 574 172 715.61	1 309 355 482.41
流动负债：			
短期借款	698 623 416.00	1 268 506 869.22	660 054 040.00
应付票据	210 900 000.00	100 000 000.00	19 900 000.00
应付账款	578 302 810.72	711 214 090.62	442 568 300.66
预收账款	73 703 230.39	104 537 311.61	74 485 824.68
应付工资	4 217 132.00	4 149 542.70	-9 624.10
应付福利费		2 341 878.86	6 397 069.86
应付股利			
应交税金	-22 677 438.65	-48 316 268.21	876 098.14
其他应交款	5 348.37	2 556 212.86	11 505 859.92
其他应付款	94 239 716.42	78 423 217.92	105 453 776.60
预提费用	77 384 557.80	39 789 195.81	17 359 689.45
一年内到期的长期负债			
其他流动负债			
流动负债合计	1 714 698 773.05	2 263 202 051.39	
长期负债：			
长期借款	389 024 342.11	283 323 420.84	147 930 000.00
应付债券			
长期应付款			
其他长期负债			
长期负债合计	389 024 342.11	283 323 420.84	147 930 000.00
递延税项：			
递延税款贷项			
负债合计	2 103 723 115.16	2 546 525 472.23	1 486 521 035.21
少数股东权益			
股东权益：			

续表

时间 项目	2004年6月30日	2003年12月31日	2002年12月31日
实收资本	250 000 000.00	250 000 000.00	250 000 000.00
资本公积	5 470 184.38	5 329 660.65	850 685.28
盈余公积	16 651 999.49	16 651 999.49	16 651 999.49
其中：公益金			
未分配利润	−161 495 162.21	−244 334 416.76	−444 668 237.57
股东权益合计	110 627 021.66	27 647 243.38	−177 165 552.80
负债及股东权益合计	2 214 350 136.82	2 574 172 715.61	1 309 355 482.41

表19-9　郑州日产利润表

单位：元

时间 项目	2004年 1月—6月	2003年	2002年
主营业务收入	1 574 581 391.58	3 070 900 966.61	1 191 477 714.84
减：主营业务成本	1 260 902 574.77	2 422 991 480.51	1 008 624 885.54
主营业务税金及附加	31 678 715.66	56 876 683.07	3 540 492.72
主营业务利润	282 000 101.15	591 032 803.03	179 312 336.58
加：其他业务利润	12 702 650.49	12 966 745.17	4 043 739.67
减：营业费用	122 587 055.86	139 571 418.42	66 345 555.60
管理费用	79 528 694.07	148 238 455.14	146 620 579.00
财务费用	−7 244 161.17	98 743 282.96	56 931 425.61
营业利润	99 831 162.88	217 446 391.68	−86 541 483.96
加：投资收益			
补贴收入			
营业外收入	366 640.09	589 834.68	2 272 165.37
减：营业外支出	596 606.10	17 702 405.55	1 561 543.69
利润总额	99 601 196.87	200 333 820.81	−85 830 862.28
减：所得税	16 761 942.32		
净利润	82 839 254.55	200 333 820.81	−85 830 862.28
加：年初未分配利润	−244 334 416.76	−444 668 237.57	−358 837 375.29

续 表

项目 \ 时间	2004年1月—6月	2003年	2002年
盈余公积转入			
可供分配的利润	-161 495 162.21	-244 334 416.76	-444 668 237.57
减：提取法定盈余公积			
提取法定公益金			
可供股东分配的利润	-161 495 162.21	-244 334 416.76	-444 668 237.57
减：应付优先股股利			
提取任意盈余公积			
应付普通股股利			
转作股本的普通股股利			
未分配利润	-161 495 162.21	-244 334 416.76	-444 668 237.57

表 19-10　郑州日产的主要财务指标

项目 \ 时间	2004年	2003年	2002年
流动比率	1.026 408 147	0.956 143 438	0.675 142 44
速动比率	0.607 716 933	0.603 399 211	0.453 834 392
现金流动负债比率	0.156 950 144	-0.107 646 83	NA*
存货周转率	1.663 173 777	4.526 934 621	7.412 371 754
应收账款周转率	5.378 635 164	14.299 592 58	10.216 134 17
资产周转率	0.657 648 064	1.581 500 538	1.819 945 356
权益比率	0.049 959 137	0.010 740 244	-0.135 307 451
产权比率	19.016 358 6	92.107 753 28	-8.390 575 999
资产负债率	0.950 040 863	0.989 259 756	1.135 307 451
净利润率	0.052 610 335	0.065 236 171	-0.072 037 321
资产收益率	0.037 410 188	0.077 824 545	-0.065 551 994
销售毛利率	0.199 214 101	0.210 983 517	0.153 467 268
主营业务利润率	0.179 095 284	0.192 462 346	0.150 495 754

注：* NA 为数据不可得，企业未披露。

郑州日产是一家成立较早的合资企业，历史包袱较多。财务报表数据显示，2002年，郑州日产的股东权益和未分配利润都为负值，虽然2003年、2004年两年连续盈利，但到2004年6月30日，公司的未分配利润仍是负数，历史亏损尚未完全弥补。在按照上市公司的会计制度进行多项资产计提减值准备和核销以及补提固定资产折旧后，郑州日产2004年6月30日的资产负债率为95%。另外，该公司近几年的流动比率、速动比率及现金流动负债比也都小于行业平均水平，这说明该公司存在较高的财务风险。

（三）东风收购郑州日产的正面经济效应

从上面对郑州日产近几年的财务数据分析的情况来看，郑州日产是一个存在较高财务风险且历史包袱较重的公司。那么，东风为什么愿意以溢价5倍以上的协议收购价收购郑州日产呢？应该说此次收购能够为东风汽车股份有限公司乃至整个东风集团带来一定的正面经济效应。

1. 东风汽车通过收购拓展了产品领域，丰富了销售网络

（1）产品、业务领域的拓展。东风汽车目前拥有东风轻型商用车系列，东风康明斯B系列，C系列柴油机，东风梅花铸造产品。2004年上半年，公司的业绩下滑，实现主营业务收入29亿元人民币，实现净利润2.4亿元，同比下降17.14%和36.95%。其中销售东风轻型商用车30 781辆，销售量同比下降9.48%，收入下降了13.08个百分点。东风汽车继续开展现有业务，必须积极寻找新的利润增长点。收购完成后，东风汽车的业务进入乘用车领域，可增加收入，提高效率，为后续业绩增长提供新来源。东风汽车包括SUV、MPV等全系列车型。郑州日产是国内重要的皮卡和SUV生产基地，皮卡和帕拉丁系列，多功能SUV车等产品的年生产能力基本上已形成。此次收购整合郑州日产，将完善东风汽车的产品结构，以建立一个基于产品的优势，打造国际化的轻型商用车公司。

郑州日产生产的SUV帕拉丁总体投资不多，但是形成的产能并不小，经过几年的技术改造，设备现代化的程度并不低。固定资产投入和费用分摊较低，所以产品成本低，因而价位也较低，加上帕拉丁在美国就非常成功，年销10万辆，有良好声誉，所以在竞争中具有优势。

因此，东风汽车收购郑州日产是具有一定战略意义的，进一步完善后续整合工作后，皮卡及SUV等产品可能成为东风汽车新的利润增长点。

（2）销售网络的丰富。目前，郑州日产在全国约有120个经销商。而东风汽车在全国共有400多个经销商和服务站，覆盖全国大部分大中型城市。收购该资产后，东风汽车拟将其营销网络和服务体系与郑州日产进行整合，迅速提升销售和售后服务体系，拓展区域市场，大力发展民营消费市场。整合后的营销网络将促进产品销售和郑州日产市场份额的增长，销售增长将提高利润率。

2. 日产自动车株式会社通过收购理顺了在中国的投资关系

在2003年6月东风汽车有限公司成立时签订的合资协议中，日产承诺在中国只有一家合资公司。因此，无论从经济利益的角度还是从责任约定的角度，日产都有必要理顺其在中国的投资关系。

（四）东风收购郑州日产存在的风险

风险和收益总是并存的。此次收购在为东风带来正面经济效益的同时，也必然存在着一定的风险。

1. 财务风险

（1）资产负债率提高。郑州日产的历史包袱较多，历史亏损尚未完全弥补。截至2004年6月30日，其资产总额为2 214 350 137元，负债总额为2 103 723 115元，资产负债率为95%。而截至2004年6月30日，东风汽车资产总额为7 028 377 765元，负债总额为2 884 989 532元，资产负债率为41.05%。

因此，资产收购完成后，模拟计算的东风汽车2004年6月30日资产总额为9 186 308 120元，负债总额为4 988 712 648元，资产负债率为54.31%。资产负债率大幅度提高，增加了企业整体偿债风险。

（2）短期偿债能力减弱。截至2004年6月30日，东风汽车的流动比率为1.915，速动比率为1.685。收购完成后，东风汽车流动比率为1.51，速动比率为1.21。与此次资产收购前相比，东风汽车的短期偿债能力有所减弱。

（3）溢价摊销风险。东风汽车在这次资产收购中支付的协议收购价溢价5倍以上，股权投资差额合计约为2.96亿元。股权投资差额按10年期摊销，每年需摊销约2 960万元。东风汽车今后的合并净利润将受到股权投资差额摊销影响，而且中国汽车行业增速放缓，利润率也有所下降，郑州日产的经营业绩也将受到影响，这将对东风汽车今后的合并利润造成较为不利的影响。

2. 产品及行业未来前景的不确定性带来的风险

目前，日产公司旗下主打的产品是比较高档的SUV和皮卡汽车。自从我国加入WTO之后，中国的汽车行业取得了很大的成就，但是也存在很多的问题，这对于一个发展中国家来说是不可避免的。在我国汽车越来越深入人心，总体呈现出一个很好的趋势，这对于SUV和皮卡汽车来说是一个好消息，但也激起了国内的竞争，当然存在竞争这是一个好的趋势，只有这样才能更好地发展，也有利于产品和技术的创新。2005年，我国的汽车行业出现了一定程度的下滑，导致很严重的降价问题，销售的幅度也大大回落。

郑州日产的高档皮卡已经连续几年市场份额保持在50%以上，但是皮卡整体增长的速度在国内受到限行的困扰，其中高档皮卡总的市场份额比较稳定，因此即使郑州日产继续提升份额，绝对数量仍不会有太多增长。同时国际汽车巨头亦在向中国境内出口此类产品。

面对竞争的日益激烈，SUV的整体市场就显得很严峻，很快就会出现供大于求的局面。因此，产品及行业未来的前景是最终判断此次收购是否成功的一个重要因素，东风汽车的未来任重而道远。

第二节　格力电器财务分析案例

一、公司介绍

格力电器成立于1991年，是中国消费电子行业的主要公司之一。经过多年的发展，它成为一家生产与销售家电的国际化公司。公司一直专注于研究和技术的发展，致力于生产和销售消费电子产品，并且正在不断加强产品和服务。目前，主要生产和经营空调产品、热水器、手机、冰箱，同时销售其他家电产品。该公司是由格力、TOSOT、晶弘3个品牌并成以格力为主，其他品牌为支持的全面开花的品牌阵营。格力电器在2015年加入了福布斯全球排行榜，成为消费类电子产品的领先制造商。格力电器凭质量赢得市场，公司在国内外营销创新逐步发展成为国际化公司，成为全球消费电子巨头。2015年，消费电子行业的整体增速下降，格力也较上年回落28.17%。该公司净利率在2014年由10.18%提升到12.55%，比上年增加2.37个百分点。公司始终以科技为先导，不断在市场营销、内部管理、创新与变革等方面创新。公司为了提高产品质量，不断通过创新和变革整合，调整产品结构。目前，该公司的业务重点是继续建立一个消费类电子产品循环经济产业链，加强技术攻关，打开智能家居系统，搭建电商平台。

二、会计分析

（一）关键会计政策和会计估计分析

1. 合并报表的范围和编制方法

格力电器集团在合并的过程中，把母公司和子公司的合并财务报表作为合并的基础。在合并后，存在的会计政策与母公司的会计期间及其子公司之间没有矛盾，由于内部交易和形成事件以及债权和债务的形成，有必要编制抵消分录进行抵消。与此同时，母公司已通过长期股权投资核算的成本法。格力对合并报表的处理完全符合《企业会计准则第33号 合并财务报表》的规定。

2. 共同经营的会计处理方法

格力集团拥有的投资或销售只有当它被出售给第三方之前才有效。格力的合资交易的管理，完全符合新修订的合资协议的要求。

3. 应收账款的核算方法

首先进行每个符合条件的应收款的减值测试。如果没有减值，公司应分为收账款和既定标准账款。格力电器的不良贷款应收款的估计按账龄分析法，见表19-11。对于非执行与坏账补贴贷款津贴投入，应严格按照应收账款会计的审慎原则。

表19-11 格力电器应收账款坏账计提百分比表

账　龄	应收账款计提比例（%）	其他应收账款计提比例（%）
1年以内	5	5
1至2年	20	20
2至3年	50	50
3年以上	100	100

4. 存货的核算方法

格力电器将存货划分为原材料、在售产品和库存商品三大类，分别进行分类和明细核算。公司通过多种方式来获取存货并进行设立和登记的入账价值登记入账。由于该公司的股票是比较复杂的，格力使用计划成本法进行库存会计处理。本公司的会计库存，应满足股票具体标准的具体要求。

5.固定资产的核算和折旧

通过各种方式取得的固定资产是按照固定资产的会计要求登记的。例如,格力电器将固定资产划分为房屋及建筑物、机械设备等类别分别进行明细核算。对固定资产采取平均年限法计提折旧,其折旧率见表19-12。在此期限结束时,记录固定资产减值准备。本公司的会计固定资产是符合会计准则的,对固定资产的折旧符合其经济利益的预期实现方式,对其减值核算符合谨慎性原则的需求。

表19-12 格力电器固定资产折旧率表

类 别	预计残净值	预计使用年限	年折旧率
房屋、建筑物	3%～5%	15～30年	3.17%～6.47%
机器设备	5%～10%	10年	9%～9.5%
电子设备	5%～10%	3～5年	18%～31.67%
运输设备	5%	5～6年	15.83%～19%
其他	5%～10%	5年	18%～19%

6.无形资产的核算和摊销

格力电器对自行研发和其他方式取得的无形资产按照准则要求的方法确定其入账价值,登记入账。对于无形资产持有期间的会计核算,公司按照其使用寿命划分类别,对不同的类别分别进行相应的核算处理,如对使用期有限的无形资产进行摊销和减值测试等。格力电器对无形资产的核算也遵循了准则对无形资产核算的规定,真实地反映了公司无形资产的情况。

7.收入确认原则

首先,需要分析资产置换的制度约束,并与企业的财务定量指标和公司治理定性指标进行比较,找出实施资产置换的约束瓶颈和突破点;其次,界定资产置换的当前目标和后续目标,说明目标是一个长期目标还是一个短期目标,是战略性目标还是财务性目标;再次,分析资产置换的外生环境约束,关键是财政和税收约束,判断怎样才能获得政府的财政补贴和税务部门的税收优惠,分析资产置换的成本和收益。在资产置换中,关键的环节是上市公司的再融资安排,为此,需要提前努力促使公司的各项指标满足再融资的要求。

8.会计政策的变更

对于新修订的企业会计准则,格力电器根据新的要求对所涉及的相关交易和事项以及列报项目进行了调整,并采用了准则规定的会计政策变更方法进行了相应的调整,确保公司会计核算和会计报表中提供的会计信息符合现行准则的核算要求。

(二)信息披露质量分析

格力电器在其年报附注和相关公告中,将四大报表中的重大变化项目和重要列报项目都进行了相应的信息披露,对引起报表项目变化的原因、变化金额的大小等进行详细的解释和说明,并对其报表编制基础、重要资产、负债等的会计核算处理方法进行了详尽的披露,对公司在报告期内的重要会计政策、会计估计和会计差错更正等结合企业的具体情况进行了详尽的补充说明。

结合中审亚太会计师事务所对格力电器公司出具的审计报告和上述对其关键会计政策、会计估计和会计方法的分析，格为电器公司披露的财务会计报表在所有重大方面均按照我国企业会计准则的相关规定进行编制，其公允地反映了格力电器公司在资产负债表日企业集团的财务信息。

三、资产负债表分析

将 2012 年的数据作为比较标准，从水平和垂直两个方面全面剖析格力电器的资产、负债和所有者权益的增减变动情况与变化趋势，从而揭示企业在当下的财务状况。

（一）水平分析

1. 资产水平分析（见表 19-13）

表 19-13　资产水平分析表

单位：元

项目	流动资产	非流动资产	资产总额
2015/12/31	120 949 314 644.95	40 748 701 670.11	161 698 016 315.06
变动额	35 861 669 522.82	18 269 446 872.29	54 131 116 395.11
变动率	42.15%	81.27%	50.32%
对总额的影响	33.34%	16.98%	50.32%
2014.12.31	120 143 478 823.10	36 087 469 656.78	156 230 948 479.88
变动额	35 055 833 700.97	13 608 214 858.96	48 664 048 559.93
变动率	41.20%	60.54%	45.24%
对总额的影响	32.59%	12.65%	45.24%
2013/12/31	103 749 697 809.77	29 969 581 177.63	133 719 278 987.40
变动额	18 662 052 687.64	7 490 326 379.81	26 152 379 067.45
变动率	21.93%	33.32%	24.31%
对总额的影响	17.35%	6.96%	24.31%
2012/12/31	85 087 645 122.13	22 479 254 797.82	107 566 899 919.95

（1）关键流动资产分析（见表 19-14、图 19-3）

表 19-14 关键流动资产水平分析表

单位：元

项 目	货币资金	应收票据	存 货
2015/12/31	88 819 798 560.53	14 879 805 537.96	9 473 942 712.51
变动额	59 875 876 859.08	−19 412 363 462.03	−7 761 099 850.19
对资产总额的影响	55.66%	−18.05%	−7.22%
2014/12/31	54 545 673 449.14	50 480 571 355.46	8 599 098 095.97
变动额	25 601 751 747.69	16 188 402 355.47	−8 635 944 466.73
对资产总额的影响	23.80%	15.05%	−8.03%
2013/12/31	38 541 684 470.83	46 297 242 328.98	13 122 730 425.78
变动额	9 597 762 769.38	12 005 073 328.99	−4 112 312 136.92
对资产总额的影响	8.92%	11.16%	−3.82%
2012/12/31	28 943 921 701.45	34 292 168 999.99	17 235 042 562.70

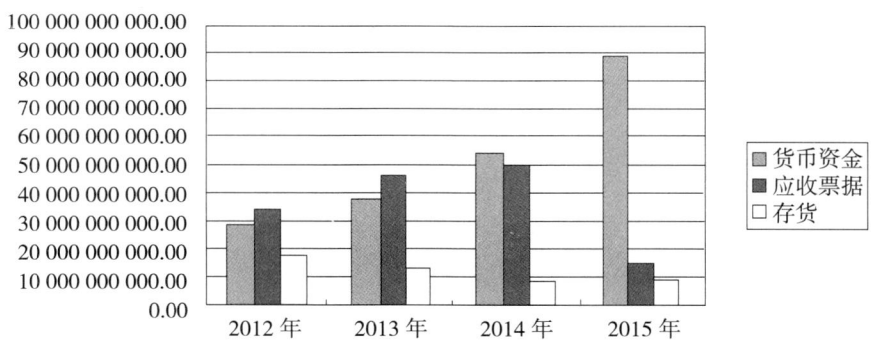

图 19-3 关键流动资产分析图

（2）关键非流动资产分析（见表 19-15、图 19-4）

表 19-15 关键非流动资产分析表

单位：元

项 目	发放贷款及垫款	固定资产	在建工程	无形资产
2015/12/31	7 872 619 001.46	15 431 813 077.20	2 044 837 830.02	2 656 143 811.74
变动额	5 783 715 566.47	2 731 418 787.88	−259 480 083.90	1 020 870 846.62
对资产总额的影响	5.38%	2.54%	−0.24%	0.95%

323

续表

项　目	发放贷款及垫款	固定资产	在建工程	无形资产
2014/12/31	6 441 703 560.98	14 939 279 647.88	1 254 347 204.10	2 480 294 029.03
变动额	4 352 800 125.99	2 238 885 358.56	−1 049 970 709.82	845 021 063.91
对资产总额的影响	4.05%	2.08%	−0.98%	0.79%
2013/12/31	4 565 455 698.91	14 034 138 414.45	1 861 677 013.76	2 370 179 675.29
变动额	2 476 552 263.92	1 333 744 125.13	−442 640 900.16	734 906 710.17
对资产总额的影响	2.30%	1.24%	−0.41%	0.68%
2012/12/31	2 088 903 434.99	12 700 394 289.32	2 304 317 913.92	1 635 272 965.12

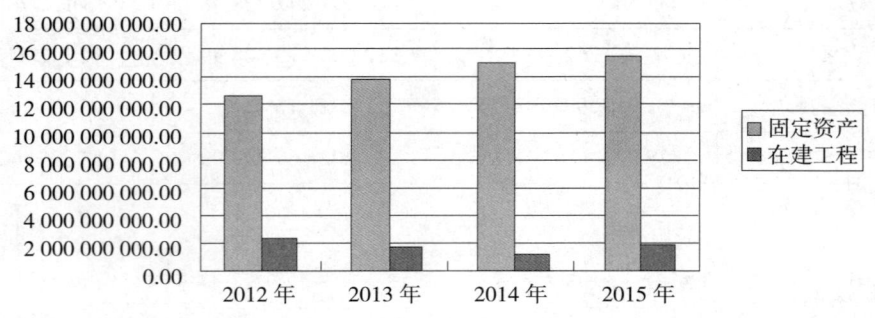

图 19-4　固定资产在建工程比较图

2. 权益水平分析（见表 19-16、19-17，图 19-5）

表 19-16　权益水平分析

单位：元

项　目	流动负债	非流动负债	负债总额	所有者权益总额	权益总额
2015/12/31	112 625 180 977.76	506 226 759.38	113 131 407 737.14	48 566 608 577.92	161 698 016 315.06
变动额	33 794 821 501.18	−650 111 555.34	33 144 709 945.84	20 986 406 449.27	54 131 116 395.11
变动率	42.87%	−56.22%	41.44%	76.09%	50.32%
对总额的影响	31.42%	−0.60%	30.81%	19.51%	50.12%
2014/12/31	108 388 522 088.33	2 710 975 381.37	111 099 497 469.70	45 131 451 010.18	156 230 948 479.88
变动额	29 558 162 611.75	1 554 637 066.65	31 112 799 678.40	17 551 248 881.53	48 664 048 559.93
变动率	37.50%	134.44%	38.90%	63.64%	45.24%
对总额的影响	27.48%	1.45%	28.92%	16.32%	45.24%

续 表

项 目	流动负债	非流动负债	负债总额	所有者权益总额	权益总额
2013/12/31	96 508 389 202.17	1 837 135 662.45	98 345 524 864.62	35 373 754 122.78	133 719 278 987.40
变动额	17 678 029 725.59	680 797 347.73	18 358 827 073.32	7 793 551 994.13	26 152 379 067.45
变动率	22.43%	58.88%	22.95%	28.26%	24.31%
对总额的影响	16.43%	0.63%	17.07%	7.25%	24.31%
2012/12/31	78 830 359 476.58	1 156 338 314.72	79 986 697 791.30	27 580 202 128.65	107 566 899 919.95

表 19-17 负债水平分析

单位：元

项 目	应付账款	预收账款	应缴税费	其他流动负债	长期借款
2015/12/31	24 794 268 372.47	7 619 598 042.86	2 977 801 480.55	55 007 851 867.48	0
变动额	2 129 256 758.81	−9 010 515 157.97	455 701 129.10	39 263 976 813.16	−984 463 173.32
对总额的影响	1.98%	−8.38%	0.42%	36.50%	−100%
2014/12/31	26 784 952 481.63	6 427 722 358.11	8 308 872 126.00	48 585 312 868.93	2 258 969 252.88
变动额	4 119 940 867.97	−10 202 390 842.72	5 786 771 774.55	32 841 437 814.61	1 274 506 079.56
对总额的影响	3.83%	−9.48%	5.38%	30.53%	1.18%
2013/12/31	27 434 494 665.72	11 986 433 741.28	6 174 662 245.23	30 916 369 463.68	1 375 348 442.79
变动额	4 769 483 052.06	−4 643 679 459.55	3 652 561 893.78	15 172 494 409.36	390 885 269.47
对总额的影响	4.43%	−4.32%	3.40%	14.11%	0.36%
2012/12/31	22 665 011 613.66	16 630 113 200.83	2 522 100 351.45	15 743 875 054.32	984 463 173.32

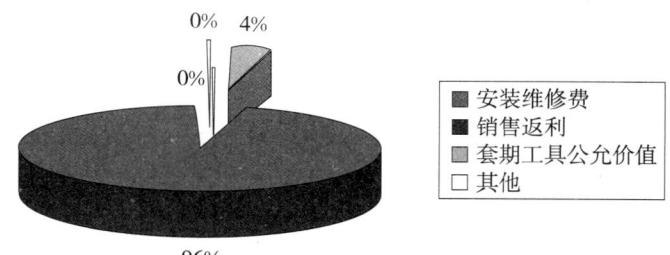

图 19-5 其他非流动负债结构图

（二）垂直分析

1. 资产结构总体分析（见表19-18）

表19-18 资产结构总体分析

单位：元

项　目	流动资产	非流动资产	资产总额
2015/12/31	120 949 314 644.95	40 748 701 670.11	161 698 016 315.06
结构比	74.80%	25.20%	100%
2014/12/31	120 143 478 823.10	36 087 469 656.78	156 230 948 479.88
结构比	76.69%	23.10%	100%
2013/12/31	103 749 697 809.77	29 969 581 177.63	133 719 278 987.40
结构比	77.59%	22.41%	100%
2012/12/31	85 087 645 122.13	22 479 254 797.82	107 566 899 919.95
结构比	79.10%	20.90%	100%

2. 资产结构具体分析（见表19-19）

表19-19 资产结构具体分析

单位：元

项　目	经营资产	非经营资产
2015/12/31	119 766 005 991.37	41 932 010 323.69
结构比	74.07%	25.93%
2014/12/31	83 918 081 286.19	72 312 867 193.69
结构比	53.71%	46.29%
2013/12/31	71 932 116 133.43	61 787 162 853.97
结构比	53.79%	46.21%
2012/12/31	64 766 672 448.37	42 800 227 471.58
结构比	60.21%	39.79%

3. 资本结构总体分析（见表19-20）

表 19-20 资本结构总体分析

单位：元

项 目	流动负债	非流动负债	负 债	所有者权益	权益总计
2015/12/31	112 625 180 977.76	506 226 759.38	113 131 407 737.14	48 566 608 577.92	161 698 016 315.06
结构比	69.65%	0.31%	69.96%	30.04%	100%
2014/12/31	108 388 522 088.33	2 710 975 381.37	111 099 497 469.70	45 131 451 010.18	156 230 948 479.88
结构比	69.38%	1.74%	71.11%	28.98%	100%
2013/12/31	96 508 389 202.17	1 837 135 662.45	98 345 524 864.62	35 373 754 122.78	133 719 278 987.40
结构比	72.17%	1.37%	73.55%	26.45%	100%
2012/12/31	78 830 359 476.58	1 156 338 314.72	79 986 697 791.30	27 580 202 128.65	107 566 899 919.95
结构比	73.28%	1.07%	74.36%	25.64%	100%

（三）整体结构分析

从 2015 年资产负债表的整体结构来看，格力电器的长期资本约 491 亿元，长期资产约 407 亿元。

长期资本 = 非流动负债 + 所有者权益 = 506 226 759.38 + 48 566 608 577.92 ≈ 491（亿元）

长期资产 = 非流动资产 = 40 748 701 670.11（元）

将长期资产和长期资本进行比较，可以发现格力电器的长期资本远大于长期资产。从两者的对比可发现，公司的长期资金不仅要满足长期资产的资金需求，还要满足部分流动资产的需求，证明格力电器的资本结构属于稳健型资本结构。稳健型的资本结构使得企业保持相当的财务信誉，能通过流动资产的变现来满足偿还短期债务的资金需要，风险相对于激进型较小。此外，企业拥有大量的货币资金和应收票据等快速变现的资产，可通过现金资产偿还债务来实现调整其资本结构的目的。这样的灵活性使公司具有一定的调整资本结构的余地，能让公司维持在其目标资本结构的范围内。公司未进行负债的大量清偿还是出于对其总资产、营利性等因素影响的综合考虑，公司未来可能还是会逐渐减少负债，特别是流动负债的比重。具体内容见图 9-6。

图 19-6 整体结构图

四、偿债能力分析

（一）短期偿债能力分析（见表19-21、图19-7）

表 19-21　短期偿债能力静态分析表

公司名称	项　目	2012 年	2013 年	2014 年	2015 年
格力电器	流动比率	1.08	1.08	1.11	1.07
	速动比率	0.84	0.92	1.01	0.99
	现金比率	0.37	0.40	0.50	0.78
美的电器	流动比率	1.27	1.15	1.18	1.30
	速动比率	0.94	0.84	0.96	1.15
	现金比率	0.37	0.32	0.13	0.18

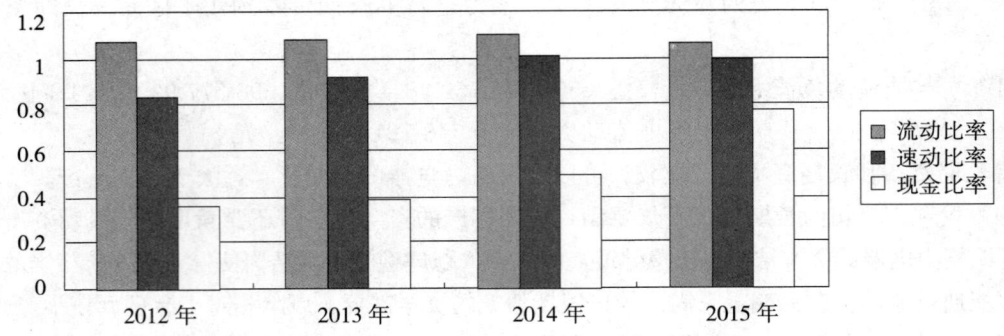

图 19-7　偿债能力静态分析图

（二）短期偿债能力动态分析（见表19-22、图19-8）

表 19-22　短期偿债能力动态分析表

公司名称	项　目	2012 年	2013 年	2014 年	2015 年
格力电器	现金流动负债比	0.23	0.13	0.17	2.54
美的电器	现金流动负债比	0.14	0.18	0.34	0.37

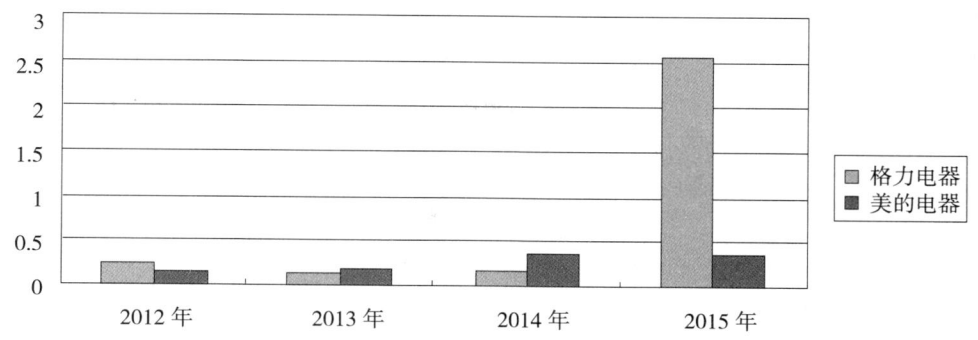

图 19-8 现金流动负债比

(三) 长期偿债能力分析

1. 还本能力分析

从以上的比较分析来看，格力电器 2012—2015 年的资产负债率分别为 74.36%，73.55%，74.11% 和 69.96%。公司近 4 年维持较高的资产负债率，资产负债率虽然呈现逐渐下降的趋势，但还是维持在 70% 左右。格力电器在新的经济常态下积极地对产业结构和发展模式进行调整，这势必会更加重视公司的资本和资产的结构，让其整体结构更加适应新的经济发展模式。见图 19-9。

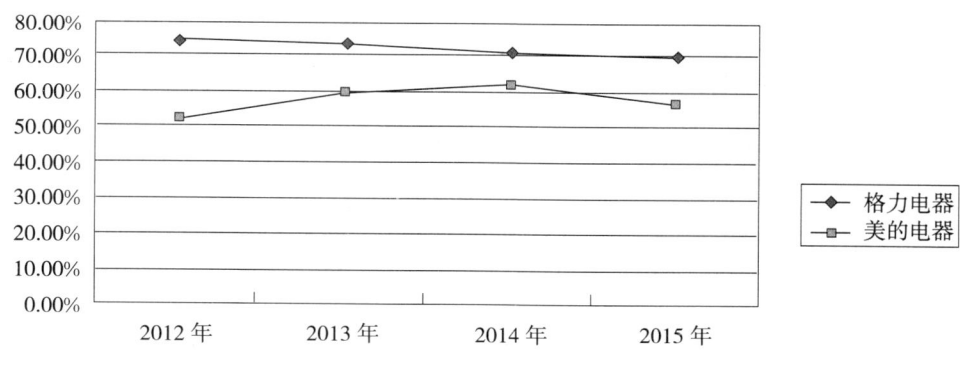

图 19-9 资产负债率比较

2. 付息能力分析

对于长期债务的付息能力，格力电器的利息保障倍数近年维持着较高的水平，基本维持在 32 倍以上。更为保守和谨慎的现金流量利息保障系数也处于高水平，虽然 2013 年下降到 57.12，但依然能保证对长期债务的利息支付能力。与同行业相比较，格力电器在 2012 年和 2013 年的支付能力要更强于美的，但美的在 2014 年和 2015 年出现了大幅度上升的变化。从总体来说，其对债务的利息保障程度较高，能够保证债务人利息的安全。格力和美的这样高的利息支付能力得益于其行业的特征和公司的经营模式。第一，公司的销售方式奉行的是款到发货，保证了现金的流入，大量的经营活动净现金流量无疑是对付息能力的最强力的保证；第二，公司在供应商面前比较强势，或者能无息占用他们的资金，或者采用商业汇票方式进行结算，这样使得利息支出减少，提高了付息能力。见图 19-10。

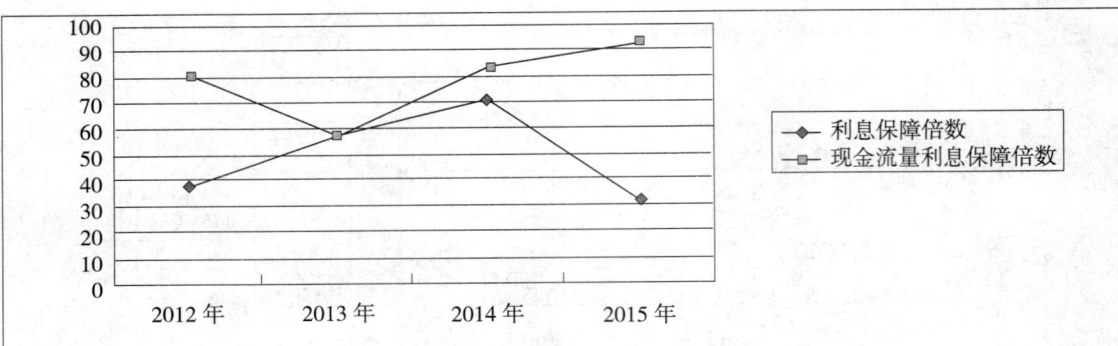

图 19-10　格力付息能力趋势分析图

五、营运能力分析

（一）流动资产周转率分析

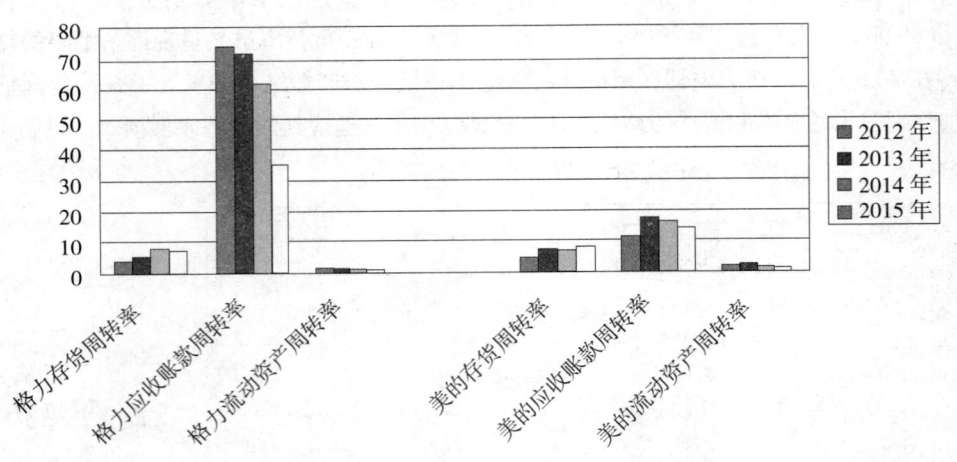

图 19-11　流动资产营运能力分析图

表 19-23　流动资产营运能力分析数据

公司名称	项　目	2012 年	2013 年	2014 年	2015 年
格力电器	存货周转率	4.21	5.30	8.10	7.31
	应收账款周转率	73.52	71.37	61.08	35.28
	流动资产周转率	1.27	1.26	1.23	0.81
美的电器	存货周转率	4.72	7.39	6.99	8.06
	应收账款周转率	11.56	17.28	16.39	14.03
	流动资产周转率	1.65	2.28	1.87	1.54

从图 19-11、表 19-23 分析可以看出，格力电器存货周转率在 2012—2014 年呈现上升趋势，2015 年周转速率有轻微下降。其在 2014 年达到了 8.10 次。与同行业的美的电器相比，格

力电器的存货周转率相对要略快些，表明其存货在企业中的周转更快，对企业营运资金的占用逐渐减少。存货的周转效率加快，主要是格力逐渐注重对产品的研发和创新，不断推出新产品和进行品牌的延伸，打造智能家居概念，在市场上赢得了顾客的青睐，使其产品的销售较顺畅。另外，针对主打空调产品的淡季问题，格力推出的"淡季返利"政策，使其产品的销售顺利摆脱了淡季的影响，稳固了公司的销量。

（二）总资产周转率分析

表 19-24　总资产营运能力数据分析

公司名称	项　目	2012 年	2013 年	2014 年	2015 年
格力电器	总资产周转率（次）	1.03	0.98	0.95	0.61
	流动资产周转率（次）	1.27	1.26	1.23	0.81
	流动资产占总资产比率	81.36%	78.26%	77.22%	75.83%
美的电器	总资产周转率（次）	1.30	1.53	1.30	1.11

对表 19-24 的数据进行分析，可以很明显地看出，格力电器 2012 年到 2015 年总资产周转率在逐年降低，流动资产周转率也在逐年降低，流动资产占总资产比率也在逐年降低。

六、盈利能力分析

（一）商品经营盈利能力分析

公司名称	项　目	2012 年	2013 年	2014 年	2015 年
格力电器	销售毛利率	26.29%	32.24%	36.10%	32.46%
	营业收入利润率	8.08%	10.34%	11.68%	13.83%
	销售净利率	7.50%	9.22%	10.35%	12.91%
美的电器	销售毛利率	22.81%	23.28%	25.41%	25.84%
	营业收入利润率	6.97%	7.71%	9.49%	10.77%
	销售净利率	6.07%	6.86%	8.22%	9.84%

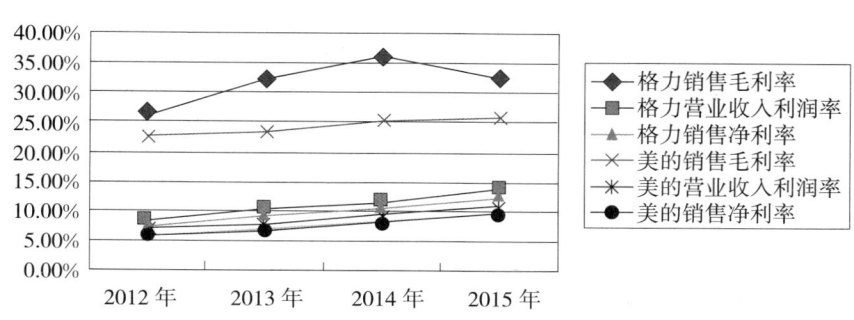

图 19-12　商品经营盈利能力分析

从图 19-12 的比较分析来看，格力电器近三年的销售毛利率、营业收入利润率和销售净利率均呈现逐渐增长的趋势，且都分别高于美的电器的利润指标，基本说明格力的商品经营获利能力略高于美的。2015 年的销售毛利率较 2014 年下降了 3.64%，但其总水平依然很高。2014 年的销售毛利率较 2013 年增幅为 3.86%，2013 年较 2012 年增幅为 5.95%。

毛利率的大幅度提高表明公司的销售获利能力在不断增强，主要原因是：家电制造行业本身的毛利率就在 21% 左右，加之公司历来十分注重对产品质量的把控和服务质量的提升，并且其主打电器格力空调具有较高的知名度，多年来其市场占有率稳居第一，因而其在产品定价上具有一定的话语权；格力尝试进行发展变革的作用逐渐发挥出来，公司逐渐注重对产品的技术研发和产品功能的创新，使其推出的产品在质量和功能上都基本能抓住市场对家电的需求，使其产品受到市场的追捧，故其销售毛利率略高于同行业的美的电器。

格力的营业收入利润率也呈现逐渐上升的趋势，但同销售毛利率的增幅相比，营业收入利润率的增幅却相对较低。原因主要是格力电器乃至家电制造行业在销售费用上的大力花费，如广告费、进场费、促销费等，为了打开新产品销路和开展新一轮的促销活动等，公司都花巨资进行宣传。而营业收入利润率出现上升的趋势主要是公司在财务费用上的缩减和对产品成本的严格管理控制，使营业收入利润率呈逐渐上升趋势。销售净利润也呈现出上升趋势，高于同行业的美的电器，原因主要是：格力电器的营业收入利润率高，比美的电器高约 2 个百分点，则使得其销售净利率也高；公司因合理执行国家政策、处理过时陈旧资产等的偶然利得高于其损失，从而获得了一部分非经常性的收益。综合量方面的影响则使公司的销售净利率呈现增长势头，且高于美的电器。

（二）资产资本经营能力分析

公司名称	项目	2012 年	2013 年	2014 年	2015 年
格力电器	总资产报酬率	9.33%	10.87%	11.71%	7.94%
	净资产收益率	32.40%	34.74%	35.41%	38.91%
美的电器	总资产报酬率	8.82%	13.40%	13.11%	10.57%
	净资产收益率	15.70%	24.96%	27.46%	25.83%

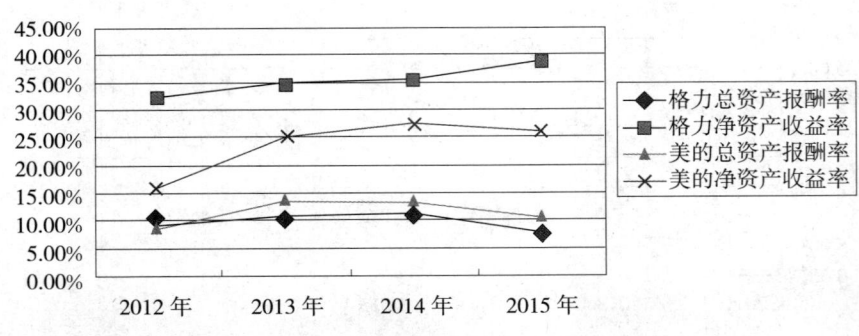

图 19-13 资产资本经营能力分析

从图 19-13 可以看出，格力近四年的总资产报酬率有较大幅度的变化，2015 年较 2012 年下降了 1.39%，2014 年较 2012 年增长了 2.38%，前两年的增长表明资产的获利能力不断增强，主要得益于公司不断增长的销售收入为其创造了大量的盈利空间，但 2015 年其货币资金增长迅猛，使得其总资产的报酬率相对下降。与同行业的美的电器相较而言，其总资产的报酬率比美的电器低，表明其在利用资产为创造价值上还有一定的提升空间。出现这种情况主要与其经营模式有关，与美的相比，格力电器为了控制财务风险，手中握有大量的货币资金和应收票据等资产，这些现金资产虽然能增强公司的偿债能力，但同时其营利性相对较差，造成资金的闲置，所以总资产报酬率要略低一些。

七、发展能力

表 19-25　发展能力分析

公司名称	项目	2012 年	2013 年	2014 年	2015 年
格力电器	资产增长率	26.24%	24.31%	16.84%	3.50%
	股东权益增长率	50.08%	28.26%	27.58%	7.61%
	利润增长率	40.56%	46.86%	30.34%	−11.43%
	收入增长率	19.43%	19.44%	16.12%	−29.04%
美的电器	资产增长率	0.99%	59.19%	24.08%	7.11%
	股东权益增长率	8.75%	42.66%	17.02%	22.52%
	利润增长率	−9.29%	100.96%	40.36%	16.99%
	收入增长率	−26.89%	77.72%	17.11%	−2.28%

从表 19-25 可以看出，格力电器公司 2014 年的四大增长率都是正值，这表明了格力电器近三年的股东权益、净利润和营业收入都实现了不断增长，资产的总规模在不断扩大。

八、研究分析

（一）从资金的去向来看

格力集团大量流动资产，尤其是货币型基金和公司的应收账款已经占了较大的份额。大量的现金和应收票据不仅是公司的资产，还具有较高的流动性，但同时削弱了资产的营利性。而公司的非流动资产的比重相对较低，使得公司的经营实力相对不够雄厚，但是随着制造业面临升级与转型，格力正在进行资产结构的重新调整，以适应经济新常态的发展需求。

（二）从资金的来源来看

格力电器主要依靠负债特别是流动负债提供资金的来源，而公司股东投入资金的占比相对较小。这样的资本结构使得格力的负债率较高，虽然其使公司的财务费用负担较小，且企业能够充分发挥财务杠杆的功效，但同时增大了公司的财务风险。从公司整体资本结构来看，因格力电器采取的是稳健型的筹资策略，所以其流动资产和流动负债的结构比重较大。大量的短期负债会使其面临较大的短期偿债压力，虽然目前公司拥有大量的货币资金、应付票据等支付能为较强的资产，但是一旦公司出现经营较差或者周转困难的问题，公司就会面临巨大的偿债压力。

（三）从公司的经营成果来看

在同行业中格力的市场占有率较高，营业毛利率、营业利润率和销售利润率等有一定的增长，并且其利润的质量也相对较好。但是因家电行业正面临产业转型与升级，家电销售增长趋势逐渐平缓，格力电器也面临新形势的严峻挑战。虽然其不断进行产品和技术的研发和创新，在营销策略上不断刺激市场的消费，其增长率依然不能避免经济发展进入中高速的影响。

（四）从四大财务能力来看

格力财务能力主要呈现以下特点。

（1）在营运能力上，格力的应收账款、存货等资产的周转率较快，但其总资产的周转率却比同行业的美的电器略低。主要是公司手持大量的现金资产和应收票据等营利性低的资产，这部分资产主要留存于企业偿还到期债务，所以综合影响使得总资产的周转效率有待提高。

（2）在偿债能力上，短期偿债能力较强，因格力拥有大量货币资金和可迅速变现的资产，这成为其短期支付能力强有力的保证；其资产负债率较高，虽然近期的偿债能力不成问题，但对长期债务还是缺乏有力的保障，财务风险相对较大。这也是公司目前正在致力于调整其资本结构的原因。

（3）从盈利能力来看，公司的盈利能力指标目前均高于同行业的美的，但是不能忽视其财务杠杆的作用，特别是 2014 年因财务杠杆使净资产收益率上升了 23.18%，这种高杠杆效应背后却存在着高风险，公司还应该注意其盈利水平的稳健性和可持续性。

（4）在发展能力方面，由于格力的发展进入产业结构调整、升级阶段，其各方面的发展能力呈现下降趋势，使得公司目前面临着找到新的增长点和方向，实现新阶段的快速发展的目标。

（5）通过格力电器财务报表还可探寻到，格力电器大胆地进行销售模式、组织结构和财务战略等创新，大胆地采用无息负债战略和高资产负债杠杆结构，为公司股东创造大量的投资收益。格力电器还不断地进行技术的创新和改革，在新的经济环境中大力推进产业结构的升级与调整，积极探寻格力电器在经济发展新常态下的发展方向和思路，寻求公司快速发展的新凉点。

综上所述，格力电器在财务管理中主要面临的问题是公司的资产与资本结构欠合理，流动资产的占比较高；公司的资产负债率过高，达到 70% 的警戒状态，高负债比虽然能够带来杠杆效应，但是也放大了公司所面临的财务风险。此外，随着经济发展新常态给家电制造业带来巨大的影响，公司在销售收入与利润方面出现下降的趋势，急需进行产业结构的调整和升级转型，急需找到适合经济发展新常态的结构和发展模式。

第三节　中国远洋营业成本案例分析

一、公司介绍

中国远洋，公司全称为"中国远洋控股股份有限公司"，是根据国务院国资委批准，由中国远洋运输（集团）总公司于 2005 年 3 月 3 日独家发起设立的股份有限公司。公司通过下属各子公司为国际和国内客户提供涵盖整个航运价值链的集装箱航运、干散货航运、物流、码头及集装箱租赁服务。公司下属子公司经营集装箱租赁业务,拥有和代管的集装箱达 1 631 783 标准箱,集装箱租赁业务占全球市场份额的 13%,位居世界第三。

二、中国远洋 2010 年报表主要财务数据

中国远洋 2010 年度合并利润表见表 19-26。

表 19-26 中国远洋 2010 年合并利润表

单位:元

项 目	附 注	2010 年度	2009 年度
一、营业总收入		80 578 433 797.13	55 734 631 290.96
其中:营业收入		80 578 433 797.13	55 734 631 290.96
利息收入			
手续费及佣金收入			
二、营业总成本		72 556 030 116.31	63 616 073 655.72
其中:营业成本		66 309 568 259.38	57 759 939 361.98
利息支出			
手续费及佣金支出			
税金及附加		772 906 054.38	522 892 999.03
销售费用		140 805 749.53	133 121 026.00
管理费用		4 793 464 668.42	4 576 548 966.85
财务费用		554 959 287.48	664 003 588.46
资产减值损失		-15 673 902.88	-40 432 286.60
加:公允价值变动收益		113 326 040.57	3 469 055 349.73
投资收益		1 753 861 180.97	-1 250 554 913.17
汇兑收益			
三、营业利润		9 889 590 902.36	-5 662 941 928.20
加:营业外收入		525 555 271.38	1 034 952 459.75
减:营业外支出		1 229 318 213.68	1 685 193 194.97
其中:非流动资产处理损失		1 695 292.68	14 203 635.62
四、利润总额		9 185 827 960.06	-6 313 182 663.42
减:所得税费用		1 191 529 212.30	423 947 948.83

续 表

项 目	附 注	2010 年度	2009 年度
五、净利润		7 994 298 747.76	-6 737 130 612.25
归属于母公司所有者的净利润		6 760 957 337.14	-7 539 763 591.60
少数股东损益		1 233 341 410.62	802 632 979.35
六、每股收益			
（一）基本每股收益		0.66	-0.74
（二）稀释每股收益		0.66	-0.74
七、其他综合收益		-3 026 292 013.09	2 189 163 867.90
八、综合收益总额		4 968 006 734.67	-4 547 966 744.35
归属于母公司所有者的综合收益总额		5 031 482 282.54	-6 321 481 806.50
归属于少数股东的综合收益总额		-63 475 547.87	1 773 515 062.15

注：上述数据来源于公司年度报告公告。

三、公司 2010 年、2009 年营业成本资料

1. 公司 2010 年主营业务分行业成本资料见表 19-27。

表 19-27　中国远洋 2010 年主营业务分行业经营情况表

单位：元

分行业	营业收入	营业成本	营业成本率（%）	营业利润率（%）
集装箱航运及相关业务	41 300 331 373.08	35 335 641 588.98	85.55	14.4
干散货航运及相关业务	32 792 102 745.76	27 241 558 299.20	83.07	16.9
物　流	4 377 383 747.17	2 807 164 734.47	64.12	35.9
集装箱码头及相关业务	1 387 174 750.11	1 075 690 355.44	77.54	22.5
集装箱租赁	1 713 724 467.79	848 875 761.41	49.53	50.5
其他业务	18 565 348.38			100
小　计	81 589 282 432.29	67 308 930 739.50	82.49	17.5
公司内各业务间相互抵消	1 010 948 635.16	999 362 480.12		
合　计	80 578 433 797.13	66 309 568 259.38	82.29	17.7

2. 公司 2009 年主营业务分行业成本资料见表 19-28。

表 19-28 中国远洋 2009 年主营业务分行业经营情况表

单位：元

分行业	营业收入	营业成本	营业成本率（%）	营业利润率（%）
集装箱航运及相关业务	23 838 642 524.48	29 588 785 020.11	124.12	-24.1
干散货航运及相关业务	27 379 178 507.54	26 091 883 794.88	95.29	4.7
物　流	3 071 478 669.48	1 720 357 554.18	56.01	44.0
集装箱码头及相关业务	868 173 206.25	594 518 050.07	68.47	31.5
集装箱租赁	1 588 535 808.73	792 623 275.40	49.89	50.1
其他业务	17 248 835.93			
小　计	56 763 257 552.41	58 788 167 694.64	103.56	-3.6
公司内各业务间相互抵消	1 028 626 261.45	1 028 228 332.66		
合　计	55 734 631 290.96	57 759 939 361.98	103.63	-3.6

四、公司营业成本分析

由于受到 2008 年席卷全球的金融危机的影响，国际贸易持续萎缩，导致国际远洋运输业持续低迷。2009 年，中国远洋共计实现营业收入总额为 557.34 亿元，但营业成本高达 577.59 亿元，当年发生巨额亏损 63.13 亿元。2010 年，经济形势开始好转，中国远洋业务取得较大幅度的增长，实现营业收入总额为 805.78 亿元，营业成本为 663.09 亿元，当年实现利润总额 91.85 亿元。对比两年的经营数据，2009 年公司营业成本率高达 103.63%，实现的营业收入无法弥补成本支出。2010 年，公司营业成本率为 82.29%，公司营业成本率指标得到显著改善。成本的显著变化最终形成两年利润总额的显著差别。根据公司年度报告披露的信息，对公司 2009 年及 2010 年各业务类型的营业成本变化情况以及所形成的业绩变化情况分析如下。

（一）集装箱航运及相关业务

2010 年，公司集装箱航运及相关业务共实现营业收入 413.00 亿元，营业成本为 353.35 亿元，营业成本率为 85.55%。分别比 2009 年实现的营业收入 238.38 亿元，增加了 174.62 亿元，增长 73.25%；比营业成本 295.88 亿元，增加了 57.47 亿元，增长了 19.42%；比营业成本率 124.12%，降低了 38.57 个百分点。2010 年毛利水平的显著提升是公司利润额大幅增长的主要原因。

（二）干散货航运及相关业务

2010 年，公司干散货航运及相关业务共实现营业收入 327.92 亿元，营业成本为 272.41 亿元，营业成本率为 83.07%。分别比 2009 年实现的营业收入 273.79 亿元，增加了 54.13 亿元，增长 19.77%；比营业成本 260.91 亿元，增加了 11.50 亿元，增长了 4.40%；比营业成本率 95.29%，降低了 12.22 个百分点。2010 年毛利水平的提升成为公司利润额大幅增长的重要原因。这是由于：受世界经济疲软影响，2009 年，公司干散货航运业务完成货运量 27 154 万吨，同比下降 7.36%，货运周转量 1.4 万亿吨海里，同比下降 6.67%，实现营业收入 273.79 亿元，同比下降 61.8%。2009 年，全年 BDI 指数（波罗的海干散货运价指数）平均值为 2 617 点，较 2008 年下跌 59%。

公司在 2010 年干散货运量仅比 2009 年增长 3.15% 的情况下，营业成本较上年增长了 4.4%，增幅基本相符，而营业收入却较上年增长了 19.77%，说明干散货运价提高幅度大于营业成本的增长幅度，营业成本率降低 12.22 个百分点，成为 2010 年公司干散货航运业务利润增长的关键因素。

（三）物流业务

2010 年，公司物流业务共实现营业收入 43.77 亿元，营业成本为 28.07 亿元，营业成本率为 64.12%。分别比 2009 年实现的营业收入 30.71 亿元，增加了 13.06 亿元，增长 42.52%；比营业成本 17.20 亿元，增加了 10.87 亿元，增长了 63.19%；比营业成本率 56.01%，提高了 8.11 个百分点。2010 年，公司物流业务营业利润率为 35.9%，比上年的 44.0% 下降了 8.1 个百分点。2010 年，公司物流业务营业收入增幅较大，造成营业利润的绝对额增长，但营业成本率提高了，该项业务的毛利水平降低了。上述数据表明，2010 年公司物流业务的个别成本项目较上年提高了。

（四）集装箱码头及相关业务

2010 年，公司集装箱码头及相关业务共实现营业收入 13.87 亿元，营业成本为 10.75 亿元，营业成本率为 77.54%。分别比 2009 年实现的营业收入 8.68 亿元，增加了 5.19 亿元，增长 59.79%；比营业成本 5.94 亿元，增加了 4.81 亿元，增长了 80.97%；比营业成本率 68.47%，提高了 9.07 个百分点。2010 年，公司集装箱码头及相关业务营业利润率为 22.5%，比上年的 31.5% 下降了 9 个百分点。这是由于：受全球贸易大幅萎缩和集装箱运输需求大幅减少影响，2009 年世界集装箱吞吐量下降 9.7%，其中亚洲集装箱吞吐量完成情况好于美洲和欧洲。面临市场困境，公司及时制订了适应市场变化的经营策略和措施，谨慎开拓码头市场，大幅减缓各类投资，严格控制成本费用，在全球性经济危机导致公司总体营业收入大幅下滑的情况下，保持了核心主业的基本稳定，码头业务继续位居全球第五位。由于成本的有效控制，使得公司 2009 年集装箱码头业务营业成本率控制在 68.47%。2010 年，全球码头业整体复苏，全年港口集装箱吞吐量增长 13.4%，中国和美国集装箱港口增速较快，2010 年中国港口完成集装箱吞吐量同比增长 18.8%。在经济环境向好的情况下，公司集装箱码头业务得到了较快增长，营业收入较上年增长 59.79%。但是在营业收入迅速增长的同时，营业成本也在迅速增长，营业成本率提高了 9.07 个百分点，公司集装箱码头业务的营业利润率指标降低了。

（五）集装箱租赁业务

2010 年，公司集装箱租赁业务共实现营业收入 17.13 亿元，营业成本为 8.48 亿元，营业成本率为 49.53%。分别比 2009 年实现的营业收入 15.88 亿元，增加了 1.25 亿元，增长 7.87%；比营业成本 7.92 亿元，增加了 0.56 亿元，增长了 7.07%；比营业成本率 49.89%，降低了 0.36 个百分点。2010 年，公司集装箱租赁业务营业利润率为 50.5%，比上年的 50.1% 提高了 0.4 个百分点。

第四节 保利地产财务报告附注分析

一、公司介绍

保利房地产（集团）股份有限公司（以下简称"本公司"或"公司"）前身为广州保利房地产开发公司，是由中国保利集团公司（以下简称"保利集团"）全资子公司保利南方集团有限公司（原名为"保利科技南方公司"，以下简称"保利南方"）于1992年9月14日在广州市注册成立的全民所有制企业，成立时注册资本为1 000万元。2006年3月，公司更名为"保利房地产（集团）股份有限公司"。

2006年7月19日，经中国证券监督管理委员会核准，公司首次公开发行人民币（A股）15 000万股，每股面值1元。2006年7月31日，公司股票在上海证券交易所上市交易，证券代码600048，股票简称"保利地产"。经过公司增发和历年转增派送，截至2010年12月31日，公司总股本增加至4 575 637 430股。2010年，"保利地产"品牌价值大幅度提升至136.89亿元，跻身"2010年中国房地产行业领导公司品牌"。报告期内，公司连续五年蝉联"国有房地产企业品牌价值TOP10"榜首；再度蝉联沪深房地产上市公司综合实力TOP10。

二、保利地产主营业务分行业、分地区情况分析

（一）主营业务分行业、产品情况

见表19-29。

表19-29 保利地产2010年度主营业务分行业情况表

单位：万元

分行业	营业收入	营业成本	营业利润率（%）	营业收入比上年增减率（%）	营业成本比上年增减率（%）	营业利润率比上年增减（%）
房地产	3 470 069.38	2 317 212.52	23.55	55.31	61.61	-1.71
其他	118 977.96	47 319.28	41.27	85.94	155.35	-2.48
合计	3 589 047.34	2 364 531.79	24.13	56.16	62.80	-1.64

2010年，公司实现营业收入358.90亿元，实现净利润49.20亿元，同比增长56.15%和39.80%，取得了出色的经营业绩，并显示出良好的发展势头。截至2010年12月31日，公司总资产1 523.28亿元，净资产297.09亿元，分别比上年同期增长69.57%和18.42%。

（二）主营业务分地区情况

见表19-30。

表 19-30 主营业务分地区情况表

单位：万元

编 号	地 区	营业收入	营业收入比上年增减率（%）	上年营业收入
1	中国广州	542 368.48	-13.76	628 892.10
2	中国北京	544 849.60	35.10	403 295.80
3	中国上海	564 188.24	87.92	300 232.92
4	中国佛山	269 743.25	45.77	185 048.10
5	中国沈阳	230 824.81	51.31	152 550.77
6	中国长春	73 143.97	-39.44	120 782.89
7	中国武汉	237 278.16	122.02	106 872.95
8	中国重庆	189 297.47	114.68	88 178.35
9	中国成都	220 326.89	182.91	77 879.86
10	中国长沙	148 821.18	99.99	74 415.60
11	中国南昌	72 623.24	29.77	55 964.11
12	中国天津	109 534.77	109.76	52 220.27
13	中国包头	92 396.25	77.83	51 958.43
14	中国杭州	201 167.32	—	—
15	中国青岛	56 919.13	—	—
16	中国阳江	35 564.56	—	—
17	合计	3 589 047.34	56.16	2 298 292.15

（三）房地产业务分地区情况表

见表 19-31。

表 19-31 保利地产 2010 年度房地产业务分地区情况表

单位：万元

编 号	地 区	结算收入	比例（%）	结算面积（m²）	比例（%）
1	中国广州	478 401.67	13.79	414 437.08	9.42
2	中国北京	540 316.71	15.57	521 470.83	11.85
3	中国上海	564 188.24	16.26	380 325.17	8.64
4	中国佛山	254 708.28	7.34	274 385.01	6.23

续 表

编 号	地 区	结算收入	比例（%）	结算面积（m²）	比例（%）
5	中国沈阳	227 845.76	6.57	481 130.93	10.93
6	中国长春	72 478.52	2.09	150 169.37	3.41
7	中国武汉	235 356.83	6.78	428 288.76	9.73
8	中国重庆	184 204.74	5.31	366 339.91	8.32
9	中国成都	199 652.46	5.75	297 912.48	6.77
10	中国长沙	146 794.20	4.23	280 572.89	6.37
11	中国南昌	71 269.40	2.05	81 305.42	1.85
12	中国天津	109 534.77	3.16	174 376.00	3.96
13	中国包头	91 709.64	2.64	183 801.55	4.18
14	中国杭州	201 166.07	5.80	201 131.78	4.57
15	中国青岛	56 919.13	1.64	90 092.31	2.05
16	中国阳江	35 522.96	1.02	76 002.94	1.73
17	合计	3 470 069.37	100.00	4 401 742.43	100.00

报告期内，公司实现房地产结转面积440.17万平方米，结转收入347.01亿元，同比分别增长60.15%和55.31%。其中，北京、上海、广州等三城市销售额达到或超过50亿元。

三、保利地产2010年度房地产项目情况分析

公司2010年度房地产项目共计146项，具体情况见表19-32。

表19-32 保利地产2010年度房地产项目汇总情况表

单位：平方米

序 号	项目名称	规划总建筑面积	2010年新开工	2010年竣工面积	累计施工面积	本年签约面积
1	广州保利中心	195 349		83 466	195 349	0
2	广州保利林海山庄	224 430		43 190	224 430	2 036
3	广州保利紫薇花园	142 338		80 268	129 774	290
4	广州保利中环广场	286 700		93 204	93 204	23 669
5	广州保利林语山庄	299 111		0	299 111	6 168
6	广州保利中展广场	79 454		0	0	27 503

续表

序号	项目名称	规划总建筑面积	2010年新开工	2010年竣工面积	累计施工面积	本年签约面积
7	广州保利香雪山	295 646		72 045	232 632	26 593
8	广州保利西子湾	200 986		0	199 469	2 021
9	广州保利中宇广场	73 071		0	0	24 750
10	北京保利陇上别墅	331 361	35 287	100 427	323 113	59 939
11	北京保利西山林语	1 193 370		277 692	490 361	13 734
12	北京保利花园	347 500	237 857	36 515	36 515	130 739
13	北京保利嘉园	401 433	19 600	374 506	374 506	26 328
14	北京保利东郡	161 526	140 957	0	0	0
15	上海保利香槟花园	136 221	0	0	27 516	278
16	上海保利叶上海	704 113	278 247	361 842	361 842	202 599
17	上海保利西子湾	370 482	0	0	370 482	32 313
18	上海保利林语溪	193 388	0	0	0	15 078
...						
145	厦门保利英环路	445 166	0	0	0	0
146	南通保利香槟国际	567 450	0	0	0	0
	合计	66 989 619	10 004 407	4 584 005	12 208 290	6 883 902

四、保利地产 2010 年度重大土地出让及合作开发合同

公司 2010 年度重大土地出让及合作发放合同共完成 10 项，具体情况见表 19-33。

表 19-33 保利地产 2010 年度重大土地出让及合作开发合同情况表

单位：万元

序号	项目名称	地块名称	合同主体	出让方	签约金额
1	北京保利国际广场	北京朝阳区崔家庄乡大望京村	北京市保利房地产开发有限公司	北京市国土资源局	504 000
2	广州保利白云新城项目	广州白云新城地块	保利广州房地产开发有限公司	广州市国土资源和房屋管理局	350 000

续 表

序号	项目名称	地块名称	合同主体	出让方	签约金额
3	上海保利茉莉公馆	上海市浦江镇中心河以南地块	上海保利建恒房地产有限公司	上海市闵行区规划和土地管理局	260 910
4	广州保利芳村项目	广州市原芳村高尔夫球场地块	保利房地产（集团）股份有限公司	广州市国土资源和房屋管理局	180 000
5	无锡保利香槟国际	无锡市 XDG-2009-85 地块	保利江苏房地产发展有限公司	无锡市国土资源局	154 000
6	南通保利香槟国际	南通市原自行车总厂及周边地块	保利地产南通有限公司	南通市国土资源局	151 936
7	杭州保利项目	杭州市萧储（2009）54 地块	杭州保利建嘉房地产开发有限公司	杭州市国土资源局萧山分局	140 000
8	南京保利江宁项目	南京市江宁区 2010G51 地块	保利江苏房地产发展有限公司	南京市国土资源局江宁分局	106 000
9	青岛保利海上罗兰	泰薛路南地块、海滨大道地块	青岛保利广惠置业有限公司	胶南市国土资源局	101 751
10	珠海保利金湾项目	珠海市金湾西湖区金铭东路地块	保利房地产（集团）股份有限公司	珠海市国土资源局	32 453

以上土地合同均是 2010 年度签订获取的，地块处于一线省会城市和二线发达城市，充足的开发用土地储备为公司持续发展奠定了良好基础。

五、长短期借款及对子公司担保情况分析

1. 短期借款期末余额为 4.5 亿元，见表 19-34。

表 19-34　保利地产 2010.12.31 日短期借款情况

单位：元

借款条件	期末余额	期初余额
质押借款		208 019 786.77
抵押借款		100 000 000.00
保证借款	350 000 000.00	
信用借款	100 000 000.00	
合　计	450 000 000.00	308 019 786.77

2. 一年内到期的长期借款期末余额为 68.838 亿元，见表 19-35。

表 19-35　保利地产一年内到期长期借款情况

单位：元

借款条件	期末余额	期初余额
质押借款		
抵押借款	500 000 000.00	300 000 000.00
保证借款	5 603 800 000.00	2 290 595 000.00
信用借款	780 000 000.00	1 100 000 00.00
合　计	6 883 800 000.00	3 690 595 000.00

3. 长期借款期末余额为 470.294 亿元，见表 19-36。

表 19-36　保利地产长期借款情况

单位：万元

借款类型	期末余额	还款期限 1～2 年	还款期限 2～3 年	还款期限 3～5 年	5 年以上	期初余额
信用借款	1 019 609	624 809	384 800	10 000		34 000
质押借款	76 079	29 095	46 984			45 578
保证借款	2 776 345	927 600	1 581 745	267 000		1 478 900
抵押借款	830 905	273 500	296 000	42 330	219 075	466 500
合　计	4 702 938	1 855 004	2 309 529	319 330	219 075	2 024 978

4. 公司担保情况，见表 19-37。

表 19-37　保利地产担保情况

单位：元　币种：人民币

公司对外担保情况（不包括对控股子公司的担保）	
报告期内担保发生额合计（不包括对控股子公司的担保）	0
报告期末担保余额合计（A）（不包括对控股子公司的担保）	0
公司对控股子公司担保情况	
报告期内对子公司担保发生额合计	24 059 405 000.00

续　表

报告期末对子公司担保余额合计（B）	44 499 000 000.00
公司担保总额情况（包括对控股子公司的担保）	
担保总额（A+B）	44 499 000 000.00
担保总额占公司净资产的比例（%）	149.78
其中：	
为股东、实际控制人及关联方提供担保的金额（C）	0
直接或间接为资产负债率超过 70% 的被担保对象提供担保的金额（D）	43 709 000 000.00
担保总额超过净资产 50% 部分的金额（E）	29 644 354 934.77
上述三项担保金额合计（C+D+E）	73 353 357 934.77

公司借款总额为543.632亿元，其中：短期借款为4.5亿元、1年内到期的长期借款为68.838亿元、一年以上的长期借款为470.294亿元。借款期限长短期分布比较合理，虽然借款总额高达543.632亿元，但截至2010年12月31日，公司银行存款余额为191.51亿元，速动资产余额为367.736亿元，流动资产余额为1 466.716亿元，资产负债率为78.98%。同时，公司销售回款正常，现金流量比较充足，长短期债务的偿还能力较强。对于资金密集型的房地产企业来说，保利地产资金雄厚，储备项目充足，经营形势较好，财务状况良好。

公司担保总额虽然高达444.99亿元，占企业净资产总额的149.78%，但无对外担保，均为对内子公司担保，担保风险可控，无对外担保风险。

通常在上市公司的年度报告中，财务会计报告附注部分占用很大的篇幅，披露的内容非常丰富，由于案例篇幅所限，不能一一列示进行分析。上述举例主要是对公司业务分区经营情况、房地产企业重要的经营项目以及对未来持续经营产生重大影响的资金保障能力和开发储备能力的部分内容进行了列示和分析。报表使用者可以根据自身需求，结合公司财务报表附注、年报其他内容和公开披露的其他信息进行相应的分析。

第五节　华源集团并购案例分析

一、公司介绍

原纺织部联合外经贸部和交通银行总行在1992年共同创办了华源集团，最初的注册资金为1.4亿元。在之后不到13年的时间里，公司经过90多次并购后成为中国最大的医药集团及国有纺织集团。截至2004年年底，华源拥有全资和控股子公司11家，并拥有华源股份、华源发展、华源制药、上海医药、双鹤药业、万东医疗和凯马B股等8家上市公司。

资产增长对于任何公司来说都是一项很重要的工程，也是企业发展的一个很重要的方面。华源集团的资产规模从最初的5亿元扩张到2005年的570多亿元，增长速度很快，注册资金也从最初的 1.4 亿增长到 10 多亿。但是 2005 年，华源集团遭到上海银行和浦发银行的债务起诉，9 月华源集团所持有的 11.48 亿元的股权被法院冻结，就这样华源集团的危机爆发，公司也面临重组。

二、华源集团的并购扩张之路

1. 1995 年，华源并购了常州华源化学纤维有限公司、锡山长苑丝织厂、江苏秋艳集团等纺织企业。

2. 1997 年，华源集团做出了一个重要决定，收购了浙江凤凰，并且在此基础上进行了革新，将这个日用化工企业更名为"华源制药"。

3. 2002 年和 2004 年，华源集团及其旗下子公司以 11 亿元和 116 亿元现金出资相继收购上海医药集团 40% 的股份和北京医药集团 50% 的股份，刷新了中国医药产业的收购价格记录。

华源并购所用资金大多为银行贷款，因此其资金链具有天生的脆弱性，这种脆弱性给其并购后的整合带来了挑战。到了 2005 年，华源母公司每个月到期需要偿还的银行债务达 3 亿～4 亿元。而早在 2004 年上半年，华源的资金链就已经开始出现问题，到期银行贷款已无足够现金流来偿还。这是母子公司体制造成的结果，母公司借钱进行并购，集团缺血，只能占用子公司资金。当时华源母公司负债已经高达 50 多亿元, 2004 年上半年华源长期投资达到 38 亿元，而集团股东权益不到 20 亿元，资金缺口近 20 亿元，大多都是短债长投。而且华源规模庞大、财务体系十分复杂，集团所属的 400 多家子公司，7～8 层控股层次给财务管理和内部控制带来了极大的困难。危机终于爆发，在国家开始进行宏观调控、银行信贷体制改革加快的情况下，华源实施整合、压缩银行负债的速度没有达到银行收缩信贷规模的要求。2005 年 9 月，华源部分企业的短期贷款逾期，在短短几天内便遭到了上海银行、浦发银行等十几起诉讼，涉及金额超过 12 亿元。随着多家债权银行起诉，债权银行冻结了华源下属部分公司和上市公司的部分股权，使股票价格发生波动，生产经营受到制约，多年来以巨额举债实现快速并购扩张的华源陷入了财务危机。2006 年 4 月，华润集团以获得华源 70% 的股权正式入主华源，至此，华源并购以失败告终。

三、基于财务视角的华源并购案例分析

华源集团是直接隶属国务院国资委的集团，拥有非常好的国资背景和发展机遇。华源集团通过一系列的方式方法力求快速发展，具体方法有兼并和收购。这也创造了中国市场的奇迹，2004 年，华源曾经以 49 461 亿元营业收入位列中国 1 000 家大型企业集团的第 29 位，但是最后为什么会陷入财务危机？我们可以从一些细节进行具体分析。

1. 华源的并购是财务性并购还是战略性并购？针对这一问题有很多说法，其中最被人们认同的是财务性并购，这就使得公司陷入并购的陷阱。

企业并购的根本动机到底是什么呢？其实很明显，就是实现 1+1＞2 的协同效应，也是为了最大限度地去追求企业价值，动机还包括很多其他因素。

第一，忽略了兼并和收购的目的主要是要增强其核心竞争力，为并购而并购，热衷于资本经营，盲目走上了多元化的路子。结果规模扩大了，资产创利能力却不断下降，使公司陷入并购陷阱。

第二，华源的并购过多地关注短期财务利益，以获取政府的各种优惠政策作为主要推动力，而并非看目标企业中既有的业务与资产价值，其收购的多数目标企业资产质量较差，长期以来沉淀了较多的不良资产，有的还存在大量的或有负债，给并购埋下了隐患。

第三，作为国资委旗下的企业，在国家政策的支持下，华源一度成为风光一时的"并购先锋"，弱化了并购的风险意识。这种非市场化的并购行为自然无法抵御市场经济行为的冲击，一旦银行重新评估企业扩张的风险而追讨贷款，并购资金链的断裂就成为必然。

2. 华源依赖银行贷款的支撑，缺乏风险控制措施。

（1）华源自成立以来就一直利用央企的优势，从银行获取大笔贷款，资金链脆弱，隐性的风险可想而知，这是导致并购失败的直接原因。2005年以来，华源总资产为572亿元，集团的银行贷款长年维持在近60亿元的规模，而纳入华源合并财务报表的11家核心企业，其整体银行负债逾250亿元。随着银行信贷管理体制改革的加快，华源在资金调度、管理模式上明显跟不上步伐，不可避免地遭遇财务危机。

（2）华源短贷长投，并购耗费了大量的流动资金，流动性风险不可避免。期限匹配理论指出，企业应将债务的期限与企业资产的期限即资产产生现金流的期限模式对应起来，以减少因资产产生的现金流不足以支付利息和投资需要而带来的流动性风险。如果债务期限比资产期限短，资产不能产生足够的现金流来偿还债务，那么流动性风险就不可避免。在企业并购的过程中，资产负债结构配置不当是导致流动性风险的一个主要原因。在华源的负债结构中，短期债务过高，短贷长投导致负债结构严重不合理，且华源在并购过程中主要采取现金支付方式，而新并购企业不能迅速为华源补充现金流，因而华源不可避免地陷入了资金链断裂的局面。

3. 华源并购财务整合不力，无法实现协同效应。

从纺织龙头企业到农机航母，再到中国最大的医药集团，华源在陌生的产业领域整合未见起色。比如，农机业无法实现整合的协同效应，亏损严重，华源最终在2005年5月全线退出。华源进入上药集团和北药集团，虽力求实现纺织和医药的整合效应，却由于纺织板块日颓，医药板块内部也难有协同，仅是"兼而不并"，使并购流于形式。

四、华源并购引发的思考

（一）政府对国有企业并购应给予必要的政策指导和监管

在华源并购和扩张的过程中，政府部门除了一路"绿灯"给予政策上的支持外，并没有给予实际意义上的政策指导和监管。其实政府本可以起到很重要的作用，但是政府没有给予重点关注，没有关注其并购中可能出现的问题，多进行一些例行检查，则华源的问题就可能早一点儿被发现。因此，政府在对国有企业并购给予支持的同时，也应加强必要的政策指导和监管。

（二）并购企业应端正并购动机

华源并购失败很高程度上是因为盲目并购。多元化投资与经营作为分散财务风险的一种重要手段，可以减少企业的风险损失。但是如果不切实际地搞多元化投资与经营，涉及过多产品或项目，主业不突出，不仅不能分散风险，反而会使企业陷入困境。并购企业应端正并购动机，根据自己的发展战略，立足长远发展，从理性层面考虑规模效应，实行强强联合、优化重组，从而达到企业间优势互补、提高核心竞争能力的目的。

(三) 重视财务风险的防范与控制

从财务角度看，资产负债结构的优化和调整以及现金流量的合理匹配是抵御流动性风险、防范财务危机的根本举措。在并购过程中，应按照优化资本结构的要求，尽可能按合理的资本结构安排负债与股权比例；应在对未来流动资金进行准确预测的基础上，合理配置资产与负债结构；应适当平衡长、短期负债，使企业资金能满足未来现金流的需要，又不至于使大量资金沉淀在企业而降低资金的使用效率。

(四) 加强企业并购后的财务整合

"有并购无重组、有上市无整合"是华源并购失败的重要原因之一。华源并购失败的现实表明：仅追求并购的表面效应，而忽视了并购的财务整合，"捷径"就有可能变成"困境"；纵使拥有先进的技术和丰厚的资本，但缺乏财务整合能力，仍然无法避免并购的失败。因此，并购企业在并购协议签署以后，应根据事先的规划安排，有计划、有步骤地对并购后的企业进行财务整合。不同的并购企业，其财务整合的框架也有所不同，但一般来说可以概括为"一个中心、三个到位、七项整合"。一个中心即以企业价值最大化为中心。三个到位即对并购企业经营活动、投资活动及融资活动的财务管理到位。七项整合包括财务管理目标、财务制度体系、会计核算体系、资产、业绩考核体系、现金流转内部控制及债务的整合。从我国企业并购的实际情况来看，要提高并购的成功率，企业在强化财务整合的同时还必须做到：制订系统的整合规划和有效的整合执行计划；加强并购双方的沟通、交流和协调，重视人员整合，注意调动被并购方员工的积极性，防止关键人员流失，解决好并购方与被并购方员工的矛盾；此外，每个企业都有自己相对稳定的企业文化，成功的并购还必须考虑到双方企业文化的融合。

第六节 长江证券借壳上市案例分析

一、公司介绍

(一) 借壳方长江证券概况

长江证券有限责任公司（以下简称"长江证券"）是一家非银行金融机构，是经过中国人民银行湖北省分行和湖北省人民政府批准成立的。到 2006 年 12 月 31 日，长江证券注册资本已经达到 20 亿元，总资产 102.58 亿元，净资产 23.33 亿元，营业收入 12.68 亿元，每股收益 0.224 元，每股净资产 1.17 元，净利润 4.48 亿元。

(二) 目标公司石炼化概况

石家庄炼油化工股份有限公司（以下简称"石炼化"或"公司"），是一家下游石化企业，以炼油和化工业务为主，1997 年发行 A 股，并在深交所上市，发行价为 5.89 元人民币。由于受我国成品油定价机制的影响，该公司 2005 年营业收入亏损 8.90 亿元，2006 年前三季度营业收入亏损高达 15.35 亿元。到 2006 年 9 月 30 日，公司的每股净资产已低于面值，仅为每股 −0.60 元。当时的石炼化总股本 11.54 亿股，中国石化持有 9.20 亿股，占总股本的 79.73%；流通 A 股 2.34 亿股，占 20.27%。

二、相关背景及借壳操作步骤

中国石油化工股份有限公司（以下简称"中石化"或"中国石化"）在香港、纽约和伦敦三地证券交易所上市时承诺公司要按照国际股市规则进行改造和运作，保证其独立性，整合下属的上市公司，规避关联交易和同业竞争。

2006年，中国石化借国内上市公司股权分置改革之际，对下属子公司齐鲁石化、扬子石化、中原油气、石油大明进行了私有化。同年底，中国石化提出了对石炼化进行重大资产出售、定向回购股份暨以新增股份吸收合并长江证券以及与股权分置改革结合并互为实施前提的总体方案，公司股权并购正式拉开帷幕。

长江证券借壳石炼化主要包括以下步骤：

第一步：石炼化向第一大股东——中国石化出售全部资产，同时回购并注销中国石化所持公司的非流通股。

第二步：石炼化以新增股份吸收合并长江证券。

第三步：长江证券的原股东向石炼化流通股股东执行对价安排。

在上述相关方案获得中国证监会批准后，2007年12月27日，石炼化更名为长江证券股份有限公司并恢复交易，迁址武汉，主营业务从石化产品的生产和销售转变为以证券自营及经纪业务为主的证券业务，公司持续经营能力和财务结构得到了根本改善。

三、长江证券借壳上市分析和评价

（一）各关联方权益划分

1. 石炼化控股股东——中国石化：获得石炼化的全部资产和人员；对价是转让所持石炼化79.73%的股份，并承担石炼化的全部债务。

2. 石炼化流通股股东：获得每10股获送1.2股的对价支付，共获得存续上市公司（更名为"长江证券"）15.63%的股权；其在原上市公司中的股权比例为20.27%。

3. 长江证券各股东：累计获得存续上市公司86.03%的股权；对价是向石炼化原流通股股东支付2 808万股作为股改对价。

（二）卖壳方收益分析

1. 正面效益

中国石化消除了与子公司之间的同业竞争，兑现了上市时对资本市场及投资者的承诺。

2. 负面效益

作为长江证券的对手方，卖壳方中国石化的收益并不可观，承担了巨大损失。

（三）借壳方收益分析

理论上，可以得出这样的结论，借壳方为了上市需要承担两方面的成本：第一，向卖壳方支付的壳费；第二，注入上市公司的资产价值。上市公司的股权价值是借壳方获得的效益。

在本案例中，向卖壳方支付的壳费实际上并不存在是空有其表。

长江证券实现了借壳上市的愿望，筹资渠道也进一步拓宽，为公司壮大主业、做大做强铺平了道路。同时也规范了公司法人治理，本次收购完成后，石炼化原高管人员被中国石化吸收，长江证券成立新董事会，并重新任命高级管理人员。公司在向中国证监会报送的相关材料中明确了股东大会、董事会、监事会的职责,并承诺本次交易完成后存续公司将依据《证券法》《公司法》《上市公司治理准则》等法律法规的要求继续完善公司治理结构,严格履行各项制度,切实维护中小股东的利益。

(四) 本次增发和吸收资产的定价分析

根据《公司法》的相关规定,本次合并以新增股份吸收的方式进行。其中,中国石化是合并方,长江证券是被合并方。根据石炼化吸收合并长江证券的相关协议,长江证券的资产、负债及所有的业务全部并入石炼化。要考虑到原长江证券如何进行注销、长江证券资产的定价问题以及如何确定新增股份的数量,这些问题是合并方案的关键。只有解决好了这些问题,才能使这次合并顺利进行。根据调查可知,石炼化在 2006 年 12 月 6 日停牌,停牌之前的 20 个交易日的收盘价的算术平均值是 7.15 元/股折股,共折合石炼化 1 440 800 万股,这个数值占吸收合并长江证券后石炼化总股本的 86.03%,这个数字是相当可观的。长江证券资产聘用独立的财务顾问对资产进行评估,采用的是绝对估值法和相对估值法,并将反映市场环境因素的相对估值法和反映公司基本面的绝对估值法进行综合,最终确定了长江证券资产评估的合理价格。客观地说,这次评估是相当科学、有效、合理的。

(五) 重组资产的债务处理

从产权经济学的角度来分析,重组资产的实质是对企业边界进行一定程度的调整。从会计学的角度分析,重组资产对企业和其他主体在负债或者权益项目上有着非常重要的作用,这样可以达到资源的有效配置,也能更好地对上市公司进行重新组合。重组资产是非常重要的,所以长江证券对重组资产的债务进行了妥善处理,从而保证债权人的根本利益。作为资产置出方的石炼化按照《公司法》的相关程序,公告通知债权人,并根据债权人的请求对于拟置出的资产提前清偿或由中国石化提供担保。除此之外,还要让中国石化对潜在的或未申报债权的债权人提供一定的担保。经过上述承诺,石炼化原有资产转移至中国石化已无法律障碍。对于置入石炼化的长江证券资产,相关方也已经根据《公司法》等相关法律法规的规定,履行了通知和公告义务,并对要求清偿或者提出担保要求的债权人,提前清偿或者向其提供相应的担保。以上措施确保了本次资产重组的顺利进行。

参考文献

[1] 黄世忠. 财务报表分析 [M]. 北京：中国财政经济出版社，2007.

[2] 张先治，陈友邦. 财务分析（第五版）[M]. 大连：东北财经大学出版社，2010.

[3] 刘国峰，马四海. 企业财务报表分析 [M]. 北京：机械工业出版社，2010.

[4] 苗润生，陈洁. 财务分析 [M]. 北京：清华大学出版社、北京交通大学出版社，2010.

[5] 财政部. 企业会计准则应用指南 [M]. 上海：立信会计出版社，2007.

[6] 李远慧，郝宇欣. 财务报告解读与分析 [M]. 北京：清华大学出版社，2011.

[7] 张国峰. 企业IPO上市典型案例深度剖析 [M]. 北京：法律出版社，2010.

[8] 周红. 企业上市全程指引 [M]. 北京：中信出版社，2008.

[9] 中国证券监督管理委员会. 中国上市公司并购重组发展报告 [M]. 北京：中国经济出版社，2009.

[10] 陈敏，陈金艳. 新会计准则变化点及案例说明——会计科目的转换、变化、使用 [M]. 北京：中国财政经济出版社，2007.

[11] 罗文志，望开雄，董寒冰，焦维. 上市公司并购法律实务 [M]. 北京：法律出版社，2007.

[12] 罗绍德. 高级财务会计 [M]. 成都：西南财经大学出版社，2008.

[13] 王明涛. 证券投资分析 [M]. 上海：上海财经大学出版社，2007.

[14] 陈少华，葛家澍. 公司财务报告问题研究 [M]. 厦门：厦门大学出版社，2006.

[15] 林华，林世怡. 财务报告和分析 [M]. 上海：复旦大学出版社，2010.

[16] （美）Leonard Soffer，Robin Soffer. 财务报表分析：估值方法 [M]. 肖星，胡谨，陈晓颖，译. 北京：清华大学出版社，2005.

[17] 刘凤委，汪捃. 财务会计报告的编报与分析 [M]. 大连：大连出版社，2009.

[18] 柳庆森. 浅谈国际财务报表分析的基本框架 [J]. 天津财会，2003(2).

[19] 赵治刚. 最新合并财务报表理论与实践（第二版）[M]. 北京：经济科学出版社，2009.

[20] 贺志东. 新企业会计准则操作指南全书 [M]. 北京：机械工业出版社，2009.

[21] 戴欣苗. 财务报表分析（技巧·策略）（第2版）[M]. 北京：清华大学出版社，2008.

[22] 孔龙，李兵. 上市公司表外信息的现状分析及改进 [J]. 财会学习，2007(2).

[23] 刘李胜. 上市公司并购、接管与反接管 [M]. 北京：中国时代经济出版社，2009.